# 易经的智慧

## 的

## 传部

### 殷旵演讲实录

殷旵　殷珍泉/著

当代世界出版社
THE CONTEMPORARY WORLD PRESS

**图书在版编目（CIP）数据**

易经的智慧.传部 / 殷昰，殷珍泉著 . — 北京：
当代世界出版社，2020.9
　（殷昰国学讲堂）
　ISBN 978-7-5090-1490-5

　Ⅰ.①易… Ⅱ.①殷… ②殷… Ⅲ.①《周易》–通
俗读物 Ⅳ.① B221-49

中国版本图书馆 CIP 数据核字 (2019) 第 051586 号

---

书　　　名：《易经的智慧.传部》
出版发行：当代世界出版社
地　　　址：北京市东城区地安门东大街 70-9 号（100009）
网　　　址：http ://www.worldpress.org.cn
编务电话：（010）83907332
发行电话：（010）83908410
　　　　　　13601274970
　　　　　　18611107149
　　　　　　13521909533
经　　　销：全国新华书店
印　　　刷：天津丰富彩艺印刷有限公司
开　　　本：787 毫米 ×1092 毫米　1/16
印　　　张：25.5
字　　　数：435 千字
版　　　次：2020 年 9 月第 1 版
印　　　次：2021 年 9 月第 2 次
书　　　号：ISBN 978-7-5090-1490-5
定　　　价：68.00 元

---

# 新版序

## 易经的智慧——人类文明的超智能

《易经的智慧》自 2004 年甘肃文化出版社首次出版以来，一版再版，此次再版，已是第六版了，在当代世界出版社也算是第三版了。感谢广大热心读者的支持，也感谢多家出版社的精心运作。借此再版作序，特补充些近年来的新收获、新感想，题名为《易经的智慧——人类文明的超智能》。

20 世纪，欧美等国争相启动了"人脑计划"，试图描绘出人脑神经元回路图，据此开发模拟智能芯片，于是催生了人工智能，开启了智能革命新时代，并由此引发了新世纪科技竞赛，即争相开发制造人工智能芯片的"超材料"，中国很快跻身于世界前列。坤卦曰："履霜坚冰至。"可以预见：随着"超材料"的成功研发，下一轮科技竞赛将是"超智能"的研发了。

也许有人质疑：有何理由宣称《易经》的智慧可以称之为人类文明的"超智能"？这得从《礼记·大学》篇说起。《大学》开篇直接引述孔子的原话，曰："大学之道，在明明德。"接着推论曰："欲明明德于天下者，先治其国，欲治其国者，先齐其家……欲诚其意者，先致其知，致知在格物。"接下来又反推曰："物格而后知至，知至而后意诚……家齐而后国治，国治而后天下平。"

显然，孔子的这段论述是一个完整的逻辑体系："明明"，即两个逻辑支点；一"先"一"后"，即逻辑回归；推导所得的逻辑结论，即欲平天下，必先明天下：一明"格物致知"，即客观存在的自然规律；二明"修齐治平"，即社会发展的必然规律。规律为道，明道为德，这与马克思主义的辩证唯物主义和历史唯物主义不谋而合。这既是马克思主义哲学的德语化语境与中国古圣先哲的汉语化语境的直接对话，同时也是中华民族与古希腊文明的跨文明、跨时空对话。其实，马克思主义哲学是对古希腊哲学的发展。

在古希腊哲学体系形成之前，西方一直认为，世界是上帝创造的。公元前六百多年，泰勒斯和他的哲学同行们在爱琴海沿岸考察、研究，终于达成了共识：世界是由物质组成的。接下来讨论的课题则是，构成物质世界的原初物质是什么？或曰"水"，或曰"气"，乃至或曰"数"。直到公元前三百多年，亚里士多德明确为"四元素"：水与火、气与土。他曾撰写了两部著作，一名《物理学》，一名《后物理学》(此书传入中国后，严复先生根据《易经·系辞》中"形而上者谓之道，形而下者谓之器"一句，译为"形而上学")。

如果说，这两部著作相应于孔子表述的"格物致知"，那么，至恩格斯的《自然辩证法》便升格为"格物致智"。在先秦文献中，"知"与"智"二字通用，写作"知"，犹如"大"与"太"通用，写作"大"。《易经》中"保合大和"应读作"保合太和"，故宫中有"太和殿"。大，仅为有形之大；太，泰也，为大象无形之大，无可比拟，无与伦比。日本人尽管聪明，借他山之石可以攻玉，但这一次一心想取其大，反自认为小。又如"道"与"導"通用，写作"道"。老子曰"道可道"，其实蕴含有"道可導"这一更深层含义。

这正是汉语原创的造字、用字逻辑。如果只学汉字"拿来主义"，而丢弃了汉语，等于捡了芝麻，丢了西瓜。汉字只是个体的魅力，而汉语所体现的则是原创的整体思维。真正能体现智能，或曰"超智能"的，是汉语原创的整体思维，而不仅仅是汉字的个体魅力。

许多《易经》爱好者都有相同的体验：一本《易经》，难认的生僻字并不多，但就是读不懂，其原因，就是只知其"格物致知"，而不明其"格物致智"。何为"智"？翻开《说文解字》，"智""皆""習"均归入"白部"。"智，识词也，从白，从亏，从知。"知与白合体会意：知识息息相通者称为智。

比如：日、月、星、辰、风、云、雷、电；山、石、田、土、川、谷、丘、原等，为两组知识点，息息相通，上升为两大知识体系：一名天文，一名地理。当天文与地理两大知识体系息息融通后，又上升为"天行健，君子以自强不息""地势坤，君子以厚德载物"。这是孔子为《易经》乾、坤两卦写的象辞，也是中国人用来处世和经世的大智慧。

"天行健""地势坤"，即客观规律，名为"道"。"君子以"，以，依也，循也。其逻辑结论为：规律为道，循道为德。孔子借乾、坤两卦明确告诉我们：《易经》是讲逻辑、讲规律的。道德，为衡量思维和行为的逻辑原点。智慧，为导引思维升格的逻辑引擎。二者同源，都源于"格物"，即以客观为第一性，以主观为第二性，这是中国语境表达的"唯物"，同时又注重充分发挥人的主观能动性。"诚其意""正其心"，开发主观世界的智能，这是中国汉语语境表述的"辩证"。

也许有人会质疑：这样的理解未免政治化了。其实，这正是孔子解读《易经》的本义。孔子《系辞传下》曰："天下何思何虑？天下同归而殊途，一致而百虑。"接着给出了理论依据,曰:"日往则月来,月往则日来,日月相推,而明生焉;寒往则暑来,暑往则寒来,寒暑相推而岁成焉。"日与月,寒与暑,即一阴一阳,故孔子在《系辞传上》就得出这样的逻辑结论:"一阴一阳之谓道。"

一阴一阳,即"日月运行,一寒一暑"。意思是说,日月运行而有万物的变化,时光的推移。移,易也。昼夜交替,寒暑往来,是客观形成的规律(道)。"日出而作,日入而息",人类的作息以日出、日入为依据。孔子简明地概括为"《易》与天地准"。由此可见,《易经》是一部表达规律的经典,也是一部讲逻辑的书。逻辑本身就是客观规律的体现,也是对规律的直接表达。

天上只有一个日月运行,一年只有一次寒暑往来,故"道"也就只有一个。可有人认为:"仁者见之谓之仁,智者见之谓之智。"主观地分为仁者之道,智者之道。后人往往将这句话当作逻辑正论,其实孔子视之为逻辑悖论,所以接下来说:"百姓日用而不知,故君子之道鲜矣。"在孔子看来,"仁者之道"和"智者之道"都算不得"君子之道"。如果"仁者见仁,智者见智"可以成立,岂不是说仁者不智,智者不仁,自相矛盾?

显然,孔子认可的逻辑正论是"一阴一阳之谓道"。"《易》与天地准",这才是伏羲首创的符号易、周文王的文辞易的原创本义。这也正是孔子所说的"明明德",明天下。也只有这样理解,才能平天下:既不失位于"道德"这一逻辑原点,也不失位于"智慧"这一逻辑制高点。也只有这样理解《易经》,才能视《易经》的智慧即"超智能"。

以上围绕"逻辑"的表述,很大程度上有悖于当代关于"逻辑"的表述。西方的表述,一般都是名词围绕术语转,术语围绕定义转,而这些都是仅凭主观的描述。其实,中国先秦也有中国式逻辑表述,以上所举的孔子表述是一种,墨子、荀子的"名实说"是一种,还有一种来自民间的创造——奶奶纺线线逻辑:右手摇纺车,纺车团团转;左手牵棉线,纺桄逻逻转。又时而右手反转来一个"回车",左手提线紧紧绕,此为辑。其实,生活中人们的逻辑思维"不可须臾离者也,可离非道也"。

借此次再版作序之机,将个人近年来的一点浅见拙识抛砖引玉,希望与读者达成更多的共识,特别是有创新活力的年轻人,我们一起来为创造更辉煌的中国奇迹,为实现中华民族的伟大复兴而共同奋斗,做出应有的贡献!在此,愿与每一位读者握手!向每一位读者致敬!并恳请赐正!

殷昆

2019 年 5 月

于北京香山南路

# 再版序

自 2002 年登台演讲《易经》以来，我一直受邀在北大、清华、复旦等高校以及在移动、上气、美国埃森哲等企业做《易经》的专题演讲。我把该稿录音整理成书稿后，又先后在甘肃文化出版社和当代世界出版社出版了《易经的智慧·经部》《易经的智慧·传部）（初次出版名为《易经大传新解》）《在北大讲易经》和《老子为道》等。每次发行都是由畅销转常销，近年来又一度脱销。2012 年陕西师范大学出版社经过市场调研，决定再版。再版之际，又是一次与读者直接对话的机会。说些什么呢？还是说说老生常谈的《易经》预测吧。

《易经》，以原创的符号（爻）和图形（卦）为正本，以文字（卦辞、爻辞和传辞）为副本，是一套完整的符号系统，承载了中华民族原创的思维体系。其中，预测则是这一思维体系的特色。

如何预测？是运用《易经》原理进行多维度立体预测，还是借用一些占、卜、筮等技法做些平面预测？

其实，世俗流传的占卜技法都源于《易经》原创思维体系，原本也是多维度、立体的。但是，一旦偏离了《易经》原理，就只剩下扁窄的平面维度了。这里，我想以"奇门遁甲"为例，谈谈我对《易经》预测思维体系的初步理解。

"奇门遁甲"初创时的理论依据，或曰原创的灵感，显然是源于乾卦"用九，见群龙无首"。

何谓群龙？乾卦的"六爻之动"显示的是"六龙"：潜龙、见龙（或曰田龙）、乾龙（或曰勤龙）、或龙、飞龙（或曰天龙，与田龙对应）、亢龙等。奇门遁甲，则以十天干为群龙，甲、乙、丙、丁、戊、己、庚、辛、壬、癸十条龙。然而，十条龙只设计了九个龙宫：乙、丙、丁三宫为"三奇"，戊、己、庚、辛、壬、癸六宫为"六仪"。甲，本为十天干之首，却无固定的宫，只能借助于九宫隐遁其形。《说文解字》曰："龙，能幽、能明，能细、能巨，能短、能长。春分而登天，秋分而潜渊。"——或跃、或渊，故无固定之宫。

更巧的是，九个龙宫，只有八个门，这八个门即代表人事的开门、休门、生门、伤门、杜门、景门、死门、惊门等。这叫十龙、九宫、八门。"甲"在九宫中通来通去，时遇奇门，也常遇无门。这种"无门"，又像禅宗中的"无门关"，找不到门时，像铜墙铁壁；找到了门时，悄然进了门，过了关，却全然不觉。比如，学生解一道数学难题，无解时茫然无门；突然间恍然大悟，有解了，难题解开了。思路入了门，进了关，回头再看，又似乎仍是无门、无关。门在哪里？在悟中在恍然大悟之间，故曰"奇门"。

"见群龙无首。"见，有可见之义，又有显示之义。恍然大悟之间即为一"见"之间。善通者能悟，能悟者才能"见"。用目见吗？用主观之"目"，观察客观之"木"，木、目为"相"。这只是事物表象，外部形象，初步印象——此时见木只是木，见相只是相；再观、多观，便能从复杂的"相"中抽象出某种理来。此时见木不是木，见相不是相。如果再给"相"装一个"心"字软件呢？奇了，心中有相便能"想"。于是可以想象、思辨、推理——此时，见木还是木，见相还是相。恍然大悟了，"见群龙无首"了。

原来要用"心"观。《心经》开篇曰："观自在。"观照自己的心在不在，自主的心在，清净自然；自主的心不在，茫然了，浮躁了，甚至失落、失望了。失掉的是什么？是自主的我。能在日常生活"观自在"者是菩萨，菩萨是觉者，名觉有情（菩提萨埵）。觉者时时都在预中，不用测。因为世俗之人畏果，而菩萨畏因。

《说文解字》曰："觉（覺），寤也。从见，學省聲。一曰發也。"寤，悟也。觉醒寤，眼睛睁开便能见，见而能发现、发觉。门在哪里？找到首了吗？《系辞传上》："百姓日用而不知。"在日常生活中，瞑目而睡叫睡觉，醒时叫觉寤、觉醒，睁眼发觉了才能觉悟。觉从何处来？从道中来。人睡时在适，醒来也在通。机遇良缘时得一奇门一左右逢"缘"，人生遇到困惑、困难时，又觉无门——处处碰壁，甚至失望、绝望。殊不知，无门之处有奇门，只要人生信念中时时主动，积极地"通"，就能"觉"和"悟"，只要自主、自尊、自信的"我"在做主，人生处处有"奇门"。有门、无门、奇门，都在日常生活中，只是"百姓日用而不知"而已。

《易经》预测的目的就是为了变"不知"为能知、可知、已知。知，才能明白。人生要明明白白，不要糊里糊涂。明白人是命的主人，叫慧命。孔子曰："不知命，无以为君子。"又说自己"五十而知天命"。何为天命？孔子为乾卦写的象辞曰："天行健，君子以自强不息。"这一句又是诠释九三爻的"君子终日乾乾，夕惕若厉，无咎"。何谓君子？"自强不息"者为君子。如何做到自强不息？

效法天，"天行健"。何谓天行健？古诗十九首中有《击壤歌》云："日出而作，日入而息。凿井而饮，耕田而食。"换一个角度来读："日日凿耕，出入井田，作息饮食。"每天日出日入，这叫"天行健"；"日日凿耕，出入井田"，这叫"君子以自强不息"，也叫"君子终日乾乾"。"天行健"是天命，"自强不息"是人命。不知天命，无以知人命；不知人命，无以为君子。为人君子，则能自强不息，自强不息者醒时能发觉、觉悟，睡时也叫睡觉，也能觉寤、觉醒。时时在觉中，时时在遁中，时居龙宫，时时有奇门。在哪一宫、哪一门，其实并不重要，"见群龙无首"者吉。何为吉？"时乘六龙以御天"，何为"时乘"？"君子终日乾乾，与时偕行。"

时者，时候——根据物候判断时机；时事——根据事态把握时机。机者，几也。"几"的本义为几案。古人坐与卧都在床榻之上，榻上摆一几案。长者凭几而坐，谨慎议事。晚辈远远地立于榻下，总觉得长辈们神神秘秘，一定有很多机密。《系辞传上》曰："唯几也，故能成天下之务。""知几其神乎！……几者，动之微，吉之先见（现）者也。君子见几而作……"几在时中，时在日出日入中。根据日出日入适时作息，生生不息之谓易，息息相关，息息都有"几"，几几都是门，门门见群龙，自己就是群龙中的一条龙。"奇门遁甲"的九宫格局中，宫宫有龙。龙是谁？龙是自己，又是众人。占卜、预测，不能做局外人，而要做局内的龙，要随时定位，明白自己此时此刻是哪条龙。

《系辞传上》开篇曰："天尊地卑，乾坤定矣。卑高以陈，贵贱位矣。"此十六字讲的是"定位"二字。天地，是自然中的天地；乾坤，寓意人之天地：以人身而言，首为天，腹为地。故乾卦以首为象，坤卦以腹为象；从人伦上讲，父为天，母为地。故乾卦代表父，坤卦代表母。知天命者，就能找到天地间的人生定位。知几者，就能找到群龙中"自我"这条龙，并能明白自己何时为何龙——这叫"时乘六龙以御天"。天，指天地。天地为时空，人生各个阶段的时空定位就是知几、知命。既知己命，又知天命。何为奇门？如何遁甲？"见群龙无首"，"时乘六龙"。

读到这里，如有所感悟，请再读《易经的智慧》，《经部》讲的是原始符号的思维原理；《传部》讲的是孔子"知几""知命"的哲学思辨。《在北大讲易经》描述了"自强不息"之"几"，自主管理之"几"。《老子为道》则围绕"日益""日损"和"无为而无不为"讲述"百姓日用"的"几"。

"奇门遁甲"的玩法易学，可预测却是智者见智，仁者见仁。预测的依据是《易经》的原理。《易经》的原理还告诉我们一件事——阴阳平衡（奇门遁甲分阳遁和阴遁）。阳是对生活、社会、家人、众人的满腔热情（热情即热能）；阴是理性、理智和谨慎。这也是预测的基本素质。《易》为道德者预，为君子预。这也是我几十年来最刻骨铭心的体验。

　　谨以此序言，与广大热心于《易经》的读者共同体验，共同讨论，恳望指正！借此，再次向这几本书的老读者谨致谢忱！

殷　旵

2012 年 9 月

于北京中轴线的后花园循礼府云本书屋

# 序 一

很久以来就希望能有一部雅俗共赏的易学新著，以应普及《易经》知识的急需。众里寻她千百度，而今终于出现了，这就是殷昆先生及其爱女珍泉合著的《易经的智慧》。此书不愧为学《易》者的良师益友，足令学《易》者入门，事半功倍。一经披阅，便不难发现她具有诸多魅力，令人爱不释手。

人们不是爱好占卜吗？不少人认为有了《易经》这本"占卜之书"，可望用来为人生指点迷津。本书作者回答说："不错，学《易》正是为了'卜'，为了'择'，否则，读它干什么？"不过，这里所说的占卜、选择、预测，同某些说法并无共同语言。江湖术士讲占卜、择吉、预测，乃从宿命论出发，期望从中得到某些或吉或凶的神秘结论。本书所讲的是高层次的占卜，即根据易学哲理进行预测，分析事物发展的各种可能性，从中做出最优的选择。如此说来，正是"善为《易》者不占"。不占之占，乃高层次的占，是寻求《易经》智慧的启迪，而非求得预示吉凶之结论。这里明示占《易》同学《易》是统一的，为了占《易》，必先学《易》，学《易》愈精，占《易》愈准。"占学一理"，古有明训，"善为《易》者不占"，学《易》明真理，不占乃自然。本书通篇贯彻"占学一理"的原则，诱导人们认真学《易》，求其精髓，神而明之，存乎一心，因时而动，吉凶由人，不占不卜而有先见之明。

《易传》云："立天之道，曰阴与阳；立地之道，曰柔与刚；立人之道，曰仁与义。"作者遵循天道、地道、人道的统一法则，深信"《易》与天地准，故能弥纶天地之道"，天地人之际三纲领，乃东方文化固有的特征。本书作者对每卦及每爻象、数、理的阐发，无不紧扣此原理，诱导人们精研天人合一之道，启迪智慧，以为指导行为的准绳。《易》乃"宇宙代数学"。学《易》，乃可执常以通变，"不可为典要，唯变所适"，掌握事物变化的客观规律性，"先天而天弗违，后天而奉天时"，故可趋吉避凶。学《易》者，知阴知阳，善用柔刚，时止则止，时行则行。遵《易》而行，正是人们知人论世、圆行方止、自求多福的最大奥秘。如此而已，别无奥秘。

《易传》云："夫《易》，圣人所以崇德而广业也。"《易》是古圣先贤经邦济世之书。是故古人说："不读《易》，不可为将相。"足见《易经》在敦人伦、齐礼法中的重要作用。《易经的智慧》的作者深明此理，在解《易》的过程中，坚持经世致用的学风，或引古史，或述古人，以其历史经验，疏证易理，旨在诱导学《易》者进德修业，归本大道，激发学《易》之深情，张扬人文之雅兴，酌古酬今，还易理于百姓日用。作者务求古今通气，史论结合，举一反三，启人遐思，借古圣之史慧，益今人之智力，如此诠《易》，深中肯綮。

不言而喻，此书的重大特点在于雅俗共赏。酌古论今阐易理，妙在轻言细语中。作者对《易经》原文逐字逐句进行讲解，无惊世骇俗之论，无虚远玄妙之谈。摆在面前的虽是上古圣人之书，而听到的则是饱经人世沧桑、具有豁达胸怀的一位学者的妙语微言，所举证者无非人们日见日为的平凡之事，令人如听家常，如坐春风，没有天方夜谭的奇闻，没有照本宣科的套话，听得懂、学得会、用得上。作者常自设宾主，一问一答，难字、奇句，豁然而解。《易经》智慧的清泉，汲之不尽，用之不竭。

此书编排大方，图文并茂，装帧雅致，如此仿古装帧，书肆少见。古诗云："鸳鸯绣取凭君看，不把金针度与人。"《易经的智慧》已将鸳鸯与金针和盘托出，人见人爱，愚亦乐，以为之序。

唐明邦

2004 年 5 月 23 日

于云鹤书房

# 序 二

殷旵、殷珍泉父女之大作《易经的智慧》，在当下的《易经》研究与诠释中，实属超常而又归于"平常心"的一种。在理性与工具理性占支配地位的现代思想文化界，人们的诗心和由之引发的原创联想力，正在日渐萎缩。在这样的时刻，《易经的智慧》以其超越知理之"常"而求悟的姿态出现，确实给读者的心灵带来了令人惊喜的诗意触动。《易经》作为中华的伟大经典，乃是中国思想文化永不枯竭的源头活水。但是，这一源头活水，经过理性和工具理性这种概念和思维模式的"切割"，却被遮蔽甚至阻断了她与现代中国人固有联系的生机。由此可知，《易经》的诠释和研究，确乎不能再走只求知理而断悟的死路了。相反，只有走以"平常心"的体悟之路，才能把《易经》的源头活水引入现代人的心田，也才能由之唤醒人们被压抑的原创联想力。概言之，《易经的智慧》之所以能打动读者的心灵，受到热情欢迎，恰恰在于她能由作者之悟开启读者之悟，从而能引导人们回到《易经》的本真。

在《易经的智慧》再版之际，谨以此感言敬献作者与读者。

王树人（老树）

2004 年 6 月 26 日

于北京海淀区稻香湖畔之云鹤庐

# 自 序

　　十多年前，有朋友催我写一本通俗易懂的《易经的智慧》，所谓通俗易懂，就是还《易经》于"百姓日用"之中，其实做到既深入而又浅出并非易事，故迟迟不敢捉笔。去年，为几位跟我参易的年轻人讲完了六十四卦，他们认为听得懂、学得会、用得上，受益匪浅。于是，推举女儿珍泉和吴江同志将录音整理成文字，又经沈勇先生作文字润色和版式设计，历经两度春秋，终于付梓，甚为欣慰。

　　欣慰之余，讲一件近日的小事，此事缘于一次"占卜"。女儿的同学拿到了硕士文凭，来北京求职。开始期望值很高，在学校的骄人表现使她一度神采飞扬，然而经过几次受挫，她伤感无限，竟然想到找我问卜。《易经》虽有占卜的功能，但古人云："善为《易》者不占。"我非"善《易》者"，也从不喜欢用占卜之术，每有问卜，只凭我对《易经》的理解，与问者心灵碰撞，灵感闪现自然心诚有灵。当时她问卜话音刚落，我的思维立即映现出坤卦"初六"中"履霜坚冰至"那句爻辞，意思是说，一旦踏上薄霜，结冰的日子也就不远了。我问她："你是不是想一步就踏上金砖？"她愕然。我把一位成功者的名言转述于她：

　　"不要想第一步就踏上人生的金砖，哪怕是坎坷、荆棘、泥淖，只管大胆地跨出第一步，当你终于踏上属于你的那块金砖，回首顾盼，步步都是金砖。"

　　我虽然没有给她讲解原文，没有告诉她占卜的吉凶悔吝，但她听过之后眼睛发亮，那种好高兴、好自信的样子，已经预示着一种吉祥和成功。我交给她的不是占卜的结果，而是积极奋进的激励；不是《易经》的名词术语，而是处世的理念和自信；没有把她限制在可行与不可行、能成与不成的迷惘之中，而是帮她拓宽人生选择的空间。

　　书中展示的六十四卦、三百八十四爻，都是这种"占卜"，如果你认为这是迷信，我愿意接受你的呵斥；若你能认可，并且得到了收获，可否共同探讨？

　　近日，珍泉陪同誉隆望重的韦公（全国政协委员）和韦夫人去北京医院看望周而复先生。周老文学著作等身，其主要作品已被译成日、俄、英、德、意、越、阿尔巴尼亚等国文字出版、再版，《白求恩大夫》被拍成电影，《上海的早晨》被拍成电视剧,《长城万里图》获中宣部"五个一工程"图书奖。1999年,珍泉第一次去周老家拜访时,周老曾以《上海的早晨》一书签名相赠。这次在医院,他又把珍泉叫到身边,特别拿出近年的新作文稿,谆谆嘱咐要多看书,并问她最近写了什么?周老还告诉珍泉一个写作的秘诀:时间就是生命。他比喻说:"一个人活一百岁,浪费了三十年时光,等于只有七十年寿命。"周老年近九秩,依然笔耕不辍,与年轻人谈起写作竟毫无倦意。难怪医生说,周老这次是创造了一个医学上的奇迹。珍泉问周老:"是几十年的创作激情使您长寿的吧?"周老想了想说:"你是懂《易经》的,中国人就喜欢乾卦中的那句话:君子终日乾乾,与时偕行。"乾乾,就是自强不息;与时偕行,就是与时俱进。周老对《易经》中的经文记得那么准确,真不愧为"中华伏羲文化研究会"的老顾问。

最后不得不强调:我讲六十四卦,我做许多努力,是希望还《易经》于"百姓日用"之中,但要实现之,是几代人的事,更需要学者和广大读者的共同努力,我们只能做点儿我们能做的事。

同时,我们也希望有更多的师长同人赐教,乃至尖锐的批评!

殷旵

2003 年 11 月

于北京智学苑

# 目 录

### 第十一章

### 第十二章

**系辞传下** ………………………………………… 197

### 第一章

# 引 子

## 感受《易经》的原始思维

## 一

　　《易经》是一部有符号图像、有文字说明的图书，又名《周易》。考证成书的年代，经历了新石器初期以来上下几千年的历史。书的作者都是古代的圣人，相传八千年前的伏羲是第一位作者，他用两种简单的符号创造了八卦和六十四卦图形。可以想象，那时的八卦、六十四卦不仅仅只是图像，也应该有思维和口头语言。当古老的文字逐渐成熟后，到公元前一千年左右，周文王重新编排了六十四卦卦序，汇集历代口头流传的卦辞、爻辞，用文字记录下来，这就是书的"经"文部分。四百多年后，中国历史上最早的教育家孔子，又对这些文字作了耐心的解释和热情的赞颂，这就是书的"传"文部分，进一步丰富了这部图书的内容。

　　至今日，这部书依然是中国文化园地中一片生机盎然的绿洲，同时在东南亚和西欧也广为流传。瑞士的汉斯·海因茨·赫尔茨（Hans Heinz Holz）在纪念莱布尼茨《中国近事》发表三百周年时说："'光从东方来'。自从欧洲的非理性主义发现真理与幸福来自东方以后，中国人那本解释宇宙、求卦问卜的《易经》，在欧洲可以说是人人皆知。"

　　显然，这种"人人皆知"也与中国本土的老百姓一样，提起八卦、六十四卦、《易经》，乃至伏羲、文王、孔子，可谓人人皆知，耳熟能详。但要问到《易经》这本书的内容，却知之者甚少，甚至大多数人认为那只是一本占卜吉凶的书。即使如此，人们对于《易经》的兴趣由于好奇依然乐此不疲，连著名的物理学家、诺贝尔奖获得者杨振宁教授，近年来也对《易经》发生了兴趣。

　　那么，《易经》究竟是一部什么样的经典呢？书中的符号图像是怎样产生的呢？它们又告诉我们些什么呢？为什么能流传几千年，至今还能常释常新呢？《易经》是如何在归纳和演绎过程中发展的呢？对当今的科学思维是阻碍还是促进呢？

带着这些问号和好奇，让我们一起走进古老的中国，去感受《易经》归纳与演绎的原始思维吧。

# 二

请打开您童话时代想象的匣子吧——

走进古老的中国，就像登上了时间的瞭望塔，人类直立行走时那种像孩童学步的情景历历在目。同时，还能遥听到宇宙大爆炸发出的巨响。

有人推测，宇宙大爆炸以前是没有气体的世界，中国的古人称那个时代为"无极"，也许是说"无气"，因为古文中的"气"字写作"炁"。如果根据爆炸的理论推测，那应该是一个有气体存在的时代，因为没有气体就没有物质，没有物质也就不会有爆炸。可以想见，那时的气体被密封在一个球状的物体之中，气体的膨胀引发了两百亿年前那次巨大的爆炸。

爆炸中，球状的物体分解成无数的碎块和微尘，它们又在气浪的推动和摩擦中形成了大大小小的球状体。气体，则形成第二系列——它们像旋风一样狂舞，裹挟着无数的碎裂物质在滚动，直到把它们滚圆成为一个个星球，然后又形成一个个旋转不息的星云系。

这时，还有两位孪生兄妹不甘示弱，一个是光波，一个是声波。光波和声波同时起跑，一路追打着气体和物体，直到碎裂的物体成了星球，它们依然不依不饶，无限地传播和推进，努力地实践着自我价值。它们的价值被地球上的科学人士记录下来，翻译成七声音谱和七色光谱。为什么能编成谱？科学人士认为，它们的波动并不是人们想象的无序嬉闹，而是有纪律、有规则的运动，叫作律动。于是，艺术家们又根据这种律动，发现了色的波律和音的韵律。

七色光谱和七声音谱收藏着宇宙中几乎全部的资料和信息，包括时间的和空间的。今天的人们还在那里天真地评断：这些宝贵的资料，对一般人群秘而不宣，而只对科学家情有独钟。其实，这是一种人类记忆力的衰退。回首人类直立行走时的情形，那时多么的天真、活泼和率性。大自然对待他们与对待现代人同样公平，不公平是后来才产生的。现代人的不公平现象的主要表现，并非财富和权力，而是拥有的知识和工具。原始人类获取自然界的信息资料，不需要依赖于书本知识和工具，而是依赖于自身与生俱来的功能——眼、耳、鼻、舌、身、意。眼能观色，耳能听声，鼻能闻气，舌能尝味，身有感触，意能思维。他们没有先入为主的主观偏见，不戴派别、政见的有色眼镜，全凭直观和亲身的感受。而现代人由于长期依赖于前人总结的经验、知识和工具，许多本有的功能由于长期闲置、懈怠而退化，对于大自然的信息资料，除了拥有渊博知识和实验工具的科学家，一般人群确实无可奈何。于是，科学家成为现代的权威，他们的理论即使错了，也是伟大的，并且要等待几百年后才能纠正，因为那是伟大的错误。

当代科学家们在不断地纠正之前的科学家的错误，却很难挑剔原始人类流传下来的文明和文化遗产。考古科学甚至在不断证明原始祖先们的天才和天真。

# 三

那是三百万年前的一个阳光明媚的早晨，一群学会了用前肢摘果子的猿人从树上来到了地面，后肢直立并逐渐发达，尾巴开始萎缩。他们用前肢互相牵扶，小心翼翼地挪步，蹦蹦跳跳，口里"咿咿呀呀""哇哇啦啦"地喊叫。有据可查的是，那些喊叫的单音，至今还保留在人类共有的语言中，中国的汉语将它们列为叹词一类，如"啊""哎""咳""哦""哼"等，民歌和戏曲中也大量采用。18 世纪的卢梭推测：人类最初的语言是充溢热情的歌唱的语言。他认为，人类有恐怖、欢乐、悲痛等情感，自然会发出各种感叹之声。美国的人类社会学家摩尔根认为，人类的语言似乎是由最粗糙、最简单的表达形式发展起来的。古希腊的斯多葛派哲学家们认为，最早的人是通过模仿自然界中的风声、雨声、雷声、流水声和动物的叫声，创造了第一批单音词。马克思、恩格斯则认为，劳动使人的发音器官变得灵活，思维逐渐发达，逐渐可以发出抑扬顿挫的音调和一个个清晰的音节。前辈大师们的推论是使人信服的，一种发自这群直立行走的人群内心的感叹声，犹如一曲美妙的音乐。

有位中国的学者说："音乐让所有的生命随之起舞。"当那群直立行走的男男女女，鼓之（拍着肚皮）、舞之（蹦蹦跳跳）、呼之（发自内心的感叹）时，所有的同伴们都被这种原始的人类音乐惊呆了、吸引了，一群群地汇集在一起，踩踏着苔藓、草地，拨开灌木和荆棘，穿行在树林之中，他们"咿咿呀呀"地走向另一种更适于生存的环境里去。

当他们遇到巨石、枯树阻挡去路时，大伙异口同声呼喊："哼——"障碍排除了，道路通畅了。这种发自胸腔和鼻孔的单音，在一代代的重复和传承中，渐渐成为劳动的号子和日常语音。造字的祖先们把"哼"的音韵和排除障碍的故事嫁接，造出"亨"字，表示通畅（在这本古老的《易经》中反复出现这个字）。聪明的人们又根据"通"就能"成"的推理，造出"成功"的"成"（复韵母eng）字，读音属于"亨"（eng）的音韵系统。

直立行走的人群走过的地方，成为可以通行的道路。他们在开路和行走时，常常发出"嗷嗷"（ao）的叫声，ao的音韵被造字的祖先们借鉴，"道""到""导""蹈"等字的读音被归属于"嗷"（ao）的音韵系统。"道"字最早的字形由几个图形组成。两边是"行走"的象形，中间有三个象形，上为头发，中间像眼睛（目），下为手的形状。这组象形描述了原始人类对"道"的思维，他们认为，谁能寻找和领头开辟了道路，谁就是部落或氏族的头目（头发和眼睛的象形），由他用手指引方向，领导大家。"引导""头领""首领""头目"和"领导"，至今仍是汉语词汇中的一个不小的族群，无论是口头还是书面形式，人们听起来依然有一种亲切感和认同感。

# 四

一路上嗷嗷直叫的人群，开辟了许多的道，走了多少遍，始终还不能安静下来。也许是外部世界的新鲜事物激发了他们好奇的灵感，他们又对影子发生了好奇。

开始认识的只是跟着人移动的人影，后来又发现道路两旁的树影、山影都在移动，太阳起山时的影子和太阳下山时的影子方向正好相反。强烈的好奇心激发了强烈的感叹，一声单韵音"咦！"脱口而出。他们的喊叫中又多了一种音韵"i"。由"i"又衍生出几个"表亲"语言家族，首先当然是i的直系家族，有"夷"，本义是平的意思，他们认为影子是平的；有"移"，原义是指影子的移动；有"一"，原义是人影、树影，都是一长横。后来，生活中常见的事物都取"i"为韵，如：衣（古代专指上装）、医（古代人以酒医治外伤）、乙（指胚芽萌生的形状）、饴（甜爽可口的糖）、颐（指食物营养）、佾（古代乐舞的行列）、矣（语气助词）等。另一个嫡系家族是"in"，如阴（太阳照射不到的地方或阴影部分）、引（以影子为向导），音（声音、消息）以及影。不知什么时候，"影"字从"夷"字家族中出走，自立门户，成了双音节（yǐng）。

这是件非常有趣的事，后来许多都记录在《易经》中的符号和文字中，让它流传到遥远的今天乃至明天。

# 五

此时，该正式翻开《易经》这本书了。书页偶有发黄、虫蛀和历史风化的迹象，反而给我们一种新鲜感、好奇感。也许是几千年来人们不断地翻阅的缘故，但那一定是虔诚的、小心翼翼的。没有时间的珍惜就没有空间的保存。

我们轻轻地掀开了第一页。首先映入眼帘的是一个由六条横线叠起来的图形 ▤（乾卦），后面才是文字"乾，元、亨、利、贞……"这些文字从所占书页的篇幅上似乎是主体，但离开了那个图形，文字则无法产生，也无法理解。客观地说，由符号（爻）组合的图形（卦）才是这本书的主体。

前文之所以描述了那么多，正是为了解密这些图形。全书图形一共六十四幅，文字上相应分为六十四篇。每幅图都是六道符号重叠组合，而符号只有两种，一种是一长横线━，一种是两短横线--。两种符号错综排列组合，组合成六十四幅图，共三百八十四道符号，"━"符号和"--"符号各一百九十二道。这两种符号是如何产生的呢？它们又表示什么意思呢？回答这些问题的不是文字，还是那群直立行走的先民的惊喜。

他们惊喜地发现了影子，影子在地上。有人试图捕捉它，追赶它，甚至想拥抱它，但是都不能。能做到的，只是在地上用树枝描画和刻画。也许正是这种描画和刻画的兴趣在几代人中重复，结果自然是思维的启蒙——在一定历史条件下，人们对外界现象不断认识、积累。

人影和树影天天都在伴随着他们，戏谑和诱惑并没有使他们发怒和厌烦，天生的灵感在挑逗中激活。他们发现，地上影子的移动，由天上的太阳管着。太阳移动，影子才被牵动。中国古代就有"夸父追日"的传说，可以想象，他是被影子诱引而追日的。他们追赶着影子，直到太阳下山；第二天又重复。多次地重复终于使他们明白了方位和时间，明白了植物发芽、开花结果都受影子的管属。

他们开始用身影辨别方向和时间，后来用竹竿固定，又用泥做成小尺（五寸长），这种小尺叫作"圭"，测量影子的长短，发现每年最炎热的时候，有一天中午的日影最短。这些在中国许多古老的典籍中都有记录可查。这一天被后人称为"夏至"。

《周礼》这本书中记录的最多，如土方那个部落的人，掌握了运用土圭的方法，测量日影。"人身长八尺"，中国古代以人身八尺为一丈，至今仍称男人为丈夫。原来那是用土圭测量出来的，至今仍在应用的天干、地支中的"干""支"也缘于当初测日影的竿，几千年来依然抹不掉原始的记忆。

当人们用竹竿固定位置测日影时起，这种竿子的高度还是八尺。有趣的是，每当祭祀、集会时，人们又喜欢装饰，在竿子上拴上横杆，横杆上挂上花草，后来改为旌幡、铃铛和用绳子结成的穗子，显得华美和庄重。今天矗立在天安门前的两尊华表就是它的延伸，不但超过了当初的八尺的高度，而且延伸了它的象征意义。当初表示日影的竹竿代表的是一个氏族和部落的福祉，如今则象征着一个国家的繁荣和安定。

# 六

再回到《易经》图形符号的话题上，我们便不难推测："—"和"--"的产生，应该是那群直立行走的人群对影子认识的丰富和发展，由人影、树影到立竿测影，再到用绳结和刻画记录日影。

你知道《易经》中图形和符号的名字吗？"—"名为阳符号，表示太阳照射的影子；"--"名为阴符号，表示月亮或星光、灯光照射的影子。这两种符号又叫"二仪"。仪，指符号本身，认为那只是一种按一定程序刻画的形象，读音正好又借用了"i"韵，认为这两种符号是从"影"在"移"中衍生出来的。

这两种符号又有一个名字叫"爻"，"—"叫阳爻，"--"叫阴爻。"爻"又是什么呢？从字形上看像绳结，甲骨文写作 ，像在绳子上挂了一个小葫芦。从字音上推测，与"吆喝"的"吆"同韵（ao）。这又让我们看到了另外一种有趣的情景：

那群从道路上扛着、抬着各种猎物和果实回到住地的原始人，有的清点物品，有的在绳子上打结或挂葫芦记数。清点的人点一份吆喝一声："吆——"打绳结的应一声："吆——"后来，中国汉字中便出现了表示"一"的"幺"，如手机号码130，有人仍习惯读"幺三〇"，又出现了叫卖的吆喝。"爻"，也许正是由此衍生的。

那么，阴爻和阳爻组合的图形叫什么呢？再回到前文描述过的情景中，人们学会了用竹竿和圭尺测量日影，竹竿画作"丨"，影子画作"丶"，便成为"卜"

字。所以《易经》的作者称预测为"卜"。《易经》的创作者给图形取的名字就叫"卦"（"卜"与"圭"组合）。字形图像的组合已经记录下了那群欢天喜地、又爱动脑子的原始祖先的原始思维。为什么读"guà"呢？有人推测记录影子长短、方位的绳结是挂起来的；又有学者推测，原始先民们为了记数，常把一种老竹片（筹）用绳子串起来（册），时时挂在腰间，用它计数，这就是中国古代记数的"筹"（筹码，即用老竹片或石子作计数）、册（筹用绳串联，甲骨文写作㸚）。这是从字形、字义上推测的，再从字音上看，取"哇"韵"ua"。这是复韵，由"u"和"a"两个韵母复合的。"u"是呜，"a"就是啊。"呜"和"啊"都是感叹词，也许在立竿测影和记数这些活动中，先民们常常发出"人之初"的"呜——啊——"之声。

以上，我们查了一次《易经》的原始简史，知道了两种符号和卦形、卦象的来历。二千五百多年前，孔子也查了一次，当他明白了爻与卦后，在他的《系辞传》里连说了三个"玩"字："所变而玩者，爻之辞也。是故君子居则观其象而玩其辞，动则观其变而玩其占。"孔子说的"玩"，不仅仅是一种形式，应该说是一种心态。是什么样的心态？哦——《易经》原来如此，并不神秘呀，也不迷信呀。祖先们作爻、作卦，不就是为了生存吗？不正是在生活实践中玩出来的吗？所以，孔子接着感叹说："百姓日用而不知。"对于这些百姓日用而又熟视无睹的现象，现代哲学大师冯友兰先生有一种描述，他说："哲学的命题，都是平常人每日所常有、常做、常说者，不过其中所蕴含之意义如何，则平常人不追问。追问此意义，即是哲学之开始。"

上文中，我们已经"追问"到了爻和卦的名字，也许继续追问，又会有更深的含义和更广的信息。如何追问呢？借用一次孔子那种"玩"的心态吧。

即使是几千年以前的情景，我们同样可以想象，当年的"阴"和"阳"两种符号，是多姿多彩的：有人用地上的石子、小木棒，甚至捏搓泥条表示阴与阳；有人会用木棒在泥地上刻画自己喜欢的符号；有人会用绳子打成两种型号的结……也许后来人们渐渐习惯了"—"和"--"这样两种简约的符号。

# 七

今天，我们也来模仿一次原始先民，不拘泥玩法，也不规定用什么"玩具"，这里只是提供一个游戏规则，这个游戏规则也是孔子从"爻"和"卦"中推演出来的。如果我们真有此雅趣，也许在不知不觉中做一回伏羲、文王和孔子。因为是游戏，所以只是提供一种直观的参考，以便引导对《系辞传》的理解。

（一）我们的游戏开始了。

1. 作一坐标系，确定空间位置，如下图：

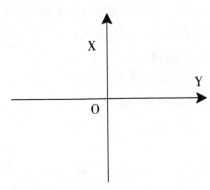

2. 坐标系中任意一个角（直角）取对分线，并将此线向对角延长，将坐标斜向分成两半，如下图：

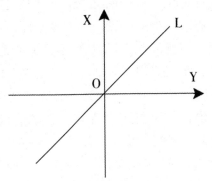

3. 将其中（右下方）一半涂上阴影，表示一明一暗，代表一阴一阳，就像昼与夜，又像地球被阳光切割成两半，如下图：

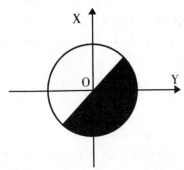

4.《老子》云："万物负阴而抱阳，冲（中）气以为和。"上图逐渐演变为阴

阳鱼状的太极图，如下图：

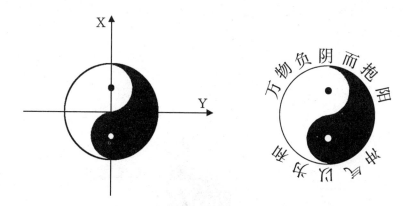

5."太极"实际代表了一个物质世界，在这个世界里，阴代表阴性物质（如重浊之气），阳代表阳性物质（如轻清之气），它们沿着各自的方向向外衍生，分别用阴的符号"--"和阳的符号"—"代表，形成四个纯阳卦☰和四个纯阴卦☷，如下图：

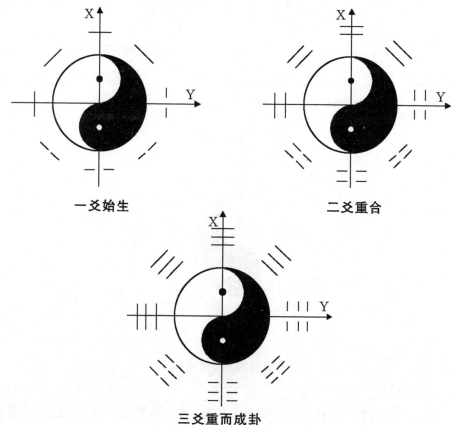

一爻始生　　　　　　　　二爻重合

三爻重而成卦

6. 左右两卦的中爻阴阳相互换位，左边的纯阳☰变为☲；右边的纯阴☷变为☵。☲像火苗◑，代表火；☵像流水∿，代表水。《周易说卦》说"水火不相射∿"。如下图：

**中爻互换：水火不相射**

7. 左上角与右下角两卦的上爻阴阳互换，左上角的纯阳☰变为☱；右下角的纯阴☷变为☶。☱像泽水～，代表泽（河湖等）；☶像山峦へ，代表山。《周易说卦》说"山泽通气"。如下图：

**上爻互换：山泽通气**

8. 左下角与右上角两卦的下爻阴阳互换，左下角的纯阴☷变为☳，一阳带二阴，为阳卦；右上角的纯阳☰变为☱，一阴带二阳，为阴卦。☳像雷电 ⁄ ，代表雷；☴像风势 ⁄⁄ ，代表风。《周易说卦》说"雷风相薄"。 如下图：

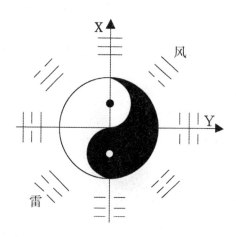

**上爻互换：雷风相薄**

9. 上下两卦不动，上方的纯阳☰像天空 ⌒ ，代表天；下方的纯阴☷像山川大地 ⁄⁄ ，代表地。《周易说卦》说"天地定位"。 如下图：

**天地定位**

10. 确定方位：上为南，下为北。这是原始先民的观念：面南而坐，坐北朝南，本意为朝阳，向阳；又，古代人的观念中，日为火，月为水，日从东边起山，月从西边起山，故左方的 ☰ 代表东方，右边的 ☷ 代表西方，于是东西南北中五个方位也已确定，如下图：

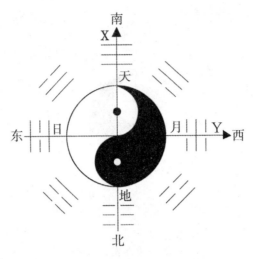

11. 确定卦名：乾卦 ☰ 象征天，天行健，健者，勤也，乾也，故名"乾"；坤卦 ☷ 象征地，地势坤，故名"坤"；震卦 ☳ 象征雷，雷声震动，故名"震"；巽卦 ☴ 象征风，风行逊下，故名"巽"；坎卦 ☵ 象征水，水使地陷，陷下为坎，故名"坎"；离卦 ☲ 象征火，火光亮丽，故名"离"；艮卦 ☶ 象征山，山如土埂，如横亘，故名"艮"；兑卦 ☱ 象征泽，泽水滋养万物而生喜悦，故名"兑"。如下图：

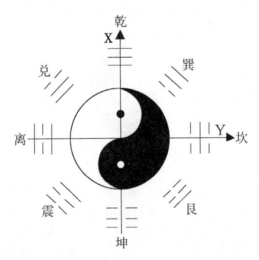

12. 确定卦德：乾卦 ☰ 象征天，天行健，卦德为健；坤卦 ☷ 象征地，地顺从天，卦德为顺；震卦 ☳ 象征雷，雷声惊天动地，卦德为动；巽卦 ☴ 象征风，风

行逊下，无孔不入，卦德为入，为逊；坎卦☵象征水，水使土陷，陷而有险，卦德为陷（本义）、为险（引申义）；离卦☲象征火，火光亮丽，但离不开附着物（如灯芯、柴火、煤炭等），卦德为附，为丽；艮卦☶象征山，山有静止之态，卦德为止；兑卦☱象征泽，泽水滋养万物而生喜悦，卦德为悦。如下图：

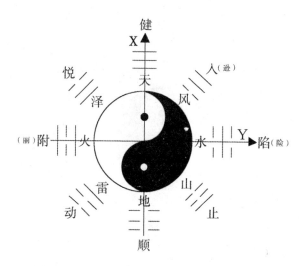

13. 确定八卦家庭（人伦）关系：乾卦☰为纯阳卦，象征父；坤卦☷为纯阴卦，象征母；震卦☳一阳爻在初位，代表长男；巽卦☴一阴爻在初位，代表长女；坎卦☵一阳爻在中位，代表中男；离卦☲一阴爻在中位代表中女；艮卦☶一阳爻在上位，代表少男；兑卦☱一阴爻在上位，代表少女。八卦家族为父、母、三男、三女，八口之家（小家），八大宗系（大家）。如下图：

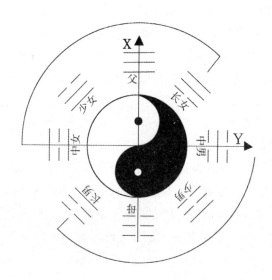

14. 确定卦序（伏羲先天八卦）：依太极阴阳交界线S形而定八卦的次序，乾1，兑2，离3，震4，巽5，坎6，艮7，坤8。

15. 以图示之，不但能明白其卦序，还能得出一组卦数，每两个相对的卦序数相加而得九，四个"九"负阴抱阳而为九九归一，如下图：

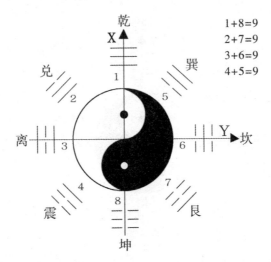

$$1+8=9$$
$$2+7=9$$
$$3+6=9$$
$$4+5=9$$

（二）第二轮游戏从重卦入手，所谓重卦，即将两个经卦（八卦中任何一卦都为经卦，经卦只有三爻）两两相重，错综其位，因而演绎成六爻卦。

1. ☷与☷两卦相重而得䷊，名为泰卦；䷋，为否（pǐ）卦。此二卦为《易经·上经》中第十一、十二卦。泰卦为通畅，否卦为阻塞。泰极而否来，否极而泰来。

2. ☵与☲两卦相重而得䷾，名既济卦；䷿，名未济卦。济者，渡也，引渡，载渡。既济卦表示已经渡过，引申为成功；未济卦表示尚未渡完，引申为尚未成功，仍需努力。既济、未济为第六十三、六十四卦，乾、坤为首卦，既济、未济为末卦。已渡（已成）而又未渡（尚未成），表示"事有终始"，但此事之终又是彼事之始，原始反终，周而复始。

3. ☳与☴两卦错综其位而相重，得䷟，名恒卦；䷞（上下错其位而又覆之），名咸卦。咸卦的外卦（上卦）为少女☱，内卦（下卦）为少男☶，少男娶少女，少女嫁少男。恒卦外卦为长男☳，内卦为长女☴，男主外，女主内。《周易集注》中说："乾坤者，万物之男女也；男女者，一物之乾坤也。故上经首乾、坤，下经首男、女。"咸、恒二卦为《易经·下经》之首（第三十一、三十二卦），虽非六十四卦之中，但依黄金分割律，此二卦似为全经之轴心。甚至有学者将咸卦的九四爻称之为轴心的轴心（爻辞曰："九四，贞吉，悔亡。憧憧往来，朋从尔思。"），此解过分夸张了"憧憧往来，朋从尔思"一句，狭隘地理解为男女之间的感应。"咸，感也。"咸卦是表示感应的（见正文中解）。

4. ☳☶与☱☴两卦错综相重，得☶☳，名损卦；☴☱（上下错其位而又覆之），名益卦。损者，损下而益上；益者，损上而益下。两卦为《易经·下经》中的第四十一、四十二卦。

5. 综上所玩者，从八经卦（且名为八母卦）中，又演绎为八子卦。八母卦象征的是自然现象：天、地、雷、风、水、火、山、泽；八子卦则象征了社会变迁和人事现象：通与塞；感与应；损与益；终与始等。如下图：

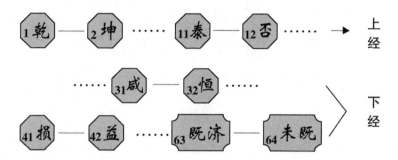

（三）再继续第三轮游戏，按阳长阴消、阳消阴长的游戏规则玩。

1. 阳长阴消。以坤卦☷为本卦，从初至上，逐爻由阴变阳。如下左图：

2. 阴长阳消。以乾卦☰为本卦，从初至上，逐爻由阳变阴。如下右图：

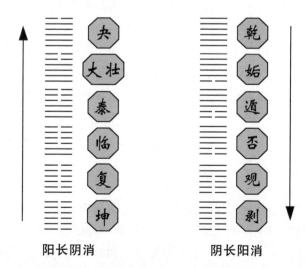

阳长阴消　　　　　　阴长阳消

3. 根据古圣先民测日影而长期（几千年）积累的资料，归纳出以一年十二月，每月两节气为基本内容的历法。故上述所玩的消、长游戏而演变出的十二卦，又可分别代表十二月，十二种节气的消、长。长，又名息，故十二卦名十二消息卦。意思是，这十二卦记载了一年中阴气、阳气消长，寒暑往来的消息。而后人又依据这种归纳的历法，推而广之，演绎到日常生活、生产之中，至今还在应用（二十四节气）。如下图：

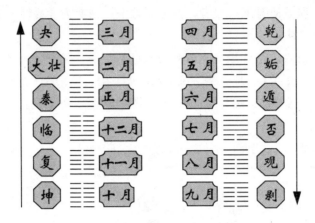

十二消息卦

　　游戏暂且告一段落。这里需要作一说明，以上游戏，既非游戏，也是游戏。因为这只是一种模拟，而非"太极生二仪，二仪生四象，四象生八卦"创作历程的翻版。如果借用禅宗的一种比喻，问：月亮在哪里？答者向天空一指。问者是望答者的手指，还是沿着手指的方向而望月呢？望其手者，如学《易》者拘泥于文字易；通过游戏（手指），而引导学《易》者用心体验原始先民的生活情境，体验从口头、语音、简单的思维到模仿的记号、符号、图形，最后到文字，以及文字系统——书面语言等一系列草创、流变和发展的历程，沿着这一历程（手指的方向），去体悟古圣先哲几千年来的智慧结晶——《易经》（月，如其本来）。月在何处？在天上？也在心里，在每位学《易》者的悟性之中。

# 八

　　综上对《易经》草创历程的追溯和想象、游戏和体验，我们似乎能触摸到从上古的"口头易"到中古的"文字易"，从伏羲"仰则观象于天，俯则观法于地"到后世"观其变而玩其占"和"百姓日用而不知"的历史轨迹。而碾压出这一轨迹的两道辙辘，应该是归纳与演绎。

　　提起"归纳"和"演绎"这两个名词，自然又会联想到杨振宁教授的发言。那是 2004 年 9 月 3 日在人民大会堂举行的"2004 文化高峰论坛"开幕式上，继许嘉璐副委员长、杜维明博士、王蒙先生的发言之后，杨振宁教授作了《〈易经〉对于中华文化的影响》的重要发言。我们有幸在场聆听，近距离感受到杨教授的学术魅力。

杨教授在发言中说："我要特别加强讨论的，中华的文化有归纳法，可是没有推演法。"他认为中华文化的归纳法来源于《易经》。

随后，有报纸以《杨振宁称〈易经〉阻碍中国科技启蒙》为题，对杨教授的发言作了报道。报道犹如一石激起千层浪，一场社会讨论展开了。在其后的几个月中，我先后参加过国际易学联合会、中华老子研究会多次讨论和座谈，参加了"天地生人学术讲座"发起的"《易经》与科学"的学术讨论，并先后请教于海内外诸位专家学者，如中国社科院哲学院博导王树人教授、中国易经学会老会长、武汉大学唐明邦教授、美国夏威夷大学成中英教授、美国南加州美西易经学会会长汪忠长教授、马来西亚易经学会会长陈瑞哲先生等，同时翻阅了有关"归纳"与"演绎"的哲学著作，结合本人学《易》的体验，归纳有两点：

1. 杨振宁教授的发言并未贬毁《易经》，而是站在时代的高度，对易学研究提出了新的思路和理念。

2. 杨教授发言时一再侧身对主席台上的领导和专家们说："我是研究物理学的，没有研究过历史学、考古学、语言学、语音学、美学、哲学等等。"杨教授的态度是谦虚谨慎的、客观的，并非媒体所报道的那样。也正如国际易学联合会会长、北京大学哲学系朱伯崑教授在一次座谈会上强调的，我们要感谢杨教授关心易学的研究，当前媒体报道中的"阻碍说"不是杨教授的本意，"反驳说"也不是我们易学界的本意。他反复要求深入研究，多研究，少表态。王树人教授在几次学术研讨会上也主张，多一些原创思维，少一些没有思考的争论。

在这篇"引子"中，我也只是将自己的学《易》心得奉献给诸君，仅供参考。

关于"归纳"与"演绎"，且引用几位前辈的论述如下：

> "人们对事物认识的一般规律，总是从个别（特殊）到一般（普遍），再从一般（普遍）返回到个别（特殊）。而归纳和演绎，就是这前后两个过程中所采用的两种逻辑理论思维的'推理'形式。"
>
> ——王维《科学基础论》
>
> "演绎是由个别到一般，又由一般到个别的认识过程中同归纳紧密联系的一个环节，也可以说它们是实现这一过程在方法上必不可少的两个紧密相连的要素。"
>
> ——夏甄陶《认识论引论》

（归纳和演绎）是必然相互联系着的，不应当牺牲一个而把另一个捧到天上去，应当把每一个都用到该用的地方，而要做到这一点，就只有注意它们的相互联系，它们的相互补充。

——《马克思恩格斯选集》

适用于科学幼年时代的以归纳为主的方法，正在让位给探索的演绎法。

——《爱因斯坦文集》

演绎经常作为提出科学预见和检验与发展假说的重要方法而起作用。科学预见是根据已有的知识对未知的事物作出预测性的解释。这种解释的提出，就是一个演绎推理的过程。

——夏甄陶《认识论引论》

归纳和演绎是相互依存、相反相成的两种推理方法：归纳要以演绎为指导，演绎要以归纳为基础。两者是相互渗透、相互促进的关系。

——王维《科学基础论》

从以上的引文中，我们对归纳和演绎应该有一个基本理解。那么，《易经》究竟有没有演绎呢？我们不妨来作一个初步的探讨：

上述图中，我们从母八卦中玩出了一组子八卦，如果说母八卦是从自然现象中归纳出来的，那么，能否说，子八卦则是从母八卦中演绎出来的呢？我的推测是：母八卦中的天、地、雷、风、水、火、山、泽这八种自然现象是八种个别（特殊）的现象；子八卦中的通泰与阻塞、损与益、感与应、终与始，应该说是人类社会中普遍的现象。从第二节的表述和图形中，我们不难看出，子八卦从母八卦演绎而来，不仅仅是上下卦错综复杂的演绎过程说明了这一点，同时，它们分别象征的卦理也能说明这一点。

如：泰卦䷊，上地（阴气），下天（阳气），表示重浊的阴气下沉，轻清的阳气上升，二气"负阴而抱阳"，才能"冲（中）气以为和"，和者，通畅也。否卦则相反。

再以"泰卦"初九爻爻辞为例："初九，拔茅茹，以其汇，征吉。"

上述"十二消息卦"图告诉我们，泰卦在十二消息卦中为正月卦，正月立春，表示春天来了，但古代先民在没有历法、历书的情况下，只得凭借前人归纳出来的经验，拔一棵茅草，观察其根部萌动状态（茹），因为冬天植物长根部，阳气在地下；而春天来临时，阳气活跃上升，植物的根部的萌芽也活跃起来了。于是，由此一"茅茹"而推测其他物类（"以其汇。"汇，类），依据这一预测决定播种、春耕（征），就会有好的收成（吉）。可见，这一爻辞所描述的情境，正是一个从归纳到演绎的推理过程。

根据我多年研究《易经》的体验，认为《易经》中的卦象、卦数、卦理、卦气等，无不是从归纳到演绎这一推演过程的展现。但我们又不能由此而评说杨振宁教授"不懂《易经》"，我在现场聆听的第一感受完全没有排斥情绪。论坛期间，多次有人问及我的看法，我的回答首先肯定对这一发言的尊重，因为只有尊重各种见解（何况是杨振宁教授的见解），其本身就是对自己所修专业的尊重，这才是学者应有的科学态度。当时，珍泉将我们的拙作《易经的智慧》送上主席台，双手恭奉给杨教授，杨教授很高兴，连说："谢谢！"我相信，日后会有向杨教授当面求教和探讨的机会。后来，我们提交比利时"欧盟举办的中华文化高峰会议"（2005 年 9 月 5 日在欧盟总部召开）的论文，即题为《试论易经的归纳、演绎法与西方的科学启蒙》。

# 九

再来谈谈占卜，我从来不否认《易经》的占卜功能，年轻时也常常"观其变而玩其占"，并自得其乐，但也从来不迷信这种占卜。读过《系辞传》后，对《易经》的占卜又有了深一层的理解。特别是近十几年来的参禅修行，再次引领我步于一种似有居高临下的感悟——《易经》占卜的本原是"百姓日用""使民宜之"。这一观点，我在《易经的智慧．经部》一书的"智慧的占卜"篇中已有阐述。这里我想说的是：能不能让《易经》的占卜功用登上大雅之堂？并愿与海内外同仁们尽此努力，使《易经》文化与现代教育、企业文化和处世为人接轨，发挥其应有的作用。

今日，易学家们所忧虑的是：社会上流传的"占卜"与其本原渐行渐远，变成了几乎百分之百的非理性预测，几乎每一位玩占者、问占者，都怀有一种非理性的心态，企求人生种种都在已知中，高枕无忧地生活在完全已知的世界。

其实，人类之所以能为万物之灵长，因为人类有无穷无尽的创新思维和创造能力，而这种创新和创造，又正是源于对未知的好奇和求溯。

我们的生活需要已知，如天气预报、孕妇预产期、工程的计划、农事的安排等，但如此种种都不是全知：已知中有未知，未知中亦有已知。人们生活的丰富多彩和无穷乐趣，正是由种种已知和种种未知组成的。没有了未知，也就没有了好奇；没有了好奇，也就扼杀了求知和创新。

已知是求知和创新的路标，未知是求知和创新的引力。有人说，已知的圆周愈大，圆周外环未知的世界愈大。其实，眼界和心量也在随之拓展。人生的意义在此，生活的底蕴在此，成功与辉煌的奥妙也在此。人又何必忌弃未知而片面追求已知呢？

我以为，重要的不是预测已知，而是把握已知和驾驭未知的能力。无此能力和心态，即使已知，依然无可奈何，听天由命。无此能力的已知，除了平添了些惶恐和侥幸之外，又何益之有？

出自孔子和孔子弟子之手的《易经》大传（主要是《系辞传》《序卦传》和《说卦传》），一扫占卜的陋习，而从哲学思辨入手，发掘出人们心灵中理性的一面，摒弃了许多非理性的东西。尤为不可忽略的是，当我们自身本有的理性思辨得以发挥后，无论前途已知或未知，都无所畏惧，都能勇敢面对，并能趋吉避害，扬长避短，化险为夷，潇潇洒洒，安之若素。多一份未知，便多一份期盼；

多了一份期盼，就多了一份生活的乐趣。

在我们的生活中，已知和未知、理性和非理性，都是相辅相成的。其二者有如阴与阳、柔与刚、动与静一样，既对立又统一。但二者又不是绝对、均等的，也不是千篇一律、一成不变的。在现实生活中如何把握，有一个"度"。所谓"度"，就是"中和"。中医的"中"，本义为符合，符合即为"圣度"。《黄帝内经·素问》中说："凡阴阳之要……因而和之，是谓圣度。"人身调养乃至人生处事，能"圣度""中和"者，又何以去计较什么已知与未知、理性与非理性？《易经》的"见群龙无首，吉"，《老子》的"无为而无不为"，儒家的"中庸"，《系辞传》中的"乾以易知，坤以简能。易则易知，简则易从"。——圣度之义大矣哉。

# 十

这本《易经的智慧·传部》，原版书名为《易经大传新解》，是继2002年讲完六十四卦，即《易经的智慧·经部》后，2004年10月3日至24日，在京讲完了《系辞传》《说卦传》，经录音整理，再经本人修改，出版社审稿的。这次新版，经过了编辑的再次审稿，书中难免舛误之处，恳望热心的读者不吝赐正！借此拙书出版之际，向《易经的智慧》及本书的海内外广大热心的读者表示诚挚的谢意，特别是众多给出版社和我个人来信、来电者，愿继续交流，为弘扬中华传统文化同参共勉，尽己"匹夫之责"，多做点能做的事！

最后将我个人学易、参易的心得奉献给您们：

心量有多大，福报一定会有多大。

心量，是社会大众共修的心量。

福报，是社会大众共享的福报！

我是以此心得为思想基调，讲完《系辞传》全文的。同时，我也是以此为处世基调，修身、齐家，热爱国家，胸有"天下"。愿以此心得与更多的读者进行更广泛的交流。

作　者
2005年季春
于北京龙腾苑
E - mail: yinyzq@yahoo.com.cn

# 系辞传上

## 第一章

　　天尊地卑，乾坤定矣；卑高以陈，贵贱位矣。动静有常，刚柔断矣。方以类聚，物以群分，吉凶生矣。在天成象，在地成形，变化见（现）矣。

　　是故刚柔相摩，八卦相荡。鼓之以雷霆，润之以风雨；日月运行，一寒一暑。乾道成男，坤道成女。乾知大（太）始，坤作成物。

　　乾以易知，坤以简能；易则易知，简则易从；易知则有亲，易从则有功。有亲则可久，有功则可大；可久则贤人之德，可大则贤人之业。易简而天下之理得矣。天下之理得，而成位乎其中矣。

---

　　天尊地卑，乾坤定矣；卑高以陈，贵贱位矣。

---

### 顶天立地

　　《系辞传》开篇第一句"天尊地卑，乾坤定矣"。好有气魄呀！孔子为什么要发出这样的赞叹？与《易经》有什么联系？不妨先看看首卦的卦象。首卦是乾，卦象和爻辞如下：

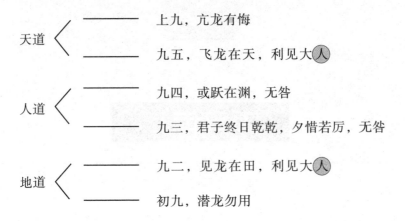

在乾卦的爻辞中，唯有九二和九五中有"利见大人"。奇怪，"人"不在人道的九三、九四两爻上，而落在地道的九二爻和天道的九五爻上。仔细一看就像一幅顶天立地的人像图。

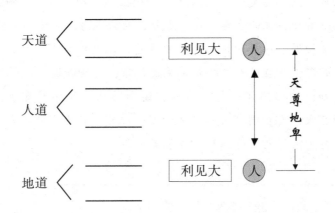

也许你们会问，天道、地道、人道是《易经》经文中本有的，还是《系辞传》中独撰的？（《系辞传》后面有"有天道焉，有人道焉，有地道焉"）要回答这一问题，不妨再看上图中的爻辞：

"九五，飞龙在天。"天者，天道也；

"九三，君子终日乾乾。"君子者，人道也；

"九二，见龙在田。"田者，地之表也。

原来经文中已经说得明明白白。孔子系辞作传，果真是为解读《易经》而作。但他并不是逐字逐句地解，不是以文字解文字，而是从卦象上解，从卦数、卦理上解，真可谓"大哉乾元""乃统天"啊！好一句"天尊地卑"，却从"顶天立地"中来，来得好潇洒、好自在！我们今日解读《易经》有如此潇洒吗？

## 天与地

"天"，我们先看看甲骨文的"天"字，上面是一个方框，下面是一个大人的"大"字。什么叫甲骨文？刻写在龟甲和牛骨上的文字叫甲骨文。金文是青铜器上刻写的文字，金文是这么一个形式的。这个"天"字是什么意思呢？你看，天在人头顶上。《说文解字》上说："天，颠也。""颠"字左边是一个真假的"真"字，右边这个"页"是指头脑，古代的头脑为"页"。"颠也"，人脑袋上面就是天哪。

我们今天可能有一个误区。天在哪里？天在上面，离我们很远、很高。其实天在哪里？头顶上面就是天，所以我们每一个人都是顶天立地。你一出生就顶上天了，就立于地了。你悬起来？你是悬不起来的。人人头顶上都有一片天。这个里面就有一个东西，为什么？甲骨文的"天"字上面是方框，是方的，不是圆的。

如果上面是一个天的话，天是圆的，古代人有"天圆地方"这么一个观念，那么，有人就会提出问题，甲骨文为什么写成方的？它非常绝妙。一个意思是说，一个人只有一片天，不是整个天，一个人顶不住一个天。那么，在这个天底下，整个一个地球大家园，"万类霜天竞自由"啊。不仅只有人类，还有其他动物、植物、微生物，很多物类——"万类"。单靠你人类是顶不起这个天的。

国际上有环保者这么说："在这个地球上，如果人类灭绝了，其他生物可能生活得更好。"现在，我们人类把其他生物的"风水宝地"占尽了，侵害了它们的生存权利，不让它们生存，连老鼠都无安身之处。假如其他物类全都灭绝了，人类也生存不下去了。人类再伟大，再聪明，也顶不住一个天，还是一个四四方方的一片天。这个理解我们不能说是一种本真的，不能说古人当时造字就是这么造的，我们不能这么去界定这个东西。但我们可以这么去理解，这种理解是每个人的自由。这就是"天"。

那么，我们再看看这个"地"。你看，这是"土"字，这个"土"的甲骨文为什么上面是一个方块，下面是一横？下面代表大地，上面是一个石块或是一个土块，立着做什么呢？古代人立碑（树碑立传），立碑就是从那个时候开始的，就是为了祭祀。再看亨通的"亨"字，为什么叫亨？亨就通。"亨"怎么与"通"联系起来了呢？古代人经常被大石头挡住路，或一棵大树倒下来挡住了路，大家齐声一喊："哼——"一声号子就把它搬走了，障碍排除了——通了。通了以后很高兴，马上立一块石头，并对这块石头拜一拜："谢天谢地。"

那么，这个"地"字右边的"也"呢？这个"也"字很怪，这是也的金文。这是以后的篆体。篆体又分为大篆和小篆。这个篆是什么意思呢？周宣王时有一个史官叫史籀（zhòu），史籀创造了一种字体，叫大篆，也叫"籀文"，也叫"古文"。如果你看文字学的话，开始就看糊涂了：有的书上叫"古文"，有的书上又叫"籀文"，有的书上叫大篆，实际上三者都是一个。它出自史籀的手。

最近杨振宁先生讲，中国古代只有归纳，没有演绎。

什么叫演绎？我们中国古代把演绎叫"外籀"。"外籀"为演绎，"内籀"为归纳。这个都有来历，所以我就附带地讲一下这个东西。然后是小篆，小篆后面是隶书。小篆是李斯（秦始皇时代的丞相）写的，他把这个小篆写得非常漂亮。

甲骨文的"也"是。这个"也"字像什么呢？像蛇。你看，这是蛇头，蛇头的鼻子，一看就是蛇。所以古代"也"字与"他"和"蛇"是相通的。"也"字为什么是蛇？这个很有意思。"地"字用一个"土"字是对的，为什么还要一个"蛇"字呢？噢，古代人最怕的两种动物，一个是小虫，一个是大虫。大虫是老虎，武松打虎是叫打大虫。《水浒》里面为什么叫老虎为大虫呢？这个大虫的来历，有一个比较，有一个对待。就像哲学里面老是讲"对待"，是吧？什么叫"对待"？大和小是对待。因为最可怕的还不是老虎，最可怕的是蛇，蛇是小虫。它是虫类的，所以"蛇"字是"虫"字旁。蛇是最可怕的，一个数量多，再一个是防不胜防。在当时，草地多，湿地多，当然蛇也多，最可怕的就是这个。

另外还有一层意思。大地上的代表物是什么？现在一讲到国家，一讲到祖国，都用山河、山水——"国破山河在""江山如此多娇"。你看，都是江山，都是山和水，都以山和水作大地上的代表物。实际上，山水都是像蛇一样蜿蜒起伏，山是这样，水也是这样，风水家形容山水地貌，像虬龙一般地盘旋。讲到水，有首民歌叫《浏阳河》。浏阳河流过了几道湾？流过了九十九道湾。少一道湾不行，多一道湾也不行。所以有这样的诗句："山舞银蛇""五岭逶迤"等。这个"地"就有意思了。当然，我还要重申，我这里不是界定，我不是文字学家，你不能把这个东西当作一个定义，不能下定义。

我们理解要生动，要活泼，要把它展开、联想、想象。这个想象有没有作用？有作用。为什么有作用？我这里又要问大家一句，你们在发言，或写文章，或做某一件事得意时，就是你想象最丰富的时候，是不是？没有想象力，什么都是苍白的。所以说，会想象，就会办事，也就会说话。

一定要有想象力，做什么事都要有想象力。我认为，搞自然科学研究也要靠想象力。居里夫人发现镭，开始她根本没有看到镭，她是想象到了，是不是呀？哥德巴赫猜想，他就是想象。当然，他的想象与我们的哲学家、文学家、诗人的想象不一样，但并不是说，他不是想象，他的想象是建立在逻辑和实验的基础上的。所以我们理解这些东西必须要有想象。

**尊与卑**

再讲"尊"和"卑"。"尊"是什么？我这里介绍一位萧启宏教授，他现在是北京汉字研究所的所长，专门研究汉字，做了大量的工作。他是怎么解释"尊"和"卑"的？他讲，"尊"是一种酒器，也就是我们现在讲的酒壶。那么"卑"呢？就是酒杯。"尊"字的甲骨文𝍣，古代的那个"尊"是"木"字旁，"杯"也是"木"字旁。因为在青铜器还没有出现以前，酒器是用木雕刻的，把木镂空作为酒器。人们不用陶器而用木器。壶为尊，酒杯为卑嘛。

那么，"尊"和"卑"是怎么分工的呢？我们能不能讲有贵贱、高下之分？我认为，喝酒时人们往往端起杯子忘记了壶，谁尊谁卑？碰杯（卑）不碰壶，只是功能不同。真正说，没有尊卑、贵贱之分。

这是"卑"字的金文𝍣，上面像个"田"字，下面还是一只手。这就是说，上面有一个杯子给你托着，而且好像有一个盘子在下面。有次我们去甘肃野林关，一到草原上，牧民就托着一个盘子，托着三只酒杯，旁边一个人拿着一把酒壶，一个个地给我们敬酒，敬青稞酒。过去我们从电视上看到喝酒不吃菜，哎，我们这次亲身感受到了。我们就站在那里喝酒不吃菜，一个个地喝，哎，有意思，就是这个东西。有些东西我们联系起来看就通了，不是停留在文字上。那么，天尊地卑呢？我们看到，它是分工不同，位置不同，没有尊卑、贵贱之分。

**定　位**

再看"乾坤定矣"。天地是先天的，自然形成的，乾坤是后天的，人为命名的，象征天地。乾坤是什么意思呢？乾是代表天的，坤是代表地的。

"乾坤定矣"，这里我要讲一个"定"字了，这个"定"字很重要。甲骨文的"定"字写作𝍣，金文的"定"字写作𝍣。"宀"是房子，房子下面是这个"宀"。这个"定"字对我们每一个人都很关键。如果你想办事业、办公司，这个"定"字就很重要，实际上对每一个人都很重要。"定"是定位呀。屯卦初九爻："利居贞，利建侯"，何谓"利居贞，利建侯"？一个"建"字非常关键，"利建侯"，许多书上解释，"建侯"就是封侯。当然中国古代是有"封侯"这一说，但我认为，它真正的意思并不局限在封一个侯、封一块地，实际上是一个定位问题。

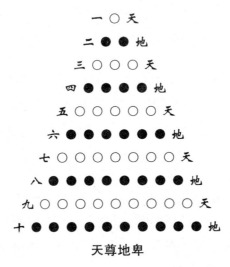

**天尊地卑**

这里我举一个例子。毛泽东领导秋收起义，就是要建革命根据地；于是上井冈山，建立了革命根据地。井冈山是三省交界，那个地方地形也好。

再看南昌起义。周恩来、朱德、贺龙，还有陈毅，在南昌起义以后，打到了广东海陆丰时，到处被追击，最后还是上井冈山会师。以后千里迢迢，二万五千里长征，爬雪山，过草地，到延安，干什么？继续革命，又是建立根据地。这就是"定"。以后到北平，先不进北京，先在西柏坡——"定"，这是过渡。你看，此时还有个过渡，这个过渡很关键。到了北京城，不进紫禁城，也不进中南海，而是住香山。所以在香山的山顶上还建了那么多炮台，也叫炮兵阵地，都为了"定"。为什么我刚才讲到西柏坡，还讲到香山，这也是叫"定"。

每一个时期有每一个时期的"定"，这个"定"字不仅仅是指空间，也是时间，你不抓住时机不行。有些东西你不是一步到位，有些事你想一步到位很难，必须有个过渡，过渡阶段也是"定"。这一步我定在哪个地方？我走到这一步，这是我的定位。定多长时间？到什么时候再迈第二步？一步一步地迈，这个很关键。为什么？这个"定"，定在哪个地方？乾坤哪，以乾坤为定的目标，离不开规律。讲空了不行，还是回到现实。

根据事物发展的规律，事物发展到哪一步，就在哪一步定，一步一步去定。事物发展的规律以什么为依据？以天地为依据。什么规律？小道理归大道理管，小规律在大规律里面。真正的大规律是天地规律，也就是地球围绕太阳转，月球又围绕地球转，就是这么一个规律；也就是我刚才讲的寒暑往来、月圆月缺，再就是昼夜交替。你想，国家大事离得开吗？离不开这个规律。人类的活动都是在白天，而不是在黑夜，都不能违背生物总作息时间表：日出而作，日没而息。还有一个季节，古代人治国离不开二十四节气。那么，现代人离得开吗？还是离不开。如研究物理的，研究物理也有一个规律。无论是哪一种物类，都有一个理，理就是规律。这个规律在天地之间，都要遵循太阳、地球、月亮运行的规律，离开了这个规律就不行。为什么？再讲到天，再讲到人头顶，每一个人头顶上都有螺旋。天上的星云图，银河系的星云，也是螺旋的，树的年轮，水面的漩涡，台风的中心，哪一样都有漩涡。

由此可见，这也是从自然中来的。无论是人还是动物，还是一粒种子，它在发育、生长过程中，像人一样，只有出生以后才是动态的。当然，这个动和静是相对的，相对而言，人在母胎里面是静态的，因为它分分秒秒都随着地球转。现在你们可以做个试验，你们在晚上万籁俱寂的时候，可能会感觉到地球在转动，但是你在活动的时候，你能感觉到地球在转动吗？感觉不到吧！也就是说，在母胎里面，一个胎儿、一粒种子是静态的，他（它）能感觉到地球在转动，感觉到月亮在动，感觉到万有引力，他（它）能感觉到。那么，漩涡的形成，都是相应的。你有我也有，这就是规律。

那么，事物的发展规律，我们离得开吗？是离不开的。六十四卦里面有个随卦，随卦里面有一句象辞，这个象辞是很有意思的。怎么讲？"君子以向晦入宴息。""君子"好懂。"向"是什么呢？向是方向。"晦"就是暗。"向晦"，就是说太阳已经下山了。"宴息"就是休息，就是说，天黑了大家都要休息，万物都要休息，不仅仅人要休息，万物都在休息。但是前面呢？加了一个"君子"。请问：只有君子是晚上休息，小人就是白天休息吗？这是不是一句笑话？但是《易经》是开玩笑吗？不是，它讲规律。万物都是这样，必须遵循规律。晚上我在休息，我就是君子。为什么？我遵循规律了。在十字路口，绿灯亮了我就行，红灯亮了我就停，遵循这个规则就是君子。人家一看，你这个人很不错。如果看到红灯你还闯，你就会受到指责：这个人真是不懂规则呀！

开车的人都有这种体验，看到有人违反交通规则的时候，都指责他，这是不遵守规则的行为。他就成"小人"了。睡觉如此，吃饭如此，何况于做大事呢？

并不是谁当官、有钱就是君子，遵守规律才是君子，所以要定在规律上。依照什么？依照乾坤特有的规律。你看，这个东西很有内涵，我们不能一读而过。当然古人解释得很多，解释得非常好。我也是以他们的研究成果为依归的。没有他们的指归，我也不能理解，但是他们的指归（我现在手头上有很多关于《系辞传》解读的书），比较来比较去，大同小异，我在这个基础上再往前走了一步。为什么？一定要坚持一个"《易》与天地准"。

金景芳先生研究《易经》七十多年，九十九岁去世的，这是一位非常受人尊敬的老人。他突然在九十六岁时发现了一个问题。他发现了什么？《易经》里"《易》与天地准"这句话有非常深刻的内涵。他讲，整个《易经》讲来讲去都是讲"《易》与天地准"这句话。哦，无论讲哪一卦，都是与天地相准的，相对应的，规律是相应的。他这句话提醒了我：以前读《易经》，读了这一句觉得那一句莫名其妙，读了那一句又觉得与这一句自相矛盾，原因是没有找到一个准点，没有一个定位。

## 贵与贱

这一句话点醒了我："易与天地准。"所以开篇就是"天尊地卑，乾坤定矣。卑高以陈，贵贱位矣"。"卑"是指低下，"高"与"卑"是相对的。这个"陈"字很重要，"陈"的甲骨文是这样写的，金文是。实际上它的本意是指陈列，把它摆在那个地方。"陈"就是陈列，"乾坤陈列""卑高以陈"，这个"陈"不是齐的，而是高高低低、大大小小、有方有圆，杂然而陈，这叫陈列。你们想，如果展览馆、陈列馆，都摆的是一样东西，谁去看？正是由于杂然而陈，你才去看。哎呀！琳琅满目、五光十彩，你才认为有看头，对吧？

这里真的是讲杂然相陈吗？实际上是讲后面一句话："贵贱位矣。""位"字很重要。这个"贵""贱"，我们不能从狭义上去理解，狭义地理解"贵"和"贱"是不对的，我们不能把"贵"当作是好的一面，"贱"是坏的一面，不是。在具体事物中，在我们生活中，不能这样绝对地区分这个东西，我们要从一个客观的角度看待"贵""贱"。特别是想做预测的，想做物理研究的，或者是想办一些事业的，你要把"贵""贱"像小孩子看电视剧似的，分出哪个是坏蛋，哪个是好人，那就显得太浅薄了，那就会使我们的研究，使我们的事业，使我们在人际关系的处理上出现很多误区、误差。原因是什么呢？万事万物原本无贵贱，就像月亮那样。苏东坡讲："月有阴晴圆缺。"真正讲，它有阴晴圆缺吗？它本无圆缺。有贵贱吗？月亮本无贵贱。你是人，我也是人，你在这一方面有专长，我在那一方面比你强，是不是？你小布什做总统，你过的日子提心吊胆；我做一个老百姓，在大街上自由来往，是不是这么回事？

上一次我们在甘肃野林关（甘南藏族自治州），县长带着我们到藏民家里去。走进一个藏民家里，那个房子很小，我们看得很好奇。四部越野车在那里停下来，先看那个门。当时有"中华狂草第一龙"之称的书法家王国文先生和敦煌研究院的副院长刘会林先生也一起下了车。珍泉跟香港文汇报的记者郭圣君一起进了屋，我们三人在外面看那个门。什么门？藤编的，摇摇晃晃的，既不挡风，也挡不住盗贼，挡什么？它什么都不挡。回想我们城里人，过得舒服吗？幸福吗？进一道门还要防盗门，外面还要保安。你想想，谁过得自在？他们过得自在。我们喝的水是自来水，他们房子门前就有一条小河，潺潺流水，从草原上流下，那真是地球的奶汁啊。喝一口，甘美清凉，一直甜到心里，那真的是一点污染都没有。谁自在？所以，当时我写《初访野林关》，殷鉴要我加一句："那也是一种福分。"我马上把这一句写进去了："这也是一种福分。"

对幸福、享福，我们要有新的理解。如果你真的想在《易经》上有突破，你的观点、你的认知一定要超脱世俗。超脱世俗，你就是高人。你超出有多高，你得道就有多高。这个高，不是地位高，不是金钱高，而是你的认知、你的思维、你的眼光高人一筹，你把这个当作一种福分就得道了。

他们那个炕头上有一个纸箱，那个纸箱有多大？那个半岁的小男孩在里面睡，只能坐着或斜躺着，躺不下去。所以我在文章中写："我们是睡着摇篮长大的，他竟然是睡在那个纸箱子里，他不需要摇篮，不需要摇篮曲，不需要人去哄。"我们在那里闹，他还睡得很香，他真是一种福气呀。所以说呢，这里有个理解问题。

所以我这里讲"贵""贱"的评判标准。我们现在讲全球化：经济全球化、科技全球化、军事全球化……似乎都在全球化。谁立标准？美国立标准。进入"世贸组织"到最后的谈判阶段，美国谈下来了，就全谈妥了。进入"世贸组织"后，现在还要人家承认你是市场经济，特别是南方，更能感受到，说你还没有进入市场，还不承认你是市场经济，认为你还是计划经济，在这种情况下，老是打官司，老是说你搞产品倾销。因为他不承认你是市场经济，你在很多方面矮人一截。所以这个"贵贱"是人为的"贵贱"，人本无贵贱，这个贵贱是人为分的。

　　我们经常戴着有色眼镜看人看事，这个人你认为他非常伟大，我认为这个人不行，这就分出了贵贱，这完全是人为的。收破烂的人，你一看，他身上很脏，有点瞧不起他，实际上他做着一件伟大的事。到处收废品、破烂，成了环境保洁员。真正讲，没有这些人，我们有这么舒舒服服的生活环境吗？我们要想到这一点，你怎么看待这个贵贱的问题。

　　这里我再顺便举一个例子。在一个国家、一个单位，或者一个家庭，有贵贱吗？就像我太太说，我在家里给你们做保姆。我讲："我们家里最大的功臣是你。"这不是安慰她的话，我是讲一句实在话。不是看你在做什么，而是看你做的事的意义。你想，我们家里没有她在做家务事，我们家有这么和谐吗？还像个家吗？这是分工问题，她做着一件默默无闻而我们做不到的事，所以她同样显得贵。

　　再如，在一个公司里，必须是领导就是领导，被领导就是被领导。我是被领导，你是领导，我得听你的，我显得有点太没面子，太自贱了，这也不对，为什么？"贵贱位矣"，那个"位"啊，就是刚才那个"定"，你现在这个时候还没有达到做领导的能力、水平，不是时机，那你就老老实实被领导。你不服？好，不服没问题。我在被领导的时候，我来学做领导；在当兵的时候，我来学做将军，我总有一天能做将军，总有一天我能登上领导的位置。这样行，你在慢慢学，非常坦然、自觉地去接受，去适应，努力去完成自己应该做的，尽自己的一份责任和义务。不然的话，你不平衡哪。你到哪里去找这个平衡？老是非要听他人的，这个也要听他人的，那个也要听他人的。明明这个东西我认真去做了，领导非要讲我没做好，心理不平衡。我明明比他人做得好，结果受表扬的是他人，挨批评的是我，不平衡。

　　我在许多单位待过，我们品尝过很多这种似乎不公平、不平衡的滋味。凡是在单位待过的人，特别是在计划经济的单位待过的人，都有这种不公平、不平衡的感觉，为这种不公平、不平衡老是在那里互相斗争，互相钩心斗角，有的人甚至于在神经上折磨得睡不着觉："我今天怎么回事呀？""我怎么老是受批评呀？""我老是得不到领导的重视呀？"老是这个东西在纠缠着他。他的心思不在工作上，而是这个不平衡的心理作祟，原因就是找不到自己的定位。前面一个"定"，后面一个"位"。你看，是"定位"吗？我们今天要把它总结出来，这两个词竟然联起来了——定位。不但你的产品要找到市场定位，你还要找到个人的定位。有的人在单位上、在外面老是受气，回家就发脾气。在外面不顺心，回家就当"家长"，这又是不对的。你在外面有外面的定位，家里有家里的定位，都要适当，都要得体。一不得体，就失去平衡了。

夫妻之间也是这样，无论是相恋期，还是结婚以后，都是在寻找平衡。如果你老是问："你怎么回事啊？你怎么这样对我啊？你怎么这样做事啊？你怎么这样为人啊？"老是在责备对方。结果呢？你在责备对方的时候，对方也在责备你；你在计较对方的时候，对方也在计较你；你在评价对方的时候，对方也在这样评价你。这个平衡哪儿去找？始终找不到平衡点，你只觉得很难过，很难受。怎么办？问自己，我怎么定位？我做丈夫的，我做妻子的，应该怎么定位，有一方定准了，对方也就准了，这就是对应的东西。有一方定准了，也就相安无事了，这就好了。当然这个平衡有时候是暂时的，需要不断地去找平衡。我今天找到平衡了，过三天以后还是这种平衡吗？不是。至于三天以后，又要重新找平衡。

这里我是联系生活讲。为什么？易在百姓日用之中啊。我们不能去讲空道理。学《易经》，仅仅知道"天尊地卑，乾坤定矣"，你就得到一切了？你就得到知识了？不是这样。我认为，如何做事，如何为人，这是很关键的。我们如果不落实到这么一个基础上，落实到生活中的分分秒秒，那你就是在胡说，就是借着古人的口痰在这里涂抹时间，那是不负责的。我为什么讲了这么多只讲了这么十六个字？当然越到后面越快，原因是什么呢？前面没有讲透，后面就没法理解。因为理解来理解去，你都是在故纸堆里，都在寻章摘句。

定位定在天地之间，定在乾坤之间。如何定？依照天地运行的规律，依照事物发展的规律。因为事是跟着物走的，物是跟着天地走的。没有物就没有事，这里你们应该这么想。没有物怎么会有事呢？谁来闹出这个事呀？就是物。人也是物呀，就是物闹出的事呀！就像我们家的卫生间门上长出一朵菇子，客人见了说："哎呀，这个卫生间门上还长菇子了。"这就闹出事来了，我们为此事又有了新的话题。这也是事，这个事也是由物引起来的。那么物呢？它违背不了天地呀。你看，无论是一棵小草也好，一朵花也好，它从一颗种子萌芽到开花结果，然后长大，离得开天地日月、寒暑往来吗？什么时候开花，什么时候结果，什么时候花谢，花开花谢都在自然中间，谁都违背不了。

所以说，定位好了，成功就来了，幸福也就来了。

> 动静有常，刚柔断矣。

## 常与裳

现在讲"动静有常，刚柔断矣"。这个"动静有常"，从表面字义来看，就不需要解释了。但实际上，这个"常"字还有一点文章在里面。因为"常"字的源头是衣裳的"裳"，它是从衣裳的"裳"字脱颖出来的，先有衣裳的"裳"，然后再有经常的"常"。是什么意思呢？因为坤卦六五爻的爻辞是"黄裳，元吉"。"黄"是指颜色，但为什么这个地方是指黄呢？国际奥运会上有一个射箭项目，"幸运52"节目中就有一道题目：问奥运会上射击的靶心是什么颜色？有几种选择：红色、黄色、白色、蓝色。结果那位年轻人选择错了。应是黄色。为什么？说明什么东西都是有来历的。这个"黄"，本义是土，东方人是黄色皮肤，黄色是本色。"五行"中土为中，土为黄色。这看起来是一种常识，但这里上升为一种学问了，你在某种场合能讲出一个所以然，为什么靶心是黄色的，你讲出了这个所以然，这就是学问了，这就不仅仅是常识了。

裳与衣又有区别。古代人分得很清楚，上身为衣，下身为裳。这个裳是指裙子。古代没有裤子，原始人没有衣服，开始仅仅是用树叶编的围片，称为裳。所以上为衣，下为裳，合起来叫衣裳。现在连衣裳都不叫，叫衣服、服装，如坎肩、围巾，都包括在里面了。所以这有一个演变过程，上为衣，下为裳。那么，裳又为什么演变为经常的"常""一般""普通"这个意思呢？古代人穿一条裙子，是很平常、很普通的。你要出门就必须围着一条裙子，这是很正常的事，所以演变为这个"常"。现代的"常"字还保留了一个"巾"字，下面是一个"巾"，毛巾的"巾"，所以它还是保留它的本意了。

另外，裳，古代还作为长度单位。四尺为一"仞"。壁立千仞，指的是山高，悬崖高。倍"仞"为"寻"，就是两仞为一寻。像《观世音菩萨普门品》里有"刀剑寻寻断"，它就是长度单位。又将它倍一倍，倍"寻"为"常"。现在已经不用这个东西了，现在是公里、米这些长度单位。为什么古书难懂？实际上不是古书难懂，而是这些东西已经演变了。这里讲的是"常"的演变。

## 认识论——常

"动静有常"，这个"动"字里面还有一个大动为静。什么叫大动为静？坐火车、飞机，那个动静大不大？但是你坐在里面没有感觉到。地球是大动吧？但是谁都没有感觉到动，认为地球是静止的，只感觉到是太阳在行走，月亮在行走，而地球是没动的。这是"大动为静"的例子，这是人的感觉。爱因斯坦就是通过这种感觉，坐在火车上发现有这么一个物理现象——光转弯的现象，他就是这么感受出来的。

"动静有常"，这就是说，凡是事物，有动必有静，有静必有动，动中有静，静中有动。这是一种正常现象，它并不是一种稀奇的事。它告诉我们，平时分析事物，看问题，对一些从来没有出现过的问题看得惊呆了，这是怎么回事？感到莫名其妙，很诧异，甚至于对它不能接受，特别是那些突发性事件。对突发性事件怎么看？实际上它也是动静哪，也是"动静有常"，它只是在时间上让你感到突然而已。第二个，它出现的频率很少，所以你感觉到很突然、突发。实际上它仍然是一种"常"，是正常的，合乎常理的，它并不是反常的。有一年国庆节期间北京下雪了，而且有五厘米厚，这似乎也有点反常，但实际上它还是正常的天气现象。只是平时见得少，与正常比较，好像是反常，实际上它还是正常。这叫动静有常。

我们对任何事物，特别是突发性事件，我们都要以平常心去看待它。有人经常讲"平常心"。平常心怎么来的？这个很关键。你怎么样做到平常心？你能做到平常心，你做事的成功率就很高。那么这个平常心从哪里来呢？你把这个"动静有常"参透了，你就有平常心了。天大的事，即使天掉下来，你都眼不眨。为什么眼不眨？因为你早就有这个思想准备，早就明白这个道理，它是"常"啊，所以就有平常心了。

这句话归结到这个地方，就是说，要落实到用处。把这个道理讲清楚以后，不落实到我们生活中去，这似乎就是空道理。"道可道，非常道。"道如果只是讲一讲，挂在口头上，那就不是常道了。真正的常道不是挂在口头上的，是要为道。为道才是常道，才是人之常情，人之常道。这个"常"，是我们到生活中参究来的，你参究了这个"常"字，你就得到了平常心；得到了平常心，你就有一种新的境界。你在这种境界中办事，你的气质、人缘、人气、事业的兴旺势头，是你事先都预料不到的，会给你一种惊喜。

它的作用在哪个地方呢？就是说，你办一件事，仅仅是下力气，去花钱，去奔走，它的效果往往并不是那么理想，有的甚至于还适得其反。你越努力，结果反作用还越大。为什么？因为你的这种努力违背了常理。就是说，办事必须遵循常理，这样办事才有效果，才有成功率。我反复这样讲，这里面有我的体验，其他一些专家也都讲这个东西。

唐明邦教授在他的《邵雍评传》一书里有这样一段表述："孔子是超凡脱俗的一位圣人，他的思想境界很超脱，但他的言论非常普通，他从来不讲那些玄乎的道理，从来不讲那些空道理，都讲得非常朴实，都在生活中间，遇物说物，遇事说事。"他没有讲大道理，因为你一讲玄妙的东西，常人就听不懂了，就没有作用了。所以我认为，唐明邦教授认可这个，所以他在这本书上用整整一段话来表述这个问题。我的很多东西，也正是在这些老专家的启发下获得的。所以我不能说这是我的东西，这是很多专家智慧的结晶。

## 方法论——断

接着是"刚柔断矣"。"刚"和"柔"是相对的，是对立的。在《老子》里这种对立的东西能够列出几十种，那生活中间就更多，我们就不一一列举，但是在这一段文辞里面，我们已经列了天与地、乾与坤、动与静、尊与卑、贵与贱、刚与柔、吉与凶，这些都是相互对立的。刚与柔都是形容词，形容人的一种行为、一种性质，也形容事物的一种状态。在我们生活中大家都有一种体会。评价一个人的性格，讲那个人比较刚强，这个人比较柔弱，或者讲他比较温柔、柔顺，这都是形容人的性格的。

这里有一个很重要的字，是"断"字。这个"断"字在甲骨文里，是一个纺锤（𢇍），下面是一个"丝"（𢇍），表示三条丝线。这就是说，纺锤把布纺得差不多了，然后切断。它的原意是这个——切断。这里用的是它的引申义——判断。在判断里又有一种意思——选择。判断就是为了选择嘛。有人讲判断，判断的目的是什么？是为了选择。判断作为选择的前提。事物出现了动态，或者出现了静态，在这种情况下，在这个状态中间，你是处之以刚还是处之以柔？你就要对这个"动"或"静"做出一个判断，然后再去选择，你是使用"刚"，还是使用"柔"？这就是"方法论"了。

西方哲学讲的是"方法论"，实际上前面就有一个"认识论"。什么是"认识论"？这是哲学上的名词，我们就借用一下。"动静有常"就是认识论。你怎么认识外部事物？用一个"常"字来认识。无论它是怎样千变万化，你以不变应万变。什么不变？"常"字。事物变来变去，都是正常的，就是一动一静嘛。这就是你的认识论，这就是你认识社会、认识事物的一把钥匙。你不要这么复杂。你今天看到这个变化，哎呀！我怎么认识呢？失去标准了。明天的变化又用什么标准来判断呢？怎么认识它呢？无论它千变万化，你只用一个"常"字。只要能把握住一个"常"字，你就好办了。所以这是"认识论"。

西方的哲学也是很复杂的。中国的古代哲学一直延续下来，如果你要是进哲学系学习的话，那个教科书一大堆。如果你不把握一个标准，把握一把钥匙的话，可能也就晕乎了。但是你只要把握一个东西，你参究了一个"常"字，那么里面的东西无论是多少概念、多少定义，都没问题，一解百解，一通百通。为什么呢？讲一千道一万，它离不开这个"常"字。离开了这个"常"字，它就不叫哲学了。冯友兰先生就讲到那个东西：参究的背后，哲学就产生了。你经常想的、经常用的、经常说的、经常看的这个事，这就是"常"，在人之常情中经常发生的事，你去参究，哲学就产生了。哲学是总结出来的，离不开一个"常"字。

那么，方法论呢？就是"断"字。"断"就是判断，判断是为了选择，这就是方法论。这是哲学里的认识论和方法论。如果哲学要到大学课堂里去学内容，你们可以想象到，不是几个课时能学完的，甚至"认识论"就是一本教材，"方法论"又是一本教材了。是不是呀？所以有的老师就专门研究"方法论"，还不是专门的一个认识论，而是认识论里面一个非常小的一个课题，够他一辈子吃这一碗饭了。就凭这么一点东西，他就能从讲师慢慢再升到教授。实际上我这里在讲《易经》伟大，伟大在什么地方？它非常简约，言简意赅，一下子点到位。你要一本教科书，我只要一个字——一个"常"字就讲到了"认识论"，一个"断"字就讲到了"方法论"。无论你用什么方法，事先你都要去判断，通过判断你才能选择，通过选择你才能得到方法。你还是离不开这个东西。所以说，《易经》太伟大了。

---

> 方以类聚，物以群分，吉凶生矣。

---

## 方 类

这句辞里有个"方"字，对于这个"方"字，一些专家的解释我不太认可，我认为不仅仅是指方向。《易经》里不只是这个表层意思，应该还有更深层的意思。"方"是"方国"，不仅仅是指方向，当然也有方向的意思，但在古代部落与部落之间，是指"方国"。因为《易经》里有"高宗伐鬼方"，这个"方"是指方位。现在我们还留下这么一个东西，例如你讲到哪个地方，特别是北京的东直门、西直门、东便门、西便门，都是根据方位命名的。例如"前店后坊"，在一个家庭里，叫"前厅后院"。这种都是以方位来命名的。

"方国"是指部落。夏代有记载，在中原地区有"万国"——一万个国家之多。当然这是一个概词，并不是说真有一万，而是说那时候国家很小，也很多，以后到夏代才统一。那时候的国很多，每个国都必须有个名字，开始时可能不是叫国，而是叫"方"，以"方"称为国，以"方"代表一个部落，代表一个氏族、一个区域。

"方以类聚"，我们看看这个"类"字的繁体写法。繁体字的类（類）是由三个字组成的，左边上面是"米"字，下面是"犬"字，右边是繁体的页（頁）字。这就是分类了，为什么？"米"代表了植物，"犬"代表了动物，"页"是指人的头脑，是指人类。这个世界上万类全部有了，植物、动物、人类，全部包括了。它把人从动物里面分出来了，而且突出了人，这就是类。

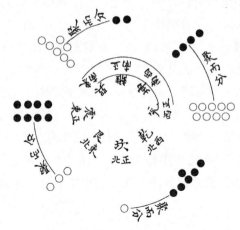

**类聚群分图**

"方以类聚"，一个部落就是一类，这个"类"从血统（氏族）、政统（地域、部落）、道统（文化）来划分，所以这是指一个类聚合在一起。我经常想到这个问题，在我们今天这个社会上，这个"类聚"比以前更生动。为什么呢？请想一想，国际事务中常以东方、西方划分，还有南方、北方之分。亚洲有东南亚、西亚之分；欧洲有东欧、西欧之分；美洲有南美洲和北美洲之分。表面上是地域之分，其实包涵有利益之分。

"物以群分"，刚才是横向地来说各个部落、各个方国、各个地区。现在呢？是回到某一个部落、某一个方国内部，这就有"物以群分"了。在一个部落里，在一个方国里，所有的猎物、食物、衣物这些东西，大家一起来分配。这就讲到分配的问题了。"物以群分"，这里是什么分配方式？马克思在《资本论》里主要讲分配，随着社会变化进步，它的分配方式是不一样的。现在的分配方式是按劳分配，到共产主义社会是按需分配。在原始社会，它既不是按劳分配，也不是按需分配，它是按物分配。在共产主义社会，它是按需分配，物质丰富了，我需要什么，我就能得到什么。但是在原始社会，或者叫原始共产主义社会，分配方式不可能做到按需分配，当然也不是按劳分配，它只能按物分配。我们只有这么多东西，就这么分一分吧。所以说"物以群分"。群，就是群体。

## 吉与凶

"吉凶生矣"，这个"吉"字要讲一下。"吉"是什么意思？一般人很少去注意这个"吉"字。"吉"字的上面是个"士"，士是什么意思？下面这个"口"是一种容器，这个容器是做什么用的？是供奉用的，不是我们随便喝水、吃饭用的，是祭天、祭祖、祭神等祭祀用的，是装供品用的。那个"士"是什么呢？是象征性的，是用泥做的，甚至于是用其他东西雕琢成的男子的生殖器，所以叫男士嘛。现在女性也叫女士，以前不是这样叫的。"士"是这个。古人把这个作为供奉来祷求吉祥，祷求福报，所以是"吉"。

再来看这个"凶"字。这个"凶"在甲骨文里像一只猩猩掉到一个陷阱里去了，所以这个下面是一个陷阱。这个给我们的启示是：人人都希望天上掉馅饼，但实际上天上没有馅饼，而地上却几乎处处都有陷阱。一旦不慎掉入陷阱，就凶多吉少了，那当然是很恐怖的，很可怕的。馅饼与陷阱，实际上这两个也形象地表示了吉凶、祸福这两种相反的转换关系。它为什么生出了吉凶呢？"方"字的解释正好能看出来。方国与方国之间会有争斗，争夺地盘，古代经常是这样。为什么开头是万国，后来统一了呢？当时的统一就是通过战争得来的，当然也是历史形成的。有战争当然就有吉凶了。另外在分配物的时候，由于物是有限的，有时多有时少，多的时候也有分配不均匀，少数人想多侵占；物资少的时候满足不了人们的需要，分配时就产生了吉凶。吉凶就是这两种原因。

现在回过头来看，这个吉凶也还是在这两种情境中产生的。在国际大形势里，这个已经不言而喻，非常明显。电视、报纸报道的这些东西，就是"方以类聚，物以群分，吉凶生矣"。在一个单位里，奖金、工资、评职称等等这些东西，不也是"物以群分"吗？不也是会生出吉凶吗？特别是为了评职称的一个名额，争得不得了，简直是不流血的战争。这个吉凶实际上很明显。所以我认为，从古代到现代有很多相通的东西，变来变去变不了多少。

这里我插叙一段，在甘肃的天水、伏羲的故里，有大地湾文化遗址，根据碳-14测定，是公元前六千二百二十年的，距今八千多年了。那里的文物研究员给我们介绍了那里出土的陶瓷碗。他讲，古代人八千年前用的碗，我们祖先用的碗和我们今天用的一样，也还是这种碗。这个给我很大的启发，实际上，他这一句话给我以后的研究带来很多有益的东西。那句话非常平实。虽然我们今天吃饭用的碗是磁器，但它的造型还是这个样子，也还是泥做的嘛。

我们策划一些事，办一些事，不要在玄妙上去做文章，多在一些平常中做学问，找机会。机会往往非常普遍，你看到了，大家也都看到了，但是你看得比其他人深一层。你是看到表面，我是看它的里层，然后就会给人一个惊奇：这个问题他看见了，怎么我没看见？这就会引起一种社会反响。所以现在有些人发现的东西是不错啊，惊天动地。假设千古以来，只有唯一的这么一个发现，你发现了，但不会引起人家多大的重视，为什么呢？大多数人认为，这与我没关系呀。十四亿人口只有一个人能发现，能轮得到我？是不是呀？按人口比例来说，是十四亿分之一，如果按全球来说，是六十亿分之一，那谁会把这个作为自己的追求呢？没有人会去做这个傻事。

你们想一想，在每个人都熟视无睹、充耳不闻、视而不见的情境下，你突然发现了一件普通事物的奇妙之处，发现了有用的东西，有价值的东西，给人带来震撼，哎呀，不得了。为什么？引发了你的高度兴趣。你天天看见了，我也天天看见了，为什么你能发现，我却没有发现？就是这个东西。我们要在常情、常道、日常中去发现机会，捕捉机会。财源滚滚来，财源在哪里？财源在日常中，不需要去异想天开。我认为必须把握一个"常"字，在"常"中去发掘。

---

在天成象，在地成形，变化见矣。

---

## 在天成象

后面讲"天垂象"，"垂象"是什么？这是天象、表象、现象，日、月、星、辰都挂在天上。大家都关心一个东西，中央电视台十频道不是经常有一个勺子在那里转吗？很多人问我这么一个问题："那个勺子是什么意思？"这个勺子实际上是北斗七星，是天上的象，它与北极星不一样。这个北斗七星是天枢星、天璇星、天玑星、天权星、玉衡星、开阳星、摇光星。

这个星是怎么来的？它是以北纬 36° 这条线上向北望，从地平线上划一个 36° 的圈，这就是一个可视天空，就是说，我们望到的天空好像是一个弧型，这一个圈里面有二十八宿。二十八宿就是一个大的恒星圈，东边的有角、亢、氐、房、心、尾、箕，这是东边的七个星座，东边是青龙，也叫苍龙；北边的是玄武（龟蛇），是斗、牛、女、虚、危、室、壁；西方是白虎，"左青龙，右白虎"，对应的就是奎、娄、胃、昴、毕、觜、参；南边的是朱雀（神鸟），对应的是井、鬼、柳、星、张、翼、轸。这是一个恒星圈，能看出来。中间是北斗七星，与北极星在位置上有一定角度，这个不多讲，天文上的东西也讲不好。这就是二十八宿（xiù），这个宿不读宿（sù），读成二十八宿（sù）就错了。外面的叫"四相"，这个与西方的星相有点相似。中国的四相是，东方为青龙，西方为白虎，南方为朱雀，北方为玄武，都是用四种动物来表示方位。这是"在天成象"。古代人"仰则观象于天"，是观察出来的。再加上北极星，称为天垣，四周环绕着二十八宿（见下图）。

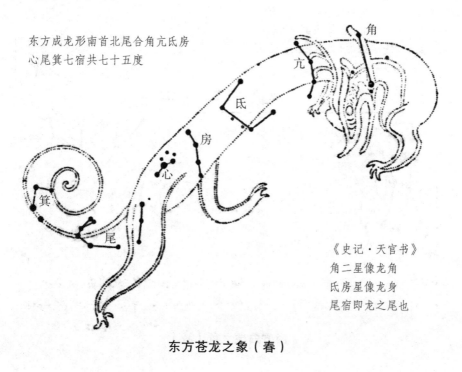

东方成龙形南首北尾合角亢氐房
心尾箕七宿共七十五度

《史记·天官书》
角二星像龙角
氐房星像龙身
尾宿即龙之尾也

**东方苍龙之象（春）**

41

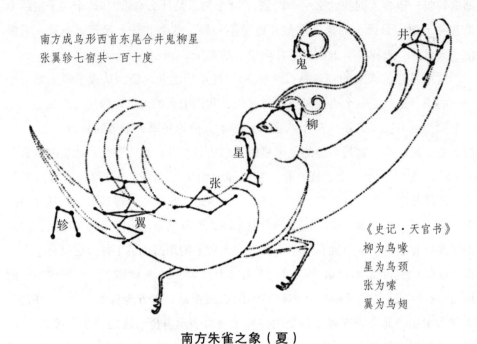

南方成鸟形西首东尾合井鬼柳星
张翼轸七宿共一百十度

井

鬼

柳

星

张

翼

轸

《史记·天官书》
柳为鸟喙
星为鸟颈
张为嗉
翼为鸟翅

**南方朱雀之象（夏）**

西方成虎形南首北尾合奎娄胃昴
毕觜参七宿共九十八度四分度之一

奎

昴

胃

娄

毕

觜

参

《史记·天官书》
外四星左右肩股
小三星隅曰觜号为虎首

**西方白虎之象（秋）**

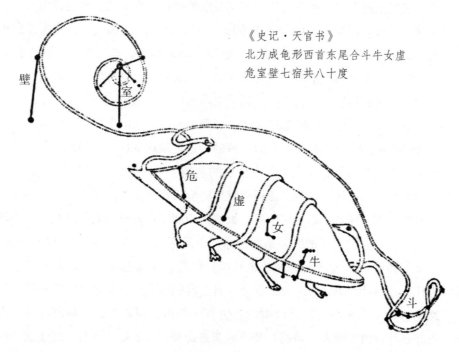

《史记·天官书》
北方成龟形西首东尾合斗牛女虚
危室壁七宿共八十度

**北方玄武之象（冬）**

## 在地成形

再讲"在地成形"。可能有人认为，天就是天象，天上的天象与地上的地形没关系。这里我必须强调，地形与天象是有关系的。人身上的形貌与地形、天象也是有关系的，它们是互为一体的，它们是你中有我，我中有你的。有人讲，每一个人都是一个小宇宙，每一粒种子也都是一个小乾坤，一滴水里面能见太阳。我们不能说，天象就是天象，地形就是地形，把它们截然分开来。它们是一个整体，是互为因果的。当然，先有天成象，再有地成形，然后再有人。

这里我举一个简单的例子。我们随原北京天文台老台长伊世同教授去过秦皇岛，看什么呢？看日出。看什么日出？在那个海湾中间有两块碣石。曹操有一首诗，里面有"东临碣石"。这个碣石长在海中间，是一大一小、一高一矮这么一个形状。那一天是春分，我们在春分这一天，要赶到秦始皇观日出的那个地方。春分这一天在那里观日出，太阳正好从那两块碣石中间升起。不错，太阳出来了，看到日出了。我们找来找去，找观察点，必须从那个观察点观察效果才正好，偏一点都不行。在春分这一天，太阳正好从这里冉冉升起。那么"在地成形"呢？它都是相应的。在春分这一天观察也是这样，它也是根据记载而来。

我现在讲天水，那个活的"在地成形"。凡是到天水去过的人，往那卦台山上一站，向东放眼一望，那就是形。从地图上看得出来，渭河是从西向东流入黄河。黄河没有从兰州向东流，而是向北去了，这个地方正好留给了渭河。渭河发源于兰州东面的鸟鼠山，然后向东到了陕南地区，又来了一个泾渭分明。历史学家们还是在那里争论，到底是泾河清，还是渭河清？实际上历史上它老是在变化，有时候泾河是清的，有时候渭河是清的，这是地理变化造成的。

在卦台山的东边有一个六十平方公里的盆地，叫三阳川。周围的山很平坦，不像有的地方的山很陡峻，所以显得很宽广。渭河在这个地方绕了一个S型，从卦台山上看，那正好是一幅太极图呀。太极图中间不正好就是阴阳鱼吗？这个地方的地理是什么时候形成的？是第四纪冰川以后形成的，以后基本上没有改变。为此，我们特地请教过北大地理系崔教授。伏羲为什么选择这个地方来观天察地？为什么选择卦台山这个地方来演绎八卦？这就能看出来，它有它的来历。

这里再讲一个东西。在卦台山的北边有一条河，叫葫芦河。葫芦河由北向南，正好在卦台山侧流入了渭河。葫芦河非常奇特，这里是个峡谷，过了这个峡谷马上就开阔了，就是一个葫芦。然后又是一个峡谷，在那个地方又是一个葫芦。接着又是一个峡谷，往前又是一个葫芦。大葫芦连小葫芦，所以叫葫芦河。最大的葫芦叫安伏川。在这个地方，河流正好又是一个S型。

再看这里，有一条河叫清水河，它从东向西流入了葫芦河。清水河这个地方有一处叫略阳川，而且这里又是一个S型。在这个弯的地方，大地湾文化遗址就在那里。再往东一点就是女娲祠、女娲洞。你看，这三个S型，特别是三阳川这一个最大。这是不可思议的，为什么在这个地方这样形成？这样空旷？这可以看得出"在天成象，在地成形"，我就讲这个"形"。"象"和"形"是通的，互相都是对应的。

那么"变化见矣"呢？"见"应该是"现"字，音xiàn，古代"现"和"见"是通用的。"变化见矣"，就是"变化"表现出来了，展示出来了，反映出来了。怎么就现出变化来了呢？刚才讲的，天上的日、月、星、辰实际上是在变化，它不是不变的。天象在变，地形也在变。地形的变化，有人为的变化，但主要是自然的变化。修高速公路，修铁路，那就是人为的变化。自然的变化呢？地貌、地形、地理、地脉，实际上都在变化。

> 是故刚柔相摩，八卦相荡。鼓之以雷霆，润之以风雨；日月运行，一寒一暑。

## 刚柔相摩

这段辞里有一个伟人的名字："润之"——毛润之，是毛泽东的字。

"是故"，现在叫"所以""因此"，这就说明这一段与上一段有因果关系，有承接关系。"是故"，是这个原因，因为这个原因。

**刚柔相摩图**

"刚柔相摩，八卦相荡"，这八个字我参究了起码五年以上。"刚柔相摩"，这个"刚柔"是怎么"相摩"的？这个里面有什么东西？"八卦相荡"，它是怎么"相荡"、摇荡的？南怀瑾先生解释"八卦相荡"，是八个卦在那里打秋千。他解释得比较形象，但是，打秋千说明了什么？我不能讲我的理解是对的，我把我的理解提出来给你们共同讨论，也提供到社会上去讨论。

我认为，"刚柔相摩"这个"摩"是摩擦。这个摩擦不是一般的摩擦，它是一种运动形式，是动与静的变化。那么刚和柔呢？为这个问题，我跟一位化学博士探讨过。我这里举一个例子：一块石头，我为什么讲到石头？因为一块石头表现的不仅仅是土，还象征着大地，同时它与天象又是对应的。你看这块石头，这一面是埋在沙子里面的，另一面老在外面露着，晒着太阳，那么这里面就产生了刚和柔。为什么呢？因为这一面是受热面，有太阳的照射；再一个有风吹它，在风化它。这使得它不是静止的，里面的基本粒子在运动，在变化，在摩擦。受热强的一面的基本粒子活跃，而受热低的一面就变得柔，这中间就发生变化，就是刚与柔在摩擦。正因为这种摩擦，这块石头就会出现纹理，甚至于出现图案。

这个图案非常奇特，奇特到什么程度？你只要到兰州黄河奇石馆，花五块钱门票走进去就会知道。你简直会想：掏五十块钱都值！进去的时候掏五块钱很不愿意，但是一进去，哎哟！几千块石头呀！在每块石头下面都做了一个木托，用木托托着，就像盆景那样。最关键的是，每块石头都起了名字，这个名字起得绝了！人物类、花草类、动物类，千奇百怪，样样都有，几千个啊，真是惟妙惟肖。我就讲那块"毛主席视察黄河"：毛主席戴着帽子，穿着长大衣，迎风伫立——简直是一模一样，一看那就是毛主席视察黄河那张照片。可这些都是石头上自然形成的纹理图案。

这是怎么形成的？它说明石头里面肯定有运动，里面的运动还是很激烈的，而且有声音，这个声音还是美妙的音乐，所以就出现了美妙的图案。我这个想象不知道对不对？大家共同来探讨。

从这个"摩擦"再引申到人类、人际关系。一个企业、一个单位、一个家庭，就像一块石头一样，也有刚柔，夫妻之间就是刚柔关系。并不是说某一个人是刚，某一个人是柔，像我们夫妻就是这样：我有脾气的时候她让我一点儿，她有脾气的时候我让她一点。这就是刚柔在摩擦。

## 八卦相荡

再讲到"八卦相荡"，这里就要讲八卦了。这个八卦表现的是八种自然现象，第一个是天，第二个是地，其次是雷、风、水、火、山、泽；按先天八卦的卦序来说，那就是天、泽、火、雷、风、水、山、地。乾卦 ☰，꙼表示天，是三个阳爻。我是这么想的，可能不准确，但我们应该这么去想象：下面这个表示低空，中间的表示高空，上面的表示太空。我们不能说古人是这种观念，这是不对的，而是我们可以这么去理解，这样讲便于记忆。第二个是坤卦 ☷，꙼。实际上，"地"字以前是"川"字。再看震卦 ☳，꙼。震卦表示雷，上面两个是断的，底下一横，表示雷。并不是说开始是这样，我是为了方便一点，形象记忆，说明这是雷，这是一种自然现象。巽卦 ☴，꙼。巽卦表示风，你看，阴爻在下面，风遇到障碍物，吹得不是那么连续了，不是那么畅快了，这是风吹的现象。坎卦 ☵，꙼。有人把这两边看作是岸，中间是流水。这是最通俗、最常见的一种。离卦 ☲，像火꙼。你看，必须有附着物，是灯芯，外面温度高，中间温度是低的。火苗的中间是空的，而且是低温，这也是常识性的，也是为了便于记忆。艮卦 ☶，꙼，一个阳爻在上面，这是一个小山，一个层次。

整个就是一个三重案了、三重景了，艮卦代表山嘛。兑卦 ☱ ，☱ 。兑卦就是湖泊嘛，就是一个池塘啊，江河啊，海洋啊。这就是大地嘛，这就是水嘛。这就是八种自然现象。

**八卦相荡图**

"刚柔相摩"，从自然科学角度讲，它是微观的。"八卦相荡"，是外部的，是宏观的。我们可以这样理解：一个是微观的，一个是宏观的。"刚柔相摩"，是内部在摩擦。在事物内部，原子中的中子和质子是活动的，是吧？这是最基本的粒子，它都在活跃，刚柔在摩擦。这是在一个物体的内部，或者是一个单位、一个群体、一个国家的内部。那么，"八卦相荡"就是外部了。"荡"也是摩擦，实际上也是指变化。我们不仅仅看到它是晃荡啊，摇摆啊，打秋千啊，这个"荡"还指变化，摩擦也是变化。这个外面的"荡"与摩擦运动的形式、变化的形式不一样。

对于"刚柔相摩，八卦相荡"，我是这样认识的，认为它还是一内一外，一个微观一个宏观。实际上它还是上面讲的那个"动"与"静"、"刚"与"柔"，里面有吉凶，有变化，还是讲这个东西。有变化，所以里面生出吉凶。

## 鼓之与润之

"鼓之以雷霆，润之以风雨。"这个很有气魄，很有诗意。有人讲："我为革命鼓与呼。""鼓呼"，后面要讲到"鼓之舞之"——"鼓舞"，所以鼓舞这个词是这样来的。"鼓"是一个动词。在大地湾文化遗址有一个陶鼓，它的说明上写的是"华夏第一鼓"。为什么是第一鼓呢？因为它是最古老的鼓，是新石器早期的。这就说明，在我们中国出现鼓的时间大概是在八千年前左右。这个时间能说明一些问题，因为它是考古测定的时间，应该是比较准确的，它是用碳-14测定出来的。这又说明了一个问题，当时的社会已经在用鼓了。

那么，这个鼓是用于什么的呢？根据考古学家推测，它是用来模仿雷的。我也查阅了一些社会学家和考古学家的论文。考古学家苏秉乾先生推测认为，第一是为了祭祀，在祭祀的时候要击鼓。击鼓是为了什么呢？为了造成一种声势。上次我们在中山音乐堂看演出，整个乐队全部站在台上，全部在试音。报幕后指挥来了，指挥一来，乐队全部起立，也不乱了，很肃然。然后指挥行一个礼，大家全部坐下，这时候很静，实际上这是一种仪式。我认为击鼓啊，也是使大家马上有一颗虔诚的心。当时我就想到古代的原始崇拜是怎么来的。

为什么有崇拜？为什么要祭祀？古人为什么要崇拜？这个崇拜是不是坏事？古代要做一件事：祭天，祭祖。以烧制彩陶为例。不是所有人都很齐心，不是每个人都很虔诚，不是每个人都很认真去做呀，那怎么办？怎么把大家的情绪调动起来，把秩序管理起来？把大家的行为、纪律这些东西都规范起来？古人想了一个非常绝妙的办法，那就是用崇拜这种形式，当然当时不叫崇拜。烧窑前你先要拜窑神，一拜窑神你就不能嘻嘻哈哈的了，然后就进入工作状态了。第二个就是用于军事作战。《曹刿论战》里面要击三通鼓，所谓"一鼓作气，再而衰，三而竭"，就是这个道理。还有一种说法就是吓野兽，当时野兽多嘛。野兽也怕打雷，那就用击鼓的声音，这样轰隆隆地去吓吓它。这说明当时先民是非常现实的，这个鼓是模仿之用，所以"鼓之以雷霆"。

"润之以风雨"，这个"润"是滋润。雷霆与鼓有关系，那么润呢？是动词，是指滋润、滋养，是风雨在滋润。这两句将自然现象与人类活动联系起来了。我看到现在有些人写散文、诗歌，仅仅是在描绘日月星辰的自然现象，赞美、描述，赞叹了半天，但与人类活动、人类情感没有联系起来，那就不是叫写散文，也不是写诗了。真正好的散文、好的诗歌，在赞美自然的同时，马上联系到人类的活动，联系到人的情感，否则就不能称其为文学作品。

有一个飞行员讲，在连云港空军基地，当时邓小平的骨灰从天上撒下来的时候，刚刚撒完，天上就出现彩虹了。他讲，以前从来没有出现过这种天气现象。现在你再来描绘这个现象，与这个社会现象联系起来，大家就会很惊讶，它就具有一种特殊的意义了。假如他仅仅讲："那天我看到彩虹了。"把这个彩虹描绘得再怎么美，恐怕人家都会认为没什么意义。彩虹与撒邓小平骨灰这件事一联系起来，就有意义了，就能说明一些问题了。所以，"鼓之以雷霆，润之以风雨"，我们应该从这些方面去理解。

## 动静有常

我们再回过头看一看"动静有常"的"常"字。联系到雷霆和风雨这种自然现象，有人一听到打雷，霹雳一声震天响，就认为是个反常现象，或者是一个惊天动地的现象。实际上，你只要理解了，这就是正常现象，是变化的规律。所以震卦的爻辞很有意思："震来虩（xì）虩，后笑言哑哑，吉。"雷声突然来时，大家都显出惊恐的样子（虩虩），但后又言笑自如，惊恐顿消，归于常态了。那么，你再联系到人际关系、社会现象，这里教我们怎么看问题？从人生推及社会现象，推及自然现象，互相参照。有些东西是互相参照的。这里教给我们的智慧是个大智慧，就是你如何在自然现象、人类社会和人自身的健康状况的各个方面悟得一个"常"。如你的情绪、性格、运气等方面，你都可以去推，反着推，顺着推，你在这里去找你所需要的东西。

有的人讲："我的运气怎么这么不好啊？我这几年怎么这么倒霉啊？"不要去瞎猜，你就在这里去寻找一下。你这种情况可能是受社会影响，受小环境或受大环境的影响，也可能与天象和自然现象有关，你去琢磨一下。这里有它的道理，是有规律可循的。你经常去琢磨，经常去找，你找到了它的可循规律，你就得到了大智慧，你就是高人了，你就超凡脱俗了。所以讲，要超凡脱俗你必须有一个路径。路径在哪个地方？《易经》里讲到，这个就是路径。我们不能讲讲《易经》，讲讲《易传》，讲了以后，哎呀！这个东西我懂了不少。这个没用。实际上这个必须联系到我们自身，联系到我们自身的健康、情绪、性格、成功率、办事的能力、说话的口才、思维的方式、认识问题的观念、世界观等等这些东西，都是从大自然中去找规律，从社会现象中去找规律。找到后进行横向比较，比比这，比比那；比比今人，比比古代人；比比东方人，比比西方人。这么去比较，你就是一个聪明人了，就得到大智慧了，你就不会在那里稀里糊涂了，不会在那里怨天尤人了，就有驾驭已知和未知的能力了。

有的人为什么怨天尤人？有的人为什么人云亦云？有人讲这个国家不好，他也跟着人家讲这个国家不好。好与不好在哪个地方？讲不出所以然。他是人云亦云，他没有主见，在什么问题上他都没有一个独立的人格。联系到前面这一段的"是故"，这个"是故"很重要。联系到前面讲"天尊地卑，乾坤定矣"，你定没定？只有定乾坤，你才有一个独立的人格，才有独立的思考，独立的思路，独立的认识观、方法论。否则，你处处不能独立，没有一个完整的人格，而是变相地残疾了。

有人讲："我没有一米七，我是一个残疾人。"这是一个外在的东西，真正内在的东西，就是你的主见、你的思维方式、你的观念、你的思想，这是很关键的。我们认为，《易经》最关键的就是给我们一个独立的人格。独立的人格不是天上掉下的馅饼，而是慢慢修行得来的。参易，参道，参天，参地，参人生，你经常去参究，这个你不需要单独花时间。你走路在观察，吃饭也在思考，就是要思考，在思考中得出你自己的东西。这个东西不是人家的，不需要你去背书，你也不会忘掉。基本做人的准则、办事的准则，它不会变，你也不会忘，因为自己已经熟悉了。

有些人搞学术研究经常会有这种现象，发现一个东西，哎呀！我是天下第一，历史上我是第一个发现的。人家还不知道那是什么东西，他就先夸自己"天下第一"了，自己给自己封王了。"王"是封了，结果手下呢？一个兵都没有，一个百姓都没有，谁都不认可他。这种"王"什么都不是。为什么呢？他的定位不准确。经常会有这种现象，在商界可能也有这种现象。有人只是夜郎自大，说"我"这个产品是什么第一，做广告时说"我"的产品怎样怎样；在家里夸"我"的公司怎么怎么样，讲了一大堆。实际上这个东西呀，要客观地去看，要客观地去表态。所以我承认，我这一本书从头到尾有很多是我自己琢磨出来的，但是处处我都讲探讨、讨论，欢迎批评。我不能讲这是我的，或者讲这是唯一的，或者说这就是正确的，不能这么说。因为，一说你就错，一说你就对不起老祖宗，对不起自己，也对不起后代。这个定位要有，不然的话你就不是一个独立的人格。你自己封自己"天下第一"，你的人格就上升到第一了吗？没有人认可，你就是最低的。这是明摆着的东西，所以这个地方要反复地讲这个问题。

这里再讲人本。国以人为本，那么人以什么为本？人以心为本。你的心是怎么想的？老是想做天下第一，这是不行的。你的东西再伟大，我不听你的，我听不进去了，为什么呢？你给自己"封王"了，这个时候别人是不会去听你的。为什么？因为你的人格在那里摆着，你做不出那种东西，你得不到那种东西。该你得的你才能得，不该你得的你得不到。为什么得不到？你没有人格你得不到，你没有到那个高度嘛。你想摘取这个皇冠，你摘取不了，你还在下层。如果你人格很高，我认为你能摘取，因为你有这个高度了。

这些似乎是题外话，实际上呢，我们不能就《易经》讲《易经》，就文字讲文字。唐明邦教授讲了，邵雍就看出《孟子》里都在讲《易经》，但是从来不引用《易经》的原文，他讲的是《易经》的道理、易理。所以，邵雍也养成了这个习惯，他讲《易经》也不引用原文，他不拘泥在文字上。禅宗讲："不立文字，教外别传。"在《老子为道》这本书里我就讲:"不立文字,道外别传。""不立文字",我把这个"立"字改成了一个"呆"字,它含的意思是"呆"。不是说不要文字,而是你不要待在文字里面,你不要钻到这个文字窠臼里面去了。如果待在文字窠臼里面就会坏事,因为文字不能表达出事物的全部,它不能完整地描述事物的真相。

爱因斯坦说过:"观察到的世界不是世界。"这是什么意思呢?我们来观察这个杯子。你看到的这个杯子是杯子的全部吗?是杯子的本体吗?不是。你能看到杯子的这一面,却看不到那一面;你能看到外面,里面却看不到。里面的组织结构、它的来历都不知道,这不是它的世界。你观察到的只是它的一面、一个局部,就是这个意思。那么,文字、语言的表达也是非常有限的。你把有限的东西当作是真的,那不就错了吗?那不就是在害人、误人吗?所以"不立文字"就是这个意思。我在这里讲呢,老是在文字以外,但实际上就是这个东西。我们老祖先反反复复就是讲这个东西。当然他并不像我们现在讲得这么多,他讲得很简单,但我们今天解读出里面有这么多内涵。

## 变化规律

"日月运行,一寒一暑。"前面讲到"动静有常""刚柔相摩",讲到变化,变化的规律,这些变化是从哪里来的?实际上都离不开日月运行。当然,从宇宙来说,在银河系、大的星系里都有大的规律、大的规则。我们先不讲大的,我们就讲日月。古人所观察的就是日月,我们这个地球上所观察的只是日月星辰,万事万物的规律离不开这个日月运行。日月星辰的运行中间都有规律,它的轨道规律就直接影响到万物的生存,万物的生长、发展、变化,这些都离不开规律,都是由它支配的。

"日月运行,一寒一暑。"寒暑往来,昼夜交替,这些都是根据日月运行。怎么有昼夜交替呢?没有昼夜,我们或者完全生活在白天里,或者完全生活在黑夜里,这叫生活吗?人和植物、动物都能生存吗?都不行。或者都是一样的气候,那么,这么多南方的植物生态群和北方的植物生态群,就都一样了。这些都是自然规律。表面的文字都好理解,深一层的东西也不要复杂,要简单化,要抓住一个规律。规律是从哪里来的?

乾道成男，坤道成女。乾知大（太）始，坤作成物。

## 乾道与坤道

　　"乾道成男，坤道成女。"这个"成"是什么意思呢？就是刚才讲的影响。乾道就是天道，坤道就是地道。这个"道"是什么？与儒家、道家讲的那个道有区别，这个道是运行规律。日月按照一定的规律来运行就会有一定的轨道，一定的规律就会形成一定的规则。那么，这就回到人生了，我们人为什么会分为男和女呢？这个性别之分也是自然形成的，也是常道，也是按日月运行规律来的。所以古人把太阳比作阳，把月亮比作阴，这就是阴阳，这就是一阴一阳，男和女也是一阴一阳。这个"成"就是一种影响、一种因果，也就是说，同在一种规律里。

　　"乾知大始，坤作成物。""大"字应读成 tài。"知"字好像把这个"乾"人格化了，人性化了。这个乾好像能知道宇宙的开始是怎么回事。我们现在推断地球形成是在四十六亿年以前，三十五亿年前地球上出现了第一个单细胞，是不是这样？"乾"知道呀，你去问问"乾"吧。"乾"在这里好像人性化了，它知道最初的，"大始"嘛。你看，太极这个"太"："气未见也"是为无极，你看不到气，什么东西都没有，那是为无极；"气之初也"为太初；"形之始也"为太始；"质之成也"为太素；"变化现矣"则为太极了。这些都是"太"，还有太易等，都有"太"字。在《淮南子》《荀子》里面都有各种说法，我这里是取其中之一说。你们要是研究儒家，这里有好多东西，特别是《荀子》《淮南子》《吕氏春秋》里都有。"乾知大始"，它怎么不知道？它是从太极过来的，这些事都是它做过的，它是过来人，它是亲身体验者。

　　"坤作成物"，这里我引用成中英教授的一句话。成中英教授是哈佛大学的哲学博士，夏威夷大学的教授。他在为德国的数学家、哲学家——莱布尼茨《中国近事》一书出版三十周年纪念活动写的一篇论文里讲道："乾是创造、生成万物，坤是滋养、珍爱万物。"我真没有看到其他地方有过这种描述，我正好在这里用上了。为什么我对他这句话感兴趣呢？因为我在参究"坤作成物"这句话的时候，得不到很好的解释，最后在他的论文里看到了，一看，感觉非常好，特别是"珍爱"一词，我们今天知道珍爱万物吗？

前面我们讲得慢了些，后面要讲得快一些，因为你们有一些基础了。后面我们都围绕一个东西走，围绕什么走呢？围绕"日月运行"，围绕"天尊地卑"，然后联系到社会。"方以类聚，物以群分"，这是社会现象。再联系"吉凶生"，实际上这个"吉凶"就联系到人了，只有人才看重这个吉凶，是不是？再联系到"成男""成女"，这就是真正的人生了。所以说，这就是自然、社会、人生、人身。我认为，古代圣人没有讲空洞道理，他们是联系到这三方面来讲的，对我们今天应该说有指导作用。

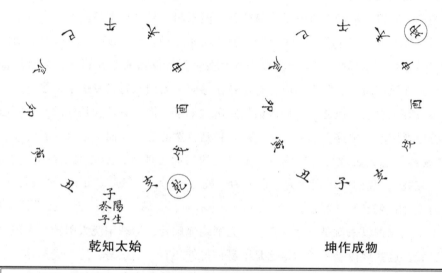

乾知太始　　　　　　　　　　　　　　坤作成物

> 乾以易知，坤以简能；易则易知，简则易从；易知则有亲，易从则有功，有亲则可久，有功则可大；可久则贤人之德，可大则贤人之业。易简而天下之理得矣，天下之理得，而成位乎其中矣。

## 易知与简能

"乾以易知"，这个开头又讲到乾。前面讲过："乾道成男，坤道成女。乾知大始，坤作成物。"这里又是讲乾和坤。这个乾呢，在卦里，在自然现象上象征的是天，同时在人伦关系上象征的是父亲的父。这个乾我们应该怎么去理解？我有我个人的理解。乾是指"乾乾"，即勤劳的"勤"。为什么是勤呢？"天行健，君子以自强不息。"因为它代表的是天，象征着天。天不是一个空洞无物的东西，天上的代表是日月星辰。日月星辰是运行不息的，就是前面的"日月运行，一寒一暑。"它在运行，这是乾。乾道也是这个意思，乾也是这个意思。因为《易经》

就是讲变化的，无论是何等变化，它的源头都是由日月运行带来的。正是因为日月运行，所以有寒暑往来，有昼夜交替。日月不运行，白天和黑夜就分不开了，就不存在这个东西了。所有变化都是由于这个来的，因为有四季分明，有寒暑往来，所以有些动物到冬天要冬眠，有些植物到秋天就要落叶，到春天就要萌生，这些变化都是根据日月运行来的。

这里面有个"乾乾"，有个"勤勤"。这个"乾乾"是指日月星辰，是指天在乾乾。那么到我们人呢？天地人三才，天地人三道，是联系在一起的，那么是人在勤勤了。所以《易经》讲乾卦，象征天，但不叫天卦。如下经的三十一卦咸卦那一卦，本来是讲"感"，讲感应的，但是它不用感应的"感"，而是把下面的"心"字去掉，用"咸"，这有意义。因为感应不仅仅指人心在感应，大自然都在感应。你没有用"心"去感应，它还是在感应。太阳照射，发送了许多信息过来，你没有在意它，但还是有许多信息发送过来了，你没有接受是你的事。所以这个感应就用咸，把这个"心"字去掉。它是自然的感应，而不是人为的感应。

《易经》怎么去理解？应该在一个很大的层面去理解，不要拘泥在文字上。这个"乾乾"，我们应该理解为：在天为"乾"，在人为"勤"。正因为勤勤，所以才有变化，就有易。易就是变化，易就是不易、变易、简易。为什么不易呢？规律不易。自古以来就是寒暑往来，月亮围绕地球转，地球围绕太阳转，太阳自己又公转，这些规律是不变的，这是不易；另外还有一个变易，这个变易是由于这些规律产生出来很多很多的变化，这些变化有自然的变化，有社会的变化，有人为的变化；当然还有一个简易，这个简易如何变呢？就是说，无论你变来变去，都离不开阴阳，都是对立的——刚柔、动静。事物在变化中间，不是动就是静，动起来以后，它表现的不是刚就是柔，结果不是失就是得，不是吉就是凶，不是福就是祸，它都是对立的，所以它是简易的。

这个"知"字，不仅仅是指知道、知识、认识，比较准确一点来说，我认为是感知。我们都是读过书的人，无论是在学校里学，还是在社会上学，你真正去读的时候，你感受最深的是感知。你在听某一堂课，你在读某一本书时，你往往会对其中的某一句话、某一个段落突然感到一种震撼，或者是同喜同悲，感同身受，这就是感知。至于其他的，你可能就一带而过，可能视而不见、充耳不闻，你没有感知到。在听的时候，我对这一句话有感知，你对那一句话有感知。有次我和另外几个人在国家图书馆听课，出来之后，我们认为那个主讲的教授讲得很好，但是也有人讲第二位教授讲得好。他讲了几个笑话，讲得很好，因为他是去捧场的，他不是主讲，所以他不用负责。有人认为他讲得好，因为他对这个教授的随便几句笑话产生感知了。所以，这个感知是很重要的。

"坤以简能"，这个"能"怎么理解呢？有学者认为，"能"与"熊"字可能是搞错了，这是一种推测。为什么是推测？能的本义，它的甲骨文是一个像熊一样的野兽的形状。但是"能"字下面的"灬"是个火字，就是说，把这个熊放到火上去烤，意思是产生了一种能力，能不能呀？所以一直延续到今天还有这么一个对立。讲这个人很能干，就讲这个人能；讲这个人不能干，就是"熊"，就讲他是狗熊、孬熊，是不是呀？在演变中，还是留着它的一点影子。当然我们不能把它作为一种定论，但是我们可以这样去理解。

"简能"的"简"字，以前是书简，书简是一块竹片，很窄，上面只能刻写一行字，非常简单。以后的简单、简易、简略这些词，都源于这个竹简。

"坤以简能"，这个"坤"前面讲过，代表母，也代表地。地是顺从于太阳的，顺从于天的，它是围绕太阳转的，就是说，它是顺从于"乾"，那么母也是顺从于"父"，这是人伦次序嘛。以前的"三纲五常"也是根据这个来的。那么坤为什么"以简能"呢？坤卦里的卦辞有"先迷，后得主""不习，无不利"，就是说，你不能复杂，你要做得简明，你就是顺从。为什么呢？你的速度、你的轨道超越了天，你不服从天，那就会迷，那你就会乱了。你的轨道离开了天道，那就是自乱了阵脚，乱了方寸。所以你要做得简明，就是围绕日月星辰运行的大规律。这个规律是非常简明的，不是复杂的，不是说今天向东明天向西，今天是顺转明天是逆转，没有这些事，它有它的轨道。这个告诉我们，人做事也是这样。我们能够把握一件事，特别是干大事。毛泽东想建立新中国，从康有为、孙中山开始到五四运动，有多少代人前赴后继，想建立新中国，最终由毛泽东等一代开国元勋创立了新中国。他开头抓的是什么？抓了一个简能。你看《毛泽东选集》第一卷开篇的一句话："谁是我们的敌人，谁是我们的朋友？这个问题是革命的首要问题。"非常简单，也正因为简单，所以才容易办到。

## 易知与易从

"易则易知，简则易从。"这个是讲变化。既有不易又有变易，既以不变应万变，又有以万变应不变。这个变来变去，你只需掌握一个"简"，掌握一个"从"。但是如何"简"？如何"从"？这个"知"是什么意思？就是说，你掌握它的规律了，那就好办了。所以后面讲"易知则有亲，易从则有功"。这个"亲"，实际上有亲近、亲附、亲和的意思，但是我的理解是，这个亲还有一个适应的问题。父子之间、母子之间、母女之间，亲不亲？非常亲啊。假如这个父亲的脾气做儿子的适应不了，那就不亲了。为什么？他适应不了父亲的脾气，他还是无法亲近，是不是呀？我到了这个公司，我无法适应这个公司的环境，我想亲近这个公司，产生一些亲和力，这很难。这里面有一个适应的问题。

"易知则有亲，易从则有功。"这个"功"，我认为这里不仅仅是功效、成果，我认为最主要还是要做功。你自己必须要主动做功，就像发动机那样，是不是讲做功？就是指这一类的。那么，在社会上如何做功呢？这里有一个义务和责任的问题。你能为这个社会做一点有意义的事吗？你能肩负多大的责任呢？能尽多大的义务呢？这也是功呀。没有这个功，我认为就谈不上功。仅仅是我在公司做了事，我今天上班几个小时完成了任务，拿了多少工资，这就是功，相比较而言，这比较渺小。应该讲功在社会，功在大众。例如节约一滴水，有一次我在公共场所看见水龙头开着，人走了，我马上就走过去关上，为什么？于心不忍哪。这个地球上水这么稀缺，尽管只有这么一点水，但这是意识问题。不是说我节约了这一滴水，地球现在就有足够的水了，就不缺水了，不是这个意思，而是你必须有这个意识。每个人多节约一点，这就又不一样。大街上有红灯、绿灯，大家都遵守交通规则，这也是一种责任，也是一种义务。你能尽到吗？如果大家都有这个意识的话，这个社会就祥和了。社会一祥和，大家都得益，就没有那么多战争、摩擦与纠纷了。我们应该如何去做功？这个做功要做有效功，报效社会大众。

"有亲则可久，有功则可大。""有亲"，你有吸引力当然能持久，你有这个功当然能做大。雷锋做了许许多多平凡的小事，现在很多英雄人物、劳动模范也都做了很多平凡的小事，这些平凡的小事有很大的震撼力。河南的任长霞，我在电视上看到两个镜头，一个是她在听取群众的上诉时默默地擦泪，第二个就是她很自然地给百姓端水，给他们递茶。我流泪了，而且每看一次，感动一次。这不得了——当官的能为老百姓的事情所感动。这是很小的一件事，但是它有功，所以它显得大。

"可久则贤人之德，可大则贤人之业。""可久"是能持久。为什么能持久？这个"久"字，不是陈列馆里的东西，也不是纪念碑上的东西，真正它的丰碑在人们的心中，这才叫久。有一些人并没有树碑立传，但是他依然留在我们心中，一直还是在这里。我在很小的时候，有很多人（不是某一个人），他们那一点点小事都印在我的脑海里，印在我的心中，成为我的榜样——为人的榜样，我相信每个人心中都有这样的楷模。"可大则贤人之业"，这一份事业，不仅仅是我这一个公司、我这一份学业，关键是这一份事业是与社会、与人类的大事业联系起来的。

## 文与纹

"易简而天下之理得矣。天下之理得，而成位乎其中矣。"这个"理"字，我这里要多讲一点。这个"理"字是从哪儿来的？现在一讲"理"字，好像是空的，一讲理就是大道理。实际上，"理"不是看不见、摸不着的，你们认为这个理是空的、看不见的，是语言表达不出来的，其实不是。它的源头在哪里？我们看见，这个乌龟壳上就有纹理，这个石头上也有纹理，天上的云彩也有纹理，水面的波纹也有纹理，人身上处处有纹理……它实际上是存在的。现在讲的道理，实际上就是从那个源头来的。开始是它的纹理，以后到了纹彩，然后再到道理。这个"理"是慢慢地一步一步地演变的，它有一个过程，而不是无缘无故地来的。

这里顺便讲一下这个"文"。现在有"文明""文化"这些词，为了"文明""文化"这两个词，学术界争论不休，一直争论了几百年。关于"文明"这个词，世界上已经有一百四十六种解释、定义，关于"文化"有一百六十多种解释。但是，谁的解释是正确的？说不清楚。谁也不认可谁，走到一起只能是打架，结果打了一百多年，还是定不下来。什么叫文明？什么叫文化？讲不清楚。实际上呢？不需要打架呀，到自然中去，到生活中去。

刚才讲到的这个"纹"，我们只需要从出土的彩陶上就能证明这一点。大地湾文化遗址，我先后去了三次，我对这个非常地痴迷。这是一个仿制品。这个要是真品的话，不讲它是八千年以前的，起码是六千多年以前的，上面都是纹，有水纹、叶纹、宽带纹，还有绳纹……有很多很多的纹，彩陶上都是这些纹、这些线条。这些是从哪里来的呢？是不是无中生有的呢？不是，在生活中，在自然现象中，每个物体都有纹理，从这个纹然后到了纹彩、彩陶，用线条描绘出它的纹彩。开始的陶器，是原始先民天天跟泥打交道，发现这个泥竟然能盛水，结果就慢慢做成碗、盆这种形式，以后慢慢竟然能够在上面描绘纹彩。有了彩陶，也就进入了新石器时期。在新石器时期就变化了。以前在旧石器时期，石器是打制的，到了新石器时期就出现了彩陶，而不是以前的仅仅是一个盆、一个碗，这个时候在它上面画出纹彩，有鸟，有花，还有人的图形。这个东西变成了什么样的东西？在祭天、祭地、祭祖的时候用它盛供品，用虔诚的心去对待它。另外呢？

还可作殉葬品。还有其他作用，变成了彩陶文化。

是文明在先，还是文化在先？这就看得出来，是文化在先。文化是什么？有彩陶文化。茶有茶文化，喝茶的时候我们是随便拿来就喝；日本人有茶道，上次我们看日本人表演茶道，这就是茶文化。边远地区的农民，他们用竹子筒（竹子不打开，钻个洞）装上水，带到山上去干活，中午不回家，就在山上大口大口地喝，止渴就行了，这能叫文化吗？这就不叫文化。但是茶道和茶馆里喝的大碗茶，这就是文化。再举一个简单的例子，你们经常抽烟的人能看出，我这个不抽烟的人把烟拿到手上，你们一眼就能看出来：这个人不会抽烟。那个人是老抽烟的，一看，这个人是个"烟鬼子"。为什么？一看他的姿势、他的神态，就表现出来了。

各种文化汇聚起来就是大文化，北京的胡同就是小文化，故宫就是大文化。那么，这个影响慢慢延伸以后呢？不仅仅是彩陶、陶器上有花纹，以后青铜器出现了，也要刻写一定的文字和花纹，以后又演变为文字，演变为图形、图案、图画。这么一改变，使整个部落，使这一个地区，使这一个国家慢慢扩大，使大家渐渐地从蒙昧、野蛮走向了文明——文明产生了。文明是文化集合。现在我们给文明和文化下什么定义？不需要下定义。这是"理"——"纹理"。

## 中　和

再下面是"天下之理得，而成位乎其中矣。""位"字前面讲了，这个"位"很重要，从头到尾都有一个"位"字，这里就不多讲了。这里讲一个"中"字，虽然是讲"其中"，但没有单独讲"中"字。这个"中"字很重要，因为"中"是中国文化的核心。为什么呢？《易经》里讲到中正、中行，《老子》里讲"中和"，儒家讲"中庸"，墨家讲"中（zhòng）用"，中用是什么呀？射箭射中了——是一个实用的东西。都有一个"中"字。那么这个"中"，目的是什么呢？"中"的目的是"和"，所以中国有"和"文化。

对于这个"和"，我们可能又有一种误解：既然我们和好了，我们就平均了。可是"和好"不等于平均，它的比例不是五十对五十。为什么呢？不是均等叫和，它要讲比例的，没有比例达不成和。所以，这个和里要讲真善美。什么叫真善美呢？参差才为真。一旦是整齐划一的，在片段中很难找到。在自然中没有整齐划一的，整齐划一是人为做到的。从古到今，很难找到完全相同的两个人，所以参差是事物的真。再一个，互补是事物的善，人与人之间为人的善。还有一个交错（互相交错），前面讲了参差不齐，但是仅仅是参差还不行。就像故宫后面的两个角楼，就是钩心斗角，钩心斗角才叫美呀——交错为美。只有这样才叫和，只有真善美才能达到和，你达到了和也就是真善美。这是有比例关系的，这个比例必须要合理才行，这样双方才能接受，但是这绝不是一刀切，不是我们两个平均分摊。平均分绝对达不到和，它是有它的比例的，就像古希腊著名的"黄金分割"。

# 第二章

　　圣人设卦观象，系辞焉而明吉凶，刚柔相推而生变化。是故吉凶者，失得之象也；悔吝者，忧虞之象也；变化者，进退之象也；刚柔者，昼夜之象也。六爻之动，三极之道也。

　　是故君子所居而安者，《易》之序也；所乐而玩者，爻之辞也。是故君子居则观其象而玩其辞，动则观其变而玩其占。是以自天佑之，吉无不利。

---

　　圣人设卦观象，系辞焉而明吉凶，刚柔相推而生变化。

---

## 三古、三圣、三易

　　"圣人设卦观象"，圣人设卦是为了观象。刚才我讲观纹、观理，观察纹理以后用线条来表示。古代人，八千年前的老祖先，他们在陶器上用线条画图案。以后仓颉造字也好，还是其他什么人造字也好，也是用这个线条，他离不开线条。我们今天的人，无论是搞美术的，还是搞书法的，还是平时绘图，也还是离不开线条。所以，这就是今人与古人零距离接触，没有时间差，都是"观象"的。

　　"系辞焉而明吉凶"，"辞"就是系辞。三古、三圣、三易，三古是指上古、中古和近古。上古是什么时代呢？大约指新石器时期，尧舜以前，应该从华胥氏到伏羲氏、炎、黄、尧、舜、颛顼、帝喾等。到了夏、商、周三代称为中古，从春秋、战国一直到现在称为近古，当然也不是严格划分的。三古有三圣，上古圣人伏羲，以他为代表；中古圣人就是周文王，他演绎了《周易》；近古圣人就是孔子了，这个《系辞传》是他与他的学生写出来的。孔子一生没有著书，他整理了《诗经》《乐经》《礼经》这些典籍。他整理的时候，有删有改，但是唯独对《易经》一个字未改，唯独只有赞《易经》。你看《系辞传》里的词："天尊地卑，乾坤定矣。"都是赞呀。他碰到《易经》一个字都改不动，唯有满腔热情地去颂赞它。这可见《易经》在圣人的心目中分量也这么重。

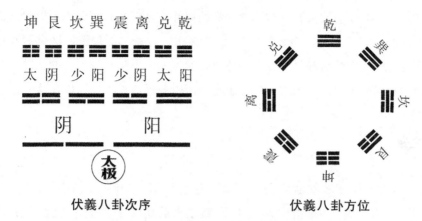

伏羲八卦次序　　　　　　伏羲八卦方位

　　三易，就是《连山易》《归藏易》《周易》。《连山易》完全失传了，《归藏易》还剩下一个残本，现在真正比较完整的是《周易》。《连山易》呢？据说是从伏羲开始，将八卦两卦一重就成了六十四卦。六十四卦也是伏羲开始演的，以后到炎帝把它完成。《连山易》是以艮卦为首的，艮卦代表山。到黄帝的时候又演绎为《归藏易》，以坤卦为首卦，因为坤为藏嘛，大地收藏万物、承载万物嘛。《周易》是周文王写的卦辞。根据一些学者的判断、推测和我查的一些资料来看，周文王写卦辞，他不是《易经》的原作者。他像孔子一样，是在前人的基础上，把前人流传下来的无文字《易》加以整理，当然也有他创新的东西，但是他离不开前人的东西。这也是我们的一种推测。爻辞是周公写的。这里讲到卦，讲到系辞，然后就讲到"刚柔相推而生变化"。有人讲，《易经》里面没有推演。这里面就讲到了推演。刚柔相推才产生了变化，这个变化从哪儿来的？是推演出来的，是演变出来的，是演绎出来的。

> 　　是故吉凶者，失得之象也。悔吝者，忧虞之象也。变化者，进退之象也。刚柔者，昼夜之象也。

## 失得之象

　　"是故吉凶者，失得之象也。"这里都是讲象。这个"吉凶"是什么象呢？是得失之象。这里面可能会有误解。为什么误解？"得"就是"吉"吗？"失"就是"凶"吗？在现实生活中，吉凶和得失往往不是成正比的，它不是绝对的，它是交叉的，有时候会给人开一些玩笑，有的得并不是福，有的失并不是亏，是不是呀？"吃亏是福""舍得为善"。这个我不多讲，大家都能理解，这个不能误解了。正因为现实生活这样错综复杂，所以是参差的，不是整齐划一的，没有绝对的东西。我们老祖宗留下的文化内涵丰富，所以源远流长，原因就在这个地方。

## 忧虞之象

"悔吝者，忧虞之象也。"这个"悔"字是后悔。"吝"是指小过，"悔"是指大过。还有"咎"，是指伤害。"凶"就是大的伤害了。还有"厉"，也是伤害。吝是小过，悔是大过，过太多了一点。所以我要把这个"悔"字讲一下。

你们可能对乾卦比较熟悉。乾卦初爻是："潜龙，勿用。"你做"潜龙"，你这个时候还不成熟，先培植一下内力，暂时不要用，暂时不用是为了大用，暂时不为是为了大有作为。

那么九二："见龙在田，利见大人。"这个时候条件成熟了，机会来了，他可以初露锋芒，展示自己的才能了。这个时候"利见大人"。我把"大人"理解为众人。众人都认可他、拥护他，觉得这个人还不错。

到了九三："君子终日乾乾，夕惕若厉，无咎。"这个时候，你初露锋芒了，你现在就得意了，但是你真的就成了飞龙了吗？没有。你还要去磨炼，还要"终日乾乾"，还要兢兢业业、踏踏实实。而且到了晚上，你还要警惕自己，"吾日三省吾身"，还要去反思自己，才能做到无咎。

到了九四："或跃在渊，无咎。"就有困惑了。这个"或"是困惑的惑。这个时候你已经到了"飞龙"边上了，也就是说，你已经是上升到总裁身边的人物了，或者是一个助理，或是一个副经理，进则"飞龙在天"，你就能坐到第一把交椅了；退呢？你怎么办？要上，就干脆上升到第一把交椅。坐不上第一把交椅，就干脆退回来。退到哪里？退到群众中间。你不能得罪群众。领导不能赏识"我"，不能重用"我"，"我"还有群众。领导不重用，又得罪了群众，你就失去了人心，你就什么都不是了，所以"或跃在渊"。"渊"是什么？潜龙呀，大众呀。上面一个"大人"是保护你的，真正的大人还是在众人中间，你有了众人就等于得到了大人。

到了九五："飞龙在天，利见大人。"这个时候你就是真正施展才能的时候了，也就是一个国君，他已经登基了；一个军官，也已经做了少将、中将了，已经真正掌握军权了；在一个公司里当上了总经理，当上了总裁了。这样就是"飞龙在天"了，就可以施展自己的雄才大志了。这个"利见大人"就不是以前的那个小区域了，是个大区域了。

最后一个是上九，上九是最后一个爻，也就是上面一个阳爻，是盛极必衰的那一爻："亢龙，有悔。"什么叫"亢龙"？飞得太高了，得意得太过了。这个在生活中有很多例子。林彪已经是党章决定了的毛泽东的接班人，结果一下子就完了。这不就是亢龙吗？但是他还不仅仅是亢龙，他飞得太过了。为什么呢？他连悔的机会都没有给自己留下。

"亢龙，有悔"，所以我这时要重点讲这个"悔"字，这个"悔"字很重要，我在家里高兴得不得了，我一个晚上睡不着觉，就是因为这个"悔"字。这个"悔"仅仅是我们平时讲的忏悔一下，写一个悔过书，承认一个错误。改不改？改！是这么回事吗？不仅仅是这样，这是浅层次的。真正的"悔"是什么？

我们看一下后面的"忧虞之象"。"忧"是忧愁、忧虑。"虞"字重要，为什么用一个"虞"字？这个"虞"字里有一个意思是戒备。戒备就是要提高警惕，警惕自己。在《诗经·鲁颂》里面有一句话："无贰无虞，上帝临女。""贰"就是说，你不要三心二意，你做事不要越轨。"无虞"就是你不要放弃戒备。为什么？"女"在古代与"汝"是通的，是指你。头上三尺有神灵呀，就是说，他居高临下在看着你。你是存好心还是存坏心？你是在做好事还是在干坏事？"女"有这层意思在里面。另外"女"还有一层意思，有预料、预测的意思。这个意思就很重要了。

这个意思是从哪里来的？是从《孟子》里来的，《孟子》里有一句话："不虞之誉。""誉"是荣誉。你有什么名誉和荣誉呢？事先还没有料想到这个名誉到了。你有"求全之悔"，你因为去求全，所以相反是失败了。悔、誉是对立的两个东西，这里面就有一种预料的意思。从这个预料上来看，"悔"里有这一层意思——你已经做上"亢龙"了，飞得太过了，飞得太高了。

国际易学联合会的秘书长要我去给一些老干部讲讲课。这些老干部无论是彻底退下来也好，还是做督导员也好，他们是贵而无位、高而无民。"高"是不错，级别已经很高，但是下面没有下属啦。贵不贵？贵，但是贵而无位，没有具体位置，没有实权哪。所以我将"贵而无位"改为"贵而无为"，就是说，不要贪恋这个位了，还是无为吧，不要再去管那些事情了。

"亢龙，有悔。"为什么有悔？这个"悔"是什么意思？仅仅是检查一下"我"错了吗？我下回改就行了。这不仅仅是改的问题，这个"改"要改成"悟"。为什么呢？在现实生活中，很多人知道自己错了，但他就是改不了，错了一次还要错一次，错了第二次还要错第三次。许多人受了一次教训还不行，原因就是他还没有悟，是被动的悔，不是积极的悔。因为他这个悔里没有预料的东西，没有戒备的意识，没有时时戒备自己，从来不去预料再做下去会出现什么结果。"易则易知"，他没有这个"知"，所以他就改不了。为什么有人只错一次？原因是他有"悟"。通过这一悔以后明白了，得智慧了。所以乾卦除了六爻全部讲完，还加了一个爻辞："用九，见群龙无首，吉。""见群龙无首"，我知道再也不打头了，一打头就容易过。这个是哪儿来的？悔过来的。只有真正"悟"了才能改。我认为这个"悔"字里有很多内容，所以是叫"忧虞之象"。我是从表面上讲一讲，想把古人的内涵挖掘出来。虽然我不能讲我这个理解是对的，但是我提供给你们去思考，提供给你们自己去分析，你们再去"悟"。我拨开了这一层，你们再开拓一层，再挖掘一层，一层一层地去挖掘，我认为多少会有一点好处。

## 进退之象

"变化者，进退之象也。"这个"进退"就是说，拳头打出去要缩回来，再打出去才有力。老是把拳头伸在前面，还舍不得缩回来，这个比较愚蠢呀。在我们的生活中、工作中、创业中、处事中，很多地方需要我们把握这个进退的问题，要知进知退。这个退是为了进，退一小步是为了再进一大步。

乾卦中六爻就是"进退之象"，初九是潜藏不进；九二是进；九三是稳步前行；九四是可进可退；九五是一龙飞天；上九"亢龙，有悔"，悔而后退。在其他各卦中同样表现了这种"进退之象"，而且警示后世，这样才能进退自如。

我国的外交政策历来奉行的也是这种进退自如的政策，任何时候，握紧的拳头屈而不伸，握紧是为了自卫，屈而不伸则是"不战而屈人之兵"。

## 昼夜之象

"刚柔者，昼夜之象也。"似乎是讲白天是阳，黑夜是阴；白天大家都在劳作，黑夜都在休息，是这么一种刚柔吗？还不是，还有更深一层。怎么去理解"刚柔"与"昼夜"呢？这里又有更深一层的意思，这个深层意思就是前面乾卦里面讲的九三。昼夜是什么？"君子终日乾乾。""日"是白天。"乾乾"，就是刚。乾乾就是勤劳，认真地拼搏，就是台湾人讲的"打拼"。我整天"打拼"，"终日乾乾"，白天十二个小时都是在拼命地工作，这就是刚呀。但是到了晚上呢？"夕惕"。"夕"就是晚上。"惕"就是警惕。这个警惕就是反思、回顾。《论语》中说："吾日三省吾身。"就是反省自己呀。我今天哪些事做错了？哪些话说错了？反省反省自己，这就是柔了，使自己变柔一点。哪些事我做过了？这就是柔。你看，"刚柔者，昼夜之象也。"你不联系这个，似乎就觉得有点莫名其妙。

许多前辈易学者都说过，《系辞传》比经文更难讲，甚至怀疑是不是孔子的学生这个补一句那个补一句的，这里好多句子好像没有连贯性。我从不这么认为，也从不怀疑，因为从古传到今，古人无疑，今人凭什么胡乱猜测？除非有充足的证据，否则就不要轻易怀疑古圣先贤，更不要轻易否定古老的经典。许多人认为是这里补一句，那里改一句，我认为是他没有搞懂。你想，昼夜和刚柔表面上看是没有联系，你认真地想一想，其实它与经文联系得很紧密，它是解释经文的。为什么没有联系？有人就提出以这个句子作例子。我就非要找出这个句子与经文有一个连贯性的东西。为什么？因为《系辞传》不是独立的，而是专为解释《易经》经文的。

> 六爻之动，三极之道也。

## 三极之道

爻是表示动态的，卦是表示静态的，一动一静，动静有常。卦是表示一个总体的状况、情景，在一个时空里也是这样。例如，有的人从事这种职业，有人从事那种职业。如果把这种职业比作一种卦，那么你在职业中就像在卦里，天天要去工作就像在爻里，那就是动态的

天极 人极 地极

65

了，这是爻。八卦里每一卦是由三爻组成的。到六十四卦呢？它是由两个八卦组成的，两卦相重为一卦，那就是六个爻了。这六个爻又是怎么区别的呢？从下往上数，而不是从上往下数，因为出土的甲骨文文字都是从下往上读的。最下一爻叫"初"，最上面的一爻叫"上"，中间四爻为"二、三、四、五"，区别只是在"初"和"上"。古人是模仿植物生长来分始（下）和终（上）的。

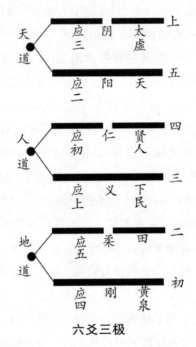

六爻三极

　　"三极"是指哪三极呢？天、地、人，又称三才，又称三道。最下面两爻为地道，也叫地才；中间两爻叫人道，也叫人才；上面两爻叫天道，又叫天才。为什么这么分呢？这有很深的意思，这里暂不去多讲。

> 是故君子所居而安者，《易》之序也；所乐而玩者，爻之辞也。

## 居心仁厚

　　"是故"，就是所以。这个"居"呢，在第三卦屯卦的初九爻解说："磐桓，利居贞，利建侯。"这里"居"实际上是指"定位"，也可以叫定居。这里表示了一种静态，是居所。白天外出工作，外出劳作，晚上回来居住，居住为静。所以中国的家庭还有一个传统，特别在农村，是男主外女主内。这里有了内外区别，也有个动静区别。在《金刚经》里有"应无所住，而生其心"，六祖慧能大师就是闻说此句而大悟的。这个"住"与居是一样的意思。住在何处呢？《金刚经》上"应无所住"，就是说，你"无所住心"。你的心住在哪个地方？不要住在事物上，而是要住在"常"上。"常"就是本来。

"所居而安者"，难道有居就能安吗？所以这里提出了一个问题：难道有居就能安吗？不是，有居不一定就能安。什么样的"居所"才能安呢？我这里有三句话提供你们参考：居于平常心，处事而安；居于平等心，为人而安；居于清静心，处世而安。这里强调的是一个居心的问题。在前几年有一本畅销书，是讲胡雪岩的，叫《红顶商人胡雪岩》。作者评价胡雪岩：居心仁厚。因为他居心仁厚，所以他财源滚滚。他经商的谋略有没有？有，而且有很多的谋略，但是他这个谋略有一个出发点，就是居心仁厚。他定位定得非常好，定在"居心仁厚"上。所以我对胡雪岩的东西还是很有兴趣的。我总结了三条：第一条是胡雪岩的思路与财路，第二条是胡雪岩的心眼与财眼，第三条是胡雪岩的人缘与财缘。我本来想写一本书，就是按这三个大标题来写，但是脱不开身。我看上了他的居心仁厚。

他的居心仁厚到什么程度？我就讲他最后一点。他破产了，朝廷马上要来查封他的财产了。他家有很多字画，那都是价值连城的。这时候他有几个朋友晚上偷偷到他家，对他说："把你的字画转移到我们家，我给你保留着。"不是要抄家嘛，我们给你留一点，以后过生活不很好吗？留一件就不一样呀。但胡雪岩坚持不这样做，他说："破产也要光明磊落。"为什么呢？因为我本来无财可破，无产可破，我当初一个月的俸禄只有四两银子，现在我还回到原来的本分中去。他这种光明磊落的心态，当时我很感动，就想把胡雪岩的东西好好整理一下，做一些宣传。有些人总是炒作他的一些绯闻，什么十二房姨太太之类。炒作这些东西对社会没有积极意义，对年轻人没有积极意义。因为，学都是学人家好的东西。每个人都有缺点，每个人都有忌讳的地方，连伟人都是如此，为什么只说人家的缺点呢？我认为，胡雪岩能成为江南第一大财神，必定有他的福德因缘，这才是我们要学习的东西。所以我认为最主要的一点，就是他的居心仁厚。这里我就顺便讲三个"心"：平常心、平等心、清静心，作为为人处事的一个准则，也作为"居"字的注释。

67

### "居而安"的评判标准

"所居而安者"，这个"安"字呢，还是"自在"两个字。这里我又要讲这个"观自在"。《心经》二百六十字，我最喜欢的就是前面这三个字——观自在。这三个字前面讲过，这里不多讲，我认为，我们时时都要观照自己自在不自在，就是"真我"在不在。"真我"在，你就自在，就能达到一个"无为而无不为"的境界。这才能得到安，得到真正的安。这个安还有一个价值评判标准。有的人确确实实是衣食无忧，而且家庭非常的富裕，但你能说他安吗？我认为这个不是绝对的。

有的人"所居"是居在什么地方？仅仅是居在金钱上，不是居在人之常情、人之常道上，不是居在人之道义上，不是居心仁厚。除了金钱，他就不能生存了，精神就崩溃了。但是有的人呢？没有金钱也一样快乐。

我记得我年轻的时候曾经参加过一个工作队，还是在"文化大革命"期间，被分到一个偏远的农家食宿（与贫下中农同吃同住同劳动），傍晚时候有一点想家的感觉。那时候我才十九岁吧，离家那么远，不适应了。那家老太太倒茶给我喝，我喝完茶后把碗送进矮小的屋子里，进去一看，墙上全部是她儿子从学校获得的奖状，我一下子心就"安"了。刚开始的时候很不安，一看到她儿子的奖状，我的心一下子就安了。

我认为有一个评判标准，也就是一个价值观吧。你怎么去认知这个问题？"居"在哪个上面？有的人以金钱为安，有的人以知识为安，有人以权力为安。这里我要多讲一点，我认为生活要去慢慢解读，古人也在解读生活，这个一定不能误解，不能误解我们古代的圣人。我认为现在传统文化之所以不好弘扬，因为有很多误区，认为传统文化仅仅是一种文化，是束之高阁、凌驾于我们的生活之上的，是与我们的生活格格不入的，认为古人讲大道理、空道理，讲得很深奥、很玄。实际上不是，我们应该摸索到一点。无论是伏羲也好，还是周文王、老子、孔子、孟子、韩非子，乃至于鬼谷子、惠施、公孙龙等，他们所留下的著作全部都是在解读生活、解读人生、解读自然，他们没有写一些空东西。我们要建立在这个认知之上，每个人就都能接受它。

我们不能对我们的传统文化有误解，把它捧到手上读，读是读生活，而不是读空洞的理论。这里我讲得有点啰唆，因为它在生活中，生活就是繁复的，不繁复的生活是一种没有趣味的生活。为什么？一个人家，当母亲絮絮叨叨、啰啰唆唆时，儿女们就有点厌烦。一旦母亲去世之后，就有了牵挂，我就是这样的。我母亲喜欢啰嗦，当时我有些反感，但是母亲去世之后，我确实是有种强烈的牵挂。没有这个东西不行，就没有乐趣，没有人情味了。两个人要生活在一起，必然要感情非常融洽、志趣相投才啰唆得起，不然就叫话不投机半句多。志趣不相投，这种生活有什么乐趣？这种生活没有乐趣。只有两个人在啰啰唆唆、絮絮叨叨地没完没了，这种生活才非常有乐趣。夫妇两个人没话说，那叫什么夫妻？叫什么生活？叫什么家庭？两个人絮絮叨叨、讲来讲去总是这些话，别人认为没意思，可他们两个人认为有意思，这就是生活。所以我们不要把它看成是一篇文章、一枝漂亮的花、一首歌。歌、花、文章都是从生活中提炼出来的，不要把生活看得太完美了。

"易之序也。""易"就是本来的面目。真正的易是什么？在生活中。这里我又要讲到《金刚经》了。《金刚经》是哲学名著，但是这样一本非常经典的哲学名著，它是从什么讲起的呢？是从穿衣、吃饭、洗脚讲起的。"世尊食时（吃饭的时候），著衣持钵，入舍卫大城乞食，于其城中，次第乞已，还至本处（还要回来）。饭食讫，收衣钵，洗足已，敷座而坐。"你看，释迦牟尼佛处处亲自做事。他是一个教主啊，穿衣是自己，回来吃饭、洗碗、洗脚（因为他是打赤脚出去的嘛），回来"敷座"，把自己坐的地方铺一铺，也是自己做，这就是生活。哲学产生于哪儿？产生于生活呀，产生于吃饭呀。《金刚经》是从吃饭、穿衣讲起的，这个是有意安排的。一讲《金刚经》，有人就讲，《金刚经》我看不懂，那个太玄了。什么"无所住心"，特别是那个"佛说世界，即非世界，是名世界"的句式，看不懂。但实际上呢？人离不开穿衣吃饭。所以"易之序也"，我们不能把这个"易之序"看得空洞朦胧，雾里看花，要在生活中去理解。

## "玩"的心态

"所乐而玩者，爻之辞也。"这里讲这个"玩"字，这一段有三个"玩"字，连"辞"也能玩，连"占"也能玩，"占卜"仅仅是玩玩而已。这些都能玩，说话何妨不可以啰唆一点？这是完全可以的。"所乐而玩者，爻之辞也。"这个爻辞实际上是生活中的变化，这些变化怎么去看？就是前面我讲过的"常"。看起来有时候一个变化非常奇妙，非常特殊，好像千古没有见过，像居里夫人发现了"镭"，但这些实际上还是"常"。如果你把它看成"常"，何尝没有一个玩的心态呢？可见，居里夫人当年的科学实验也有一种玩的心态。我们现在创事业，我认为也就是玩一把嘛。实际上，人生、事业都是玩。你把它看得太执着，就太枯

69

燥了，那不行，应该以一种玩的心态。

但是，玩就要讲玩的游戏规则，没有规则那这个玩就不叫玩，就不是"玩"事业，而是玩自己了。所以，这里还要有规则。"爻之辞也"，"爻"是有规则的，从初爻、二爻、三爻、四爻、五爻到上爻，它是有规则的，它还分出了地道、人道、天道，这个规则大得很，这就是说，要会玩。玩有小玩，有大玩。像张朝阳，本来在美国是很有发展前途的，他回来也是要玩一把。我非常喜欢和年轻人在一起，为什么？无论到什么年龄，我都要做一个"顽童"，还能玩。因为我小时候喜欢玩，我到老了还要玩。没有玩的心态是不行的。当然，做事还是要严肃的。

---

是故君子居则观其象而玩其辞，动则观其变而玩其占。是以自天佑之，吉无不利。

---

## 原始的占卜

"君子居"，这是静态，居在静态中。一份事业还没有启动以前，刚刚从学校毕业还没有找到合适的工作，或者创业也还没有开始，或是这个事还没做之前，或者在一个过程中间，还比较平稳的时候，这个时候"观其象而玩其辞"。怎么理解？就是说，这个时候你还是充充电吧，还是多看看、多学习一些东西吧。这是从大的层面上来说的。仅就这个词来说，当然是指卦辞、爻辞了。"观其象"，是什么象？卦象、爻象。但实际上还是自然中、生活中的象。

"动则观其变而玩其占。"在运行中，根据它的变化来"玩其占"。关于这个"占"，我要举一个例子。什么叫占？这个占是从"卜"开始的。在古代，人们没有时间的概念，不知道方向，当然也没有方位的概念，也没有季节的概念，这些概念都没有。在这种情况下，又实在不能没有，需要时间概念的时候，需要方位概念的时候，怎么办呢？比如出外打猎，出外捕捞，走了很远，什么时候回去，怎样才能在天黑之前赶到住地呢？必须有一个时间，没有这个时间概念是不行的。还有一个，我是从哪里来的呢？那个时候不像现在有路，到处都是森林，是哪个方向呢？这个方向概念必须有。根据考古和社会学家的推测、研究，认为那时候开始依靠日影来指导，开始以人身测量日影。现在叫"丈夫"，就是从那个时候来的。以后呢，从这一个人身到立一个杆，竹竿或者木杆，这个杆必须有八尺长（一丈长，那个时候八尺为一丈），所以现在的"丈夫"就是这个意思。那时候的人基本上是八尺高，现在以一米七为标准，那个时候可能就是以八尺为标准，不到八尺可能就不叫"丈夫"了。这是一种推测了。那个时候杆子八尺长是有记载的——"人身八尺"，《周礼》里有记载，《尚书》里也有记载。

以这个为影子，这个影子正好是个"卜"字。有人非要守住《说文解字》里的一句话：灼烧龟甲发出"卜"的声音。我不否定它，但是我不认可这种说法。因为这个字形在这里，而且原始人的生活是这么一个生活状态，它有来历。我们应该找前面的源头。仓颉造字，因为仓颉是黄帝时代的人，他造字的时候已经有这个字。但是甲骨文，它还是在商代啊，是不是呀？从公元前一千七百年再往前，如果夏代初就已经有甲骨文的话，那也才是公元前两千零七十年（按照"断代工程"的界定，以前的界定不是这样，现在往前推了几百年，还没推到一千年）。如果按《史记》里记载的公元前八百四十一年向前推，当然已经推了一千多年。所以这是从"卜"开始的，以后测量影子是用"圭"。

这个"圭"是五寸长的泥尺子，按现在来说是一种尺，它上面刻有记号，所以是两个"土"。夏至那一天是日影最短的一天，一尺五寸长，这都是有记载的。那么，"圭"字加一个"卜"字，不正好一个"卦"字吗？圭和卜合起来就成卦，这是有道理的，是比较合理的。我不讲这是唯一正确的说法，但是有一定的道理，我相信它。你们可以相信，也可以不相信。古代祭祀、祭天时，还在这个杆上加上一个横杆，横杆上挂上巾幡，有时候甚至还系上铃铛，这个《周礼》上都有记载。它显得庄严、隆重啊，这也是测日影。测日影干什么？祭祀天神的时候，要多长时间，影子到了哪个位置为止。祭祀祖先需要多长时间？都用日影来计算。这是社会学家所推测出来的东西，有文字记载。天安门前有华表，这个华表的来历，据历史学家推测，就是从那个标杆来的。而且在史学家、在人文学家看来，华表的来历是没有异议的，没有谁反对这个说法。

另外还有一个叫"晷"，这个晷（guǐ）是一个测日影的仪器，下面有一个盘，上面也有一个标杆，盘子上面还有刻度。以后慢慢发展到商代，是用龟甲和牛骨来烧，烧了以后把文字刻到上面。"龟卜"，按照我的推测，完全是我个人的推测，我认为事物都在演变。演变到这个时候，当时的人想：现在不用这个泥土的圭了，用不上了，突发奇想，想到要垄断这个东西，就用灵龟。"圭"和"龟"是谐音嘛。这个东西都有来历。

以后用蓍草，这也是一个事实，我们不能不相信它。河南省周口市淮阴区有一个伏羲墓，伏羲墓旁边有半亩田长蓍草，长得非常好。但是这个蓍草无法移栽，无论是播种也好，还是移栽也好，在其他任何地方都不能存活。而且它很像韭菜，割了以后马上又长起来了。后面讲到"大衍之数五十"，就是用蓍草来占卜。为什么要用这个蓍草？我推测这个蓍草可能有一种灵性，我老家也有一种草，这个草也有一种灵性。小时候就玩这个，两个人各执一端，两手相向，一撕，中间会合处就呈现两种形状。有女人怀孕了，就凭这两种形状猜她是生男孩还是生女孩，就从那个上面区别。这是植物的一种特殊性。蓍草与这个草有相似之处。我认为它的源头是在泰卦的初九里，初九里有"拔茅茹"，我先讲泰卦。

一讲泰就讲到否，泰极否来，否极泰来。《北京日报》有一位记者问我："泰卦和否卦是不是有好坏之分？"我说："没有，它们是一样的、平等的。"为什么呢？泰是顺畅，否是阻碍，相当于交通规则上的红绿灯。红灯停是为了绿灯行呀。"噢！"他说，"事事各自都有一定的道理，这是一个规则。"

再一个是天坛公园的祈年殿，有一位老教授在电视上讲这个问题。他说："我研究这个祈年殿两年了，我终于发现，祈年殿上面那个顶有三重，这是一个乾卦啊——三个阳爻嘛。"他研究两年了，经常去看，认为当初设计的时候是乾卦。如果上部设计成立，那下面就是坤卦了。为什么呢？你看，下面有三层殿基，它中间都有台阶，那台阶不就断开了吗？不正好就是坤卦？这是三个阴爻。但那位专家不同意这种说法："不对，那就是否卦了。"

我当时一听，呃，怎么不对呢？当初的设计就应该是否卦，不能设计成泰卦。因为祈年嘛，旧的一年过去了，新的一年开始了，祈求新的一年的人寿年丰啊，那就是过去的一年为"否"，新的一年为"泰"，那是否极泰来呀。静为否，动就为泰。守旧为否，改革为泰，创新为泰，所以我认为那应该是否卦。如果把它做成一个泰卦，那完了，泰极否来了。所以我一看，这就是一个否卦，是符合当时设计者的意图的。这是我的认识。既然你老教授已经承认上面是个乾卦，为什么不肯承认下面是个坤卦呢？你为什么不肯承认整个是个否卦呢？这个是辨证的。

泰卦在十二消息卦里。十二消息是根据二十四节气来的，是代表节气的。在十二消息卦里，泰卦是正月卦，是代表立春的。它的初爻的爻辞就是："拔茅茹，以其汇。征吉。"有人解释为："拔除这根茅草带动那根茅草。"

《易经》这么厚重的著作，这样的经典，是群经之首，讲讲拔茅草就没有意义了，没有那么厚重了。如果你讲这个，我讲其他的也行啊，我可以随便讲，但它是不能随意更改的。那么"观其象"，它的象在哪里？除了天象以外，物象以外，它的事象在哪里？你找不到源头呀。事象仅仅是拔出那个茅草有什么意义呢？我参究了很长时间，打电话问了好几个朋友，他们也都是研究《易经》的，有些还是博士，其中有哲学博士，有历史学家，甚至有人产生了误解，在语气上觉得你怎么连这么一个常识都不懂呢？我不是这个表面意思不懂，而是它深层的意思是什么呢？我不满足于这个表面上的解释。

有一天，我在路上一面走一面想，看到地上的茅草了，突然我想到我小时候拔茅草根吃。这个茅草的根是雪白的，一咬很甜，我们经常咬着吃。我突然一下子明白了。古代没有挂历呀，不像现在你知道春天来了，因为历书上都有呀，那个时候什么都没有。在茫然无知的情况下，怎么办？当然不知道春天什么时候到，不知道什么时候该播种呀。农耕文化的时候，这个种子什么时候播种合适？他问谁？他只有问茅草。那时候我们的原始先民非常简单，他们出门，到处是草，拔一根草看看茅根的情况。为什么呢？季节变化就是这样，到了十月份以后，阳气就慢慢往下，阴气慢慢向上。秋天以后呢？草木的地上部分就慢慢衰竭了，地下部分在长什么呢？长根。冬天是长根的时候，大家都知道这个。大自然慢慢把阳气输送到地下，这时候外面是冰天雪地的。在这个时候阳气下来是保养根的，是保养万物的。保养到一定程度，这个根开始萌发了，开始萌动，阳气开始上升了。随着阳气的上升，就开始发芽、抽枝，万物开始生长了。他们就是凭这个来占卜。茅草，在字典上也叫丝茅，在我们老家也叫丝茅。丝茅——蓍草，还是从这个谐音上来的。这是我的推测，不一定正确。所以这里我提供给大家，无论是正确还是不正确，起码我们理解《易经》应该找它的源头。

## 感受风的神奇

还是要实际一点，还有我们的思维尽可能要理性一点，落到一个实处，想到我们原始先民当时的情形。所以，大地湾文化遗址我连去了三次，到卦台山上去，我就是想坐在那里，躺在那个地方去感受。我在《初访天水记行》（载于《天水日报》）那篇稿子中，写到"卦台山的神奇"时表达了当时的感受："一到山顶，我首先想起了《易传》中那句话：'仰则观象于天，俯则观法于地'，于是我模拟着先祖先圣，仰望、俯察……当卦台山再次成为远远望去的侧影时，我的心反而平静了许多，车子在'盆地'中央的田野里曲线前行，一幅活的《太极图》把我们融入其中，就像踏着当年伏羲的足迹，即将穿越八千年。"

最后我们到了仙人崖，仙人崖有一个寺庙，上面是山崖，下面是寺庙。一个山就像一整块石头。从远处一望，山崖上所有的白皮松都像一个风梳头发的图案。哇！这个实在太神奇了！当时没有人能发现这个现象，我说这是风的神奇，所以当天晚上就跟老师傅讲："我明天还在这里住，要上西崖去观察那是什么风。"我是准备到那里待一天一夜的。

第二天一大早，我慢慢地爬到那个山崖的山中腰，带着水、干粮、手机、录音笔和照相机。我找了一个倒着的树墩子，我就在那个地方休息。一上午我就是感受这个风怎么从山下山谷里吹上来，对面就是秦岭山脉，我坐在那里静不下来。毕竟那些世俗的、烦躁的东西太多了，想静下来，但在那里静不下来。这时候还没有风，你说怪不怪？上午一点风都没有，到了中午十一点多的时候，我就吃了一点干粮。快到十二点的时候，风来了。风一来我的精力就集中起来了。其他的什么杂念啊、什么世俗的东西，都排除了，我全身心地感受那个风，一直到下午三点多，有那么长的时间。这是什么感受？我先是望着，后来闭着眼睛感受。那个树的树枝，还有一个特点，风在吹的时候，树枝上面很小的树叶和树的主干摇摆的方向不一样，正好相反。我以前还没有发现这个问题，它们还有这样一个分工。人类有分工，植物的分工也是有次序的。

我闭上眼睛，感受到那个风，噢，山林离不开风，风也离不开山林。因为风也有自己的表述，但它的语言离不开树木，它的声音是从哪儿来的？它就依靠这个山，依靠这个山谷，依靠这个树林：我也要说话，我也要唱歌，甚至我也要咆哮，我也要发泄自己，我也要表述自己……那么树枝呢？它也要运动，和人一样。人的生命在于运动，树的生命也在于运动。它无法移动呀，要靠风来帮它运动。这是自然的分工、互相的协作，这才是一种自然的美。一直到现在，给我的印象太深了，对我的启发太大了。我在"天地生人学术讲座"上讲过这个感受。讲过以后，一直到现在还有人在讲，他们对我那一段演讲津津乐道，好多人一再问我，甚至他们都想找这么一个地方经历经历。所以我想到，当年释迦牟尼在菩提树下悟道，那是真的。你把世俗的杂念都排开之后，与大自然接通信息，那种感受真是妙不可言。我虽然是一点点感受，这一点点感受就让我有"胜读十年书"之感，与风"一席话"，就让我"胜读十年书"，因为当时我就体悟出伏羲为什么是以风为姓。

我们在女娲祠采访那位老人，他就讲，伏羲和女娲是生在风沟，长在风台，葬在风茔，以风为姓。以风为姓，《史记》上都有记载。为什么当时风是那样的突出？那天我是意外发现那个"风梳头"奇景的，当时我就想到，这个风肯定能给我一个答案，我就想到这个山上住一天一夜，甚至是两天两夜，去找一个答案：为什么伏羲是以风为姓？当时这个风为什么这么突出？结果时间太短，找不到这个答案。

## 乾的精神

现在回头我就讲到这个"乾"，为什么？"乾知大始"。这里我再补充一句，我很执着，小时候就很执着。那时我还小还没有到上学的时候，学校在我家旁边，我经常和大孩子一起上学，有一天最后一节课听校长讲故事，他捧着一本书。我当时才五岁，记得那本书是套色的，比较薄，最多有三个印张，我就记那么清楚，这一点都不假。校长给我们讲故事，我还是学龄前的儿童，其他学生都是从三年级到六年级的，听过以后没人提问题，我提了一个问题。我说："校长，那本书能买到吗？"他说："能买到。"我说："多少钱一本？"他说："三块钱一本。"他是逗我玩的，我不知道。当年我父亲在外面工作，家里钱还是拿得出来的，当时我母亲不在，我随便一拿就拿了三块钱给了校长。那时候三块钱很不错哦，一九五几年啊！我想得美美的，等着书呢。晚上母亲回家骂我，说我从家里偷钱了。原来校长是逗我玩的，他把钱还给我母亲了，他说这本书是上面发的。我母亲讲我在家里偷钱了，这是一种教育方式，我不能责怪我母亲，因为在农村当时只能是这样。她没有发现我这个求知的欲望。

当时校长讲的是什么故事？我现在还记得，他讲：有这么一个孩子，他家的窗口对着山，那个山很远，而且每天太阳从那个山落下去，他就问他奶奶："山的那一边是什么呢？"他老是想着山那一边的世界是什么。他奶奶回答："那个地方我也没去过，我也不知道。"他又去问他的爷爷，他爷爷说："我也不知道，也许太阳公公知道，因为只有他到那边去过了。"他天天望着太阳起山、落山的地方，天天也想到山那边去，始终向往着山那边的事。所以现在"乾知大始"，我们现在人类老是研究外星人，研究火星上有什么，等等，谁知道？"乾知大始"，"乾"知道。

再回头说，要努力，要奋斗。真正要你跟着太阳你做不到，但是像太阳那样运行不息、自强不息，这一点我们能做到，用这种方式，一代一代去研究，总是能找到外星人的，总能破解太空的奥秘的。我们应该这么去解读这个。

　　"是以自天佑之，吉无不利。"实际上我刚才一句话就把这句话解释完了。"吉"，没有不利的，因为你找到了自然规律了，像太阳的规律就是人的规律，你循着这个，你就能得到吉祥，就没有不利的。为什么？"自天佑之"，这个"佑"，并不是保佑我发财，不是这个"佑"，而是指导你知道了知识，给你启发，使你悟到了自然的奥秘。原来是这种"佑之"，当你从悟中得到知识，得到智慧时，就自然"吉无不利"了。

# 第三章

象者，言乎象者也。爻者，言乎变者也。吉凶者，言乎其失得也；悔吝者，言乎其小疵也。无咎者，善补过也。

是故列贵贱者存乎位。齐小大者存乎卦。辩吉凶者存乎辞。忧悔吝者存乎介。震无咎者存乎悔。是故卦有小大，辞有险易。辞也者，各指其所之。

《易》与天地准，故能弥纶天地之道。仰以观于天文，俯以察于地理，是故知幽明之故。原始反终，故知死生之说。

象者，言乎象者也。爻者，言乎变者也。吉凶者，言乎其失得也；悔吝者，言乎其小疵也。无咎者，善补过也。

## 补过与改过

"象者，言乎象者也。""象"是象辞。《易经》卦辞里有象辞，它是解释卦辞的，同时又有象辞，是描述卦"象"的。这个"象"有两个方面，一个是指象辞，另一个是指自然现象、社会现象、人生现象，是现象的象。象辞是描述现象的，象辞是阐述这个现象的原理的，其中有一些哲理。象辞讲得深一些，难懂一些。而象辞呢？讲得很形象。这几句前面都讲过，这里就不多讲了。这里只讲一句："无咎者，善补过也。"

在乾卦里有两个"无咎"，在九三、九四这两爻中，而这两爻正好是人道，难道作《易》者在告诉我们：只有人才会有"咎"？天道和地道则无"咎"可言？这两句"无咎"的设计，是人为的，还是自然的本源？实在耐人寻味。

怎样才能达到无咎呢？咎是一种伤害，怎么样才能不受伤害呢？后面解释得很清楚——"善补过也"。我在研究这一句时也是叫钻牛角尖吧，老是揪住某个字不放。"善补过"，"补过"是什么意思？现代人讲"改过自新"，是"改过"，为什么这里是补过呢？这个"补"字我没有放过。这里面有名堂。古人用字非常讲究，不是随便用的，这里不是讲平仄的问题。刚才讲到了"无咎"，人有过错，改了还不行，还要补。一个孩子喜欢玩游戏，老师、家长都有一些担心，所以教育他。通过教育，好不容易把他拉回来了，他再也不去游戏机房了，改了。但是这个改行不行呢？你改了他的这个行为，你改不了他的心，他上课时还老迷着那些游戏。这个时候就要补，补什么？用正面的、健康的东西去取代他心理的空缺，把这个空白补上去。还要善补、强补，硬性地补还不行。如何做到善补呢？我想用唐太宗李世民跟他的丞相魏徵的一段谈话来说明。在《贞观之治》里记载，唐太宗经常有一些不理解的东西，他就请教于丞相魏徵。魏徵讲过这么一句话："善者因之，其次利导之，其次教诲之，其次整齐之，最下者与之争。"

"善者因之"，最善的是"因之"；其次呢？"其次利导之"，是"利导"，是因势利导；再次是"教诲"。这个教诲无论是轻言细语还是训斥，都可能教诲得不是那么得法，因为你是按你的思维方式去教诲的，其次是"整齐之"。现在小学生上课的时候，都一致整齐地把手放到背后，这是一种方式。那么，最下就是"与之争"，你跟他去争吵，强制性是最次的方式。

"善者因之"，这个"因"字很重要，我一直在参究这个"因"字，我还没有参究出来，所以在这里我不能瞎说。我总觉得这个"因"字很有意思。最善的是"因"，那么这个"因"字对我们做任何事都有作用，都有帮助。你们要参透了这个"因"，最善者嘛。魏徵丞相在大家心中有一定分量。他跟唐太宗讲"善者因之"，利导和教诲都不是好方法，最好是一个"因"字。如果我们参透并得了这一个"因"字，我认为那应该是非常难得的。也许这个"善补"的"善"就在魏徵丞相讲的那个"因"字里。

---

是故列贵贱者存乎位。齐小大者存乎卦。辩吉凶者存乎辞。忧悔吝者存乎介。震无咎者存乎悔。是故卦有小大，辞有险易。辞也者，各指其所之。

---

## 爻　位

这一段是一气呵成的，始终都是一个"存乎"，这里我们不在文字上做文章。这里用的是一个排比句，讲了贵贱、小大、吉凶、悔吝、无咎。前面已经讲得比较清楚，就是"天尊地卑，乾坤定矣。卑高以陈，贵贱位矣"，前面讲了一个"定"，后面讲了一个"位"——定位。所以，这里又强调了一个"位"——"是故列贵贱者存乎位。"

| | |
|---|---|
| 上六 ▬▬ ▬▬ | 上九 ▬▬▬▬ |
| 六五 ▬▬ ▬▬ | 九五 ▬▬▬▬ |
| 六四 ▬▬ ▬▬ | 九四 ▬▬▬▬ |
| 六三 ▬▬ ▬▬ | 九三 ▬▬▬▬ |
| 六二 ▬▬ ▬▬ | 九二 ▬▬▬▬ |
| 初六 ▬▬ ▬▬ | 初九 ▬▬▬▬ |
| **坤卦的爻位** | **乾卦的爻位** |

实际上，这个位在六爻里非常关键。六十四卦里每一卦都有六个爻，从最下面往上数，分别是初爻、二爻、三爻、四爻、五爻、上爻，这六个爻都有位置的区别，是很讲究的。这个以前讲过了，我在这里再补充一下。由于前面讲"六爻之动，三极之道"时就应该讲，我把它省略了，因为以前讲过了，就不再重复了，现在我还是重复一下。实际上这个位置不仅仅是下面两爻表示地道，中间两爻表示人道，上面两爻表示天道，同时下面两爻还表示过去，中间两爻表示现在，上面两爻表示未来，这是从时间上来说的。另外还有一种说法：初爻表示平民，二爻表示士大夫，三爻表示三公，四爻表示侯爵，到了五爻，如果是阳爻就叫九五，如果是阴爻就叫六五。九五是尊位啊，九五之尊就是皇帝了。到了上爻，那就是太上皇了，按现在来说，就是退居二线了。古代这些位置都是很有讲究的，有一定的次序，所以反复讲"位"。

## 中和正

《易经》有一个很大的特点，它不是空口说辞，它始终根据爻、卦画来说。这一爻是什么位，你就必须说这一爻位置上的话。特别是第三爻，它是下经卦的最上面一爻，它马上要跃到上一经卦了，它是这么一个特殊的位置。所以呢，占卜占到三爻的时候，往往要差一点，当然不是绝对的，有的也很好。你占卜占到二爻、五爻，因为它是中啊，二爻是下一卦里的中间一爻，五爻是上一卦里的中间一爻，两边有护卫，它们都是"中"。那么，什么叫"中正"呢？因为二爻是偶数，偶数就必须是阴，所以应该是阴爻的位置，如果二爻正好是阴爻，那就是"正"了。因为本身是二爻，肯定是"中"啦，又带一个"正"，那就叫"中正"。五爻是奇数，奇数就应该是阳爻的位置，得的是阳爻，那就是九五，是中正。如果五爻是阴爻的话，那就是中而不正。凡是逢奇数就是阳爻的位置，逢偶数就是阴爻的位置，如果阳爻在阴爻的位置，就叫不正，阴爻登上阳爻的位置也叫不正。这里有名堂，一般人占卜，要是占卜到五爻，你即使是阴爻问题还不大，大多数都很好。为什么呢？因为虽然不正，但它毕竟在中，位置相当好，二爻也是这样。

### 相应与敌应

另外还有一个"应"的问题。你看这个上三爻和下三爻，这个"初"与"四"是相应的，"二"与"五"是相应的，"三"与"上"是相应的。相应就是说，我是下一卦的初爻，你是上一卦的初爻，两卦合起来你是第四爻。假如你是阴爻，我是阳爻，我们两个正好相应。如果二者都是阳爻或者都是阴爻，就不叫"相应"，而是叫"敌应"。有个同性相斥、异性相吸的道理。以初爻为例，如果初爻是阳爻，它得了一个"正"，上面四爻正好又是个阴爻，又得了一个"应"，就是说能得到帮忙，能得到支援，所以这一爻相对来说就比较好。这是从卦的爻位上看，爻辞都跟着这个走。

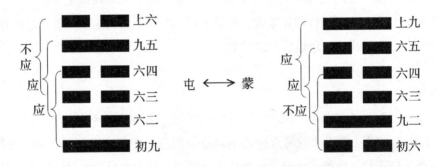

### 承与乘

另外还有一个"承"与"乘"的问题。这个"承"与"乘"又很特殊，就是说，下一爻对上一爻是"承"，继承上一爻；那么上一爻对下一爻是"乘"，是乘坐的乘。这个承与乘之间也有一些关系。在某些情况下，阳爻乘在阴爻上，阳爻在上，这个阴爻过于柔，这个阳爻在这一卦中显得过于强，那么这个往往就差一些。假如是在三爻，三爻是奇数，奇数是阳位，它又是阳爻，那就太刚了。它显得很高，位置也是阳爻，很张扬、很显赫的一个位置。如果一个人居在这个位置，他的性格就显得更刚了。下面这一爻是阴位，如果是阴爻，那么它乘在这上面，对下面多少会有一些欺负。当然，它怕不怕欺负？这也不是绝对的，因为二爻居中，还要看上面五爻对它帮忙的情况。卦辞、爻辞都是根据这个象走的，所以《易经》六十四卦，它的奥妙之处全部在这六个爻里变来变去，变出三百八十四爻。

阴爻乘阳爻
阳爻乘阴爻

阳爻乘阳爻
阴爻乘阴爻

## 简单与神秘

实际上是两个爻在变化，一个是阴爻，一个是阳爻，只有它们两个在变。同时又是六个爻位在变，六个爻位中有中、正、应、承、乘各种变化。就像电子计算机里面的"0"和"1"老是在变，你在计算机上二十四小时始终在那里敲键盘，敲的是"位"，但它始终是"0"和"1"在那里变，是不是？这里也是，只有一个阴爻、一个阳爻在那里变。

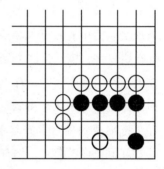

围棋也是。围棋虽然是千变万化，但是围棋只有黑子、白子在变化。多少高手为之奋斗终生，还不知道黑子、白子到底是怎么回事，还把握不住它。吴清源是围棋泰斗，穷其一生，最后他还要来研究《易经》，他把握不住一粒黑子、一粒白子，他降不住它。从古到今几千人，能在易学史上留下名字的有几千位。这些大家对一个阴爻、一个阳爻还是降不住，还是把握不住。一直到现在，多少人、多少哲学家，连德国莱布尼兹这样大的哲学家、数学家，也为之倾倒，为之赞叹不已。他感到神秘的唯有两个东西——一个阳爻、一个阴爻，老是在那里变，变化出那么多东西，无穷无尽。所以，中国传统文化的神秘之处就在这个地方——简易。就是前面讲的，它的神秘不是在复杂里面，而是在简易里面。它这么简易，竟然还这么深奥，所以神秘。

## 小大与险易

　　为什么有贵、贱之分呢？实际上在卦里面也没有什么贵贱。泰卦和否卦，泰是通畅，否是阻塞。有人就讲，泰卦是不是很好啊？我占卜得了一个泰卦，我不是很好吗？我做事就亨通了。如果占卜得了一个否卦——阻塞，哎哟，我这个事怎么做啊？谁都怕阻塞，你开车就怕堵车。有段相声里，甲说："什么车最长？"乙说："火车。"甲说："不对，是堵车。"谁都怕堵，是吧？那么泰和否有没有贵贱之分呢？实际上没有贵贱之分。红灯停是为了绿灯行，二者一样重要，你不可能老是通畅，有时候还要阻塞。阻塞是为了畅通，不塞不流，不止不行，不破不立。这是辩证统一的。当然，如果要讲它的贵贱，在某种情况下，它也显示出一种贵贱来，这里不多讲。

　　"齐小大者存乎卦。"这个"齐"是规范、归类、整齐划一。要整齐，当然要有一个规范。没有规矩，按什么来要求呢？"小大"，这个卦里有大小啊，这与现实生活中有些不太相应。"大"为君子之道，"小"为小人之道。例如复卦，现在讲复兴、恢复，这个复是大，是君子之卦；剥卦呢，就是小人之卦，它老是在剥。在六爻中，老是有小人在那里剥。开始把你的床脚剥掉了，再就是剥掉了你的床垫，剥了床垫再剥你的身子，最后剥到五爻的时候呢，你不总是在剥吗？好，把你请到皇宫里养起来。小人总是在剥，老是在捣乱。你不是要争名争利吗？好，把你养起来，你有名有利了。但是养到最后，他不行啊，他享受不了这个福报，他在外面散漫惯了，你用一种软的方式把他养着，他不习惯，也还是要剥，还是要张扬。到最后，他剥掉了楼宇。剥了谁的楼宇呢？他剥了他自己的楼宇，连他自己的老巢都剥掉了。国家的屋宇是剥不掉的，剥到最后他还是自己翻了跟头。这就是剥卦，是小人之卦。

　　"辩吉凶者存乎辞。"卦辞里有判词，判词当然是判断吉、凶、悔、吝的，当然还有无咎、小吝这些辞。吉里有小吉、大吉、元吉、庆，这些都是判断它的吉凶的。

　　"忧悔吝者存乎介。"在豫卦里有个"介于石，不终日，贞吉"。蒋介石的名字："介石""中正"都是从《易经》里来的。毛泽东的名字润之也是从《易传》里来的："鼓之以雷霆，润之以风雨"。你们看，许多老店名都在这个上面，如"同仁堂"，"同仁"取于同人卦，还有咸亨、汇通（会通）、德元（德圆）、德方等，好多店名都这样。有人问我，能不能在卦里找个好名字？我说，好名字都被人拿走了，这个没办法。还有中孚卦，以"中孚"为名，北京有一家出租汽车公司叫中孚公司。我一看，这个不错，"中孚"不就是讲诚信的吗？为什么说中孚是讲诚信的？这个"孚"字，实际上它是孵鸡的孵，它是从这里来的。鸡孵蛋，二十二天小鸡就要出壳，它从来不讲假话，是守诚信的。因为无论是鸡还是主人，都知道这里不会有欺骗，到这个时候小鸡就要出来，是以这个来讲的，所以叫中孚。

这里有一个"介"字，这个"介"字与"介于石"有些不同。"介于石"的"介"是指刻画，刻画到石碑上。把什么东西刻画到石碑上？把教训刻画到石碑上，用现在的话讲，就是把座右铭、告示、历史存照等这些东西刻到石碑上，用于警戒后人。而这里有一个"存乎介"，这个"介"是"介末"。现在有一种菜叫芥末，真正的介呢？非常微妙之间就叫"介"。悔和吝虽算不上是吉，但是也算不上凶。这个介是在吉和凶之间，在微妙之间，就是说，你处理得好，悔或吝能变成吉；处理得不好，小错也能铸成大错。它是这个意思，在微妙之间，看你善不善于处理问题。下围棋也是很微妙的，胜负就在微妙之间。经常出现胜负为四分之一子，何为四分之一子？就是一粒棋子的四分之一，双方围地，最后胜负的空间竟在一子的四分之一之间，多么微妙，介就是这个意思。所以我们在工作中，往往就要掌握这个"介"字。员工之间、夫妻之间、同事之间的关系，有时候就在一句话上，这就是微妙之间。所以恩与仇，也就是在微妙之间发生的。

"震无咎者存乎悔。"震是指动。在运行中，在运作中，在震动嘛。震表示雷，也就表示在运动中、操作中，你要想做到无咎的话，你要时时去反省，时时去检讨、检查。"悔"就是指检查、检讨，就是说，你在工作中，在运作中，不能说我事先想好了。事先想好了，有计划，有步骤，你还必须有检查。不仅检查步骤，还要检查自己，在各个方面、每一个动作、每一个小环节都不能疏忽。

"是故卦有小大，辞有险易。"所以说，卦有小大之分，辞有险易之别。这个险易的"易"，实际上还可以理解成"夷"，化险为夷的夷。险与夷是对立的，险与易不是对立的。夷为平，高峻为险，表示一个相对而已。

"辞也者，各指其所之。"这句话是告诫我们，研究和学习《易经》，用《易经》去占卜、预测，你不要拘泥在文辞上，仅仅是看表面。这个"各指其所之"，我们又不能停留在辞面上。辞面上这里讲的是吉呀，那里讲的是吝啊，不仅仅是指这个，最关键的还要指他本人。如果是给自己预测，你要想想自己。你们都知道纪晓岚，他在去赶考之前，有人给他占了一卦，是困卦。从困卦上来说，他根本就考不上，那是很明显的，从卦上一看就是考不上的。但是他聪明，他一看，

83

哎，我能考得上，而且能考第几名，他都看得清清楚楚。哪一位同科在我之下，姓石的在我后面，我在姓石的前面，这就是"各指其所之"，有针对性了。

这个辞是一个普通的东西，还要看你是否有所指。殷纣王有一个妃子，很年轻，商被灭后她想改嫁。能不能改嫁呢？一占卜，哎，能改嫁，很不错。她又一想，我还是不能改嫁，我这个时候改嫁肯定是凶，肯定不好。她把时间安排到三年以后才改嫁，哎，就没事了。它是有针对性的。所以这个"各有其所之"，我的理解是，一定不能拘泥在文字上。文字是死的，人是活的，文字是静态的，人是活动的，是动态的。是不是啊？

宋代的邵雍和他儿子，他们两个都是占卜大师，邵雍占卜的准确度可以说是百分之百。有一天晚上，两个人坐在家里，有人敲门，邵雍就考验儿子："你卜一下，他是来干吗的？""借东西。""借什么？""借锄头。"邵雍说："你错了，是借斧子。"儿子讲借锄头完全不错，但邵雍又想，他晚上来借锄头做什么？肯定是要借斧子。结果那人进门真的是借斧子。邵雍占卜得准就是在这个地方，他有一个"各指其所之"，他知道晚上借锄头没用，肯定是斧子。有很多东西还是靠变化推的，灵活的变化。《易经》上的东西仅仅是给你引一下路。

> 《易》与天地准，故能弥纶天地之道。仰以观于天文，俯以察于地理，是故知幽明之故。

## 与天地准

"《易》与天地准"，金景芳先生强调，这是非常重要的一句话，《易经》就是在这一句话上。伏羲是演八卦的圣人，他的故里就在甘肃天水，那里有一个伏羲庙。李约瑟从那里经过的时候，特地去参拜了伏羲庙。门头上有一块大匾，匾额上有四个字——"与天地准"，没有"易"字。我当时一看，这是什么意思？这个匾额是谁写的呢？明代有一位榜眼叫胡缵宗，是他亲笔题写的。胡缵宗与我的家乡有一段缘分，他曾经做过我们故乡安庆府的道台，以后调往南京，安庆全城的人都去欢送他。他是明正德三年中的进士，殿试对策拟一甲（榜眼）。他在为家乡的伏羲庙题写的匾额上，把一个"易"字略去没写。我一下子明白了，噢，不仅仅是"《易》与天地准"，不仅仅是讲自然，也有社会，也讲人生。那么，人也与天地准呀，物也与天地准呀。

为什么说我们人与天地准呢？前几讲我一直讲这个"《易》与天地准"，讲"天人合一"，中国的传统是天人合一的。记得20世纪90年代初，国学大师钱穆先生在他的一篇文章《中国文化对人类未来应有的贡献》中，用新的视点重论"天人合一"的话题。钱穆先生只有小学学历，但他自学成才，成了当代国学大师，他的学生好多都是博士生，投奔到他的门下拜他为师。当时台湾很多人，包括南怀瑾先生，都是很崇拜他的。他在去世之前悟到了"天人合一"，他讲中国传统文化思想的核心是"天人合一"。怎么来理解"天人合一"？实际上，"天人合一"也就是从这个"《易》与天地准"里来的，就是孔子讲的"《易》与天地准"。

那么，人怎么与天地准呢？前面我讲了，人头上有漩涡，有的人有两个漩涡，有的人有一个漩涡，特别是小孩子，看得很清楚，头发长得漩起来了。天上的星云系，现代天文学的星云图上都有漩涡，与人身上的指纹、发纹的漩涡一模一样。还有水里面的漩涡、台风的漩涡、树的年轮……都是一样的。

那么，这个漩涡是怎么来的？我又想到了白双发老师讲的一件事。他是研究汉字的一位专家，原来是部队的团政委，转业到山西大学师范学院做书记。有一天，我问他早上锻不锻炼身体，怎么锻炼？他说他早上起来就是练倒立。我说："你为什么要倒立呢？现在都是六十岁的人了，你还练倒立？"他说："人在母胎里就是倒立的，这是有道理的。"你想，人在母胎里，脑袋倒立，与地球相应，头发形成的时候，因为它是在静中，在静中就感受到地球的旋转，人的头发也许就是这样旋转出来的。

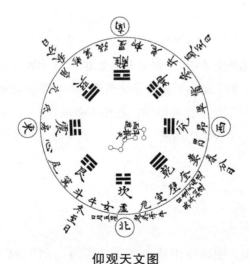

仰观天文图

人在运动中，是感受不到地球在运动的。如果你真的能静下来，你一定能感受到地球是在运转。你坐在火车上是怎样的感觉？关键是你能不能感觉到的问题。是不是说，地球不是天，是地呀？实际上有人说过这句话。如果你在外星球上，地球也成为他的天，是不是呀？这里有个概念问题，是很科学的。再一个，地球是整个天体中的一员，它是在整个天体运行的规律之中。所以，"《易》与天地准"这个概念，这么样去理解是科学的？只是当时没有用现在这种科学的语言。

什么叫科学？《辞海》里有一种解释：从广义上解释，凡是有组织、有系统的知识就可以称之为科学；从狭义上来说，只有自然学科才能称为科学。西方的标准就是狭义地来评判，我们东方是从广义上来评判。所以在西方，中医都不能称为科学，中医是不被承认的。我们中国人中也有人不承认中医，甚至有人认为它是伪科学，这是从狭义上理解的。实际上，中医是很科学的，天文、地理都有啊。其实，《汉书》中记载，中医的"中"是符合医理的意思。所以无论你是爱因斯坦也好，你是牛顿也好，或者是霍金也好，实际上从"与天地准"讲起来，还不是一样的道理？我认为这个"准"字非常好。

"故能弥纶天地之道。"这个"弥"本来是指"满"，甲骨文里是指把弓拉得很满，拉满以后就要放开。以后，"弥"又指水满了，所以"弥"是指满的意思。这个"满"里面又有一种"圆"的意思，这个弓一拉满，它就圆了。开始时弓弦是一条直线，你拉满了它就是圆的，所以它又有圆的意思。南怀瑾先生把"弥"比喻成一个球。这个"纶"是指经线、纬线，就是这个球表面，用绳子把它绕起来。他举了个例子，他小时候没有球玩，就把那个布裹成一个球，外面用带子把它缠上。里面有一个球，外面用绳子、布条把它绕上就是纶。他就这么做了一个比喻，我认为还是比较形象的。"弥纶天地之道"，这个天地的道是什么道？就是运行的轨道嘛。古人称太阳运行的轨道为黄道，称地平线为赤道，称月球运行的轨道为白道，并且用三个坐标系演示，这里不多展开，《黄帝内经》里就有详细的描述。椭圆形的一个圆，中间是一个圆点，它不就是弥纶吗？我认为这个就是弥纶，太形象了。

## 地上的天象

"仰以观于天文，俯以察于地理。"前面讲了"纹"和"理"，文明来自文化，先有文化才有文明，但是文化是从哪里来的？文化是从自然的纹理演绎来的，用线条模仿来的。"仰以观于天文"，这是指当年伏羲画八卦"仰则观象于天，俯则观法于地"，是根据这句话的意思来的。讲到天文和地理，我这里再补充一点。讲到北极星、北斗星，又讲到二十八宿，讲到四象。四象就是左青龙、右白虎、前朱雀、后玄武，这里我再补充一点。

有一年七月，我们受邀到甘肃去，去甘南藏族自治州，考察野林关的旅游开发情况。第二天，当地领导带我们去看了一个地方，早上出发之前县长就跟我说："今天我们带你去的地方，想让你们给它取个名字，把那个地方开发出来。"到了那里，车子一停，我们跳过小河沟。当时我还真不想上去。乍一看，这里太普通、太荒凉了，什么景都没有，就是一个山洼，看不出什么东西。我想，这个地方有什么旅游景点能看？但到了那个山洼中部，我回头一望，哇！太妙了，这个地方简直是一个活风水，整个一个"椅"形，我们站在中间。

我一看，右边是一个山坡，像院形，左边离得远一些，有一条像长龙一样蜿蜒的山岗，就这么蜿蜒下去，像龙形。再一看，对面三重案，一重比一重高，是三重景哪。而且第二重很远的那个山尖，呈一个"入"字形。那是鸟喙，鸟喙就是朱雀嘛。前面这个朱雀就是在这个地方。右为白虎，左是青龙——左青龙、右白虎、前朱雀、后玄武，这个玄武肯定有呀。背后的山虽然没上去，但肯定有玄武，三个都有了，不可能没有第四个。太奇妙了，那个景太漂亮了，地方也非常开阔。县长问我这个地方取个什么名字？我想了想，看着前面一块大石头便脱口而出："坐望石。"

仰察地理图

"坐望石"是什么意思呢？就是坐在这个地方望，你往四周一望，视野非常开阔，前面的山林、风光是那么美，真是一种享受，这是一层意思。第二层呢？孔子也有一句话，叫"坐忘"，就是你坐在这个地方，就忘记了一些烦恼。这有禅的意味，又有禅的意境。参禅也叫坐忘，参道也叫坐忘，你坐在这儿望（忘）呀。他们都说这个名字好。一般层次的，不理解禅的，就请你坐在这里望一望吧，也不错，赏心悦目。深层次的，你坐在那里参禅吧，忘记烦恼。这又是一个层次，你的思想也跟着一起升华。

实际上这个大自然里有很多这样的地理环境，你可以去察地理。古人把那个比喻成四象，是非常准确的。你真正走到自然中，处处都能看到很多稀奇的东西。所以我在那里每天作一首诗，第二首诗最后两句我是这么写的："鬼斧神工竟如此，繁华闹市已汗颜。"繁华闹市看到它都感到汗颜：我不如你呀。繁华闹市、高楼大厦，哪有你这么美？你这是自然美，我这是人为的，多少年以后就没有了，而自然美是亘古长在、源远流长的。

## 幽与明

"是故知幽明之故。"幽当然是暗。幽和明又是一对，这里有很多对立的概念。这个幽明还是有内容的。好多人都问过我一个问题：人有没有特异功能？我回答是肯定的，但是我不能讲它是特异的，"特异"这个概念只能从某种意义上讲有。实际上人身上的功能每个人都有，田亮跳水的功能我们每个人身上都有，只是你没有去开发它。运动员所具备的、伟人所具备的这些功能，我们每个人都具备，这个差异都不大，关键是有没有开发。在某个时候，某个功能突然地冒出来了，表现出来了，显得很异常，就认为这是特异功能，很神奇。实际上，我们不能把它看得很神奇，还要正常地看待，还是"常"。人们现在用的手机、电脑啊，都有很多的功能。一部手机在别人手上有很多功能，在我的手上就只有一个功能——接电话，打电话，短信我也不会发，还有很多东西我也不会用。手机里功能很多，但是到我这里它的"特异功能"就没有了，在别人手上就什么功能都有了，是吧？

以前有这么一个故事，在一个少数民族村子里，两个男女恋爱，爱得相当深，但是他们的族规不允许他们这种恋爱形式存在，最后要把这个男的处死。女的为了要救这个男的，就去求族长。族长说："可以，我给你一个机会，就是走炭火，炭烧得红红的，你能从上面打着赤脚走过去，脚上一点烫伤的痕迹都没有，我就成全你们。"结果呢？她走过去了，没有烫伤。大家都认为她有特异功能，都不相信，这肯定是有什么神魔帮她。以后再让她走，无论怎么样她都不敢踩上去，踩上脚就起泡，踩上就是伤。为什么呢？她当时的意念是一心为了神圣的爱情，这种心思一下子超越了她的生命，这种特异功能就体现出来了。这个例子能不能说明这个问题？只提供给大家作参考。

但是我用这个例子来说"幽明之故"，是想说明什么呢？前面讲了"观"和"察"。我就觉得我们古人、先民观察到这个东西，与我们现代人的功能有不同的地方。有许多人跟我讲，古人没有我们现代人聪明；你看，我们现代人多聪明，又会用电脑，又会用手机，古代人多愚昧啊，没有衣服，也没有文字；我们现代人还有物理、化学知识，哎呀！我不同意这种观点，为什么呢？有人跟我讲过一句话，他说要让孩子学一样课外爱好，让孩子把电脑学会。我说，电脑不能算爱好，书法是一门艺术，绘画是一门艺术，一千年以来还是这个艺术，但是电脑，不知你们相信不相信，我认为多少年以后就不是这个东西了，要淘汰了。不能把它当作一个很神奇的东西，它没有生命力，它只是在这一个时期有生命力而已。工业革命以后，有很多东西都变了。例如现在的机动车不再是烧煤的了。那么，这是聪明吗？我认为古代人聪明。聪明在哪个地方？我认为他们的功能不一样。我们现代人的功能与古代人的功能表现出来不一样。为什么？我只说一个。

我是最不喜欢开空调的，单位里是空调，上车是空调，回到家里是空调。每个人都有调节体温的功能，这是每个人都有的。寒暑往来，天热的时候不怕，天寒地冻的时候也还是那样，人的体温始终是这样，自身有调节功能。如果你一年四季都是在空调的环境中生活的话，你自己与生俱来的、父母给你的这个功能，慢慢就衰退了，遗传到多少代子孙以后，他就没有自我调节功能了。我认为我们人不能叫有特异功能，而是异化，人的许多功能异化了。为什么呢？古代人会走路，也会爬山，我们现代人跟农村人去走走看？走不了五里就要叫苦连天。但是以前我遇见一位七十岁的老人家，他挑着担子卖那个坛啊罐的，都是陶器，一担一百多斤，走山路还不能随便磕碰，他天天挑着，那是轻步如飞呀。如果他不是常年这么做，那也不行，所以他这个功能就开发出来了。同样一个人，他常年这样做，功能就开发出来了。因为他不这样做不行，他要以此为生，这是一种生存的必然。

古代人就是这样，他观察的时候，没有杂念去影响他，没有这个概念、那个概念，也没有这个政治因素、那个政治因素，没有这些东西；也不用考虑这样可能得罪这个人，那样又可能得罪那个人。所以那时候的人的功能没有这些遮障。佛教里有一个词叫"遮障"，没有这些东西阻碍你，很多功能就都能显现出来。

因为没有外在的东西，仪器、工具之类的，就靠着一双眼睛、两只手，所以他的功能肯定比我们现代人的要实在。我们现代人很多功能都被外在的东西，如望远镜、显微镜、手机、电脑、汽车……被这些东西所代替了，随之就退化了，所以现代人的功能就退化了，你现在不需要"我"了，那"我"就不来了。

举我自身的一个例子。我骑自行车的车技并不好，有一次骑车时，把后架上的衣服取下来，一面考虑问题一面穿在身上，穿好了我才发觉，哟！我以前是没有这种车技的。我向来骑车胆小，从来只能一只手放开，同时放两只手是绝对不行的，那一次我竟然两只手放开，不知不觉地把衣服穿上了。为什么呢？那个时候意念集中在一点上，那其他的想法、杂念都排除了，功能就发挥出来了，也就是说，我有这个功能，并不是没有，但是我不能发挥，我害怕了，恐惧心理就遮障了我，正常情况下发挥不出来。这类情形我估计每个人都有过。

另外还有，那个时候的蓝天，那个时候的白云，那个时候的青山，那个时候的绿水，跟现在大不一样。现在北京跟海滨与原始森林的空气相比，去望望那里的蓝天，晚上望望星星，又跟北京不一样了，差距是很大的。你怎么观察天文？你怎么观察地理？现在我们的步子走得很快。所以，我有这么一个想法。上海是五分钟创造产值一个亿，深圳更快，美国、日本就更快。物极必反，这种快节奏总有一天有呼叫慢的时候，越慢越好，当然不是现在，也不是明天。现在都是要求快，越快越好，总有一天要慢下来，要向慢学习，那时候要学会慢。像我们骑自行车，初学只能快，慢不下来，熟练了，也能慢骑，悠闲自得了。但是现在是我们呼叫快的时候，向快学习的时候，如果我们来一点慢的，你这个"慢"就是特异功能，你这个慢就好，你只要慢得好。我们在潮流中，不能逆流而动，要顺着潮流走，要跟着时代走，同时你也不要赶大流，你要在大流中见缝插针找亮点，找你的机遇。你在快，我在慢，我以慢制快，往往商机就来了。这不是一般的商机，这个商机你一旦抓住了，那些快的人回头一看，大吃一惊，哎呀！当时这个商机我为什么没有抓住啊？所以讲《易经》呢，我就喜欢放野马，但是放来放去我还是跟着原始先民的思维跑。

"知幽明之故"，这个"故"就是其中的原因，我刚才讲的就是幽明的原因。在明暗之间，在快慢之间，在效率的高低之间，如何去找我们的商机，去找我们成功的机会？我们现在要竞争，我们不能坐等，关键是我们要用哪。一旦走上你的工作岗位，你面临的是竞争哪，你办事的能力，你为人的技巧，现在你要凭着这个去吃饭。你仅仅是满腹经纶，这不行。你有博士的文凭，头上的光环一大堆，这也不行。一旦具体到一件事，具体到一个单位，具体到一个环境，还是要靠你的真本事，靠你办事的能力，靠你办事的效率，靠你为人的方式……你仅仅会办事还不行，还要会为人，有时候你会办事不会为人也不行，仅仅会为人不会办事也不行。这二者还要巧妙地结合，这个就是在幽明之间哪，前面那个"介"也是在幽明之间。

> 原始反终，故知死生之说。

## 报本反始

"原始反终"，有的书上这个"反"字是"及"字，这两字有点相像，我考证了这个问题。有的书上是"反"，有的书上是"及"，我就急了。如果有人问我这个问题，我怎么回答？所以我去考证了这个问题。我有我的观点，我认为还是"反"字。为什么呢？在《礼记·郊特牲》里有一句话，叫"报本反始"。"报本"就是报答这个本，"始"是开始。这是讲什么事呢？是讲"郊祭"——郊之祭。郊祭是什么呢？现在我们有城区、郊区，郊祭就是到野外去祭，不是在庙堂里祭祖。郊祭的时间是在秋天，而不是春天。春天是在庙堂祭，祈求当年一年五谷丰登。秋天已经五谷丰登了，已经丰收了，再到野外去祭什么呢？凡是对我这一年收成有帮助的，我都要报答——"报本"。一年的收成，一年的果实，是从哪里来的？是你们帮我的忙，这个本我不能忘，我要报答。"反始"是什么意思呢？一种是用新谷脱粒的大米酿成的酒，还有是用新摘的水果供奉，现在还流传这个。然后，第一杯酒都要洒在地上祭天地，我不能喝啊，我这是报答的。凡是帮过我的，连蛇虫蚂蚁我都要报答，你们都来品尝这个丰收的果实吧。走的时候，把这些供果都要洒在野外。这是历史记载的，你们可以去翻阅。

所以这里"郊之祭也，大报本反始也"，而且反复说这个"报本反始"。在现在的少数民族地区，还有些边疆地区，还流传着什么呢？山上有果树也好，家里有果树也好，人们将那个果子全部摇下来，摇下来之后人们只捡一大半或一部分搬回去，另一半他们绝对不要，他们就是这么一种本性，他们不贪，放在那里，留给山上的野兽吃。刚刚收藏粮食做成的第一碗新米饭、第一个热馒头，也要先敬天地，这就是"报本"啊，这就是"返始"呀，返回到自然。我们现在就没有这个概念了。假如有农民要这样祭祀的话，有人就会说："你这是迷信啊。"实际上，这是很朴实的。我们祖先相当朴实。你有一分给予，我就有一分回报。现代人有这个概念吗？只有取，没有予，而且取得越多越好，至于予呢？那是你的事，是他的事，不是我的事。我是取的，我是来收获的，我是来享受的，是不是呀？所以我们祖先的概念与西方人是不一样的。在古希腊的哲学里，也有我们祖先的这些东西，但是现在的西方人很多东西也丢了。他们丢了不少，我们也丢了不少。所以现在什么恐怖事件、战争一大堆，都来了。我认为这也是对人类的一种惩罚吧。疾病也多，SARS（非典型肺炎）、艾滋病，什么都有。我认为这些东西也是一种报复，一种"反始"吧。

## 死与生

"故知死生之说"，什么叫"死"？什么叫"生"？所以孔子的学生问死的时候，他讲："未知生，焉知死？"生都还没有搞清楚，怎么能知道死呢？所以这里死和生还要去参究。

如何参究生和死？我认为，人的生总是可喜可庆的，人的死也是可喜可庆的。所以十年以前，我就跟家里的孩子讲，现在也讲，不知讲过多少遍了。我讲：我的寿命终时，家里不准任何人哭泣，要张灯结彩，要大喜大庆。为什么呢？我去的那个地方一定是比这个地方好。如果你们悲悲戚戚，说明我去的那个地方太辛苦了，太寒酸了……我相信我这一辈子没做过什么亏心事，我去的地方相信也还不错，你们不需要哭哭啼啼，应该为我祝贺。我是这样想的，我是哭着来的，我要笑着走。我们是哭着来的，还要再哭着走，心理有一点不平衡。哭和笑要对立起来，要平衡起来，对立统一，这样才是一个完整的人生。他们能不能做到？我希望他们能做到。起码在我闭眼的那一刻，我还要开一个玩笑，把他们逗笑。应该有这么达观，本来就是那么回事嘛。你是哭着来的，为什么不笑着走呢？为什么不能让哭与笑、生与死这个对立统一在人的一生中呢？为什么不能有一个完美的人生呢？我认为我不是讲笑话，我认为我这个愿望能实现。

# 第四章

精气为物，游魂为变，是故知鬼神之情状。

与天地相似，故不违。知周乎万物，而道济天下，故不过。旁行而不流，乐天知命，故不忧。安土敦乎仁，故能爱。范围天地之化而不过，曲成万物而不遗，通乎昼夜之道而知，故神无方而《易》无体。

一阴一阳之谓道，继之者善也，成之者性也。仁者见之谓之仁，知（智）者见之谓之知（智），百姓日用而不知，故君子之道鲜矣！

---

> 精气为物，游魂为变，是故知鬼神之情状。

## 元　精

这里讲"精气为物"，精、气有了，那么神呢？游魂就是神。这里重点讲一个"精"字，这个对年轻人还是有作用的。所谓三焦，是指下丹田、中丹田、上丹田，这三个丹田就是指精、气、神。下焦藏精，肾水为精。这个精，按照《黄帝内经》的说法，精先于身——在人身开始先生成精，没有精就无法生成人身。这里的"精"，我们不能狭义地理解为只有男人才有精，其实男女都有精。女子的月经的"经"也就是这个精，只是名字不一样，但实际上这也同样是人身的精华，它能化生万物，是生育的根本。女子的生育与月经有关系，男子的生育也与精子有关系，这个精就是人生的开始，乾卦卦辞中的"元"就含有"精、气"之义。

这里要讲一个阴阳相合的问题。人的精气要讲元精。元是开始的，也是先天的。人生成以后，无论男女，这个元精是很宝贵的，不能过早地泄，不能过早地伤害。为什么乾卦的初爻就讲"潜龙勿用"？就是讲，你的元精不要过早地用。为什么有的人身体未老先衰？为什么有的人的智力越来越衰竭？因为元精不但是人身体的根本，也是智慧的根本，这个很关键。所以现在很多人讲究养身、健身，作为年轻人更要讲究。老年人重在保养，年轻人重在珍视、自守和自制。

人讲究气质。你们大家都有体验，你到人才市场去，招聘也好，应聘也好，一个人的气质很重要。你去应聘的时候，你看老板的气质，老板看应聘人的气质，这个气质是给人的第一印象。当然气质里有道德修养，有文化知识的修养，但关键是，你文化修养再好，你自身的气提不起来，就没有力，因为没有物质载体呀。物质载体就是你自身的精血、元精，然后才能产生气质。这个气质是从哪里来的？是从元精里面来的。质量啊，物质啊，这个不是虚的东西，你装是装不出来的，振奋不起来的呀。你自己没有这个底气，没有这个实力，那是不行的。所以元精相当关键，男女都是一样，特别是年轻人，千万要珍惜啊！

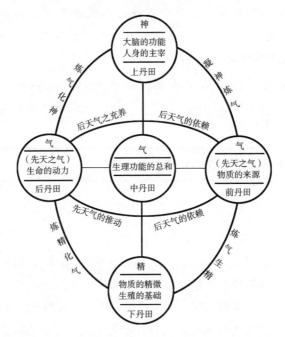

现在这个社会，特别是西方的影响过来以后，男女的元精很多破坏得很早。要固守元精，这很关键。固守不住元精，到后面就没有后劲，没有后发力。精、气、神以什么为本？以精为本。没有精，怎么产生气？举个例子，道家炼丹是怎么炼的？用水来炼，所以"肾"为水。你烧一壶水，上面产生气，气里面产生神。如果水不多，你怎么产生气呢？如果水枯竭了，这个气又从哪里来呢？没有气就谈不上神了。这是道家炼丹最基本的东西。所以"精气为物"，物质就是从这里来的。那么，植物的精是什么呢？胚芽。一粒种子，把它的胚芽损坏了，这粒种子就不是种子——不能发芽了，就没有生命了。一粒种子有生命，它的生命存在于胚芽里面；而人的生命存在于精里面，在精血里面，这是很关键的。人的身体是物质的，一棵植物，树也好，草也好，花也好，果也好，它都是物，都是由精来的。

## 游魂为变

"游魂为变"，为什么是游魂呢？魂是游荡的。魂是看不见的，神也是看不见的，但它是变化的，它就由这个来变化。

"是故知鬼神之情状。"鬼神是没有情状的，谁能看得出鬼神的情状呢？有人问：如果画画的话，是鬼好画呢，还是人好画？当然是鬼好画。鬼没有一定的情状，你画得越丑陋，越恐怖，就越像。但是人呢？很难画。因为人是看得见的，都有个情状在那儿对照着。你眼睛画得不行就不对，但是那个鬼神就随你画——它没有情状。但是这里又讲"知鬼神之情状"，你怎么能知道鬼神的情状呢？就在前面"为物"和"为变"里，实际上无形的东西不是不存在。以前一讲就讲"无神论"，对这个无神论我有这么一个看法：我们不能反对无神论，但是我们也不能绝对化。佛教里讲"三界"：欲界、色界、无色界。欲界与色界都是有形体的，实际上欲界我们是看不见的，鬼、地狱是欲界；色界我们能看到，颜色、形状都是色界。但是无色界呢？它又是看不见的，就是神界。神和鬼实际上是两分的，不能放到一起，形状上是不一样的，神是在无色界里，鬼是在欲界里，人是在色界里。古人说，跳出三界外，不在五行中，这个三界是这样。无色界里也分得很多，这里就不多讲了。

六道轮回，六道只能看到两道，地狱、恶鬼这两道看不到，人与畜道能看到，人能看到，鸟兽也能看到，但是阿修罗道和天道都看不到。阿修罗是妖魔这一道，天道就是神和仙，这一道也看不到。有人问："神和仙有区别吗？"神和仙是有区别的。神是有职务的，如雷神、河神、水神、门神等，什么时候打雷？这是由雷神执掌的。门神必须守门，是有职务的。神是带"长"字的，是有职务的。仙是没有职务的，像现在的专家、学者，像以前李白这些人，他就是仙哪。他没有职务，也没有权，但是他有富贵。李白是很富贵的，他周游天下，一分钱不带，到处有酒喝。得到他一首诗，那还得了？神和仙的区别就在这个地方。这里就不多展开了。

## 阴阳增益

关于元精我再讲一下。男女交媾的时候，最讲究的是什么呢？讲究感情。在感情真正融合、和谐的时候，它才互相采阴、采阳。精血要阴阳相补、阴阳平衡，男子要采阴，女子要采阳。在采阴、采阳的时候，互相互补，才能和谐，在这种和谐的情况下，双方都有增益。在节制的情况下，它是有增益的，对身体是有好处的。但是有的人在外面淫乱，凡是淫乱的，他采不到阴也采不到阳，因为凡是淫乱的人，没有真阳，也没有真阴。因为他没有真精，他的元精已经破散了。如何保持我们的真精和元精？这里有一个泄露的问题。

不仅仅指在交媾的时候泄精，最关键的是在平时生活中。例如，你在那里发怒，那就是泄精。一个人情绪老是不好，闹情绪，非常烦闷，就是在泄精。如林黛玉为什么命都丢了？就是因为她的忧闷伤到元精了。她是怎么伤的呢？她的郁闷使她的元精在整个生存运转中被破坏了。实际上，精离不开，神也离不开，气也离不开。就像汽车，电路也好，气路也好，油路也好，这三个少一样都不行，它们是互通的东西。

我为什么讲一个家庭要和谐，大家和乐？我在家里经常开玩笑，为什么呢？尽可能少一些烦闷的东西，少一些忧闷的东西。脾气不是不发，要会发，不是乱发脾气。你烦了就想发脾气，克制也不行，想压制，结果也会出问题。压住脾气不行，脾气发不出来也会伤害元精，那有什么办法呢？大家想办法修行，在修行中把事物看得淡一些，不要什么事都放在心里，在家庭、单位、夫妻之间都保持一个和谐状态，慢慢营造一个和谐的气氛。在和谐中，元精、真精在增长，才得到了保护，得到了滋养和真爱，双方都是有增益的。不但你在增益，其他人也在增益，你影响了其他人。什么叫善？这就是大善。

现代人喜欢一个"爱"字，电视上经常出现这样的台词："我爱你。"其实，何为真爱？可能忽略了一个东西，就是先要爱自己，爱惜自己的元精，为了你珍爱的对方，好好善蓄和珍爱自己的元精，加上这一份内容，也许才是"爱"的全部。

我今天为什么要讲这个东西？因为以前的许多书已经失传了，现在留下来的书没有人去看，特别是《黄帝内经》里的《素问》《灵经》。这些书里讲了好多，特别是男女交媾。在电闪雷鸣的时候一定不能交媾，如果那时候怀孕的话，孩子绝对是残疾，绝对是痴呆。为什么？天人合一呀。天气恶劣的时候，天空都在发怒，你还在欢乐？它在震怒，所以元就会受到损伤。无论是脑力劳动还是体力劳动，极度疲劳后交媾的，那是大伤元气。还有，交媾以后浸冷水，那是非生病不可的，甚至可能是致命的。这些东西在中医书上都讲得很清楚，而且是应验的。还有如男子小便，早上不能朝东，中午不能朝南，傍晚不能朝西，四时不能朝北等。老祖宗留下来的东西不是胡说八道，它是经验。它是对天的一种尊重，对日月的一种敬畏。你不恭敬日月是不行的。这里我说对了是那么回事，说错了也是那么回事，这是作为一种交流而谈，仅供参考。

> 与天地相似，故不违。知周乎万物，而道济天下，故不过。旁行而不流，乐天知命，故不忧。安土敦乎仁，故能爱。

## 如何做到"不违"？

"与天地相似，故不违。"

这与上面的"与天地准"是一样的意思。"故不违"，这个"违"是违背的意思。在《易经·乾·文言》里有一句话："先天而天弗违，后天而奉天时，天且不违，而况于人乎？况于鬼神乎？"就是说，"先天"是不能去违背的，这个先天就是这个天的本来规律、天体的运行规律，这是不能违背的；后天是指人为的。先天的东西我们只能去信奉它、顺从它。"天"为什么不能违背呢？就是说，在整个天体中，在太阳系里的日月星辰，你不能违背银河系的规律，那么地球也不能违背太阳系的规律，这都是天哪。相互之间，在每个环节里，每一个星体都不能违背，而况于人乎？而况于鬼神乎？都不能违背。现在这个社会发展趋势是，"分久必合，合久必分"。现在海外人都在讲"分久必合"：德国的柏林墙推倒了，香港回归了，澳门回归了，台湾问题的解决也是大势所趋，这是历史的规律，这是不能违背的。

## 如何做到"不过"？

"知周乎万物，而道济天下，故不过。"

"知"应该理解为智慧；"周"是周遍。就是说，如果仅仅是靠学一点知识，就能通晓万事万物，有这种智慧吗？学化学的相对于学物理的那就是外行，学物理的相对于学化学的多少也是外行，学文科的和学理科的相互之间也是外行——隔行如隔山哪，是不是呀？如果周边万物你都能知道，都懂的话，那就要靠智慧了。为什么要靠智慧？有的人是学化学的，然后他又进入物理领域，他是举一反三，这个领域也通了。然后他又研究历史，哎，他也行。所以有的人能跨学科。亚里士多德就是很多学科的创始人，他懂生物学、物理学，甚至修辞学也是他创造的。有些东西他是举一反三、触类旁通，这就是智慧。"而道济天下"，这是济世之道，孔子的儒家学说就是济世之道。

"故不过"，就是不偏颇。如果是凭知识来说，你是搞自然科学的，你来对社会人文科学指三道四的话，你肯定是偏颇的。因为你是用知识来说的，你不是用智慧来说的，而任何一个人的知识面永远都是有限的。你没有"周乎万物"啊，你的智慧还没有达到这个程度，是吧？在历史系里，研究清史的如果来探讨汉史的话，他就是外行，很多东西他就不敢讲，一讲就过啊，过就是偏差。研究中国史的去讲世界历史，也是这样。这就是不能"周乎万物"的原因。不是用智慧，这个智慧还没到这个程度，到了这个程度，他就不会过，没有偏差。

"旁行而不流。""旁行"是指普遍流行。不但中间能流通，旁边也能流通，就是普通流行了。这里的"旁"既指普遍，又讲边缘特殊。"不流"就是不流于庸俗。能够普遍流行，能够普遍推行，但是不会流于淫乱，所以这是"旁行而不流"。

## 乐天知命

"乐天知命，故不忧。"

"乐天知命"是大家非常喜欢的一句话。"天"是天然，"命"是命数。讲到命数的时候，我奉献给大家一点好东西。《周易六十四卦浅解》（由当代世界出版社出版）的作者是汪忠长先生，他有九十岁高龄了，是黄埔军校十三期的学员。到台湾以后，他就放下枪杆子开始学《易》了，经常跟陈立夫、蒋纬国、南怀瑾他们学《易》。他的第一位老师是周鼎珩先生，他现在所传承的就是周老师的衣钵。二十多年前他到美国洛杉矶定居，在那里开班讲授《易经》，在马来西亚他也开过班，现在已经是桃李满天下，是《易经》老教授了。他是一位爱国的老人，是美国南加州中国和平统一促进联盟主席。这位老人经常到处讲课，讲《易经》，一点疲惫之色也没有，精神饱满。他每天早上起来就练功，他练功有一个原理，我这里读一段给你们听听：

"人当受气之初，先得父之肾气，而生先天无形之肾。"他是以卦气来说的。"夫人之寿夭长短，皆有数焉。"人的寿命的长短有数，所以"乐天知命"呀，他就讲"知命"。"有拘于寿者，常人也。"这是常人的寿命。"秉先天之精血，或因后天之损益，多少扣除。"损益是怎么扣除的呢？"难出八卦消长之理也"，是八卦的消长。"母腹先天之卦爻前已发明，而出胎后之卦爻犹不可知也。""夫人出胎之时，神气属阳，周身温暖，乾之象也。"这是乾卦。人出胎的时候，神气属阳，周身是温暖的。"形骸属阴，骨软而绵，坤之象也。"这是坤卦，乾坤都有了，这就是一个孩子了。从一岁到二岁零八个月，共九百六十天，"长一阳于五阴之下，变坤为复（复卦），生精二两二钱；牙齿生，膝盖长矣。"从复卦开始，这时候就开始生精，这九百六十天长精二两二钱；到五岁零四个月，"长二阳于四阴之下，变复为临，生精五两，而发黑眉青。"这时候精血有五两了，发也黑了，眉也青了；到八岁整的时候，"长三阳于三阴之下，变临为泰卦，生精七两五钱。"这时候筋强骨健；到十岁零八个月的时候，"变泰为大壮，生精十两，血旺液充矣"。……到十六岁的时候，"生精十五两"。这个十五两再加上先天元精一两，正好一斤（十六两）。旧制秤一斤为十六两，所以古人有"半斤八两"之说。

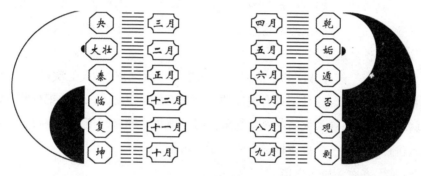

**十二消息卦**

"精满髓足，上德之士也。若能从此修身，立登圣域；以后若不修身，欲念日起，三宝日亏，阳消阴长，渐衰之途也。"这里所说的"三宝"就是精、气、神。以后呢？每八岁一变，到二十四岁的时候，"长一阴于五阳之下，变乾为始，斯时耗元气六十四铢"，这里要耗费元气六十四铢。再往后推，每八岁耗费多少，一直到三十六岁，又一个轮回、一个周期。命之数是离不开载体的，这就是"知命"，有一个命数在这个地方。所以"不忧"，不会忧愁，因为我心里知道，我现在已经到了什么状态，我身上的元气还有几两几钱在这里。

"安土敦乎仁，故能爱。"

安土是指环境，安于环境，所以敦厚、仁厚。有的人不适应，这种环境不适应，那种环境也不适应，他谈得上什么仁厚呢？有的人能够随遇而安，这种随遇而安就是一种仁厚，也是一种修养。没有修养的人想做到随遇而安，很难。"故能爱"，这种爱就是前面讲的。你能随遇而安，你处处都有爱心，再艰苦都能适应。

> 范围天地之化而不过，曲成万物而不遗，通乎昼夜之道而知，故神无方而《易》无体。

## 早上栽树晚上乘荫

"范围天地之化而不过。"

"范"是规范，"围"是围绕。你围绕天地运行之道，你怎么样去运行、去变化，也不会出现偏差，因为你是遵循规则的，没有违背规律。

"曲成万物而不遗。"

"曲"是弯曲。这里实际上是间接之义。有些物是物生物，由这一物连带那一物，是衍生的。有些东西不是直接生成的，但是它也不会有什么遗漏。

"通乎昼夜之道而知。"

"昼夜之道"这个很关键，人首先要知道"昼夜之道"。我上次举了个例子：早上栽树晚上乘荫，这是不符合规律的，这个不是昼夜之道。早上把树栽上，晚上它就能长成一棵参天大树吗？就能乘荫吗？因为它没有经历那些昼夜，是不行的。人生百年，每一个昼夜你都省略不了，树也是一样。

"故神无方而《易》无体。"

这一句话值得参究。这个"神"不是我们想的鬼神的神，后面讲的"阴阳不测之谓神"——未知的东西就是一种神。易呢？是变化的。它没有方位，也没有形体。用佛教《金刚经》一句偈语讲："一切有为法，如梦幻泡影，如露亦如电，应作如是观。"就是说，所有的事物，"有为法"就是人为的东西。人为的东西属于哪一种呢？"如梦幻泡影"，像梦，像幻，像水泡，像影子。"如露亦如电"，又像露水，又像闪电，这都是假的东西，都是变化的东西。"应作如是观"，我们应该这样去观察它，这样去认识自然。"神无方而《易》无体"，是指变化无穷。

> 一阴一阳之谓道，继之者善也，成之者性也。仁者见之谓之仁，知（智）者见之谓之知（智），百姓日用而不知，故君子之道鲜矣！

## 一阴一阳之谓道

《老子·八十一章》开篇第一句话就是："道可道，非常道。"现在还在争论：什么是道？这个"非常道"不是谁都能够说得出来的道。我认为说得出来，《易经》上面讲了，"一阴一阳之谓道"嘛。我如果这样讲的话，大家还是不懂，那么很简单，我请问你们：你们从家里出门，是从哪里来的？是不是经过道路走来的？道的本义就是道路。那么，大道上有没有阴阳？你看，夏天人们选择阴边走，冬天人们选择阳边走，是不是选择阴阳？哪一条道它都有阴阳。是不是这个道理？这是很清楚的吧？没有阴阳的道是没有的，只要有道，就分开了阴阳。街道上这样，农村的小道上也是这样。那么，什么是"易"呢？上午东边是阳西边是阴，到了下午呢？它就变过来了，这就是易，易者，移也。阴阳移位了。这里也有"不易"呀，天天如此，年年如此。它又在变，上午的阴阳和下午的阴阳是反的。但是它是变来变去，很简单，一边是阴，一边是阳，很简易。不易、变易、简易，全在这个里面，这就是易。要不要用名词，用概念，加定义，用理论来解释？我认为不需要，我们每个人天天在路上走，这就是道。道路两旁，分阴分阳。

还有，山之南为阳，水之北为阳。衡阳，是在衡水的北边，是为衡阳；贵阳，是在贵山的南边，是为贵阳；汉阳，是在汉水的北边，是为汉阳。它都有规矩的，就在我们的生活中哪。

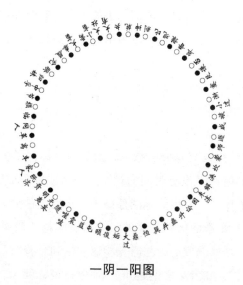

**一阴一阳图**

那么什么是禅呢？这里又有禅。刚才讲了道，又讲了易，那么，什么是禅？

你在这个道上走，而且边走边把这个阴阳变化参透了：有不易的一面，有变易的一面，有简易的一面。而且把这东西融汇在生活中了，大路上有突发事件都不会干扰你的认知，你始终守住了这个认知，你就得到禅了，这就是禅。你的思路不会乱，你的情绪不会乱。在道的中间，你始终保持一个专一的心思在那里，这就是禅，你得到禅了。道、易、禅，全在这一句话里面。

"继之者善也"，那么，什么叫"善"呢？什么叫"继"呢？继续下去以后，你就能得到其中的善了。这里我引用苏东坡的话来说——磨墨。现代人拿起笔就写字，古代人需要事先磨墨。苏轼在磨墨时，边磨边想：墨呀，墨呀，哪是人在磨你呀，实在是你在磨人呀！他得到禅意了。所以有人讲，苏东坡是有凡心的和尚，又是有禅意的凡人。为什么他的文章写得那么好？正是因为他在磨墨中得到禅意，在生活中都能得到禅意，这就是一"善"了。

同时，也是"继"呀。继者，在生活中绵绵密密，打成一片呀。年年相继，月月相继，日日相继，分分秒秒相继，是不是？一句话，就是在生活中相继。

有些东西我们不要在字面上做太多文章。"一阴一阳之谓道"，从文字上一句话就讲完了。金景芳先生是这样解释的："一阴一阳既讲对立又讲统一，从《易经》上看主要是乾、坤两卦，道是规律，这句话的意思是说，对立统一就是规律。"金景芳先生学《易》七十多年，是很有权威的近代易学大师。从文字上只能这样讲，能讲到这个层次已经很了不起了。所以我就想了，大师们把这些都讲了，轮到我，我讲什么？没有我可以讲的了。没办法，我只有到路上参。这一参究，哦！道就是阴阳啊！因为金文"道"🐾的本义就是指路的，所以一下子就出来了。你看，现在不但道出来了，易也出来了，禅也出来了。所以呢，我们必须在生活中去参究。

## 百姓日用之道

"成之者性也。""成"有养成的意思，就是说，你经常去参究，继续参究下去才能养成呀。没有继续，没有时间的积累，怎么能够养成呢？它是逐渐培养，逐渐养成的。养成了什么？养成为你的性格了，也就是你的人格了。有人讲，这个人很有修养。这个修养是从哪儿来的？品格、品德、高风亮节，是从哪儿来的？它都是养成的，是修养成的，是时光相继才达到"善"，见到"性"的。

"仁者见之谓之仁，知者见之谓之知。"简单点说，就是"仁者见仁，智者见智"，再省略就是"见仁见智"。中国语言太丰富了，你想省一点，懒一点，也行。你想啰唆也行，都是美。有句话叫：智者乐水，仁者乐山。就是说，智者喜欢水，仁者喜欢山。智者年轻的时候喜欢在水边上居住，仁者喜欢在深山老林里居住。还有句话叫：智者乐，仁者寿——智者能得到快乐，仁者能得到高寿。

"百姓日用而不知。"刚才讲了"一阴一阳之谓道"，这不是"百姓日用"吗？这就是百姓日用，在我们的日常生活中间。正如冯友兰先生说的："你在日常生活中，去追问这些司空见惯的、屡见不鲜的、天天看到的事物，哲学就产生了。"为什么"百姓日用而不知"呢？每天都在道上走，你为什么还要去问道是什么，什么是道？还要开研讨会，研讨一百年还是没有结果呢？原因是你没有去追问。你的追问只是在文字上去追问。有人说我的《易经的智慧》通俗易懂，但是我这本书通俗在哪儿？通俗在把大家从文字里寻章摘句、故纸堆里通俗到生活中。你没有到生活中间去，与我们日常生活中常见、常闻的东西联系不起来，那不叫通俗。讲来讲去，你不知道是什么。今天一讲你就知道为什么"日用而不知"，是因为你没有去追问。

"故君子之道鲜矣！""君子之道"也是常人之道，也是百姓之道啊。"君子之道鲜矣"，为什么？因为君子之道是束之高阁的。现在大学里有许多老教授、学术专家，他们是学富五车、满腹经纶，一讲起来头头是道，他们是大师，是泰斗呀。但是他们的学问是"鲜矣"。知道他们学问的人多吗？我看，一本《水煮三国》读的人比读他们这些老专家学者的书的人多得多，是不是呀？关键是它束之高阁，它没有通俗到生活中去，仅仅是书本上的理论。这个不错，社会需要这些人，没有这些人来指导是不行的，专家就是做这个事的。

我讲的"一阴一阳之谓道"，是这一讲的重点，也是我讲的重点。什么是道？什么是易？什么是禅？掌握了"一阴一阳之谓道"，在我们日常生活中，一迈步，一扬目，"道"就在足下，阴阳就在身边。

# 第五章

　　显诸仁，藏诸用，鼓万物，而不与圣人同忧，盛德大业至矣哉。富有之谓大业，日新之谓盛德。生生之谓易，成象之谓乾，效法之谓坤，极数之来之谓占，通变之谓事，阴阳不测之谓神。

　　夫《易》，广矣大矣，以言乎远则不御，以言乎迩则静而正，以言乎天地之间则备矣。

　　夫乾，其静也专，其动也直，是以大生焉。夫坤，其静也翕，其动也辟，是以广生焉。广大配天地，变通配四时，阴阳之义配日月，易简之善配至德。

　　子曰："《易》，其至矣乎！夫《易》，圣人所以崇德而广业也。知（智）崇礼卑，崇效天，卑法地。天地设位，而《易》行乎其中矣。成性存存，道义之门。"

　　显诸仁，藏诸用，鼓万物，而不与圣人同忧，盛德大业至矣哉。富有之谓大业，日新之谓盛德。生生之谓易，成象之谓乾，效法之谓坤，极数之来之谓占，通变之谓事，阴阳不测之谓神。

## 《易》的应用

　　"显诸仁"，仁不显时是何物？孔子说："人而不仁，如礼何？人而不仁，如乐何？"意思是说：一个不讲仁德的人，礼仪对他有何意义呢？一个没有仁德的人，音乐对他有何意义呢？可见，仁不显时，连礼仪、音乐都失去了意义。

　　"藏诸用"，用又如何能藏？孔子对颜渊说："用之则行，舍之则藏，惟我与尔有是夫！"意思是说：能用我的时候，就要让道行天下；不用我的话，也要将道珍藏起来，以待能用。这只有我与你才能做到的呀。孔子认为"道"是可以用、可以藏的。人也是可以做官，可以退隐的。

"用"就是应用，应用的功能。《易经》的应用功能，似乎最多的是用于占卜，用于预测了；再推广一点，用于风水，用于姓名学上。其实，这种应用太狭隘了，我在《易经的智慧．经部》已经讲过。当然，《易经》实际上应用很广，《奇门遁甲》是在汉代出现的，根据易象推演过来的。真正大层面上的应用是用易理，即《系辞传》将《易经》升华到了哲学的层面上。什么意思呢？就是根据《易》的哲理来判断、支配自己的人生。

我这里举一卦，以困卦为例。如果谁要是占上这一卦，心理上可能就有点不高兴，认为被困住了。但实际上，困卦不是那么回事。困卦的卦辞是"亨。贞大人吉，无咎。有言不信"。这个"亨"是亨通。这个亨通与"困"，从字面上看是一对矛盾，困住了以后怎么能亨通呢？这似乎有点说不清楚，很不好理解。后面还来一句"大人吉"，又加了个"无咎"，这又让人不好理解。为什么？"无咎"就是没有伤害。"吉"，讲了"吉"就不需要讲"无咎"了，对不对？讲吉利又加上无咎，是不是多余的一句话呢？这里有它非常微妙的东西，《易经》的微妙之处就在这个地方。它讲吉，又讲无咎，就是针对困卦来说的。

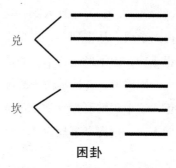

**困卦**

那么，我现在就讲讲这个困卦的卦象。困卦的上卦（也叫外卦）是兑卦，兑卦是表示喜悦的，象征泽，江河湖海的润泽。因为润泽就带来喜悦，所以喜悦是它的卦德。卦德是从卦象上来的。同时它又表示口，也就是表示语言。喜悦又是表示吉祥，所以它用羊来表示喜庆。现在看下卦（也就是内卦），是坎卦。坎卦象征水，它的卦德是陷。由这个本意引申为险，因为往下陷，当然有危险了。有的书上用险，有的书上用"陷"，我一般用本义，因为用本义可以推演出它的引申义；仅仅用引申义，就不知道这个险是从哪里来的。并不是说陷下去都是坏的，这个险并不能代表它真正的德，所以我用的是陷，下面分析困卦时就会明白陷的本义。

困卦为什么能讲"大人吉"？为什么能讲"亨通"？"大人吉"，就是说，大人困不住。什么样的人为"大人"？我们来看这样几种情况。一种情况是，这种人办事，他的内心没有风险意识，看不到事物的危险性，掌握不住这件事过程中的规律，也就是有点稀里糊涂（不懂得坎卦的陷），外表喜悦，这种喜悦（错看了兑卦中的悦）是盲目乐观，他认为这个事我能办，这种人当然是"小人"了，当然被困住了。

那么第二种人呢？他内心有风险意识，知道这些事情有哪些难度，有哪些风险（陷），结果会怎么样，他心里很清楚，但是他被这个风险吓住了，被这个困难吓住了，外表喜悦不起来了（无悦），他乐观不起来——他被困难吓住了。这种人当然也会被困住。

当然还有一种人，他是很乐观的，但是过于盲目乐观了。有人提醒他，做这件事有哪些风险，有哪些不利因素。他认为没事，别人提醒他，他还听不进劝告，因为他心里不知道风险在哪个地方，盲目地乐观了。这种人也会被困住。卦辞讲的"有言不信"，就是指这一种人。以上三种人都是"小人"。

那么，"大人"是指哪一种人呢？就是内心明白事的艰难和风险（坎之陷），但是他不怕，他有这个勇气，所以他外表非常乐观，他这种乐观是一种积极的乐观（兑之悦），那么这种人就是"大人"。这种人既有坎卦的陷德，又有兑卦的悦德，所以就困不住，就能得到亨通。从古到今，多少伟人、名人、成功者，没有一个不经过困的阶段。你想成功，想不经过这个困的阶段，绝对不能成功。你想得到大成功，你必须经过大的困阶段，在困境中去磨炼自己。所以这个地方有一个"贞"字，这个贞是指正，这个正解释为堂堂正正是不准确的，应该是中规中矩，指按照规则办事，把握方向，把握办事规律。哪怕是一个小小的游戏，都能把握得很得体。

"仁、义、礼、智、信"中的"义"字，我们把它架空了，常理解为义气等。对这个义字的解释，这几年我每次都把它解释成游戏规则。义字为什么是规则？我举一个简单的例子，所谓义，就是几位朋友或者大家都是志同道合的合作者，都团聚在一起了。今天在这里吃饭，该由谁买单呢？这都有规则，是心照不宣的事，是不是啊？这顿饭该我来买单，结果我小气，我舍不得，支支吾吾的，当然就有其他人买了这个单呀。这次你没有按照游戏规则去办，也没有人处罚你，但实际上你在朋友中就一下子失去了威信，失去了朋友的义气。人家出门一句话：这个人不讲义气。只是讲一句话：不讲义气，也没有一个东西像法律那样强制性地来命令你，强制性地要你执行。这就叫游戏规则，这就是"义"。它没有明文规定，是约定俗成的。它不完全是道德规范，是在办事中总结、摸索出来的，是逐渐形成的。

每个人都有体会，一个圈子有一个圈子的规则。你要明白，这件事应该怎么做，话应该怎么说，都有一定的规矩。例如，和老专家在一起，你不要讲得太俗气了，话讲得太客套了也不好。但是有的场合可能就不一样，这里都有一个很微妙的规则，这就是义。我为什么要把这个义拿出来讲呢？因为前面讲了一个"显诸仁"，意思是显在用上。你办事，用，就是要有规则，你没有规则去乱用是不行的。

那么，这个规则是从哪儿来的呢？即使是法律制定者，他同样有他的理论。无论是什么法律，没有理论（法理）去指导它，那么，这个法律是无从制定的。这个法理是从社会公益、公德这个方面讲的，这就是"仁"。这就是说，《易经》有这两个功能，它既显出了万事万物、方方面面的理——法理、道理，同时它不是停留在这个表面上。有些人无论是讲课也好，还是理解什么问题也好，把理讲过以后就没东西了。《易经》不是，它讲了事理后，还有操作层面的东西。《易经》之所以能够流传到今天，如果没有"藏诸用"这个"用"字，可能流传不下来，不知道你们认不认同？仅仅因为这本书读起来朗朗上口、含义深刻，是没有吸引力的，关键是"藏诸用"。所以我每次讲课，都是在"用"字上与我们自己的实践联系起来。刚才我以困卦为例，如果不以困卦为例，就像台湾的徐芹庭先生，他解释"显诸用"是："君子之道显现之以仁道，是可以践之于实行的，其德智兼修的内圣外王之道，蕴藏之以致用，是可以舍之则藏的。"就是这么解释，所以许多人都说看不懂。

好多人都说，都想读一读《易经》，读的时候都要去查字典，即使查了字典，还要想半天。我要是把家里解释《系辞传》一类的书都拿过来的话，几十本都是大同小异，从字面上解一通。回过头来，"仁"还是个"仁"字在那里，这个"仁"到底是什么意思呢？周汝昌先生是研究《红楼梦》的红学家，很有意思。他讲到"仁"，他讲的是众人为"仁"。我是非常赞同他这个解释。没有众人，怎么能显示出你这个"仁"呢？一个人能显示出"仁"吗？这个"仁"必须在社会大众、在人际关系中才能显示人与人之间的道义，这种道义必须在人与人之间才能体现出来。

由此可见，《易经》讲的是什么？这就讲到了人道。前面讲了好多，你们能看得出来，都是讲天道。这个人道是从哪里来的？前面讲过"一阴一阳之谓道"，就是讲天地之道。前面讲过了，我再讲一遍。《说文解字》里，道是行道，道者行道，就是道路。道路两旁分阴分阳，一边是阴一边是阳。这个道已经很明白了，道是自然形成的，而不是人为的。经常有人问我："《老子》讲的那个道是什么意思啊?"许多人为这个"道"争论不休。这个"道"是不是老子发明的? 用他的智慧来设计、幻想、想象出来的? 从"一阴一阳之谓道"这一句来看,这不是老子的发明呀,它就在生活中,再明白不过了,还需要讲吗? 为了这个"一阴一阳之谓道",许多人都在解释。看一下徐先生的解释,他在台湾是很有影响力的,他说:"一阴(- -)一阳(—)两两相对、相助、相反、相生、相依持、运转不息,开创宇宙万物,这就是道。"懂了吗? 也懂了一些。真懂了吗? 没有真懂,是不是?

"一阴一阳之谓道",我认为这个很简单,就是道路两旁,分阴分阳,一边阴一边阳,中间就是道呀。

这句辞义是怎么来的? 为什么会出现阴阳? 因为有日影呀,日影在移动。移,易也。易字从字形上是从日从月,它的字音是从移。移和易是并列的一个词,移风易俗嘛,变易就出来了。这个变易是有规律的,不是盲目的,根据太阳的朝起暮落。太阳的朝起暮落是一个自然规律,上午阳光在这一边,下午阳光在那一边,这就是它的不易。太阳的规律很简单,是吧? 昼夜交替、朝起暮落,这就是简易。很简单,不复杂。这里面就显示出了道。这个道似乎是从具象走向抽象,抽象出来的一个道理。"显诸仁",这个"仁"就是这样显示出来的。因为人离不开日月运行,离不开寒暑往来,离不开昼夜交替,这个规律你是违背不了的。那么在这个活动中就产生了道,抽象的道。根据这个道,引申为"用"。这个用是"藏诸用",藏在哪个地方? 我们就看出来了,藏在日影里,藏在天地运行不息的规律里,藏在昼夜交替里。

"鼓万物,而不与圣人同忧。"这句话又有一点不好懂。"鼓"是鼓动、鼓励。徐芹庭先生的解释是:"能鼓舞、鼓动万物的生机,开创成万事万物,而不与得天子位的圣人同忧。"他是用这一句来解释的。谁在鼓舞、鼓动? 我认为在很早以前就有。我们在大地湾文化遗址看到一个"天下第一鼓",起码在五千多年以前就有鼓。黄帝在涿鹿与蚩尤一战就有记载,虽然是传说,但起码也是有文字记载的。这种鼓皮不像现在用的牛皮,那个时候是用鳄鱼皮做的,当时那种鳄鱼叫"夔"。为了战胜蚩尤,黄帝命人同时击八百面鼓,声音传到了五百里以外,蚩尤的军队一听到这个鼓声,全军的战斗力都没有了,斗志全部消失了,所以黄帝战胜了蚩尤。

但是这里当作鼓舞、鼓动讲不是那么准确,不是那么形象。应该这么看,这个"鼓万物"必须有个主语。是谁在鼓万物? 是"仁"在鼓万物,还是"义"在鼓万物? 这里都是在讲义,同时也在讲仁。按照前面"显"和"藏"来说,我认为这个鼓还是一种表现，这个表现是指万物都显现出它的"仁"，显现出它的"用"，但又不是它的最终目的，最终目的还是开拓和利用，不断去开拓它，利用它。离不开这个"用"，因为鼓舞也好，鼓动也好，都是为了用。

## 有为法与无为法

"不与圣人同忧"，虽然是圣人，但他还是有他人为的东西，有有为的东西，即有为法和无为法。《易》是无为法，所以它无体，没有忧愁，没有忧思。为什么没有忧思？举个例子，如太阳，你诅咒它，它同样给你光明，同样给你温暖；你赞美它，它给你的光明和温暖一样，不会多也不会少，它没有这些人为的东西，没有这些有为的东西，它就是无为。但是圣人就不一样，虽然圣人的胸怀很宽广，很博大，但是人与人之间的恩怨他不能无动于衷。这句话的意思还是有为与不为，在有为与无为之间，这就讲到了入世的无为法。禅是出世的无为法，那么，易是入世间的无为法。当然，这个无为也是为了有为。

"盛德大业至矣哉"，盛和大都是形容词，就是盛大。德和业是名词，是指德业，实际上就是盛大的德业，但是要分开。德是盛，业是指大。这个"大"，实际上前面讲过："有功则可大。"《老子》有一句话："天下大事必做于细。"天下再大的事都要从小事做起。德为什么要盛？这里要分清楚。德的甲骨文是 𢔨，上面一个标杆，中间一只眼睛，下面一只手，旁边是行路的"行"，是这个字样。什么叫德？如果按照这样来推测的话，那就是用手指着标杆，眼睛看着一个标杆，这就是指引路的方向。那与道有什么关系呢？实际上德和道是有联系的，道是它的本体，是静态的。你仅仅只有道的话，就像我们这里有一个杯子，但是这个杯子一直没有用，这就是道。就是说，道必须要用，用就是德。我现在用这个杯子装水，用它喝水，还可以做其他用处，这就是德，德为用。这个盛德是无为的盛德，有为就谈不上盛。这个盛是指很大的意思，不是一般大。

这里讲到了用。用从哪里来？藏在哪个地方？都讲得很清楚，就是大用和小用。你真想要大用，就必须从无为法入手，用于指导我们的工作，指导我们的为人处世。这里我讲得多一些，强调的是无为法。

## "无"中生有

"富有之谓大业，日新之谓盛德。"

　　这个"富有"我们不能狭义地去理解，这个富有是哪一种？真正的富有是从"无"中来的。我举一个简单的例子。世界上那些大亨、大款、大豪富、五百强企业的老板，他们真正的财富都是从无中来的，是不是？就讲一个比尔·盖茨的例子，他是怎么发家的？在他开发之前有"微软"吗？没有。正是从无中生的这个"有"，他才真正做到富有了。现在你再来做，你还能成为第二个比尔·盖茨吗？这太明白不过了。富有是从无中来，如果不是从无中来，你绝对谈不上富有，这里我强调的是《易经》中的创新意识。再讲一个海尔的例子，尽管它的产品与人家有些是相同的，但是它的精神、它的管理方式，开始没有呀，从海尔的起步可以看得出来，它是不断地创新而来的。

　　所以后面讲"日新之谓盛德"。"日新"讲的是什么？就是讲创业，就是讲创新。你没有创新，却讲大业，讲富有，那是空话。例如搞培训，要有一个大的空间、大的思维，人家没有做过的我们来做。所以，"日新"不要拘泥在"苟日新，又日新，日日新"这句话的字面上。它真正的意思是什么？就是创新。没有创新意识，你干什么都不行。

　　"生生之谓易"，生生是什么？又是讲创新。因为只有创新，才能生生不息。原来没有的东西，现在又生出一个。像现在邮电部门的员工，原来做什么？很单一的：背个邮包，传递一下信件；现在的邮电员的工作生生不已，很多的功能都衍生出来了。你走进邮局，有那么多窗口，而且每个员工都在发挥作用，生生不已啊。

## 何谓"神"？

　　"成象之谓乾"，这个"乾"是抽象的，又是具象的。实际上这个乾还有勤的意思。为什么"成象之谓乾"呢？按照现在通俗的一句话，你要去努力，去拼搏。每一件事都能显现出机会，显现出商机，商机就是成象啊。没有显现出来，你打算往哪个方面去努力啊？所以必须显现出商机。

　　"效法之谓坤"，"坤"就是顺从，"效法"就是仿效。抓住了商机，你就要去发挥，就要去拓展，就要会"效法"。效法就是说，人家的东西你虽然要去创新，但你还是要借鉴。这个"效法"主要是效法事物的规则。我们在社会中要效法社会的规则。

　　"极数知来之谓占"，"知来"，就是知道未来，预知未来。"极数"，就是说，你能穷尽其中的命数、其中的规律，把这个规律变成了数，用数字来解读其中的规律，当然你就知道未来了。美国选总统，不断地进行民意测验，看百分比，这个百分比不就是一个数字吗？通过这个去预测这个极数，就是说，你把这个规律用数字能表达出来，这就很了不起了，这就是占卜。

"通变之谓事"，事情是通变的，为什么？"通"是什么意思？就是贯通。"变"是什么？是变故。物起变化才生事。开始是没有事的，开始在静态中只有物，然后物物相变才生出事。

"阴阳不测之谓神"，这个"神"是什么意思？《易经》里面讲到神，但是它与我们讲的那个鬼神是不一样的，这个神实际上是一种神秘、神奇、奥妙，就是说，你看不见摸不着，在微妙之间。为什么它在微妙之间，你把握不住它呢？这就是"阴阳不测"。白天你在大路上走一走，能够看得出这边是阴那边是阳，如果是黑夜去走你就分不出来了。假如你生活在孤岛上，什么手表、历书都没有，那个时候你可能就有阳阳不测的感觉，你就感觉到一种神秘感了，是不是啊？这是用体验的方式去理解它。

> 夫《易》，广矣大矣，以言乎远则不御，以言乎迩则静而正，以言乎天地之间则备矣。

## 何谓"易"？

"夫"，它是语气助词，就不需要讲了，实际上它就是讲"易"。这个易是什么样的东西呢？是讲易广大。它广大到什么程度？这里从三个方面来说它的广、它的大。讲它远吧，它还没有止境。这个"御"解释为止。你说它大不大？广不广？那很广了，本来就很远。你讲它到底有多远？你形容一下有多远。它是怎么说的？没有止境。你讲它静吧，静到什么程度？"静而正"。实际上这个静中有大。静和动，一般人有一个错误理解，觉得只有动是为大，这个静怎么为大呢？实际上许多东西是静为大。

举一个非常简单的例子。两个群体之间发生争执，在争执的时候，你想，显得"静"的是哪一个？肯定是某一方中说话算数的人，是大人物。他不会多说话，他保持一种冷静的态度。越是一般人物，越是在那里蠢蠢欲动，说得最响，跳得最高。当然这个例子表明了一个方面。那么另一个方面呢？因为静者能大。刚才讲静者为大，这里讲静者能大。静者怎么能大呢？在我们的生活中，在人际处理上，我有很深的体会。在一个关键的时刻，你能保持冷静，那么你当时就会使人觉得你很了不起；你这个人偏激，遇到事情控制不住自己，看起来你是显示出一种强悍，显示出有理，得理不让人，但事后你的人格没有了，你的威信没有了。

我十六岁开始教小学，我有这个体会。有位老教师就教了我一招：一年级学生打架，两人打起来的时候你不要去理睬他们。看他俩打架你就上去想拉开，你一拉就失去威信了。为什么呢？因为这些一年级的孩子，老师的威信在他们心目中不是那么高，还带着家里的习惯，打起来没完没了，叫打"气"，"气"不消，打不止。你去拉，一旦你拉不开，你就没威信了。他们一看，这个老师不行，拉不开，他们还是照打不误。最好的方法是，你冷静地等着，什么都不理。你用眼睛瞟着他们，不要打出问题就行了。慢慢地，他们该发泄的都发泄了，该出的气出了，该打的打了，该哭的哭了，他们慢慢地就停下来了。一旦停下来了，他的气也没有了，这时候逮住他们：不要阻止他们哭，等哭过再说。哭过后，你再给他们擦擦眼泪，哄一哄，然后让他们自己讲，他错了。以后他就知道，关键的时候你不动，知道你的招儿在后面。这是我以前的例子。

再一个，在实相上还有一个东西，像参禅。什么叫禅？静中。人的思维中所有的杂念、欲念静滤了，起码是少了，慢慢地排除了，就是一个正念显示出一种静，这种静不是说他没有动，正念也是一种思维，在正念中它显出一种静，这个静就是大。这个大又是什么意思呢？如果从健身的方面来说，作用大了。实际上应该说，是悟性大，得到的信息大，得到的智慧大。因为你在静中，你只有一个正念：静而正。在这种情况下，自然界的好多信息，在一般的情况下你得不到的信息，这个时候你就得到了，你自然就会有悟性，就会得到大的智慧。我不知道你们有没有这个体会：当你被一件事纠缠的时候，这件事非得你来解决不可，在这种情况下，你往往很冷静地去思考，往往有难事的时候就静下来了。一旦你真正静下来时，办法就想出来了。你们有没有过这种体验？我认为每个人多多少少都有过这方面的体验。

"静而正"，我们来看书上的一种解释："远为乾天，高不御也，迩为坤地，坤至静而德方，故正也。"这么一解释还是糊涂啊。所以我这里是转着弯说，用亲身体验来讲。你一冷静，办法就来了，这个办法也就是大办法。因为小办法解决不了嘛。如果小办法能解决，我不需要冷静，我马上就解决了。为什么叫冷静？就是要排除其他的杂念，你必须以正念做主，而不是一时的意气，是以正念来思维，这才是真正的冷静。按现在的说法就是用理性去思维，但是我这里要用

"正"，因为这里是讲正念，用正念去思维才能得到静，真正的静，在静中才能显示出大，而且也能大。

"以言乎天地之间则备矣。"讲到天地之间，如何形容这个"天地之间"？易在天地之间的表现是什么样的呢？——"备矣"。"备"就是非常周到、细腻，都具备了。"显诸仁，藏诸用"，这个"诸"就是备啊，事物的方方面面都具备了，这是讲易的广和大。

---

夫乾，其静也专，其动也直，是以大生焉。夫坤，其静也翕，其动也辟，是以广生焉。广大配天地，变通配四时，阴阳之义配日月，易简之善配至德。

---

## 让正念做主

"夫乾，其静也专，其动也直，是以大生焉。"这里讲到乾卦。这个"专"是指专一，实际上就是上面讲的：正念就是专一。杂念一来，那叫专一吗？那就不叫专了。你不讲正念，就无法讲"静而正"；上面没有讲正，这里就没法讲这个"专"，前后都是联系起来的。"其静也专"，你一静就能起正念，就是正念在做主，就是用正念思维，所以"其动也直"，所以你用这个作决策，以这个采取行动，它就是直的。这个"直"又是什么意思呢？就是效果。这个效果是直接的，当然表面上是直接的了，但实际上它又是一种效果，立即就见效；同时这个效果显示出可行。因为是直的，所以大家都认可。因为是可行的，行得通的，所以能成功，是亨通的。"是以大生焉"，"大"是怎么生出来的？它是从静里生出来的，从"专"里生出来的，是从正念里生出来的。从这可见人为什么要讲究修身养性。

## 关闭杂念

"夫坤，其静也翕，其动也辟，是以广生焉。"这还是讲大和广。这不仅仅是讲坤卦，讲坤卦的抽象的含义，如果讲它的卦德的话，是顺从。"其静也翕"，这个"翕"是合，合起来，这个合就是关闭。什么关闭了？胡思乱想的思维关闭了。"其动也辟"，"辟"是分开，辟与翕是对立的。坤的行动，它能开辟，用现在的话来讲叫开拓，同时它又是关闭的。合起来还能开？它后面讲"是以广生焉"，翕里能生出一个广，这个"翕"不正，是把杂念、邪念关闭了吗？所以我这里回头再讲，一讲你们就意识到这个合是什么了。合是合力、凝聚，有了合力，所以辟开它显得广大。开始是一点点东西，没有合力，你去辟开、分开，它分来分去也还只有那么大呀。一个核原子，正因为是翕，所以爆炸时它就一下子显得威力广大。

我历来讲课是用感受来替代字面上的理解，只有用我们体验过的东西来感受它才行。在一篇文章上我就讲了：证明历史要有历史证据，但是有证据而没有感受，这个证据也是苍白的，是吧？所以我们理解这个一定要有感受。这个感受是一种体验，不是在字面上去感受，而是在我们的生活中，把它融通到我们的生活中间去。

## 怎么"配"？

"广大配天地，变通配四时，阴阳之义配日月，易简之善配至德。"这里用了四个"配"。讲这个"配"的时候我有这么一句话，这句话是谁说的呢？是唐太宗的重臣魏徵说的："以石投水，千载一合；以水投石，无时不有。"这是什么意思呢？还是举个例子：石头往水里一丢，它什么时候能适应水？一千年当然是一个概数，就是说要很久才能把它慢慢侵蚀掉。石头不轻易去迎合水，这里有一个"配"的问题。那么，以水投石呢？"无时不有。"为什么？这里是流水，你用石头把这里一挡，哎！你从这边挡住了，我从那边流；你从那边挡住了，我从这边流。真正流不动了，没问题，我暂时停下来，我等待机会，总有一天我能流过去。这是以水投石，它无时不有，时时都在那里迎合、适应。但是以石投水呢，它是"千载一合"，这是相反的两个东西。

在我们日常生活中，你们要把这两句话记住：在什么时候你要去以石投水，处理什么事要以水投石。这里有一个用刚和用柔的问题。这个"投"，实际上就是一个适应的问题。我这里是让大家从另外一个角度来理解这个"配"字。不然的话，这个"配"字按照现在的说法，如配合、匹配，是这个配吗？我认为不仅仅是这个意思，不是一般的配合的意思。要用词来解释它很难，所以我用刚才那个例子来作解。所以不管是什么词，还是要回到应用上。如果不回到应用上，这个词等于又没解释。并不是我这里讲就非要句句都落实到应用上，而是《易经》本身句句都落实在实相上，落实在现实中，落实在百姓日用之间。

"广大配天地，变通配四时，阴阳之义配日月。"其实，这三句话实际上是一个意思。上次讲到随卦里的一句象辞："君子以向晦入宴息。"就是君子明白这个道理。君子明白什么道理？"向晦"是指天黑了，天黑了就要休息，"入宴息"就是休息。如果现在再来看这句辞，就应该是君子"配""向晦入宴息"。用刚才那个困卦来讲，就是大人配"亨"和"吉"。只有他才配，只有他才能得到吉。就是说，只有君子才知道日月运行，才知道昼夜交替，才知道寒暑往来，才知道阴阳之易是因为日月运行形成的。君子明白这个道理。

## 何谓真善？

"易简之善配至德。"

这就是对前面的总结了。大也好，广也好；专也好，直也好；翕也好，辟也好，讲来讲去都是对立的，又是统一的，这就是"易简"。这个"善"不是善和恶的概念。一次有个亲戚在电话上跟我讲："我们家门前每次来了要饭的，我都要给一点，从来没有不给的。"他把这个理解为善，这就太狭义了。很多人把这个善仅仅理解为做做善事，来了要饭的给一点，这不叫真正的善。真正的善是什么？我想多讲一点这个善。

现在大家都知道这个地球上的水非常地紧张。我在十几年前就有这个习惯，哪怕是在旅社里，在公共场合，在码头上，上洗手间，我看见人家不关水龙头，或者水龙头没关紧，我绕也要绕过去把它关上。为什么？我不是做作，完全是一种发自内心的习惯。我觉得这个水白白流走太可惜了，眼看着它哗哗地流，于心不忍。

大家都会讲"可怜天下父母心"，是讲父母为了孩子，是讲人的父母心。但是，动物的父母心、植物的父母心、水的父母心有没有呢？同样有。人的父母心仅仅局限于亲生吗？四川有一位乘务员，在列车上捡到一个他人丢弃的女婴（没人收养）。他当时还没结婚，他看见没人收养，就把她带回家，和他母亲一起抚养她。后来他的女朋友知道这件事后，就一定要嫁给他，共同来挑起这个担子。结婚以后，他们又生了一个男孩，他们对这个女孩和自己的男孩看得一样亲，以后又供他们上学。妻子后来生病了，生了什么病？癌症——不治之症。他们夫妇两个在女儿高考以前，每个星期都去接她。后来妻子病重了，病得很厉害，住院了，不能去接她了，妻子还特地打个电话，撒个谎，说她到上海出差，要多长多长时间才能回来。每个星期给女儿打一次电话，为了不影响女儿高考。

女儿考完回来了，看到母亲病在床上，她抱住母亲大哭。后来她考取了清华大学，这时她父亲下岗了，母亲去世了。在这种情况下，她父亲把她送到清华大学，把学费缴完之后，便把来龙去脉给她讲清楚了，告诉她："你现在应该去找你的亲生父母了，我们的责任已经尽到了。"当他往回走的时候，女儿从后面追上来，抱住他痛哭，说："你就是我的父亲。"这个父母心呀，不得了。这是真善，是"人之初"时的本善。

## 金丝猴的父母心

另外，还有动物的父母心。陕西有个周至县，解放初期的原始森林里有很多金丝猴。它们的毛很漂亮，而且很厚。当地人以为，用它们的皮毛做衣服肯定很好，肯定暖和。几个村子的人去合围，去砍树，把这些金丝猴团团围住，人就在那里残杀它们。这时候有一只母猴冲出重围，它冲出重围时，不仅仅抱了自己的一个孩子，还背了另外一个孩子，这时两个民兵带着枪追了过去。猴子越往外跑，树越少，只有一棵枯树杈，没地方跑了，它就爬到那棵枯树上。两个民兵举起枪，瞄准了。正准备开枪时，母猴从容地做了一个手势，意思是说：我要给孩子喂奶。这两个民兵心想：你喂奶吧，我们等得及。母猴就给两个小猴喂奶。小猴受了惊吓，当然吃不下，吃了几口就不吃了。母猴竟然捡起枯树叶，把奶水挤到树叶上，把树叶包起来，示意小猴，奶放在那里了。然后再回过头来，面对民兵的枪口，然后双手把眼睛捂上，意思是说：你们开枪吧，我的任务完成了，我的义务和责任都尽到了。面对此情此景，两个民兵手中的枪再也举不起来了，因为他们面对的是一位母亲——一位本善的母亲。这是一位著名的女作家讲述的真实故事。

## 节约一滴水也是积德

再讲到水。这个水呢，它也有父母心，氧原子、氢原子就是它的父母。你们想想，这就是"以石投水，千载一合"啊。并不是说，氧原子和氢原子随便一碰就成了水，没那回事吧？在自然界中，氧原子和氢原子不是随便一碰就变成水的，这也是"千载一合"的事呀，也要经历"十月怀胎"，甚至是"十年怀胎，一朝分娩"哪。在自然界中，氧原子和氢原子非常多，但是真正形成水的又是有限的。水也有父母心，随便去浪费它，随便去污染它，那是恶啊，而且这个恶积累起来就是大恶。节约一滴水，也就是积善。

北京有一个八岁的小学生做试验，水龙头关到一秒钟只能滴一滴这个速度，用桶接上。一分钟多少滴，一小时多少滴，以此推算，一年滴下来就是多少吨。这个数字是可怕的。所以说，我们节约一滴水，不是为了节省水费，而是要想到它的父母心，真正想到在大自然里，这个水的形成是"千载一合"，是"百年怀胎"。所以"易简之善配至德"，那就是真正的大德了。积德，积德，能节约一滴水这都是积德，因为这关系到大自然。不仅仅是人要享用水，动物、植物都少不了，水是众多生物共享的福报啊。

我这么讲，可能有人会说：这不是讲《易经》哪。我还是讲这个话：《易经》在日常生活中，要更深一层地理解"易简之善配至德"。《易经》是讲"易简之善"的，在我们的生活中就要以至德相配。何为"至德"？环境保护、社会公德、敬业奉献、和谐家庭等，都从小事做起，从我做起，这就是以德配善。德，是社会大众的公德；善，是"人之初"的易简之善。

> 子曰："《易》其至矣乎！夫《易》圣人所以崇德而广业也。知（智）崇礼卑，崇效天，卑法地。天地设位，而《易》行乎其中矣。成性存存，道义之门。"

## 井德与鼎德

子曰："《易》其至矣乎。"子曰，就是孔子说的。"《易》其至矣乎"，"其""矣""乎"这三个字都是文言副词。实词呢？就是一个"易"，一个"至"，这两个是实词。实际上就是讲《易》至大、至广，这里是一种赞叹。

"夫《易》，圣人所以崇德而广业也。""崇德"是指崇尚德。因为是讲《易经》，所以要讲卦——井卦。这个井卦有井德，它有哪些井德呢？第一个德是，无论下什么样的暴雨，池塘里的水、江河里的水都容易横溢，唯独大海里的水不会溢，井里的水不会溢。为什么？因为井水与地下水位是相通的。当然还有一个客观的因素，井口比较小，井台比较高，这是表面的，真正的原因是井水与地下水位是相通的。

第二个德是，无论是什么人来提水，它都一视同仁，它完全服务于民众。所以有一个鼎卦，鼎卦与井卦有相吻合的一面。古代的鼎是大锅，原来鼎是三只脚。一个部落、一个氏族，有祭祀活动或是军事行动时，大家一起在朝堂之内做美味佳肴，大家都在一起品尝，一起分享，就是用这个鼎。有一句话是说：鼎食养贤于朝堂之上，井水养民于村野之间。一为养贤，一为养民，这两个卦很有意思。

六十四卦在卦与卦之间有很多联系，这两个卦之间就有分工，所以井有井德，鼎也有鼎德，每一卦都有卦德，最大的德是乾卦与坤卦的德，乾德与坤德是大德。这个"广"是指发展，发展了才能达到广嘛。所以要崇尚德性，要发展事业。这里讲的是果，那么因是什么呢？因就是前面讲过的《易》。你为什么去崇尚呢？因为这个"德"是至德，这个"业"是大业。但是这个至德和大业是从哪里来的？是从《易》中来的。

## 智与礼

"知崇礼卑"，古代"知"和"智"是相通的，所以是"智崇礼卑"。"知"是智慧；"礼"是礼仪、礼节。怎么把它们对立起来了呢？"崇"实际上就是尊呀，是不是这个意思？前面讲了"天尊地卑"，这里来了个"知崇礼卑"，还要来一个"崇效天，卑法地"，还是天地，还是"天尊地卑"这个意思。为什么把知和礼、天和地摆在一起呢？而且它们有尊卑之别呢？这就看得出来：知（智）是体，礼是用。

这里举一个最简单的例子：今天我请你吃饭，表面上很礼貌，但是我并没有诚心，这个诚心和礼谁重谁轻呢？这是很明显的。有人对人非常谦恭，有一个同事，是读古书的，他的礼貌简直让人受不了。怎么受不了？每次与他一起走路，无论是两个人还是三个人，他就是不走前面。他让到什么程度呢？甚至要让到道路旁边的沟坎里。你们想，他年龄比我大，学问比我高，我们俩一起走路，还要我走前面，我也不自在啊。我让他是平心而论，按道理确确实实应该也是这样，尊老爱幼嘛。他还要退，退得让人实在受不了。他这礼让得多少有点过了。所以我认为这个"知"有点像古人讲的"知书识礼"，但如果是只知其词而不解其意，"知"就仅仅只是一点点知识而已，谈不上智慧了。有智慧才懂理，才识礼。礼是有规则的，是源于智慧的。

所以有一个"崇效天，卑法地"，你崇尚什么？崇尚天的规则。那么"卑法地"，这个"卑"并不是卑贱的卑、卑鄙的卑。你该要低、要下的时候，你是效法地的，因为地承载万物、滋润万物。例如水，水有一个特性："上善若水。"水是永远向下的，水要不是永远向下，那水就不能一泻千里，就没有"上善"的德行了。

## 天地设位

"天地设位，而《易》行乎其中矣。"天地怎么设位的呢？难道这些位都是天地设的吗？实际上我们不要在句子上作文章，否则又讲死了，我们还是用前面讲的那个东西。前面讲了什么？"广大配天地""阴阳之义配日月"，讲了这个，是很大的。是像我们这样在这里设一个位置吗？不是这个表层的意思，是一个很大层面的。这个设位是什么？是无为，而不是有为的。

我从电视上看到过，我们国家的科考队到南极考察，考察任务是什么呢？去找陨石。中央电视台还专门有一个摄制组跟着。一个多月的时间，前面所有的行程都非常顺利，唯独没找到陨石。到了除夕夜的前一天，他们要回到总站去过年了，很失望地开着车子往回走。正在失望之时，突然在白雪中出现了一个黑点。有一位年轻人马上下车，用脚一踢，是石头。这个地方没有山，这块石头是从哪里来的？拿起来一看，喔，是漂亮无比的陨石。陨石上的彩纹不需要放大镜就能看得很清楚。大家激动得一个晚上没睡觉，马上分头去找，找到了二十八颗。大家联想一下，看看你们能联想到什么？从"天地设位"方面想一想。

当时，我一下子感受到什么呢？我突然想到：要插标记，在每一个陨石点插上一个标记，因为它有形。它掉下来的"位"是按照规则——《易》行乎其中矣"，这个《易》就是变化的规则。看起来这个陨石碰撞中（变易）成了碎片，这个碎片难道就没有规则吗？它掉下来的运行过程中，难道就没有规则？是有规则的。因为它没有离开天体运行这个大的范围，它受到万有引力的作用，又受到地球的引力作用，还有每块陨石的自重，受力等不同因素，每块陨石落地的位置应该是有一定规则的，你们想想看，是不是？谁在设位？天地在设位呀。天地是谁？是人吗？不是天，也不是地，是共同设立的这么一个东西——规律。这个"设"字出来了吧？这么大的一个"天地设位"。

"而《易》行乎其中矣"，在运行中就是《易》嘛。所以讲这个"《易》行乎其中"，讲万有引力。为什么我能这样反应？因为我时时也在《易》中。

## 何谓"存存"？

"成性存存，道义之门。"这个"门"是什么门？"成性"，这就讲到我们人了，这个性就成了人的本性、性格、特性。"成"，养成，你要慢慢养成这么一个思维的特性。这里既有认识论，又有方法论。你对事物的认识，对事物的观察，对事物处理的方法，这三者都有你的特性。"存存"，两个"存"字就是一惯性了，也就是禅宗讲的绵绵密密。我的理解仅供你们参考。它为什么存存呢？存在于你的正念之中。像我看南极考察的节目，马上联想到它有一个形状——二十八颗陨石落地的形状图。如果把这个形状用来研究，它又告诉我们新的信息，天体之间万有引力作用的结果是什么？它又有东西呀。你多记载一些，这就是一惯性的东西——"存存"，它不是偶然的，也不是断断续续的。断断续续谈不上"存存"，偶尔也谈不上"存存"，科学成果是多次试验共证的结果。

吴清源老先生是围棋高手，他入了日本籍。他有两个故事，一个故事是在日本下围棋。他有一个特点，不好女色。他朋友想：你这个人真的不好女色吗？好！他朋友把他带到舞厅里去。那么多舞女都来陪他，他的眼睛却盯着另一个人到中年的舞女，已经是人老珠黄而不是青春正艳的舞女。其他的舞女来邀请他，他怎么都不理，心不在焉的。有一个舞女很生气地说："她已人老珠黄，你盯着她有什么意思呀？"原来她的衣服是大格子的，像棋盘，吴老正想着一步棋，想着棋的变化。这就是"存存"，他的思维"存"在棋上，始终打不破，它是有惯性的。

还有一件事，日本人看赛马也很疯狂，他朋友拉他去看赛马。其他人已经看疯了，非常狂热地呼叫。唯有吴老眼睛望着天，很木然。朋友说："别人看赛马眼睛盯着还看不过来，你却盯着天，好像没事人一样，你在看什么？"他说："我看天上的星星像一盘棋。"他把天上的星星当作棋子了，这就是一种"存存"，这就是"道义之门"哪。这个门在哪个地方？什么是道义之门？什么是入道的门径？入道的门径还是前面讲过的"专""直""翕""辟"，特别是这个"静而正"，在静中而正。他不胡思乱想，他就想着棋。许多高手讲棋，不都是讲讲招数吗？都是从技术层面上去讲一讲。一千个孩子学棋，都是这么学一些招数的。现代人功利性很强，而吴老是把围棋当作一种文化，而且到了一种境界。什么境界？就是聚精会神，一心一意，并没有其他神异、玄虚可言，这都是生活中的东西，人人都可以做到。

# 第六章

圣人有以见天下之赜（zé），而拟诸其形容，象其物宜，是故谓之象。圣人有以见天下之动，而观其会通，以行其典礼，系辞焉以断其吉凶，是故谓之爻。言天下之至赜而不可恶也，言天下之至动而不可乱也。拟之而后言，议之而后动，拟议以成其变化。

"鸣鹤在阴，其子和之；我有好爵，吾与尔靡之。"子曰："君子居其室，出其言善，则千里之外应之，况其迩者乎？居其室，出其言不善，则千里之外违之，况其迩者乎？言出乎身，加乎民，行发乎迩，见乎远。言行，君子之枢机，枢机之发，荣辱之主也。言行，君子之所以动天地也，可不慎乎？"

"同人，先号啕而后笑。"子曰："君子之道，或出或处，或默或语。二人同心，其利断金。同心之言，其臭（嗅）如兰。"

---

圣人有以见天下之赜（zé），而拟诸其形容，象其物宜，是故谓之象。

---

## 象其象

"圣人有以见天下之赜"，这个"赜"，根据尚秉和的解释，"赜"与"啧"通用，啧啧不休啊，是一种烦乱。讲得通俗一点来说，"天下之赜"就是指事。什么事？麻烦事。天下怎么这么多麻烦事？就是这个意思。圣人看到天下这么多麻烦事，有这么多纷纷扰扰的事。"而拟诸其形容"，"拟"是模拟，模拟其"形容"，形容天下这些麻烦事。

"象其物宜，是故谓之象"，这是解释象的。这个象是怎么来的？这里有一个过程，它先有一个"见"，见就是观察。然后呢？又模拟它的形容；第三呢？是象。这个象是个动词，与后面的象不一样，后面的是名词。"象其物宜"，这个"宜"是指合适、适宜。与地相适宜，就是说，因地制宜，因物制宜，因人制宜。因此，可以推测到这个动词的"象"是表示什么。这个与前面的模拟就不一样了，模拟它是从抽象上来说的，因为抽象，不要求那么严谨，但是这个"象其物宜"必须严谨一些。你看，它适不适宜？那么这个"象"就应该是考证、探讨，这个就要讲究科学性了，这样才有了它的"象"。

这个象在八卦里很明显：乾卦象征天，坤卦象征地，震卦象征雷，巽卦象征风，坎卦象征水，离卦象征火，艮卦象征山，兑卦象征泽。这八卦就有八种自然之象，还有人伦之象、动物之象，前面已经讲过，这里就不再重复了。但是这些象要求做什么？这些象必须要达到"宜"，这就是"象其象"。我们把它简化为"象其象"。这个"象其象"关键是要我们做的、要人来为的，就是前面这个象。这个人为的目的要达到宜，要恰到好处，恰如其分，不能似是而非。生活中无处不是"象"，时时去"象其象"，就是生活。

> 圣人有以见天下之动，而观其会通，以行其典礼，系辞焉以断其吉凶，是故谓之爻。

## 会而通

这里又是"见"。第一步是见，见了以后还是观，观了还要行，行了之后要系辞，还有一个关键字——断。我们理解这几句话就要根据这几个动词来理解。圣人看到了天下的各种运动、变化、发展。首先是见到了，但是见到了的人很多，是不是每个人都能系出辞呢？是不是每个人都能"行其典礼"呢？是不是每个人都能"观其会通"呢？不是，能做到这一点的是极少数。我们今天在这里学《系辞传》，我们要想学到一些实在的东西，我们不能对日常生活中经常出现的人或事视而不见，对天天看到、听到的无动于衷，觉得那些都与我没关系，这样就不是"见"了。

人要成其伟大，就必须做到会观察，会动脑子。你要思考，要"观其会通"。这个"会"和"通"是什么意思呢？怎么样才能做到会通呢？我把这个"会"解释成类比。一般书上都解释为汇集、汇聚，我认为仅仅是汇集、汇聚还不够，汇集、汇聚起来以后你还要类比、类推，必须有这样一个过程，然后才能做到通。我举个例子：比如我们坐在一起，我为大家讲课，你们从各个地方来，大家都走到一起了，这不是一种会吗？但是我们这个会要做到一种通，就是说，我们都在这里听这个课，而且听了以后都有一个同样的感受，大家都在认真听，都在记笔记，这就有通的现象出现了。我认为在通以前，就必须有个类比。为什么必须有类比？从讲课以来，有的人由于要上班，有的人有其他事不能坚持下来，但并不仅仅是这样，还有的人因为他的志向与我们不是一类的。当然他们的志向也是很好的，没有褒贬之分，也没有高低之分，都是一样的——人各有志嘛。每个人有每个人的思维，这个世界才众彩纷纭，才多姿多彩，我们不能强求统一。这里有一个类比，通过这个类比，才能做到通。

"观其会通"，观察这个"会通"，那就是说，要把事物进行分类、归纳，才能做到通。这个通不仅仅是事物本身通了，还有第二层意思，就是这个观察的人通过在"会"中类比、归纳以后，你通晓了这个事物的变化规律。"见天下之动"，这个"动"的因素是什么？动的内因和动的外因是什么？动的外力和动源、动的过程、动的结果是什么？你都能看得很清楚，这就是你看通了，看透了。既然你对这个问题看透了，你对这个问题有认识了，这样就行了。

我再解释一下"会通"。牛顿是根据苹果掉下来，然后以这个类推：苹果挂在上面，日月星辰也是挂在天上，就是《系辞传》后面讲的"天垂象"，垂也好像是挂着。那么，苹果能往下掉，日月星辰为什么掉不下来呢？这么一类推，他一下子就悟了，哦！是万有引力。他这个万有引力是通过这个类比来的。当然他还有一个推算，没有推算的公式，他的论文也就无法发表，人家也很难去认可。但是通过预测、类推、推算，他这个成果就成立了，他的牛顿定律就成立了，这就是"观其会通"。

## 行其典礼

"行其典礼"，这个"典"是指准则，人行动必须有准则。这个"礼"应该是规范。你是按照一种准则来行事，你的行事作风就显得很规范了。但是这个规范我们不能把它理解为一种重复，重复不是规范。真正意义上的规范是什么？单位有章程啊，还有规章制度啊，国家有法律呀。以什么为标准呢？这个规则出来之后，不影响人的创造力，而且有利于单位的员工，有利于整个集体的创造性，我认为这样的章程、这样的规则才是好规则。但有的规则制定出来以后，显示出不能与时俱进，就要重新修订。像有些规则老是试行，试行了一年两年就试行不下去了，因为它会束缚人的创造力。所以这里讲规范，必须有一个准则。

真正的准则是什么？必须"与天地准"，就是说，与大自然的规律、与事物发展的规律是相准的，是相应的。这样的规则当然能激发人的创造性，而不是束缚人的创造性。我认为这是很关键的，像牛顿定律就有它的准则。所以，"行其典礼"我们要结合科学来理解，因为《易经》本身就有原始、朴实的科学精神在里面。

"系辞焉以断其吉凶"，这个"系辞"当然不是指这个《系辞传》，而是指前面的卦辞和爻辞。为什么叫系呢？就是说，这个卦辞是系在卦的符号、图形上的，文字是解释符号、图形的，而爻辞是系在每一爻上的。那么有了这些辞有什么作用呢？是为了"断"——"断其吉凶"，是为了判断吉凶的。"是故谓之爻"，这就解释了"爻"是什么意思。前面有个"象"，这个象是指卦象。这里没有象字，实际上应该加个象字。前面是指卦象，这里是指爻象，都是指象的，都是解释象的。

---

　　言天下之至赜而不可恶也，言天下之至动而不可乱也。拟之而后言，议之而后动，拟议以成其变化。

---

## 后言与后动

"言天下之至赜而不可恶也"，"恶"在古书上与"亚"相通。在《史记》里有"亚谷侯"，但是在《汉书》里是"恶谷侯"。中学课文里有一篇文章叫《周亚夫军细柳》，这个周亚夫在《语林》里就是周恶夫。所以在古代这两个字可能是通用的，这就为我们在这里理解这个"恶"字多了一个参考。"天下之至赜"，"至赜"就是这么样纷纷扰扰，麻烦不断，就像现在，天下事是错综复杂的。"不可恶也"，不仅仅是有厌烦的感觉，还有一层意思是，你也没法去把它排出次第，因为亚就是次——冠军为主，亚军为次嘛。你很难去排出一个次第来。谁是主？谁是次？这个很难排。

"言天下之至动而不可乱也"，这个"言"都是《易经》里的卦辞、爻辞，来描述这些"天下之至赜""天下之至动"的，各种人类的活动、事物的变动等纷纷扰扰，所以说"不可乱"，就是说，还是有一定次序的。

这里引用《礼记》中的一句话："事君（国）可贵可贱，可富可贫，可生可死，但不可使为乱。"有位上访者来求我占卜，我把这句话写在纸上送给他，让他自己去占卜吉凶，自己去"拟议"行为准则。

"拟之而后言，议之而后动，拟议以成其变化。""拟之"，前面讲过模拟，这个模拟不是简单的模拟，在你观察之后，你要分析，你要冷静地思考，通过观察、分析、思考以后，你才能言，才能说。为什么要"后言"？后面有，不多讲。这里有个"后"字，它与繁体的"後"在古书上是分开用的。"后"在古书上用于皇后、皇天后土等，不是先后的后。古文中先后的后是"後"。为什么是先观察后发言呢？后面有，这里就不多讲了。

"议之而后动"，"议"，当然是大家一起议论、讨论，然后才能有所动作。一个人有一个主意，有一个策划的思路，有一个行动方案，有了你不要马上动，也不要马上说，通过分析、评估，大家坐下来讨论，讨论以后再去行动，再去操作。

"拟议以成其变化"，有人把这个"议"当作"宜"字来看。就是说，你不仅要议，还要围绕一个"宜"来议，围绕一个"宜"来动。动的时候，还必须检查，检查的标准也是这个"宜"——适宜不适宜。只有适宜了，你才能成功，才能"成其变化"，这就是说，你才能把握变化，才能驾驭变化，才能在变化中求得成功。

> "鸣鹤在阴，其子和之；我有好爵，吾与尔靡之。"子曰："君子居其室，出其言善，则千里之外应之，况其迩者乎？居其室，出其言不善，则千里之外违之，况其迩者乎？言出乎身，加乎民，行发乎迩，见乎远。言行，君子之枢机，枢机之发，荣辱之主也。言行，君子之所以动天地也，可不慎乎？"

## 鸣鹤在阴

"鸣鹤在阴"这句话在中孚卦里。你们看看中孚卦的卦画䷼，它正中间两爻是阴爻，最上面两爻是阳爻，最下面两爻也是阳爻，叫"中孚"，好像是中间"浮"起来了。中孚卦是什么意思呢？是指诚信。为什么叫"鸣鹤"？单用一个鹤不就行了吗？一般称鹤为仙鹤、白鹤、云鹤，这里为什么叫"鸣鹤"呢？"鸣鹤"就是说，这只鹤正在啼鸣。但是这个卦象上有啼鸣的意思吗？你看，下面那个卦——兑卦☱，兑卦是指言的，是口。再一个，为什么是"其子和之"呢？这个"和"是唱和、附和的意思。你们看上面一卦，把它覆过来，不也是兑卦吗？你们看，下卦从这边看，上卦从那边看，不正好是口对口，这不正好是唱和吗？

这个卦象你们看——绝了！

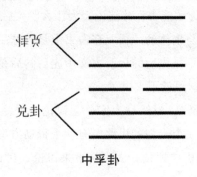

巽卦 〈

兑卦 〈

**中孚卦**

　　六十四卦的卦名都是根据卦象走的。你们看，前面都是讲象，这里讲是怎么去模拟的，怎么去形容的。这个"阴"当然是在一个隐蔽的地方，不是那么显露的地方，它在那里鸣叫。这个"子"，并不一定是指它的孩子，应该是指它的丈夫，或者是其他的雄鹤、同伴。就是说，听着它的鸣叫，虽然没有看见它，同样一起唱和。它们之间的语言是相通的。这里能够看得出，它是根据卦象来的。你看，我们从上面看是兑卦，从下面看也是兑卦。两个兑卦遥相呼应，这就是"其子和之"。

　　"我有好爵，吾与尔靡之。""爵"本来指酒杯、酒具，而且是比较高贵的，不常用的。所以在封爵位的时候，要赐臣子御酒。这里的"爵"还是指美酒。我有美酒，我与你靡之。这个"靡"本来是指消费的意思，实际上就是干杯。喝干了，不就是消费了吗？"吾与尔靡之"，这个"尔"就是指你了。鹤鸣之，和之，原来是为了说人"靡之"。

## 言应千里

　　我们回忆一下《论语》，《论语》里面有许多"子曰"，为什么呢？因为《论语》不是孔子写的一本书，《论语》是孔子与学生（他的弟子）平时的问答，把这个问答都整理出来就成了《论语》。就是说，《论语》是孔子讲人伦的一本语录。那么，这里的"子曰"也是一种语录了。在讲到"鸣鹤在阴"的时候，讲到中孚卦的时候，孔子说了一句话。从这里我们能够看出来，孔子与他的弟子在平常谈话的时候，也在经常参究《易经》，也在谈论《易经》，也在评论《易经》。从这里能够看得出他们平时的教学情况。

　　子曰："君子居其室，出其言善。"这肯定是他的学生问"鸣鹤在阴，其子和之"是什么意思啊？孔子就讲了这个意思：君子坐在家里，他的言论（按现在来说也包括书面的了）是善的。"出其言善"，这个"善"不是小善，是大善。孔子讲过这么一句话：有人捡到东西之后，给他一些奖励。有人就认为，拾到东西归还失主是应该的，为什么还要奖励他呢？不应该奖励。但是孔子说：应该奖励。如果你不奖励，那以后还有谁来做这种事呢？他是从大局、大众这个层面上去看问题的，所以他所言的是大善。

"千里之外应之，况其迩者乎？""迩"是指近。这句话是什么意思呢？不需要讲。我现在不讲千里之外，不但证明了千里，而且就在这里我们证明了千年。孔子离我们现在有两千多年了，你看，我们现在还在学他的言论和思想。"况其迩者乎？"何况他身边的那些弟子呢？"居其室，出其言不善，则千里之外违之，况其迩者乎？"这当然与上面是相反的。相反的例子也有，我们只讲一个。古代凡是那些不善的言论留下来了吗？所有留下来的全部是善的言论。

"言出乎身，加乎民"，"身"是指口。这个"民"我们应该引申到社会。这些言出自你的口，对其他人、对大众、对社会是有影响的，特别是有影响的人说的话。杨振宁教授在人民大会堂作了一个报告：《〈易经〉对于中国传统文化的影响》。这个报告在网上展开了热烈的讨论，报纸上也在讨论，还有各个学术团体也在讨论。你看，这是"加乎民"哪，加乎社会啊。中国解放几十年以来，什么时候我们全社会都来关心《易经》，把《易经》当热点？这是第一次。我认为，无论他讲的是什么，对于易学研究都有贡献，对于中华传统文化的传承，对我们今天的现代化建设，对我们传统文化的复兴，是有益而无害的。所以，我在现场聆听时，有一种振奋感。

## 君子的言行

"行发乎迩，见乎远"，这是指行动。行动当然是指近。舜的家里有一位后母，而且后母生的弟弟（名"象"）也很愚顽，象和后母对他非常恶劣。而舜呢？全然不计较后母和弟弟对他的态度，他竟然把这个家庭治理得非常和谐。这就是"行"哪，因为这个"行"，在社会上纷纷传扬，传得很远。有一天，尧召集群臣商议举贤，要选拔继承王位的贤人。这个时候大臣们一致举荐了舜。尧说，他也听说过这个人。尧竟然把自己的两个女儿嫁给了舜，最后也选拔了舜来继位，把自己的位置禅让给了舜。从这个例子能够看得出来，他是坐在家里做的这件事，然而这件事传得很远，连朝堂之上都震惊了，连尧也听说了。

"言行，君子之枢机"，"枢机"不需要解释，就是机关的意思。"枢机之发，荣辱之主也。"什么叫荣辱？荣与辱是相反的。我举一个例子，清代的和珅是怎样成为重臣的？就是因为当初乾隆问了一句话，没有人回答，他答出来了。"枢机"，这是一个机会呀，正是因为这个机会，他以后一荣百荣。当然，也有人就因为一句话而招来杀身之祸。如"清风不识字，何事乱翻书？"就是因为这句话而招来杀身之祸，当然这是因为文字狱了。这就说明"言行，君子之所以动天地也，可不慎乎？"所以要谨慎，要"拟之而后言"，不能随便说，不能随便行动。这里要注意"君子"两个字。"君子之所以动天地"，所以皇帝的话是金口玉言，他的言和行惊天动地，影响太大了，所以要谨慎。这前面都是孔子回答他的弟子来解释中孚卦的。

---

"同人，先号啕而后笑。"子曰："君子之道，或出或处，或默或语。二人同心，其利断金。同心之言，其臭（嗅）如兰。"

---

## 号与笑

"同人，先号啕而后笑。""同人"是指同人卦。现在"同仁堂"的店号就是把这个"人"改成了"仁"，这个名字起得非常好，所以它成了百年老店。好多老店的名字都在《易经》里，如"咸亨酒店"，这个牌子也非常好。"号啕"当然是指哭。同人卦里为什么会有这么一句话？我举一个例子：在抗日战争时期，在东北，有一天八路军打了胜仗，把缴获的日本鬼子的军装全部穿在身上。这时苏联红军也来了。他们听说苏联红军来了，就列队吹着号在那里迎接。苏联红军老远一望，啊，全是日本军装，紧张起来了，架起机枪，严阵以待。这边没有俄文翻译，那边没有中文翻译，怎么也说不通。这边指着袖章讲"八路、八路"，还是不行，因为你穿的是日本服装呀。最后这个八路军的司令急中生智唱歌——唱《国际歌》。《国际歌》一唱，双方都拥抱起来了，在一起欢呼，在一起跳跃。这就是"先号啕而后笑"。为什么会出现这种情况？开始为什么会发生误会？一看你穿的服装——你是我的敌人。后来一听《国际歌》，哦，你是我的朋友。这就是"同人"了。当时我想，用什么例子呢？我觉得这个例子非常好，先是剑拔弩张，如果打起来了，不就是号啕吗？总算没有打起来——后笑，这有多好。只要是爱好和平的，全世界人民一首《国际歌》就是"同人"。

孔子的弟子问这一句的爻辞，孔子就解释："君子之道，或出或处。"这个"出"是指动，"处"是指静。回到前面讲的"君子居"和"君子动"，这个"出"就是动，这个"处"就是居。"或默或语"，"默"当然是沉默不语，"语"就是用语言表达。君子之道，行动也好，或者是居处不动，冷静思考，或者保持沉默，或者发表言论，都有他的章程，有他的准则。

"二人同心，其利断金。"只要两个人齐心，就能把金子断开，这是指一种力量。"同心之言，其臭如兰。"两个志同道合的人的语言，听起来就像兰花那样芳香。"臭"是一种气味。"臭"字上面是一个"自"，自是指鼻子。古代，自己的"自"和鼻子的"鼻"是不分的，后来才分开的。到现在还是这个习惯：讲"我"的时候，指着自己的鼻子，而不是指着嘴巴，也不是指着眼睛，这就是"我"。骂人的时候也是指着对方的鼻子大骂，不是指着嘴巴，也不是指着眼睛。骂的是什么？骂的就是你，骂的是你自己，鼻子就代表自己了。下面是一个"犬"字，这就说明是犬用鼻子来闻气味。中国的汉字是很奇妙的。这一段，就是孔子解释同人卦的。

# 第七章

"初六，藉用白茅，无咎。"子曰："苟错（措）诸地而可矣，藉之用茅，何咎之有？慎之至也。夫茅之为物薄，而用可重也。慎斯术也以往，其无所失矣。"

"劳谦，君子有终，吉。"子曰："劳而不伐，有功而不德，厚之至也。语以其功下人者也。德言盛，礼言恭，谦也者，致恭以存其位者也。"

"亢龙有悔。"子曰："贵而无位，高而无民，贤人在下位而无辅，是以动而有悔也。"

"不出户庭，无咎。"子曰："乱之所生也，则言语以为阶，君不密则失臣，臣不密则失身，几事不密则害成。是以君子慎密而不出也。"

子曰："作《易》者，其知盗乎？《易》曰：'负且乘，致寇至。'负也者，小人之事也；乘也者，君子之器也。小人而乘君子之器，盗思夺之矣。上慢下暴，盗思伐之矣。慢藏诲盗，冶容诲淫。《易》曰：'负且乘，致寇至。'盗之招也。"

---

"初六，藉用白茅，无咎。"子曰："苟错（措）诸地而可矣，藉之用茅，何咎之有？慎之至也。夫茅之为物薄，而用可重也。慎斯术也以注，其无所失矣。"

---

## 物薄而用重

"初六，藉用白茅，无咎。"这是大过卦里初爻的爻辞。"藉"是凭借；"白茅"是一种茅草。在这个卦里是指什么呢？古代祭祀的时候要摆上供品，先把地上打扫干净，但是还不放心，还要铺上这种干净的白茅草，再在上面摆上非常洁净的器皿装上供品，爻辞讲的就是这一件事。又讲无咎，什么无咎呢？意思是说，你做得这么慎重，你把地打扫得很干净了，装供品的器皿也是这么洁净，做得已经不错了，但是你还认为不够，然后又铺上白茅草（这个白不仅仅指颜色，主要还是指它干净），你这样做何错之有？还有什么过错呢？还有什么伤害呢？还有什么损失呢？"慎之至也"，你这个谨慎实在是太过了。

"夫茅之为物薄，而用可重也。"白茅草这种物类是很轻薄的，正如《史记》里讲的"轻如鸿毛"，这是非常廉价的一种东西，到处都有。"而用可重也"，但是你把它用于这种圣洁的事上，这就显得很贵重了。

"慎斯术也以往，其无所失矣。""慎斯术"，指这种谨慎的方法。"术"就是指方法、措施。"以往"，长期做下去——继往开来嘛。这么谨慎的措施长期做下去，历来都是这样做，成为一种传统了，当然就无所失。这一卦本来是讲大过的，"大过"就是过失，但是它是教人如何无过失。《易经》的科学性、应用性就在这个地方。讲讼卦的时候，它讲的是如何息弭讼事，息弭争斗。讲大过的时候，它是讲如何避免过失的。这对我们都是有好处的。这是孔子对大过卦解释得妙极了。

> "劳谦，君子有终，吉。"子曰："劳而不伐，有功而不德，厚之至也。语以其功下人者也。德言盛，礼言恭，谦也者，致恭以存其位者也。"

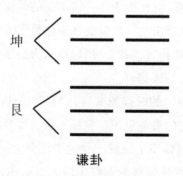

坤

艮

谦卦

"劳谦，君子有终，吉。"这是谦卦的第三爻的爻辞，这一爻是九三——阳爻。这里是"劳谦"，谦卦的初爻是"谦谦"，什么叫"谦谦"呢？在其他很多书上的解释是"谦之又谦""谦而又谦"，许多易学权威都是这样解释的。我对这个"谦谦"有自己的理解，我认为这个"谦谦"是指内谦和外谦。为什么叫内谦和外谦呢？你想，这个谦卦是地山谦，外卦是坤卦，是指地；内卦是艮卦，是指山。坤是指顺从，艮是指止。内谦就是艮卦讲的可行可止，有止有行，当止则

131

止。你知道行止，那当然是一种谦虚了。知道止行，那是很难的。你知道行，知道止，这是你修养的结果，而你外表又是一种很柔顺的态度，这又是坤卦讲的厚德。

所以，我对谦卦的"谦谦"是这么解释的：内谦——有山的静止和幽深，外谦——有地的柔顺与谦和。你这个人外表很谦虚，内心没有一定的修行功夫，这个谦虚是假的。所以第二爻讲"鸣谦"的时候，对这个"鸣谦"我又有自己的看法：这个"鸣"本来是张扬啊，鸣叫啊，宣扬自己，这与谦有点相反啊？你谦虚怎么还张扬？你张扬怎么能叫谦虚呢？这不是在表自己的功劳吗？这怎么叫谦虚呢？相应来说应该是沉默一点、内敛一点呀。张扬是什么谦呢？就是透明的智慧，必须要有透明度。"鸣谦"即是有透明度的谦虚，就是说，如果没有值得你骄傲、值得你自豪的东西，你绝对谈不上是真谦虚。

第三爻是"劳谦"，第四爻是"扬谦"。这个"扬谦"我又是怎么解释的呢？扬与"挥"同。只要讲谦虚，就认为你这个人什么事都不能发挥。你一发挥，就认为你不谦虚。"还谦虚呢？出人头地的事他都要干。"现在一讲到某人谦虚，就说，这个人不还是要赚钱吗？好像什么事都不能干，这是一种误解。"扬谦"，你这个谦虚要发挥，不能浪费这个资源，人家认为你是谦虚，你要发挥这个谦虚，甚至使它"产业化""商品化"，得到这个社会的认可。

到了第五爻，虽然它没有讲谦，但是我把它总结为"维谦"，就是维护自己的谦虚。为什么要"维谦"呀？因为你一讲谦虚的时候，有人就会攻击你，认为你不能反击他，因为你一反击他，他就会认为你怕伤害自己的名誉。"我"不怕，"我"可以伤害你，你不能伤害"我"。所以我认为必须要维护自己的自尊和自身的利益，就是要维护自己的谦德。

所以讲第三爻"劳谦"的时候我又讲，"劳"是什么意思呢？我讲了三层意思，第一层意思：就是它的敬业思想、自强不息。如果没有这种兢兢业业，没有这种自强不息的精神，就谈不上谦虚。在这个社会上，凡是兢兢业业地做学问、做事业的人不张扬。往往是那些游手好闲的人很张扬，为什么？他不张扬不行啊，他没有内在的东西，只有靠张扬的东西了。你们在社会上可以比较出来。这个"劳谦"，没有一种敬业精神，没有一种自强不息的精神，你谈不上谦虚哪。第二个呢？谦虚要有功劳，这个功劳是很明显的了。第三个呢？谦虚要有资本。你讲谦虚，没有资本是不行的，没有资本谈不上真谦虚。这个资本是什么？有人认为功劳是资本，其实不仅仅功劳是资本，修养的功夫、德性和你养成的这种兢兢业业的习惯，这些都是资本。"劳谦，君子有终"，这个地方应该解释为"有始有终，吉。"这里强调了一个"有终"，但是我们不能忽略了"有始"，实际上没有始怎么有终呢？真正有终，还是要有好的开头，好的开头是成功的一半。为什么劳谦能够有终？能够得吉？

孔子的学生以这个向孔子请教，孔子就做了解释。"劳而不伐"，这个"伐"字，表面的意思是争伐、讨伐，甚至有砍伐的意思，其实这里是不争，与人无争，是靠自己的辛勤劳动，而不是靠其他手段去争夺。"有功而不德"这个"德"应该是"得"，这两个字是相通的。这个"德"是说，他有功但不居功，不把这个功据为己有，这样就"厚之至也"，这就是厚道了，这是真正的德。

## "大人"与大众

"语以其功下人者也"，这个"下"不是上下的下，这个"下"是动词，不是方位词。这句话是什么意思呢？他能把自己的功劳归功于自己的部属，归功于很多人。那些拿了金牌的运动员会说："我的金牌、我的荣誉，应该归功于我的教练以及很多帮助过我的人，归功于这个团队。"许多人也都这样，事实也应该是这样。一个人想成为英雄是不行的，英雄、伟人都是成长于众人之中的。没有众人，是谈不上英雄和伟人的。

我在解释乾卦里的"利见大人"的时候，我就想不通：大人的对立就是小人了，现在跟年轻人讲"大人"和"小人"似乎有点不太妥，你在单位能分清谁是大人谁是小人吗？这个大人和小人的评判标准是什么？仅仅是以权位来评判？以口袋里的钱来评判？还是以职称来评判？当然古人也有解释，以道德修养来评判，但是这个东西也不准确呀，因为道德修养在一般的情况下很难去评判，即使是在一个群体里，大家天天在一起，也不能说有一个绝对的东西呀。我始终想着这个东西，最后我一下子想到了这个社会。这个解释无论准确不准确，我想到一个东西——对我们的社会要有利，于我们当今的社会要相符。君子与小人、大人与小人，现在很少有人讲这个东西，所以我把它解释为大众、众人。无论是"大"还是"小"，是"利"还是"不利"，都要由众人来评说，而不是由个别权威来指三道四。

解释"利见大人"，我举了两个例子，一个是前面讲的，尧在选拔贤能的时候，他对大臣们说："我们这一次选拔，不一定就在王公贵族里选拔，也可以在平民百姓里推荐。"结果呢？大臣们推荐了舜。舜"利见大人"，那他是先见到尧了吗？是先见到大臣了吗？不是，是先受到了众人的认可。没有众人的认可，没有众人去宣扬他，大臣也不会知道，尧也不会知道。他的"利见大人"，是先见到了众人。"见龙在田，利见大人。"这个"田"的范围小，那个时候还是初始阶段、初露锋芒、初出茅庐，他一下子就得到众人的认可——这个人行。

一次我听到前驻法国大使、曾任外交学院的院长吴建民先生讲：时任国家主席胡锦涛出席八国集团首脑会议，第一次在这么大的国际场面上露面，会后国际上给他的评价是——这个人行。这句评价是很高的评价。他这个"利见大人"是"飞龙在天，利见大人"了。所以这个"见龙在田"和"飞龙在天"是范围的区别。有的人、有的书上把"大人"解释成"贵人"，说你能见到贵人。如果到大街上去占卜，你占到这一爻的时候——嗯！不错，你能见到贵人。你很高兴，一高兴就天天坐在家里等贵人，等贵人接见你。但是等了三五年你也没见到贵人，就说这卦不灵。不是卦不灵，是你误解了，你白等了。如果给你讲清楚，这个不是一般的贵人，只有大众、众人才是贵人，用自己的成果、用自己的工作来证明自己，得到了众人的认可。你要与众人和谐相处，慢慢地你就会利见众人。在这种情况下，你就会知道这个过程怎么做了。

## 占卜是注重过程还是结果？

关于占卜，我们不能说占卜是件坏事，就像我讲过的一把菜刀，这把菜刀是切菜的，但是有人偶尔拿这把菜刀去杀人了，最后罪犯上审判台，菜刀上审判台吗？罪犯进监狱，这把菜刀会进监狱吗？罪犯上刑场，这把菜刀上刑场吗？菜刀始终是菜刀，人们还要用它来切菜。切菜时会想着：哎呀！这把菜刀还杀过人吗？人们从来不这么想。但是现在我们反过来了。占卜本来是件好事，结果大家现在都谈"卜"生畏，是不是？原因就是误解占卜的意义了。我们老祖宗有这么好的东西居然被人误解了，这么一把好好的菜刀，被人当作杀人之刀，人家都不敢用了。我们要为它翻案。什么意思？我们应该这么去占卜：我们应该注重占卜的过程，不要注重结果。所以我在《易经的智慧．经部》开头就讲：《易经》注重过程，而不是注重结果。

我还举了一个"潜龙勿用"的例子。假如你要办一件事，条件也具备了，但是还很不放心，就去大街上占卜一卦。你一占卜——"潜龙勿用"。哎呀！你别做了——"勿用"嘛。"用"为行。"勿用"就是不能行，不能动。那么你回去一想：我不甘心哪。为什么不甘心？因为什么都准备好了。不信吧，我又问了。这就误人不浅哪！真正的占卜是什么？"潜龙勿用"，不是不用，而是暂时不用；

不是不为，而是为了大有作为。为什么你能大有作为？不是我夸奖你，不是我吹捧你，因为卦辞上就讲了：你是龙啊。只不过你暂时是"潜龙"，你暂时不要动，暂时不能飞。这个时候还是要做潜龙，你还要培植内力，好好地修炼，武装自己。这种占卜，一是给了问卜者一个过程，最关键的是给了占卜者一个信心、一个目标——哦！我是龙，我的目标是做飞龙——非常清楚。难道这种占卜对社会有害吗？这是迷信吗？这是伪科学吗？是反科学吗？这不是啊。所以我们要讲这些东西。

## 法身、报身、应身

"德言盛，礼言恭。""德"和"礼"，一个是体，一个是用——德是体，礼是用。为什么德是体呢？体是静态的，它是不动的。这里所说的德是人们通过修养已经具备的德行。这个礼呢？表现在你的行为之中。我顺便讲一下佛教里的"三身、四智、五眼、六通"里的"三身"。三身是指哪三身？法身、报身、应身（也叫化身）。什么叫"法身"？法身就是指你自身的本性。从现在科学的角度来说，就是遗传基因，是你本身就有的，是与生俱来的，一出生父母就给了你的。第二个呢？是"应身"，也叫"化身"，这个时时都看得见。你评判一个人：这个人怎么样？这个人我愿不愿意与他交往？你就是凭借对他的应身的判断，从他的言行来评判他，初见面就是看他的应身。这就是言行，也就是上面说的"礼"。这个"恭"字是广义的，它不仅仅是指恭敬，这个恭敬实际上就是谦。不仅仅是言行的谦，还有礼呀。

还有一个"报身"。报身又是指什么呢？报身实际上既是看得见的，又是看不见的。为什么说是看不见的？因为报身是一个人的修养、奉献等各方面的积累。什么积累？这个人的修养的积累，也就是他的功绩（功劳和成绩）的积累。你评判一个人：哎呀，这个人真伟大！伟大在哪个地方？这个伟大就是他的报身。因为他是从一个凡人到一个伟人，不是一开始就是伟人，世间上没有这种事。他是凡人在前，伟人在后。就是说，伟人是在凡人的基础上慢慢地积累，首先是功劳和成绩累积到一个高峰，第二个是道德修养也累积到了一个高峰，这就是伟人。

从反面来看，从另一个角度来看，希特勒也有"功绩"，但是他能称为伟人吗？因为道德修养这个东西他没有呀，他没有这个高峰。另外，他的功绩对人民有害无益。所以说这个报身要让人民来评判，让时代来评判，让社会来评判。

"德言盛"，这个盛大就是他的高峰，这个德就是这个人的报身，礼就是应身。孟子讲："人之初，性本善。"荀子讲："人之初，性本恶。"无论是善也好恶也好，它都是本性，而人之初的本性是无善无恶的。这个本性的东西就是法身。这是孔子给自己的学生解释谦卦说的这一番道理，这一番道理也是很平常而又精辟的。

> "亢龙有悔。"子曰："贵而无位，高而无民，贤人在下位而无辅，是以动而有悔也。"

## 贵而无为

"亢龙有悔"是乾卦里的上九爻的爻辞。孔子的学生问孔子：这是什么意思？所以孔子就解释了。"亢龙有悔"，"亢"就是高呀。"贵而无位"，就是身份很贵，但是没有位置啊。"高而无民"，就是地位也很高，但是手下没有部属；虽然你是将军，但是你没有兵，是光杆司令。"贤人在下位而无辅"，也有贤人哪，有些贤人甚至是你在位时培养的，但是他在下位，对你没有辅助作用，辅助不了你。"是以动而有悔也"，所以这时一行动就有悔啊。这个"悔"字我讲过，这个"悔"不是一般的悔，不仅仅是后悔，同时还有悟。你悔了，但是不悟不行。这个悟是悟什么呢？噢，他悟了：我现在不是贵而无位啊，我现在应该是贵而无为。只有做到贵而无为，我才能保证这个贵。

对于一个家庭来说，这个家里的孩子们都大了，如果你还在那里专权，还在那里指手画脚，还在那里给孩子们包办代替，虽然孩子们也都尊重你，都孝敬你，但是你这个时候不要什么事都管了。这个时候要做到无为。为什么无为？孩子们有他们的自由，他们比我们这一代还强，我们应该放心。这些都是无为呀。你越是这样放开，越是这样无为，孩子们才越加孝敬你。是不是这个道理？这就是长江后浪推前浪，这就是一种历史前进的规律。这是孔子解释乾卦上爻的一句话。

> "不出户庭，无咎。"子曰："乱之所生也，则言语以为阶，君不密则失臣，臣不密则失身，几事不密则害成。是以君子慎密而不出也。"

### 出户庭还是不出户庭？

"不出户庭，无咎。"大家猜一猜这是什么卦的爻辞？这是哪一卦的初爻的爻辞？它的第二爻的爻辞是："不出门庭，凶。"很有意思。前面我讲这一卦的时候，我是怎么讲的？如果占卜到这一卦——"不出户庭，无咎。"——你在家里不能出去，因为你不出去就无咎嘛，你今天不能出门了。第二爻——"不出门庭，凶。"——你今天要出门，你坐在家里就有凶。这是相反的，挺有意思吧？我对相反的东西非常感兴趣。孔子对学生们说过这样一句话："谁能出不由户？"意思是，谁能够走出屋外不经过门户呢？孔子的比喻都是以平常事喻平常理，这样的比喻才有意思。

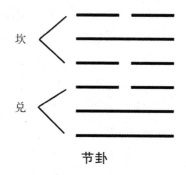

坎

兑

**节卦**

这是节卦里的。节卦☵上卦是坎卦，是水；下卦是兑卦，是泽。水流到泽里面，好像是一种节制。你们想一想："不出户庭，无咎""不出门庭，凶"，它这怎么"节"？"节"是什么意思？它的初爻是阳爻，在下边；二爻也是阳爻，虽不正，但它的位中，比中正更重要。这个水在下，这是该它去的地方，泽就是你的家啊，所以"不出户庭，无咎"。到了二爻，往上去了，这时"不出门庭，凶"。就是说，真正大江大河满的时候你不去排泄、疏通，那就有凶了。实际上这就可以看出，卦辞全部在象上。能不能看出这个卦的科学性？开始我讲了水和泽的关系，你看，水往泽里流，它是正常的。泽里的水已经蓄满，这也是正常的。但是水一旦涨上来了，又必须排。

还有一个问题，如果这一爻是在上爻，这种解释还能理解，关键是它在二爻，它得中啊，还没有到爆满的时候呀。所以这里呢，爻位上还是有点想不通。为什么不是在上爻讲这个？如果是在上爻，那是因为物极必反嘛，亢龙有悔嘛。在二爻位上，即使不出门庭，也不至于凶啊，所以这个问题我还在参究，我认为不仅仅是因为下卦"兑"，为口，为言，可能还有更妙的含义。

## 慎言密语

孔子讲："乱之所生也，则言语以为阶。"我认为这个"阶"应该是"介"。"乱之所生"，什么会生乱呢？什么会生祸呢？祸啊，乱啊，是由言语引起来的，言语就是其中的媒介。介就是在微妙之间嘛。实际上很多大错都是在微妙之间引起的，甚至很多东西是言出有祸、祸从口出。也可以这样解释：阶是阶梯啊，线索啊，是由这个引起来的。

"君不密则失臣，臣不密则失身，几事不密则害成。"这个"几"应该是"机"。连续剧《大染坊》里，男主角陈寿亭记住一句话。陈寿亭小时候是个要饭的，一天书都没有读过，只是从小在评书场里听评书长大的。有一位老者给他讲过一句话，他就记住了，讲的就是"君不密则失臣，臣不密则失身，几事不密则害成"，就讲了这句话，他记住了，而且他受用终身。这句话是很好理解的，但是这里面很有内涵。当然，做君子的，你说话不仅仅是要保密，实际上是指说话要谨慎。有人说话，张口就来，口无遮拦，这谈不上"密"呀。这个"密"是指说话谨慎。"不密"，就是口无遮拦。说话口无遮拦，那么有志之士来投奔他吗？

"臣不密则失身"。《三国演义》里，杨修不就是说话不谨慎吗？一下子被杀头了。他有时候想说就说了。曹操修了个门，觉得宽了一点，就在上面写了个"活"字。他就知道这个门是"阔"了，他一语道破了。有一次曹操写了一句"一盒饼干"，他又道破了曹操的语谜：意思是一人一口。所以最后他失身了，而且是丧命。

"几事不密则害成"，这很明显，凡是事关重大的事，不谨慎、不保密，当然是有害无益了。"是以君子慎密而不出也"，所以君子说话是非常谨慎的，不随便出言乱语。这一句话很好理解，没有什么难懂的东西，但是要做到，这也要一种修行的功夫。

---

子曰："作《易》者，其知盗乎？《易》曰：'负且乘，致寇至。'负也者，小人之事也；乘也者，君子之器也。小人而乘君子之器，盗思夺之矣。上慢下暴，盗思伐之矣。慢藏诲盗，冶容诲淫。《易》曰：'负且乘，致寇至。'盗之招也。"

## 谁之过？

子曰："作《易》者，其知盗乎？"这里先引用了孔子的一句话。孔子提出了问题，他问：难道作《易》者知道盗贼是怎么产生的吗？他想问《易经》的作者："知道盗贼是怎么抢劫的吗？"他提出这个问题的依据，就是《易经》上的一句话："负且乘，致寇至。"这是解卦里的爻辞。"负"就是背负、负重。"乘"呢？既指车子，又指坐车。"负也者，小人之事也"，什么人背负？背负是一种劳作啊，是劳力者做的事啊。"乘也者，君子之器也"，能够坐车子，那是君子的事啊，一般是有身份的人才坐车子。而这里"小人而乘君子之器"，强盗一看，这几个人坐着车子还背着东西，一看，他就起盗心了。为什么呢？你上车就应该把东西放在车上啊，你还背在背上。他不知道车子是可以放东西的。盗贼一看，噢！这几个是小人，所以他就想去抢了。《易经》举的这么一个例子是非常形象的：身上背着东西，还要乘着君子的车，盗贼一看就明白了。所以"小人而乘君子之器，盗思夺之矣"，难道完全是盗贼有过错吗？"上慢下暴，盗思伐之矣"，"上慢"就是上层统治者非常傲慢。上层管理者无德，下层当然就会施暴，就会施乱啊。所以，"盗思伐之矣"。"伐"是抢夺。盗贼的思想是怎么产生的？这不能完全怪他自己，实际上这里讲了一个政治现象。一些高层领导干部，他坐在那个位置上，但是他做了他不该做的事（那些小人做的事），这就是"上梁不正，下梁歪"了，那下面人当然就乱了，是不是？这里讲了一个社会问题。

"慢藏诲盗，冶容诲淫"，这里两个"诲"字，有人认为是后悔的悔，但我认为应该是教诲的诲。因为，"慢藏诲盗"这个"慢"，不仅仅是傲慢，还隐藏着"诲盗"，这个诲是教唆。实际上这种行为成了一个教唆犯。"诲淫"，这里又举了一个例子：一个女人遭到强暴了，当然那个强暴者不对，要遭到惩治。可是回头一看，这个女人打扮得非常的妖艳，穿得那么暴露，所以就有人产生了淫的邪念呀。因此，被强暴者也有责任。这还是前面那个问题，还是一种社会现象。

"《易》曰：'负且乘，致寇至'，盗之招也。"实际上这句话是说，这个盗贼是谁招来的？是那人自己招来的。如果从社会现象来说，不管是哪一个地方，凡是歪风邪气屡禁不止，就说明那个地方肯定有腐败。如果不是有腐败，怎么会有屡禁不止的现象呢？之所以屡禁不止，正是因为有腐败分子在那里做保护伞。社会上的不法行为是谁引起的？这个问题就在这个地方，这就不言而明了。所以开头孔子就讲："作《易》者，其知盗乎？"他难道知道盗贼是怎么产生的吗？他知道是这么引起的，这就讲了一个很大的社会现象。所以你要想到，《易经》与我们的社会生活是息息相关的。从这里可以看出，学《易》可以无大错。

## 《易经》的先进性

这里我顺便说一下如何解读古典。大家都对古典有四个误解：第一个误解是，认为古典讲的是空道理，是束之高阁的，是"道可道，非常道"，是"玄之又玄"的；第二个误解是，认为古典大多是迷信，是糟粕；第三个误解是，认为古典中的东西与现实离得太远，与现实不相应，讲这个没作用。还有第四个，即我们的科技为什么没有西方发达？可能还是这个传统文化影响、阻碍了我们？特别是今天，大家读了《易经》，我认为你们应该是没有误解的，误解应该消除了。首先，从《易经》表面的字义上去读，当然读不出这些东西。但是只要与现实生活一联系，就知道我们的古典讲的不是空道理，而是人之常道。其次呢，它不是迷信，尽管它里面也有糟粕，但是这个东西还在于人用，在于理解的问题。第三，古典离我们现实生活不是远，而是在我们的现实生活中间。第四，它没有阻碍我们的科技发展，如果好好地去弘扬，应该说它能推动科技的发展，推动社会的进步。

有一次我在安阳"第七回世界易经大会"上，交流的论文是《易经的先进性》。《易经》的先进性有哪些？我总结了五点先进性。第一点，它有源头活水。我从哪个地方讲？讲西方文化。真正地讲，西方文化的源头是古希腊，也就是公元前五百多年。如果再往前推，也推不了多少，也就推到八九百年，那就是古希腊的源头。我就讲古希腊的文字是怎么来的。它的源头是把阿拉伯的字母和埃及的象形文字结合在一起，成了后来的文字。但是，古希腊以前的文字，在公元前一千二百多年以后就中断了。以前是克里特的线形文字 A、线形文字 B，到以后就突然中断了，中断以后再重新创造文字，是公元前一千年以后的事，离现在也才两千多年。而我们的文字呢？看得出来，不能仅仅以甲骨文作为标准。即使以甲骨文为标准，也还是比西方文字早。因为甲骨文已经是很成熟的文字了，首先应该这样看。再有，我们的《易经》在很早以前就有它的思维，特别是用符号标记。现在带着符号的经典，这是世界上独一无二的。这是它的源头活水。

第二点，《易经》是以人为本的。《易经》既讲"与天地准"，讲自然，同时也是围绕人类的活动来讲的。讲人，不仅仅是一个人，是讲人类活动、社会活动，是围绕人类活动、社会活动来讲的。这是以人为本。

第三点，《易经》至简至易。讲得很清楚，孔子举的几个例子，都不复杂，都很简单。刚才讲的社会现象，让现代人来描述的话，很难做到如此简明。他用"负且乘，致寇至"这么六个字就把它描述出来了，简单不简单？至简至易——非常简易，是不是这个问题？当然，至简至易还可以从爻象上来说。一个阴爻、一个阳爻，两个符号就把万事万物的变化、这么多自然之象、社会之象，还有人生之象全部表现出来了。

第四，我就讲了《易经》的海纳百川。在美国，有一位学者写了一本《世界文明史》，他承认中国的中原文化是主体文化。中国的中原文化是以伏羲文化为主线的。伏羲文化沿着北纬 36° 线从西向东，无论是天水、洛阳、安阳，还是山东的曲阜，这沿线一带都是在北纬 36° 的上下左右。在这一线它是主体文化。这个主体文化的传承海纳百川。历史上有三次大融汇，第一次大融汇是在从炎黄到尧、舜、禹这一段时间，距今有四五千年的时间，它有一个大汇流。什么汇流呢？东夷、西戎、北狄、南蛮，当时这些都属于中原周边地区，这些区域文化、部落文化都融汇到了中原，同时也把中原文化（以伏羲文化为主体的文化）传播出去了，这是一次大融汇。第二次大融汇就是佛教的传入，这个不需要讲，很明显。佛教传入之后，与儒家、道家并列成为中原文化的三大支柱，这在历史上已经是公认的东西。

那么，第三次大融汇就是在五四运动时期以后。五四运动时期有人认为，我们的传统文化传承到现在，已经没落了，腐朽了，不行了，我们应该引进西方的东西。为什么？国外的那些坚船利炮都很厉害，西方人好像比我们聪明，认为我们守在这个科举制度里是不行的。但实际上这是一种误解。当时胡适提出"打孔家店"，然而一上大街，就变成了"打倒孔家店"，就有一批人到西方引进了很多东西。严复先生不是翻译了很多西方书籍吗？他把亚里士多德的《后物理学》翻译成《形而上学》，这也是根据《易经》来的，后面要讲到。"金字塔"是康有为翻译的。但是在引进时也有些盲目的东西，直到马克思主义引入中国后，一下子给了中国新的生机，新的希望，中国文化一下子又有活力了。毛泽东把马克思主义与中国革命的具体实践结合起来了，应该说，是马克思主义的文化与中国的传统文化相结合了。现在中国老百姓无论接受不接受马克思主义，但是在人们的思维中，都有马克思主义的东西了，讲辩证法，讲对立统一，讲内因外因，讲生产力，讲生产关系，讲政治经济学等，这些东西都是受了马克思的影响，是不是呀？就是说，它已经形成文化，因为大家都接受它了。所以第四个先进性，就是它的海纳百川。

第五点，就是与时俱进。"与时俱进"这个词就来自《易经》，在《易经》的乾卦里讲到了"与时偕行"，在损卦与益卦这两卦里也讲到了"与时偕行"。"偕行"就是肩并肩地行走。《易经》的"与时俱进"，我们随便举几个例子。一个是 17 世纪德国的数学家和哲学家莱布尼兹，他一看到《伏羲六十四卦方位图》，他当时看的不是《易经》，只是这一张图，他一下子震惊了。因为他在两年以前就已经把二进制的论文写好了，放在家里不敢往外公布。皇家学会催他，让他公开论文。他不敢发，没有底气。他一看到"六十四卦图"以后，阴爻和阳爻能不断地演变，演变出三百八十四爻，这不就是二进制吗？他马上改论文，在论文题目上还把"伏羲大帝"这个名字写进去了。他的论文里专门有一段称呼"伏羲大帝"。他的二进制到后来就被应用到计算机上，阴文、阳爻变成了"0"和"1"。这就是"与时俱进"的一个典型的证明。

从今天来看，我们来读这个《易经》，读《系辞传》，今天讲的是其中几卦，是孔子讲的。我们能不能这样说，这不是孔子在两千年以前讲的两千年以前的事，而是讲我们今天的事。他讲的东西就像我们身边发生的事。我可以说，再过两千五百年，人类社会可能还是这么一个状态，也变不到哪里去。人之常情不变，人之常道就变不了，他讲的是人之常道。人之常道是根据人之常情来的，所以人之常情的影响力是很大的。

# 第八章

大衍之数五十，其用四十有（又）九。分而为二以象两，挂一以象三，揲（shé）之以四以象四时，归奇于扐（lè）以象闰，五岁再闰，故再扐而后挂。天一地二，天三地四，天五地六，天七地八，天九地十。天数五，地数五，五位相得而各有合。天数二十有（又）五，地数三十。凡天地之数五十有（又）五，此所以成变化而行鬼神也。乾之策，二百一十有（又）六。坤之策，百四十有（又）四。凡三百有（又）六十，当期之日。二篇之策，万有（又）一千五百二十，当万物之数也。是故四营而成《易》，十有（又）八变而成卦，八卦而小成。引而伸（申）之，触类而长之，天下之能事毕矣。显道神德行，是故可与酬酢，可以佑神矣。

## 跳出文字《易》

这一章看起来是讲占卜的，因为讲"大衍之数"嘛。实际上我历来主张从大层面去看问题。我学《易经》有三个过程，真正入一点门，还是从这里开始的。为什么？因为年轻时我也不知道这是占卜，认为是好玩，也确实是好玩，里面有乐趣。这么一玩，就把这个六十四卦玩得有点熟悉了。要是像做数学题、做几何题那样，可能就有一点枯燥，有一点虎头蛇尾，坚持不下去了。

我在中学教古文的时候，接触了《易经》，就是朱熹的《易学启蒙》。虽然也查查字典，文言虚词、文言实词也并不是太难，你们也能感觉得到。掌握一点文言虚词、文言实词，也能掌握一点直译的话，去看其他的古文也许还好，但是看《易经》还是不管用。看看朱熹的解释呢？要好一点，但是还是不得其解，不知道他讲的是什么。因为他里面讲的都是我没有接触过的东西，搞得不明不白的。按照常理去推测，似乎懂了，再往后看，又糊涂了，它后面又不是讲这个事，根本就无法看，根本读不懂。"元亨利贞"，你懂不懂？字好认，就是不懂，是吧？读了朱熹的东西，刚好把卦辞理解了，再接触爻辞，又莫名其妙了：这个爻辞跟卦辞不是一回事。一看这个卦名，是一个不好的卦，卦辞上甚至也不太好，到了爻辞又是"吉"，就是这个搞不清楚。还有些爻辞，前面讲吉，后面讲凶；前面讲无咎，后面又讲有咎。这个前后似乎矛盾，我就看不下去了，放下了。看不下去以后，又问人，特别是到编辑部以后，我想在这一方面有所造诣吧，想下一点功夫。越是难懂，越是想把它攻下来。

钻进去之后就要看很多书，就去买书，见一本买一本，结果呢？不论看哪一本，越看越糊涂。这里面似是而非的东西多，你讲它是这么说，好像又不是；你讲它不是这样说，似乎又是。书里讲的都是大同小异的，特别是有些地方解释了等于没解释。好懂的地方讲了一大堆；最关键的那么一句，半句都不讲。不知道你们读《易经》的书，是不是有这种感觉？这一点我是深有体会，关键的词眼、关键的句子，特别是关键的奥妙之处，半点都不讲就过去了。所以，这个给我一种逆反的想法——《易经》中难懂的，我非要把它搞通；我不人云亦云，逐字逐句地抠，总想得出自己满意的解释。

举一个例子。第四十四卦是姤卦。邂逅是什么意思呢？就是不期而遇，没有相约。我们事先没有相约，我们相遇了，这就是邂逅。但是，姤是有约的，因为有女字旁嘛。与女人相约，是事先有约的，即便是结婚出嫁，也是事先有媒妁之言的，是不是呀？是这么一种遇。它的爻辞里面有这么一句："包有鱼。"其他的本子解释来解释去，连朱熹都把它解释成是鱼还是鱼，就等于没解释呀，只不过是讲了鱼的道理，为什么这是"包有鱼"。这个"包"也有各种解释，我始终不能接受。这个"包有鱼"与这个姤卦一点关系都没有，没有解释这个姤卦。通过很长时间的参究，我突然明白了："包有鱼"不是"鱼"，它是"包有遇"。我再去查书，再去翻资料，再去琢磨，我最后证实，那是"遇"。为什么？

你看，乾卦的乾，它不用"天"而是用"乾"，如果用"天"就不准确。为什么？它只能象征天了，但它同时还象征父，还象征首，还象征马……如果你讲天，它就固定了，是固定思维。还有咸卦，是讲男女之间感应的，它不用"感"，而是用"咸"，把"心"字去掉了，意思是，这种感应不是人为的感应，是自然的感应。你不用心去感应，它还是有感应。就是说，大自然给你发送的信息，你没有用心去接收，但它同时还是给你发了。所以我想，如果这里直接用"遇"的话，又不准确。它这个"遇"是广义的遇，不是狭义的遇，并不是我们所想的朋友之间的相遇，男女之间的相遇，这个"遇"仅仅是其中的一种形式。如果你直接用这个"遇"的话，思维的空间就局限了。所以我想，还是"遇"字准确。所以我认为，我这个功夫还是下得对的。一些似是而非的东西，前后自相矛盾的东西，甚至一些从字面上去解释感到很尴尬的东西，你把它突破了，就是有味道的东西了。许多书上都没有突破这一点，就是说，这个不是人家没有，都是跟着古书走的，我跳出了这个文字。我们现在有些东西要跳出文字，不跳出文字是不行的，文字是有障碍的，是有局限性的。

## 占卜的准备

凡是要占卜的人，要有一个正念，你不能想歪的、邪的。就是说，我搞这个不是为了歪门邪道，不是为了贩毒发财。如果是为了贩毒，这个就不灵。我求的那个事是好事，不是做坏事，以不危及社会、不危及众人为标准。正念就是那个意思。这个正念还包括不能杀生。

现代人占卜，用五行相生相克，用三个卦：一个主卦、一个互卦、一个变卦，就给你占出来了。其实不是这么回事。我为什么先讲六十四卦？关键是，你必须围绕六十四卦。六十四卦是怎么流传下来的？它没有这个功能，六十四卦流传不下来。现在要占卜，你不记得是什么卦还不行，关键是如何熟悉六十四卦，这个要下功夫。

六十四卦离不开乾卦☰和坤卦☷。能够掌握乾、坤两卦，其他的事都是相互融通的。乾卦是六个阳爻，六个阳爻也就有六个爻位，首先把这六个爻位搞清楚。开头叫初九，以后我们要知道，凡是阳爻都称为"九"，凡是阴爻都称为"六"。为什么阳爻称为九，阴爻称为六？等一下我们就要讲到。明代王夫之讲阴阳向背，实际上就是你在讲阳爻的时候，它又有另一面——阴，只是目前没有表现出来，没有显现出来，但是它有一个转换的过程，其他变化都是从这里来的。

乾卦　　　　　　　　　　坤卦

例如屯卦☵☳：初九、六二、六三、六四、九五、上六。为什么是叫屯卦？你们看上面是坎☵，为水；下面是震卦☳，是雷，叫水雷屯。为什么叫水雷屯？屯卦是上经的首卦，乾、坤是全经的开门卦，上经主要是讲自然之象的。自然之象是从水雷讲起的，为什么呢？从自然来讲，雷离不开电——正电和负电，实际上就是阴阳。雷看起来是在云层中的电，但实际上这个电离不开气，这个水和雷是事物的开始。阴阳产生以后，有水了，万物才能生长。可以这么去理解，所以叫水雷屯。屯者，始也。

蒙卦☶☵，叫山水蒙。一旦草木萌生，开始发芽了，这时还处于幼稚状态。幼稚状态时必须启蒙。这个"蒙"有两层意思：首先是一个蒙昧，刚刚出来，还不知道天地是什么样，所以这时候必须去启蒙。对于人来说，要给予教育。这叫山水蒙。水雷屯，把这个雷☳倒上去不就是山☶吗？这个坎☵覆下来还是坎卦☵，所以是山水蒙嘛。它是这么倒过来的。

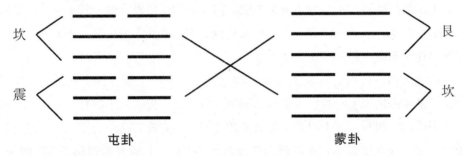

坎　震　屯卦　　　艮　坎　蒙卦

需卦☵☰，叫水天需。你看，它就需要水，需要天。天就是阳光，需要天就是需要阳光。万物生长离不开阳光和雨露，这就是水天需。覆卦，就是把下卦换上去，把上卦覆下来，就成天水讼，就是讼卦☰☵了。

讼卦为什么排在需卦后面？因为需卦是需要，人有需求，需求很难去平均分配，所以就会引起争执。争执程度严重一点就是争讼。这两卦是一个姊妹卦。

坎　乾　需卦　　　乾　坎　讼卦

师卦☷☵，是地水师。师是指军事、军队。将坎卦摆上去，把坤卦又摆下来，就是水地比，这就是比卦☵☷。这两卦怎么来记呢？你看，这两卦都只有一个阳爻，师卦的阳爻在下卦的中间，这就是说，它必须有一个军中元帅。因为师卦主要是指军中元帅的，它讲来讲去就是讲元帅用兵作战的问题。军中元帅是内，外才是兵。你看，这个六个短横就像部队，这个阳爻的左边就像是它的护卫队，这就是几个方阵在这里，如果看成是六个方阵也行。这是师卦。

再回到比卦，这一个阳爻到上面去了，是九五爻，说明这个元帅他打赢了，平息了这场争讼。在平息的时候没有人为头，是他登高一呼，一下子就把这场争讼平息了，他当然是领袖了，成九五之尊了。所以人家都去跟他亲比，都去投奔他。他有力量，他有能力主持正义，所以他就登上了九五尊位。阳爻是九，它是第五位，所以是九五之尊嘛。下面的阴爻就代表跟他亲比的，去投奔他的，服从他的。这是比卦。

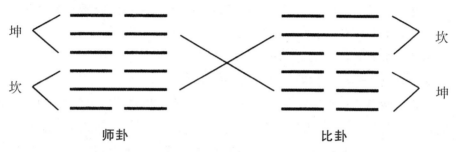

师卦                                           比卦

下面我们接着来讲"大衍之数"。

大衍之数五十，其用四十有（又）九。分而为二以象两，挂一以象三，揲（shé）之以四以象四时，归奇以扐（lè）以象闰，五岁再闰，故再扐而后挂。天一地二，天三地四，天五地六，天七地八，天九地十。天数五，地数五，五位相得而各有合。天数二十有（又）五，地数三十。凡天地之数五十有（又）五，此所以成变化而行鬼神也。乾之策，二百一十有（又）六。坤之策，百四十有（又）四。凡三百有（又）六十，当期之日。二篇之策，万有（又）一千五百二十，当万物之数也。是故四营而成《易》，十有（又）八变而成卦，八卦而小成。引而伸（申）之，触类而长之，天下之能事毕矣。显道神德行，是故可以酬酢，可以佑神矣。

## 大衍之数为什么是五十?

"大衍之数五十"，《易》里有易数、易象、易理，这个数很重要，中医里面离不开这个数，经商也离不开这个数，真正要搞预测，这个数就更重要了。什么叫"大衍之数"呢？"衍"有推演的意思，另外有广的意思，还有延展的意思。大衍之数延展到什么程度？以什么为推衍的依据？大衍之数就是天地之数。这里有一个"大衍之数五十"，为什么是五十？如果按照现在的百分比的话，一个整体应该是一百，这里为什么是五十？我只能抽象地说，不是准确地解释，主要是帮助你们理解。物有阴阳，你只能以其中一半作依据来推测，你不能从整体来推测。阴阳向背，你以这一半可以推测到那一半。本文中的大衍之数是多少呢？是五十五。这个五十五是怎么来的？我演示给你们看一下。

你们知道，天为阳，为奇数；地为阴，为偶数。"天一，地二，天三，地四，天五，地六，天七，地八，天九，地十"，那么天数是多少？地数是多少？

天数 = 1 + 3 + 5 + 7 + 9 = 25；

地数 = 2 + 4 + 6 + 8 + 10 = 30；

大衍之数 = 天数 + 地数 = 25 + 30 = 55。

大衍之数是这么来的。只有这样，天地之数才相和，为什么呢？上次我在"天地生人学术讲座"上讲过，为什么印度的佛教与中国的传统文化能够融汇？因为我们的文化与他们的文化有很多相通之处。佛教里行礼时有个"合十"，这个"合十"大家用得很多。现在不信佛教的人也喜欢用这个"合十"行个礼，但是这个"合十"有一个讲究。第一，掌心之间不要太空；第二，掌心之间也不要太实，中间要留一个随缘空间，这是一个小宇宙。这就是阴阳，这就是天地。为什么是天地？这个"合十"是什么意思呢？实际上是个问讯。中国人见面就问："吃饭了吗？"印度人一见面就说："合适吗？"意思是：都还好吧？这里是合十。左手为阳，右手为阴，一与二阴阳相合，三与四相合……只有奇与偶相合、阴与阳相合才行。就是说，男与女能相合。一只手全部是奇数1、3、5、7、9了，另一只手全部是偶数2、4、6、8、10。五个奇数与五个偶数，按照天一地二，天三地四，天五地六，天七地八，天九地十，这么一合，刚好相合，这就是合十，也就合适了，这一个乾坤就定下来了。合十与合适，它有这么一个文化内涵在里面。

"大衍之数五十"，这个地方为什么不用五十五而用五十？台湾学者的解释是，所减去的五代表五行。

## 原始的占卜用具

"其用四十有九"，这个"有"实际上是个"又"字。我们来演示一下。古代占卜的来历，开头就讲过，是用一根竹竿测日影：这一根竹竿就是一竖"丨"，影子就是一点"、"，合起来就是"卜"。用什么来测量长短呢？用圭来测量影子的长短，夏至的正中午（午时）日影最短，是一尺五寸长。"圭"加一个"卜"

就是一个"卦"字，所以占卜是从自然、日常生活中来的，它不是为了迷信，而是为了生存，为了把握时间，为了测量方位，以后就用筹、码、册。

筹和码都是一个东西，都是计算用的小棒棒。以前小学生初上学的时候，要准备一串高粱秸拿到学校，用它数数，这就是筹码。筹和码都是单个的，册就不一样。你看，"筹"字是"竹"字头下一个"寿"字，为什么呢？凡是做筹码的，都必须是老竹子，有一定寿命的竹子，只有这样的竹子才结实一些。为什么？因为它的节数多、密。古代人做事是非常科学的，不像现代有些人讲的，讲古代人不科学，不聪明。实际上这也是一种主观唯心，事实上古代人都是很严谨的。古代人用字，做事，都有它的来历。从这个"码"字能看得出，到后来不仅仅是用竹片，还用石头子。册呢？它与筹是连起来的。筹是一根一根的，许多根连起来就叫册。甲骨文的册字就是 卌，这个册以后又引申为"策"。为什么以后引申为策略、方略、政策呢？因为人的智慧好像是从书本上来的，最关键的是你要会计数，你懂得大衍之数，这样你才有策略。以后就用蓍草来测。

## 占卜过程的演示

"大衍之数五十，其用四十有九"，另一根呢？蓍草每次用五十根，这五十根必须要先拿出一根放在旁边不用，表示这个是太极，是不动的。为什么呢？因为太极是不动的，它是"气之初也，形之始也，质之成也"。是从质形成之后才开始起变化，才是动态的，在开始时，它相对为静态的，所以留一根不用。

"分而为二以象两"，这个"分"是怎么分的呢？你看，是随意分开的。刚才不是太极吗？现在分成两仪了——太极生二仪。阴阳二仪就出来了。这里又要随意从哪一边取一根——"挂一以象三"，这个"挂一"是随便取出一根夹到左手手指之间。这个"三"是什么？即"象两"与"挂一"，分别代表天、地、人三才，又叫天道、地道、人道，都少不了，它都有来历。你看，太极生二仪，二仪生四象，二仪生三才。现在就开始数了。怎么数呢？先用右手，每四根一数，一直数到不能再分为止。这里刚好剩下四根，放在这个地方，然后"揲之以四以象四时"。为什么以四作为除数呢？二仪生三才，二仪又生四象，四象也是四时。你看，这一边剩下的四，只要不超过四，超过四你都要继续分下去。这里不是剩下一就是剩下二，或者剩下三，或者剩下四。左边刚好剩下四。然后再数右边，同样是每四根一数……结果还是四。如果左边是四，右边肯定也是四。如果左边是二，右边肯定也是二。如果左边是一，右边肯定是三。如果左边是三，右边肯定是一。把两边的数相加，它的和不是四就是八（指每次数完的余数）：

1+3=4。

2+2=4。

3+1=4。

4+4=8。

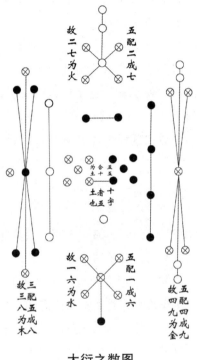

**大衍之数图**

如果把开始夹在左手小拇指和无名指中间的那根加上去的话，它的和不是五就是九——九五之尊嘛，所以它有道理。中国的数学，古老的时候它就有这么一种规律，同时在运用这种规律。你们演示一下就知道。

以这种方式，我们要连变三次……现在根据这个余数，我们来做一道数学题吧。根据这个道理所演示出来的东西，不是48根（除去左手夹的那一根）吗？演示出来以后，根据它的可能性、它的概率，假如第一次的情况是两边都是四，4+4，第二次的情况还是4+4，第三次的情况还是4+4。最后三次演示都做完了，这里剩下的是多少？那么，剩下的是：

48-（4+4）-（4+4）-（4+4）=24（根）。

再根据 2+2 来一次：

48－（2+2）－（2+2）－（2+2）=36（根）。

再根据（1+3）或（3+1）演示一次：

48－（3+1）－（3+1）－（3+1）=36（根）。

你看，四种情况计算的得数只有两种：24、36。

24÷4=6，36÷4=9。

六是偶数，九是奇数。奇数为九，阳为九；偶数为六，阴为六。

刚才为什么一到阳爻名曰九，一到阴爻名曰六？很多人开始时半天都搞不清楚，老师给你讲，讲了半天还不清楚，怎么回事呀？因为他没有给你演示，没有这个过程。现在学《易经》的人，你不问别的，就问他这个东西，为什么阳爻用九来命名，阴爻用六来命名？让他讲清楚这个东西。很少有人能把它讲清楚。为什么呢？有的人没有去琢磨这个问题，但这是个基础性的东西，必须把它搞清楚。

当然还有一种简易算法，即三爻乘以最小的偶数2（3×2=6）；三爻乘以最小的奇数3（1不算）（3×3=9）。

还可以从《河图》中找答案，看图外围，下方为六，左为八，两个偶数中，六最小，阴以六名之；上为七，右为九，两个奇数中，九最大，阳以九名之，因为阳为大，故取大数，阴为小，故取小数。

"揲之以四以象四时"，刚才是这样做了，要做多少遍？如果演算结果是六，就是阴爻出来了；如果是九，就是阳爻出来了，放在这个地方。第一次你就放在最下面，第二次往上推，以此类推。每一次要做三遍，一爻要通过三遍才能演算出来。六爻一共要做六次，一共要做 3×6=18 遍。"揲"，数数也，也就是占卜的意思。根据这个卦去推你所问的事，从静态中去推测事物的本质、本性。从哪个地方推？从卦辞上去推。因为卦是指静态的，就是说，它本来是属于什么性质。例如前两天，我的一个朋友的小孩子初上幼儿园，开始两天挺好，近几天老是哭，不想去，很怕。他打电话问我。我的第一感觉很好。这就是静态，就是你在静态中，如果查卦辞肯定是吉、无咎，就是说，这件事的本身没有大题。

## 占卜中的平常心

再去看爻辞，你占卜到哪一爻，要看变爻。它的变爻是哪一爻，就去看这一爻的爻辞。如果这一爻的爻辞里有凶，那么说明在做事的过程中要警惕，该注意的注意到了，那你就没有问题。因为这个事物的本质，在卦上是吉嘛。首先要看卦，卦上是吉，这就好。卦上是凶，如果过程中间这一爻是吉，就是说，你在过程中间要把握住你的心态。虽然卦上带凶，但起决定作用的还是过程，是过程中的心态。我的心是正念，保持一个常态，有错我就改了，以前在某些方面我可能有些动机不纯，或者是其他杂念，只要改过来，最后还是得吉。

我认为我所教的，最好是教给每个人自己把握自己。因为不可能每一个人都去做占卜大师，把握自己我认为有用，用以指导自己的人生，指导自己的实践。因为现在令大家盲目的东西太多了，而且不确定因素也太多，这个社会也是快节奏的生活。现代社会是全球化，很多东西不是由哪一个国家说了算，突发事件很多。所以我一再强调这个"常"字。现在你能把握这个"大衍之数"，"大衍之数"里面的变化、延展很多，把握住"大衍之数"就能保持一个"常"，即以不变应万变，有时候又以万变应不变，这个东西还是在"常"字上。但是要做到"常"不容易，要懂得数，心中有数。这个数就是规律。

什么是"平常心"？你的孩子上学，特别是送孩子进高考考场的时候，要有平常心。假如你的孩子要进奥运大赛，要保持平常心。老师、家长、教练都是这么讲，但是他（她）本人怎么去把握平常心呢？平常心又看不见，可操作性在哪里呢？这个很难，这个"常"字不是谁都能操作得好的。走上比赛现场，谁不紧张？那个国际大赛的比赛，你在家里所想象的与你亲临赛场的感觉不一样，那完全是两回事。一旦突然面对，你的平常心怎么把握？这个里面实际上要把握个度，就是"大衍之数"，这个度在"大衍之数"的哪个地方？有一位老科学家就讲过：中国人讲度，而西方人是无度，所以西方人是想打仗就打仗。中国讲度，讲节制，这个就是东西方文化的差异。孙家正部长到美国去，美国记者就问他："我们两国文化上有哪些差异？"孙部长说："我们是希望朋友越多越好，你们是希望对手越多越好。"美国记者说："我们也是希望多交朋友。"孙家正部长说："但是你们是用对抗交朋友。"这就是文化上的差异。

我们中国人不是每个人都懂《易经》，但是每个人都在运用《易经》，且是自己不知不觉地在运用。这就是中国的文化，这是一个大的文化背景。但是对于我们的后代来说，这些背景又有多厚呢？关键问题主要是这个地方。我们的后代一讲到过生日，吃麦当劳，他津津乐道；一讲到日本的漫画、卡通、游戏，他津津乐道，非常入迷，无师自通；一讲到我们中国文化，就头痛。说那个没用，这是一种什么现象?

## 《易经》中的数学

"归奇于扐以象闰","归奇于扐",就是把那个余数夹在手指间,这就是"以象闰"。"闰"是闰月、闰年。中国的阳历一年是 $365\frac{1}{4}$ 天,农历是三百五十四天,五年合起来就差两个多月时间吧,必须要有闰月、闰年来平衡,要不然二十四节气就乱了。所以中国这个历法很巧妙。"五岁再闰",三年一闰不行,还要五年再闰一次。故"再扐而后挂",所以要用三次嘛。为什么要用三次、三变?就是这个意思。"再扐"即得出两个余数。"再闰"就是将两只手剩余的蓍草合并。

"天数五,地数五,五位相得而各有合。"刚才讲了,左手为阳(一、三、五、七、九),右手为阴(二、四、六、八、十),阳为天,阴为地,"天数五,地数五"就是这个意思。"有合"就是"合十"呀。"天数二十有五,地数三十。"这个刚才都讲了。"凡天地之数五十有五",刚才演算过,合起来就是五十五。

"此所以成变化而行鬼神也",这个"鬼神"与我们平时讲的鬼神的概念不一样,指的是神奇、神秘。"成变化",什么"变化"呢?就是说,当你把这个大衍之数(也是天地之数)的变化把握住了(这个"变化"是从变化规律中间总结出来的),那么连鬼神的情状、鬼神的行踪这些神秘的东西,你都能把握住了。什么是神?"阴阳不测之谓神"。"阴阳不测"即为未知的世界、未知的事物,由于未知而感到神秘。现在我们有很多未知的东西,什么暗物质呀、外星人呀、遗传基因呀等。如果你用另外一个说法,可以把它命之为鬼神,但是科学家把它命之为暗物质,是不是这个问题呀?是这么个叫法,给它的一个概念不同而已,实际上这里面讲的东西还是科学的,讲来讲去还是一个规律性的东西,讲自然规律、天地规律。我们如何去把握规律,去依循这个规律,这是很关键的。

"乾之策,二百一十有六。坤之策,百四十有四。"这又是两道数学题。乾和坤,实际上就是讲阴和阳。乾和坤合起来是三百八十四爻,实际上阳爻一百九十二,阴爻一百九十二,这肯定是平均的、对立的。乾为阳嘛,那么,乾:9(阳为九)×4(四时)×6(六位)=216(乾之策)。然后呢?坤是阴:$6 \times 4 \times 6 = 144$。(坤之策)这就得出来了,来龙去脉非常清楚。"凡三百有六十",

把这两个数相加，就正好是三百六十。216+144=360。所以"当期之日"，"期"是时间嘛。哦！一年是三百六十天。

"二篇之策"，"二篇"是指《易经》的上经和下经，上经是三十卦，下经是三十四卦，三十卦加三十四卦，合起来就是三百八十四爻：阳爻一百九十二，阴爻一百九十二：

192 × 36+192 × 24=11520。

算式中为什么乘以 36、24？太阳为 9 × 4=36，太阴为 6 × 4 = 24。

"万有一千五百二十"就是这么出来的，这就是"万物之数"，刚才是"天地之数"。为什么叫"万物之数"呢？二篇嘛，上经是三十卦，下经是三十四卦，六十四卦三百八十四爻，合起来讲的万事万物，都是讲这些东西，但是它其中有数。为什么？有规律，没有规律谈不上大衍之数。

这里也就讲到了我们中国的文字。有专家与我说过，现在我们的文字、我们的语言改变了。为什么？改成白话文以后，一下子读不懂古文了，不但要去标标点，还要去翻译，翻译还不准确。为什么不准确呢？我举一个例子，关于华佗的记载。有人点标点时把一个字断错了，把一个"终"字断到后面，与后面的句子连起来以后，就变成华佗这个人很张扬自己，最后呢，"终以戮"——终于还死在张扬上面。实际上，这个"终"字后面应有一个标点，是讲华佗的技术很高明，但是最终他还是被杀死了——导致这个前后就没有因果关系了。如果"终"字和后面一连，它就有因果关系了。有一个小学生写文章，本来是"叔叔到我家，亲了我，妈妈也亲了我"，标点打错了，结果变成了"叔叔到我家，亲了我妈妈，也亲了我"，这不就是个笑话了吗？所以中国的文字，标点很重要。

## 《易经》是解读生活的

"是故四营而成《易》"，下面就讲这个道理了。这个"营"字的表面意思是经营，实际上是指操作。为什么是操作呢？刚才"四营"，通过了几次啊。第一是"挂一"，第二个是"分二"，第三是"分三"，第四是"揲四"，这是四个操作过程，这就是"四营"。"四营而成《易》"，通过这个过程就慢慢演成了六种变化（六爻）。

"十有八变而成卦"，就是经过十八次才能成卦。"而成《易》"，这个"易"实际上是指爻的。

"八卦而小成"，八卦是小成，六十四卦才是大成。因为八卦只能代表八种现象，而六十四卦能代表万事万物。这就是大成与小成的区别。

"引而伸之，触类而长之"，伸，即申。"申"就是引申，这个引申就不需要多讲了。这个引申是怎么引申的？你看，从太极生二仪，二仪生四象，四象生八卦，八卦演变成六十四卦，就是这么引申过来的。"触类而长之"，就是六十四卦里面，每一卦有六爻，整个就是三百八十四爻。"天下之能事毕矣"，天下万事万物，所有物象、事象都表现出来了。这个事只要你做到了，都能在里面找到它对应的解释。所以我上次讲，在生活中解读《易经》，《易经》本身是解读生活的，就是这样两句话。它是解读自然的，解读人类社会、解读人生、解读生活的。上次讲到"精气为物，游魂为变"，它是解读生命的。

"显道神德行"，"显"，上次讲到"显诸仁，藏诸用"，这个要与它联系起来理解。"道""神""德""行"，实际上是四个东西，"道"是指本体，也就是我上次讲的"一阴一阳之谓道""道路两旁分阴分阳"——道本来就是指道路，道路两边一边是阴一边是阳。什么是道？很多人一直在那里争论不休——"道可道，非常道"，到底什么是道？从古到今，谁都讲不清楚。实际上，我们天天都在道上走，我们所走的道，一边是阴一边是阳，这就是道。

那么，什么是神呢？这个神就是说，上午阴在这边，阳在那边，下午阳在这边，阴在那边，阴、阳颠倒过来了，这似乎有点"神"，但是这个神是自然现象、自然规律，是司空见惯的，只不过就像现在的太空、宇宙一样，我们还没有去破译，就讲这个意思。我们原始先民就不知道月球绕着地球转，地球绕着太阳转，只有圣人知道，百姓还不知道，他们不就认为是"神"吗？

再一个是德。什么是德呢？你要去遵循这个规律。遵循什么规律？遵循一个寒暑往来，遵循昼夜交替，遵循这个规律办事就是德，也就能获得。就是说，你不要是秋天播种春天去收获，这就是颠倒了；你要是白天睡觉，晚上去活动，那就是老鼠了。这里面有一个规律。"行"是指行为。为什么是行为呢？这个德不也是行为吗？"德"实际上是指你如何去把握规律的行为，"行"是指你的所有行为都带有这个德性了。比如农民，他就知道不误农时，已经形成他的行为规律了。一个小孩子，他几点睡觉，几点他就醒了，他这个行为已经有他的规律性了。

"是故可与酬酢"，这个"酬酢"解释一下，这是古代人的一种礼节。古代人在酒席上，主人首先来敬宾客为"献"。然后这个宾要回敬主人，则为"酢"。然后呢，这个主人再回敬来宾，这就为"酬"了。这三个东西的区别就在这个地方，这是古代的一种礼节。那么，与前面的道、神、德、行是怎么联系起来的呢？就是刚才讲的，你已经掌握了这个自然变化的规律了，你也就掌握了社会规律；掌握了社会规律，人与人之间的规律也就掌握了。那么，你在人与人之间的交往、应酬、人情世故当然也就懂了，也就左右逢源了，也不会违背什么规律，也不会闹笑话，也不会失人情了。"可以佑神矣"，"佑"是指助。就是说，不但神能帮助你，你也能帮助神了，而且人神之间都在互助，在互补，在互通信息。这不就是老子主张的"天人合一"吗？怎么合一？在大衍之数中合一。

# 第九章

子曰："知变化之道者，其知神之所为乎？"《易》有圣人之道四焉：以言者尚其辞，以动者尚其变，以制器者尚其象，以卜筮者尚其占。

是以君子将有为也，将有行也，问焉而以言。其受命也如响，无有远近幽深，遂知来物。非天下之至精，其孰能与于此？参伍以变，错综其数。通其变，遂成天地之文；极其数，遂定天下之象。非天下之至变，其孰能与于此？《易》无思也，无为也，寂然不动，感而遂通天下之故。非天下之至神，其孰能与于此？

夫《易》，圣人之所以极深而研几也。唯深也，故能通天下之志；唯几也，故能成天下之务；唯神也，故不疾而速，不行而至。子曰"《易》有圣人之道四焉"者，此之谓也。

---

子曰："知变化之道者，其知神之所为乎？《易》有圣人之道四焉：以言者尚其辞，以动者尚其变，以制器者尚其象，以卜筮者尚其占。"

---

## 走进《易》的神话

这一段还是"子曰"，可以看出，这一段仍然是孔子和他的弟子之间问《易》的答问。这里有"知"——知道、知神。知什么道呢？知变化之道。我们还是不要在文字上兜圈子，还是从自然现象中去想象。我们对自然现象并不陌生，就讲一个河道。这个河道的变化，看起来变化慢，实际上还是有变化的。根据地理记载，历史上黄河有几次改道，渭河也有几次改道，长江上游有些河段都有过改道。这个河道的改变，也是一个道。

从小的方面说，讲一个道路。北京道路，每个月都会有些改变。当然，从最细小的方面来说，还是从石头的纹理上看，这个变化是很微细的。我们生活中的变化就更多了，昨天的气温与今天的气温不一样，我们人能感觉到昨天的气温和今天的气温有一个明显的变化了，但是这个变化是从哪里来的呢？一般都不去追究，实际上还是从日月运行中引发了变化，季节是根据地球和太阳运行的轨道的变化来的。

"其知神之所为乎"，那么是谁在左右这个轨道呢？谁在控制这个轨道呢？这个"为"是指控制，似乎有一个东西在这里控制。那么，这个"神"又是什么意思呢？我想要多讲一讲这个"神"字。这个神在后面几章中反复提到了，当然在前面也讲到了。冯友兰先生有这么一段描述，我认为这段描述比较形象。冯友兰先生把人的境界分为四种：

第一种是自然境界。但是这个自然的概念不一样。像小孩，作为一种自然境界，好像完全是出于一种本能。

第二种是功利境界。自然境界是一种本能，那么功利境界呢？就好像是人长大了，是成年人了。孩子要做什么事，并没有功利性，他想玩就玩，想做就做，想吃就吃。那么，大人呢？他做事就有功利性，有目的性。

第三种是道德境界。道德境界一般是在社会范围以内，因为在人际间才讲道德，一个人谈不上什么道德了。道德境界比功利境界又高了一层。

那么，第四种是天地境界。天地境界，就是知天、知地，就是知天文地理这种境界。实际上，他还有比较细化的分析。他举了一个例子：一个天文学家，他去研究天文主要是为了出名，那么他的这个境界还是停留在功利境界，不能说他是一种天地境界。因为他有功利目的，所以他知天、知地的境界是有限的。他举了这么一个小例子。所以他对人的思想分出来了一些未知的东西。

凡是对于那些未知的东西，也就是对于一些比较神奇的东西、神秘的东西，低境界人和高境界人的反应是不同的。低境界人对那些未知的东西大脑反应是一种图腾式的。什么是图腾式呢？就是神化，认为那些未知的东西，开始对雷、闪电是未知，那么他是用图腾去模拟，认为雷是有雷神的，这个雷神也长着人一般的模样，甚至穿着人一样的衣服，也有着人一样的七情六欲，也会发怒。同时，他的上面还有长官，还有管他的，他也能管人。似乎这些东西都是按照人类的这些东西去描述的，这是一种图腾式的，把未知的东西神化了。当然还有一种，就是用文学的形式、想象，把它描述出来，就是神话。这是一种低境界的。那么高境界的呢？他对未知的东西也是想象，但这种想象是按照自己的思辨，根据自己的经验，根据自己的智力，去观察，去推测，去类比，然后得出结论。这样呢，他没有神化，而是把它变成一种知识性的东西，变成了指导思维模式，从个别事物能类比其他事物、一般性事物了。所以呢，他能上升到理论。这是一种智慧，上升到了哲学境界。

　　亚里士多德就是这样，他完全靠思辨，他没有科学试验的条件。当然，他的思辨离不开对自然的观察。亚里士多德和希罗多德两个人都有一个共识，他们认为东方也有科学，东方古老的科学是为了实用，为了宗教的需要，停留在对个别的、具体的事物的层面上，就是说，这个科学是就事论事，就是这么一件事，非常具体的，但是这件事与其他事有什么相通之处？不管，所以没有上升到理论层面。我认为，他们没有读到《易经》，如果他们读到了《易经》，也读懂了《易经》，他们不会说这种话。他们认为希腊人的不同之处就是，问出了一个为什么，也就是能对个别的事、具体的事都能问一个为什么，所以能总结出一般的理论知识，有理性思维。相比较而言，就有这两种境界对未知世界的想象和描述。

　　那么，这里的"神"当然应该是第二种，因为冯老前辈讲的是规律性的东西。他讲了这个"为"，是谁在控制这个变化呢？实际上他就是讲自然规律、自然变化，他没有把它神化，而且能看出里面的科学精神。在我们的现实中，我们应该去类推一下。某种人能办到的某件事是大多数人办不到的，那么其他人对这个人的所作所为，起码是认为"神"了。他这种"神"，其实又是每个人都能做到的，因为只要你的条件具备了，你愿意去做，花同样的功夫去争取的话，也是能做到的。所以对于这个神，我们不能去下一个定义，或者用一个概念去界定。我们应该从我们的生活中去理解，去展开，多一些想象，多一些类比。如果不这样去理解的话，我们对这个神就会有误解。

　　我为什么这样讲呢？因为在我们的生活中，有很多未知的东西。这个未知里面是哪些东西呢？就是说，当我也想去从事某一个行业，想去做某一个项目，往往就会在行业内、在公司内出现很多的竞争。在竞争中一排队，刚开始你就会认为很多人都在你之上，他们能做到的你做不到。现在想搞企业的，想成为企业家的，认为那些成功者，像李嘉诚、包玉刚、比尔·盖茨等这些人，多少有一点神秘的光环在那里罩着，觉得他们很"神"，觉得他们能办到的，我们是不是很难办到？现在很多年轻人都有这样的感觉。在网上展开想象，但是离开了网络，在具体的现实中，在整个大社会中，他想去冲浪的话，他又感到无可奈何，觉得心有余而力不足，总感到人家怎么办得这么好？所以觉得别人很神、很神秘。如果要这么说，是谁使他们这么"神"？这么能干的呢？很难去想象。那些人几亿、几十亿的资金在手上经营，是什么样的一种状态？他们是一种什么样的心态？是什么样的运作模式？天天生活在什么样的情境之中？想象的时候就把这种人神话了。

我刚上初中时，有一个小时候的同伴，他比我大几岁，小学毕业就不再读书了。那天他从县里开团代会回来，显得很风光。我当时感到，他虽然比我大几岁，但毕竟是从小在一起玩的同伴，他能去县里开会，我就记住了他说过的：每个房间里都有铁壳子的暖水瓶，天天有人送开水。那时候铁壳子热水瓶对我们来说也是一种时尚。当时我一直想，要是我以后也能这样到县里去开会那多好。就是这么一种向往一直激励着我去追求它，一直到我真的实现了我的梦想。当初那种儿时的憧憬，一直是我生活中的火种。现在我经常不断地给自己树立类似这种神话的东西，然后自己又不断地走进这个神话。我觉得我们的成功、我们的事业，应该不断地去造神，不断地去走进这个神话，然后这个神话的东西就不言而喻了。如果仅仅是空口说：破除迷信，这个没用，还是要在实践中去破除。

## 《易》有"四道"

"《易》有圣人之道四焉"，刚才讲了天道、地道，那么，人道呢？圣人之道有四种——"以言者尚其辞，以动者尚其变，以制器者尚其象，以卜筮者尚其占。"这里面讲到了"言""动""制器"和"卜筮"。"言"就是发表言论，发表演说。圣人在发表演说、发表言论的时候，他是崇尚卦辞和爻辞的。从这一句看，先秦时期的圣人，包括老子、孔子、墨子这些人，他们开始接受的思想、接受的文化应该是《易经》。老子的思想里有很多东西都是来自《易经》。我在老子学会上讲过，西周到春秋战国，一个是周文王，一个是老子，还有孔子，这三个人物以后形成了三种思想体系。周文王就是《易经》的思想体系，老子就是"无为无不为"的思想体系，孔子就是以"中庸"为主体的儒家思想体系。实际上，从总体来说，他们的思想体系的源头应该还是《易经》。讲到《易经》，周文王他是读自己的书吗？真正来说，这个卦辞和爻辞的原作者不是周文王和周公，真正的原作者是从伏羲时代以后，通过人们一代一代地口头流传和符号记载（甲骨文记载）不断地、慢慢地形成的。周文王和周公只是做了大量的整理、编辑和撰写的工作。

"以动者尚其变"，"动"就是行动，包括创业、治国、管理、经营、农耕等。这些人类活动都崇尚什么呢？崇尚变化？这是讲不通的，是崇尚《易经》里所揭示的变化规律。孔子认为，《易经》里用符号和文字已经揭示出了自然变化的规律。他认为这个规律告诉我们：在万事万物的变化中有规律可循。

"以制器者尚其象"，"制器"，看起来好像是制陶器、瓷器、青铜器、铁器、冶炼烧陶、彩描，当然还包括网罟、制造石器等人类活动中很多发明创造、技术方面的东西。这些都崇尚象，"象"实际上还是指大自然的原始模型。今天我们很多戏剧、很多发明创造，都是从大自然里模仿来的。当初的燧人氏发明如何用火，这个火不是人为之器，它是自然的。我们在大地湾看到，每一处原始"家庭"中都有一个火膛，这个火膛比较深，周围有墙，墙里有一个洞，洞里有一个陶罐，这个陶罐是留火种的，叫作火种罐。因为那个时候，为了防潮湿，防野兽，还要取暖，还要煮食物，因此火不能断，不像现在有火柴，有打火机，那个时候没有，必须留火种。所以那个火种罐也很特殊，这就是器。再例如那个人头瓶（彩陶瓶）。如今，秦安县生产了一种酒，名为"大地湾酒"，用"人头瓶"作酒壶，喝完酒留着酒壶作纪念。那个"人头瓶"是一个女人，还有头发的纹彩，这个女人长得还不错，像是怀孕了，是个葫芦肚，正好能装酒，所以这个也是模仿人的形象。

"以卜筮者尚其占"，夏商周三代都有卜师，又叫太卜，专门占卜国家大事。他们占卜用什么方法呢？就是前面讲的"大衍之数"，就是根据"大衍之数"，用蓍草或者烧龟甲这种方式去占卜。这里的"圣人之道"，我同意有些学者的意见，这里是后人添加的，好像有种伪作的感觉。因为这个"圣人之道"似乎有点狭隘，如果仅仅从学《易》这个来看呢？倒还可以。但是如果仅仅局限在这里，似乎不能概括圣人之道的全部。有学者这样分析，我认为还是有一定道理的。

> 是以君子将有为也，将有行也，问焉而以言。其受命也如响，无有远近幽深，遂知来物。非天下之至精，其孰能与于此？参伍以变，错综其数。通其变，遂成天地之文；极其数，遂定天下之象。非天下之至变，其孰能与于此？《易》无思也，无为也，寂然不动，感而遂通天下之故。非天下之至神，其孰能与于此？

## 通变与极数

"是以君子将有为也，将有行也，问焉而以言。""是以"就是所以，是接上面一段来的。这个"君子"与上面的圣人有什么区别呢？金景芳先生说："似乎这一段一开头就与上面好像是脱节的，虽然'是以'是承上而来，但是讲到后面的内容，似乎与上面的又没关系。"但是我仔细一看，还是有一种承接关系的。首先承接了前面一句话："知变化之道者，其知神之所为乎？"应该是承接这一句话的，因为他讲"君子将有为也，将有行也"。"为"是一种作为；"行"是一种行动、人类的活动；"将"是说，在做一件事以前。"问焉而以言"，"问"就是问卜。这就是说，君子将要行动的时候就问卜。看得出来，不能把这个"君子"拘泥在人的地位、官职上面，应该是说，比较明智、理性的人，这种人办事前不是盲目地去行动，而是按照《易经》所揭示的规律，去分析，去预测。这种预测不是迷信，而是有所计划，有所准备。所以这个君子与上面的圣人还是有很大区别的，圣人是极少数人，那么这个君子应该是普遍而言了。我们不能把这个君子拘泥、局限在某个阶层，不能误认为只有读书的、为官的是君子，应该说唯有办事遵循规则的才是君子。在大街上，红灯一亮，有人还要去抢道，这就不是君子了，因为他违背了交通规则，是吧？像这样的人，别人也瞧不起，也会指责他。这是一个简单的例子。所以我们看问题，不要停留在辞面上。

"其受命也如响，无有远近幽深，遂知来物。""受命"，是受谁的命呢？这里还有一个响应，就是说，"其"是指《易》的，不是指"君子"。这个《易经》里面所揭示的规律，给你的启发，似乎就像是给你一个命令似的。现在我们讲命令，发号施令，这就是命令。像现在电脑上给你一个指令，但这个命令或指令，实际上是给你一个启发。因为你得到启发了，你得到主张了，你就能下决心了。"响"，就是说，你得到的这个启发本来是在冥冥之中的，但这个似乎又是看得见、摸得着、听得见的。另外呢？就是响应。这个响应又怎么去理解呢？就是感应。它给了你启发，你得到了感应，一感应就豁然开朗了，明了了。这种受命是不分远近的。假如你现在要预测一下你家里人在千里之外会怎么样？无论他（她）离你有多远，这个是不分远近的。幽深也好，广大也好，都能无所不为。"遂知来物"，"遂"，于是。"来物"，就是未来的事物，一般是指事物的结果。

"非天下之至精，其孰能与于此？"这是一句赞辞。如果不是天下最精妙的，它怎么能做到这样呢？实在是天下最精妙的了。"参伍以变"，"参伍"，在古书上是综合，把各种因素拿来参照。"参"是参照、参考；"伍"是行伍、队伍。意思是说，参照很多的因素，把各种变化都拿来参照，拿来类比，拿来推演。"错综其数"，"错"是交错。"综"是综合，能够综合起来，说明它是有条理的。"数"还是指规律，由各种规律总结起来，才能得到其中的数。

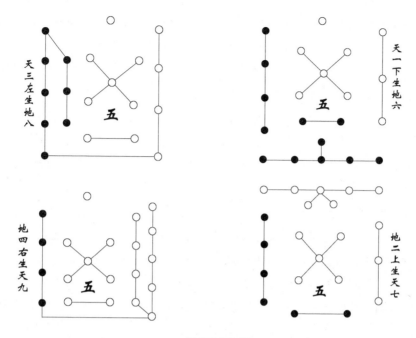

三五以变图

"通其变，遂成天地之文；极其数，遂定天下之象。""通其变"与"极其数"，是讲一个意思，都是相通的。能通晓变化，也就能成天下之文。这个"文"我讲过，实际上就是指纹理。在自然界中有纹理，这个纹理到处都能看到：石有纹理，水有纹理，云彩有纹理，树有纹理……物都有纹理。你通晓了它的变化，你就知道这个纹理是怎么来的。"极其数"，这个"极"，好像是极致，实际上还是一个"通"字，不通怎么能达到极呢？"极其数"就是"通其数"。前面讲过的用蓍草占卜，用蓍草必须从"挂一"开始到最后"四营"一步一步全部做完，做满十八次以后，六个爻全部出来了，这就"极其数"了，从中你就可以看出万事万物的变化之象。这个象就包括了过程和结果。你看，在六爻里面，它到底在哪一爻变化？如果只看一个爻也行，或者看整个的，从初爻到上一爻一爻一爻地看，都能看出它的象。是什么象？事象——事态变化发展的过程和结果。

## 有所为与有所不为

"非天下之至变，其孰能与于此？"这又是一句赞叹。如果不是懂了事物的变化，你能做到这一点吗？《易》无思也，无为也"，金景芳先生举了一个例子。

他以电脑为例：电脑也是脑嘛，也是有思维的。不动的时候，它就没有思维。它为什么不用人脑呢？因为人不是易。这个电脑是人为的，他认为用蓍草去占卜，这实际上还是人为的。但是这里是人为的东西，它又有无为的一面。所以，这里要抓住一个人为和无为。它有两层意思：一是说，《易》本身是无为的，是自然的。它变化嘛，变化是自然的，但是我们人要运用它，运用它的变化规律。我们现在所学的《易》呢，往往就是这个易。《易经》不是自然的易了，它已经写成了一本书了，而且也画出那么多卦形了，它是人为的东西。但是这个人为的东西又是从无为中来的。为什么呢？它所揭示的规律是无为的。什么叫有为，什么叫无为？我这里要讲一讲。

"有所为，有所不为"，大家都知道这一句话，但怎么去理解呢？又有一句话：有所不为是为了有所为。又怎么去解释呢？好，简单讲一句，把拳头缩回来是为了打出去更有力量。这个缩回来就是无为，就是有所不为了；那么，打出去就是有所为。缩回来就是为了打出去，那么有所不为就是为了有所为。这里讲到的无为还是两层意思，一个是自然界里的变化规律，它是无为的，这个无为是指不是人为的。

马克思说过一句话："实践中的人才是观察事物的主体。"就是说，人是观察事物的主体，人与事物之间，人是主体。你说这个茶杯存在不存在？存在。那么，我这个人也存在。是不是什么时候我都是它的主体？它都是客体呢？马克思认为不是这样。就是说，我们俩之间发生作用了，我在观察你，当然我就是主体。现在我用你了，当然我是主体，不是你用我。当我没有观察你的时候，我们两个没有这个关系了，已经解除协议了，主体与客体的关系也随之解除了。所以逛商场的时候，琳琅满目的那些商品，你走过去以后再走回来，哎？这个商品刚才我怎么没看见呀？原因就是你刚才没有关注它。所以这个无为呢，你观察它也好，不观察它也好，它都存在；你需要它也好，不需要它也好，它都在运行，它都在那里变化，它不是以人的意志为转移的。这也是一种无为，是自然中的无为。

河道就应该弯弯。以前"农业学大寨"，就有很多教训，河道取直，要劈山，把山嘴劈掉，把河道一取直，水灾就来了。为什么？洪水一泻而下，毫无控制，两边的河坝再怎么坚固都禁不住它的冲击。弯道起什么作用？它能缓冲水的冲击力。这是自然的，是无为的；你把它取直了，就是人为的了。所以这种人为和自然的无为是有区别的。

还有人的人为和人的无为。现在的家长对教育孩子特别头疼，经常互相咨询。家长碰到一起，都要谈孩子的事，谈对孩子教育的问题。但是如何教育孩子呢？应该还是无为。为什么呢？对孩子强迫：你能吃什么，不能吃什么；你能做什么，不能做什么；你只能这样说，不能那样说……这个孩子可能就会有病态了，可能就会无所适从。这种教育方式往往是失败的。应该怎样呢？应该无为。当然，用"无为"去教育孩子不是放纵，这有区别。很多家长往往在无为和放纵之间找不到一个平衡点，找不到一个可操作性的东西。实际上孩子有孩子的天性。你应该顺其自然，任其发展，只要他没有越轨。孩子越轨的情况不是太多，他不像大人，毕竟他活动的范围比较小。这是讲到人的无为。

但是，有一点特别重要，我们大人往往忽略了，也可以说是忘记了。忘记了小时候思维的活动量特别大，好奇心特别强。如果大人给孩子限制太多，表面上是限制其行为，实质是限制了其思维，限制了孩子思维的发育。

"寂然不动"，当然是指自然的无为。"感而遂通天下之故"，"感"当然是感应了。一讲到参禅，往往马上就想到打坐，打上双盘，在那里默然无语。当然这个是能得到感应的，你真正参禅，不仅仅是要坐在那里不动，最关键的是心中妄念不动。这个参禅的心不动又有一说：心完全不动也不行，完全不动那就是死灰禅。又要做到什么呢？这个动没有杂念，这个动不是你习惯的动。哦，我习惯中记起了这事、那事……或者，一会儿想睡觉，一会儿又肚子饿了，名、利、食、色、睡这五种欲念，它就是像五种魔一样干扰你。那能不能把它排除？这五种干扰来了，你能不能止住它们？是止住它们还是止住自己？当然是止住自己的妄心。

当年释迦牟尼佛在菩提树下悟道的时候，有魔来跟他斗，来干扰他。真的是外魔吗？不是，是心魔。他战胜了。战胜魔了吗？不是，是战胜了自己。所以，只有这样才能得到感应。这个感应是什么？我认为还是净慧法师的一句话："只有过来人才知道！"我认为这句话有意思——只有过来人才知道。什么叫感应？怎样感应？这感应来了，你怎么去接收？怎么去利用？怎么去感受它？当读到这句话时，我感受到：这位大法师真是开悟人。只有过来人才能感同身受，你没有感受怎么去感受它呢？所以，只有得到感应才能"通天下之故"。"故"是指事物的原故、原因。这些因果相续的事物的种种规律，怎么去掌握这些规律？还是要从感应中得来，你不去感受它还是不行。

"非天下之至神，其孰能与于此？"如果把"神"解释为境界，"至神"就不是一般的境界，而是大的境界。你没有这么大的境界，你能做到这一点吗？你能得到这个感应吗？

> 夫《易》，圣人之所以极深而研几也。唯深也，故能通天下之志；唯几也，故能成天下之务；唯神也，故不疾而速，不行而至。子曰"《易》有圣人之道四焉"者，此之谓也。

## 根据变化成其事业

刚才讲君子，现在又回到讲圣人。圣人怎么样呢？"所以极深而研几也"。"几"，实际上是指奥秘——非常深的奥秘。"极深"就是通晓，所以能通晓这些极深的奥秘。《心经》开篇说："观自在菩萨，行深般若波罗蜜多时。"这里的"行深"是指时间的久远和功夫的深厚。"唯深也"，只有做到真正的深，才能"通天下之志"。什么是天下之志？万事万物的变化有一个趋向。水有志向，水的志向是向下流；火的志向是上炎，火炎上嘛；山的志向就是止，静止的嘛，万事万物都有志向。"唯几也"，你要把这个奥秘搞清楚，真正把握了这个奥秘，当然就"能成天下之务"。这个"务"是什么呢？就是说，你能根据万事万物的规律而成其变化，根据变化而成其事业。这又是怎么说的呢？举个例子，如果把用过的塑料杯子随便扔掉的话，它就会污染环境。那怎么办？废物利用，就是根据变化成其变化。这样看的话，处处都有商机，处处都有成功的机会。

"唯神也，故不疾而速，不行而至。""不疾而速"，就是你不需要这么样地去追求速度。就像有些企业，表面上是为了加快节奏，要员工加班加点，结果效率并不高。这样的例子可能屡见不鲜。这个工作效率与制度管理要符合规律，如果不符合规律，它会起反作用。所以说，你一旦掌握了它的规律，你很轻松，胸有成竹，能以一种大将风度去指挥整个事物运作，看起来不慌不忙，虽然不像有的企业加班加点，但是企业的效率是持续、稳定的，轻这个里面有很深的奥妙。

为什么有些企业持续发展，有些企业停止不前？原因是什么？我认为，必须有自己的东西。人家成功是人家走出的路子，而你跟着人家走，你始终是赔家。赢家始终只有一个，赔家始终是多数——做什么事都是这样。意思是说，什么路都要靠自己走。同样是办企业，有些时候我要借鉴人家的成功经验，但是在借鉴人家的成功经验时，我有自己的东西，借鉴可以，但同中要有异。

这里有很深的含义，所以结论就是："子曰'《易》有圣人之道四焉'者，此之谓也。""圣人之道四焉"是哪些？就是上面讲的，这里做了一个总结。

# 第十章

子曰："夫《易》何为者也？夫《易》开物成务，冒天下之道，如斯而已者也。"是故圣人以通天下之志，以定天下之业，以断天下之疑。

是故蓍之德圆而神，卦之德方以知（智），六爻之义易以贡。圣人以此洗心，退藏于密，吉凶与民同患。神以知（智）来，知（智）以藏往。其孰能与此哉？古之聪明睿知（智），神武而不杀者夫。是以明于天之道，而察于民之故，是兴神物以前民用。圣人以此斋戒，以神明其德夫！

是故阖户谓之坤，辟户谓之乾，一阖一辟谓之变，往来不穷谓之通；见（现）乃谓之象，形乃谓之器，制而用之谓之法，利用出入，民咸用之谓之神。

---

子曰："夫《易》何为者也？夫《易》开物成务，冒天下之道，如斯而已者也。"是故圣人以通天下之志，以定天下之业，以断天下之疑。

---

## 如何把握天下之道？

通过前面的讲解，这一段话应该非常好懂了，大家还是自己去悟吧。这个里面"《易》何为者也"，还是讲《易》。"冒天下之道"的"冒"，根据台湾徐芹庭先生的解释，是包括、统筹、覆盖的意思。但是我认为这个解释应该放大一点，不要拘谨在那上面。也就是说，我们在实践中如何去运用规律？在运用规律的时候如何去把握天下之道？我以为，"冒"是把握，如何去把握的问题。在实践中，规律也好，规则也好，还是在于把握。所谓把握，就是在我们这一双万能的劳作之手上。"如斯而已者也"，这些东西就像在股掌之间一样。所以，我把"冒"字解释成把握。这是孔子说的话，后面应该是他弟子说的。

"以通天下之志"，这个"志"刚才讲了。"以定天下之业"，不能说任何人都能定天下之业，又可以说我们每一个人所做的都是天下之业。为什么呢？因为每个人所做的都是天下之业的一部分，天下之业是所有人所做的事业的总和。这是一个集合的概念。什么叫集合的概念？一个单位、一个行业、一个地区、一个国家，乃至现在的世贸组织，也是一种集合的运作形式。"天下之业"是整个集合的行为。即使是个别的行为、单个的行为、单独的行为，它也是集合的行为，例如市场经济、全球化，所以叫天下之业。

天下之业以什么来定？还是以规律来定。现在国际上无论是商贸也好，还是其他政治、军事方面，都有规则。那么，在某一个行业内部，同样有它的规则。讲小一点，每一个领域、每一个行业，也都是一个天下之业，是一个共同的东西。但是具体到一个人，我们应该给自己定位。前面讲"乾坤定矣""贵贱位矣"，我认为应该和这个天下之业的"业"字联系起来。

这个"业"字在金文里是 𣎴 ，上面是一个板，板上面有许多钉和钩。它是做什么用的呢？在上面挂鼓、挂钟。这是什么意思呢？根据学者推测，当时在一些祭祀场合，或是在一些军事场合，还有喜庆的场合，有一些鼓乐活动。这就看得出来，这个"业"的本来含义，就是指一个集体的行为。到了现在，我们一个人也称为事业，那么你个人的事业还是离不开大家的事业。你想一个人单干，赤手空拳，独往独来能称为事业吗？这是说不通的，而且是行不通的。这里面有个定位的问题。

小集体也好，大集体也好；小环境也好，大环境也好，我们怎样给自己定位呢？很多人，特别是刚走出校门求职的同学们，往往因为定位不明确而受挫。有一个学政法的大学生，来北京求职，屡屡碰壁，到哪一个单位都待不了多长时间，就要换下一个单位。最后呢？从北方跑到南方，又从南方回到北方，几年都不能定位。原因是什么呢？一个最大的问题是，领导跟他交代任务，话还没有讲完，他就连连点头："我明白，我明白。"他这个"明白"比你讲得还多，但是做起来呢？他一点都不明白，完全是依照自己的理解去做，结果没有哪一样能符合要求的。这就是一个定位的问题。什么叫作定位？不能把自己摆到工作中去，摆到一个集体里面去，而是要真正摆到这个事业里去。不是以自己来适应工作，而是要这个工作来适应自己，这当然不行，是吧？

有这么一件事。有一个研究生毕业后，认为自己很不错，到北京来找工作，但是找工作并不是那么顺利。哦，你是研究生，你去找工作，人家就得开大门来迎接你？不是那么回事。这与她的想象大相径庭，她感到了失落、茫然。后来她想让我给她占卜一下。因为我第一感觉就觉得她定位不当。我当时问了她一句："你是不是第一步就想踏上金砖啊？"所以我说："有一个成功者讲过一句话：'无论前面是泥淖还是坎坷，尽管大胆地跨出第一步。当有一天踏上属于你的那一块金砖时，回首顾盼，步步都是金砖。'"属于每个人的金砖只有一块，但是具体在哪个地方？你必须要去寻找，去探索，去追求。尽管以前踏的都是荆棘、泥淖、坎坷，但是一旦你踏上了属于你的那一块金砖的时候，再回头一看，啊！步步都是金砖。在你没有踏上属于你的那一块金砖的时候，泥淖还是泥淖，坎坷还是坎坷，陷阱还是陷阱，是不是有点道理？

当时她眼睛一亮，觉得有道理。事情就是这样，你大胆地跨出第一步。每个人都有一块金砖，但是只有一块。那块金砖就是一个定位，但是在哪个地方？什么时间能达到？都是未知的。已知的是，每个人都有一块金砖。还有一个已知的是，只要你大胆地跨出去，不管前面是泥淖，是坎坷，还是陷阱，最终你都能踏上属于你的那一块金砖。沿着这个已知的去追求那个未知的。这里给我们很多启示。"以断天下之疑"，这个"疑"就是未知。沿着你的已知，去追求你的未知，但是未知前面有一个已知在那个地方向你招手。

> 是故蓍之德圆而神，卦之德方以知（智），六爻之义易以贡。圣人以此洗心，退藏于密，吉凶与民同患。神以知（智）来，知（智）以藏注。其孰能与此哉？古之聪明睿知（智），神武而不杀者夫。是以明于天之道，而察于民之故，是兴神物以前民用。圣人以此斋戒，以神明其德夫！

## 做人要彻底

"是故蓍之德圆而神，卦之德方以知，六爻之义易以贡。"这里面还是围绕着用蓍草占卜。"德圆"是指圆通，也就是说变化，这里应该是指以万变应不变。那么"德方"呢？是以不变应万变。德方是讲原则的，德圆是讲变通的。"蓍之德圆"是指爻象，后面"德方"是指卦象。

"六爻之义易以贡"，"六爻之义"不需要解释，但是这个"贡"是什么意思？好多人都解释为贡献。贡献就是进献物品，古代祭祀的时候，它的本义是进献祭品，当然后面引申为贡奉。这里如果这样解释的话，不是那么准确。我个人的理解是，"贡"是运用这个蓍草来占卜，占卜以后并不是结果，吉、凶马上就到了，马上就显现出来了，还要你自己去实践，去争取。在实践、争取的过程中，你既要坚持原则，还要有变通。"六爻之义易以贡"，就是说，六爻之义都显示出来了。这个"贡"还是显现。把供品放在供桌上，实际上这是一种展现啊。把六爻之象全部摆到你面前，好像供奉在你面前一样。这样解释似乎要灵活一些，不然仅仅讲贡献，到底谁贡献谁啊？这就含糊了，所以要联系古人的生活状态来解释。

"圣人以此洗心，退藏于密，吉凶与民同患。"汉代有人认为，这个"洗"字应该是"先"字，就是孟子的"先知先觉"的意思。就是说，圣人因为读了《易》，明白了《易》，所以他就显示出先知先觉，甚至是未卜先知，就觉得这个人很幽深，高深莫测。但是，我认为还是"洗心"好，我们不能停留在表面上——洗心革面嘛。它不仅仅是洗心革面的问题，关键还是一个换位的问题，一个境界的问题。通过学《易》以后，他不仅仅是知识充电了，而且是知识更新了。第二个问题是，他的境界一下子转换了，他认识问题的思维方式已经不一样了，价值观、世界观都改变了，把以前的都洗掉了。他首先从内心、方法上有了一个彻底的改变。如果举一个例子，相当于你的电脑重新格式化了，那就很彻底了，所以我这里讲"彻底"这个词。

做人要做"彻底"。在我的人生经历中，我体会最深的是，如果你做人不彻底，你就会吃苦头，你自己受了很多挫折，结果你还以为很委屈，还要去怨天尤人。实际上，回过头来想，是自己做人、做事不彻底。这个"洗"就是要彻底。你做到了彻底，那么，人生境界的升华、事业的成功，可能会让你大喜过望：我怎么会这样？搞得自己都有点不敢相信了。

有人始终在那里埋怨自己，我怎么不如人？我运气怎么这么差？我做事怎么这么多磨难？人家能做到的事，为什么我做不到？我想做的事为什么老是力不从心？这些现象，在年轻人、中年人中可能是非常普遍的，我也是过来人，也是深有体会的。有很多东西，明明是自己的缺点，但只看得见他人的缺点；明明是自己的不对，却看作是人家的不对；明明这件事从眼前看这样做是对的，但是从长远看这样做又错了，这些东西都舍不得放弃，不敢去面对这个现实，不愿彻底地改变自己——舍不得。所以我以前讲过这样一句话，一个人如果不能成功，老是失败，他致命的东西往往不是能摆上桌面的：哎！你这个人有一个什么样的大缺点，或者犯了一个什么样的错误——讲不出来。摆上桌面看，这个人很不错，从表面上去评价这个人，处处都是优点。即使要从鸡蛋里挑出一点点骨头，勉勉强强挑出一点点东西，往往还是最不起眼的东西成了致命的，是细微之处的缺点、习气造成了人生的失败。所以，做人、做事要彻底。

## 退藏于密

"退藏于密",特别是年轻人,要做到"退藏于密",这是不是有点打击年轻人的积极性呢?是不是限制了年轻人的爆发力呢?南怀瑾先生曾经也讲过这个问题,好像学《易》以后就显得很老到、很世故。那么,年轻人适不适合学《易》呢?这个问题我也深思过。因为这太世故了,对年轻人的发展、创新似乎不利,年轻人应该有一种闯劲,是吧?你太世故了,太老练了,太成熟了,四平八稳,这个有点不好。过去有人讲,"二十岁的年龄,六十岁的性格",是不是呀?不是说四平八稳就没有风险了,四平八稳也有风险,同样也有一些不确定的东西呀。你越是怕去把握它,你越是把握不住它,事情就是这样。所以年轻人应该大胆地去把握。

"退藏于密",这个"退",不仅仅是老年人要退,年轻人也要学会退,没有退还是不行。但是,现在这个退有一种形式上的东西。如我到这个单位,不满意我就退出来,跳槽到另一个单位,到那个单位不行我又退出来,这种退我认为不是好事。为什么?我认为应该这样:我既然进去了,进入这个单位了,进入这个行业了,如果无所得我绝对不退,总要有所得、有所进步的时候我才退。你进去以后一无所得,仅仅是拿了几个钱就走路,最后你走了一百家,你还在原地踏步,你什么都没有学到,什么都没有体验到,你除了体验到失败以外,成功的过程你都不知道。所以,你进入一个单位以后,不管怎么样,你应该体验全过程。

记得一本杂志介绍国外有一个求职者。这人很精明,他的求职要求是:我愿意干别人不愿意干的事,我愿意拿最低的报酬。就这两句话,老板在众多求职者中毫不犹豫录用了他,因为老板感到很新奇,那就试试看吧。后来他干得相当出色,但无论给他加薪也好,加奖金也好,他就是不要,他说:"我要信守诺言。"他是这么说的,也一定要这么去做。他不断地变换工种,不断地升迁,最后升迁到他期盼的岗位了,应该享受很高的待遇了,这时候老板要给他加薪,他还是不同意加薪,他说:"我还要信守原来的承诺。"他把所有岗位都尝试过以后,最后一个岗位要他接班时,他跳槽了。他跳到哪儿去了?自己干。他把这个行业全部都经历了,全部掌握了——自己干。实际上,这就是"退藏于密",这就是"退"呀,这就是把自己隐藏起来了。"密"是什么意思?你们看,人家搞不清楚他想干什么,只觉得这个人很奇怪。他始终是这样:"我信守我的承诺。"他只讲这个东西,他的动机、他的目的始终隐藏着,关键的时候他跳槽了,自己创业。一创业,他就超过了原来那家企业,这个就很厉害了。

　　还有一位年轻人，他大学毕业到深圳去求职，开始总是认为自己是大学生，认为自己能做很多事，认为自己很能干，以这种姿态去求职，结果呢？不行。他第一次求职不成功，钱花光了，只能回家去了。为什么？他家里有钱，他父亲办了一个企业。他母亲跟他父亲讲，家里有这么好的企业，也需要人，为什么不让他留在家里呢？他父亲不听，还是要他自己去闯。

　　第二次他又去深圳，他父亲只给了他六百块钱。这六百块钱除了路费，也只能够几天的生活费，就是不多给他钱。关键的时候还找不到工作，最后他没有办法，只好去扫大街。要吃饭，要生活嘛，他就扫了两个月的大街。这两个月扫下来，他懂得了人生。他再去求职，人家问他有什么工作经验，他说："我扫过大街。"这个老板一听——扫大街？就问是怎么回事。他就把自己的经历一说。好！录用了。他以扫大街的心态去找工作，结果成功了！他的成功一路飙升上去了。他在深圳获得成功以后，他认为，他必须要在高科技领域里闯一把，所以他又来北京中关村创业。到中关村闯到什么程度？中关村的 CEO 中，学历都很高，只有他是本科学历，但是论业绩，他还是比较突出的，他是其中的优秀者。

　　这个故事里，大学生扫大街也是一种"退藏于密"啊。以前到处去闯，认为自己很能干，处处都锋芒毕露，最后不得不"退藏于密"，把自己这个大学生的光环隐藏起来了。扫了两个月的大街，他就做到了洗心，彻底改变了自己的人生观，抛弃了以前不适宜的东西。

## 真不二价

　　"吉凶与民同患"，这个"民"实际上是大众。就是说，在我们这个大社会中，到处都是一样呀，是吉凶也好，是祸福也好，理是相通的。能不能成功？有经验的人一看，看得很清楚，原因是什么？它基本上都是差不多的嘛，这个规律在这个地方。为什么经验管用？如果没有规律，就谈不上什么经验，经验就不值钱了。正因为有规律，而且这个规律有它的常规性，有不变的东西。正因为不变，你一百年的经验留传下来还有作用。

　　胡雪岩的经营理念"真不二价"传下来，到现在还是管用。我到杭州去，特地到胡雪岩的故居里整整待了一天。大多数人都是进去看一看，一般一个小时，最多两个小时，游览一下就出去了。我是整整待了一天，连中午饭都没吃。我就体验一个东西，体验什么？坐出租车去的时候，我就想这个问题。高阳先生写了胡雪岩的书——《红顶商人胡雪岩》，我看完了，我就想去胡雪岩故居看看，还有一个展览馆、一个大药房（就是胡庆余堂）。出来以后，我又在那里待了两个小时。我就体验胡雪岩这么一个商人，怎么一直到现在还在做生意？怎么还在赚钱？好像他还在做一个企业的总裁，因为还是胡雪岩的名字——胡庆余堂嘛。还在用他的理念管理这个企业。我了解到，他的那个药厂还有一千多个工人；就是在故居里面，还有很多工作人员，保安也好，卖票的也好，还有卖礼品的，又多出许多行业了。他以前只有钱庄、当铺、胡庆余堂啊，但是现在连他的故居，连自己住的房子都能养这么多人哪！世界上哪有这种商人？这种商人怎么有这么大的魅力？几百年始终还在做管理。真是胡雪岩在管理？仅仅是因胡雪岩的这个名气？真的是名人效应吗？

我认为这不是名人效应，这是文化效应，这是企业文化效应。这个文化里也就有一种精神。当时我就觉得非常不可思议，所以进去了就舍不得走。你们看，他的整个建筑就体现出一种建筑文化。另外，在他的故居里面，随处可见的都是各种名人字画，到处都挂着。这个胡雪岩读书也不多，他竟然能做到这一点，不仅仅是人家给他设计，他有自己的讲究。回想起来，我看到现在有些有钱的人家，连一个像样的书架都没有，我觉得这就是两回事。这就说明，没有文化作为纽带，它是很难延续的，只有形成文化以后才能延续。你们也能像胡雪岩那样创办一份事业，在几百年以后，你们还在经营吗？能不能有这么一个志向？如果有这么一个志向，那么，你现在的定位、你现在的境界就要与他人不一样，立足点不一样。

## 睿智是种境界

"神以知来，知以藏往。""神"是刚才讲过的一种境界，有了这种境界，你就能知道未来发展的趋势，还会发生哪些事，还有哪些不确定的因素。"知以藏往"，这个"知"是智慧。什么叫智慧？智慧是积累起来的，是知识、经验积累起来的。你的智慧当然藏着以往的知识和经验。"其孰能与此哉？"那么，谁能参究到这个程度呢？谁能体悟到这些东西，体会到这一步呢？这实际上是在赞叹，不仅仅是一个反问，而是一个设问。

"古之聪明睿知"——古代有聪明睿智的人。"神武而不杀者夫"，这个"杀"是什么意思呢？就是说，他有神武，但他不轻易用自己的神武去干一些不该干的事。这一句话如果用兵家的话说，就是"不战而屈人之兵"。为什么不战而屈人之兵？仅仅是一种谋略吗？不是。应该说，这是一种境界。我能战，我战之也能赢，我用其他的方法也能赢，但是我还要争取用上上策。这就是一种境界，这种境界也就是真正的聪明睿智。相比当今社会，用武力制服武力，用战争反对恐怖，结果呢？是大恐怖去打小恐怖，越搞越恐怖。这里，不管他是不是神武，他唯有一个"杀"字。他不是用智慧去治天下，而是用武力去治天下。

"是以明于天之道，而察于民之故。"——所以说，能够明了天地万物的规律，也能明察社会的情状、变化的规律。这个"民"应该是指社会变化的规律。有民才能成为社会，假如只有两三个人，没有民众的话，这个"社会"就不叫社会了。"是兴神物以前民用"，这个"神物"，有的书上就讲是蓍草；"前"呢？就是指预先知道。但是我的解释不是这样。如果把这个神物仅仅看作是具体的，他已经提出是神物了，我们也解释成某某物的话，我们的思维就局限了。我认为"兴神物"，只能说他用这个做比喻，而不是确指某一件事。无论是用灵龟占卜，还是用蓍草占卜，把这些东西当神物来总结以前的经验，或者来应用，但实际上只是一种比喻，不是确指这一件事。这个地方还要去扩展思维，如果不去扩展的话，时代一变，时过境迁，你就摸不着边际了。

## 吃斋与吃素

"圣人以此斋戒，以神明其德夫！"这个"斋"呢，我讲一讲。我是吃素的，有人就讲，你是吃斋。和尚都是吃斋的。实际上，什么叫吃斋？据书上记载，它必须具备一个条件才吃斋，就是说，过午不食，过了中午就不吃饭，你要吃饭必须在午时以前吃午饭，一过了午时就不能吃，一直到第二天早上才能吃饭。过午不食才是真正的吃斋。仅仅是不吃荤腥（荤腥包括动物，还有葱、韭菜这些东西）不叫吃斋，我吃素还谈不上，因为我还吃鸡蛋，葱和韭菜我还是没有忌口，这不能叫真正意义上的吃素。真正意义上的吃素不是这样，它有非常严格的界定。如果讲我是吃素的话，这就是一个妄语，我没有做到真正吃素，更谈不上吃斋。

这里讲"斋戒"，为什么不能吃荤呢？因为动物也是生命，当然植物也是生命，动物的生命与人的生命是同一类的。人是以心为主的，在中医里，治病不是叫治病，是叫治心。在医学界经常有这样的现象，一个人在他的精神状态好的情况下，他的病也就好了，甚至于不治而愈；但一个人的病没有到那个程度，一旦他的精神状态、他的情绪一下子坏下去以后，他的病马上就恶化，甚至于治不好。所以治病要先治心，所有身体上、心理上的病，都是由心引起的。所以这里讲一下为什么要斋戒。"以此斋戒"，这里当然不是讲吃荤、吃素的问题了，是指按照规律来办事。"以神明其德夫"，就是以那个境界来明白德行，明白体用。戒除什么？戒除那些妄想，那些不良的习气。

---

是故阖户谓之坤，辟户谓之乾，一阖一辟谓之变，注来不穷谓之通；见（现）乃谓之象，形乃谓之器，制而用之谓之法，利用出入，民咸用之谓之神。

---

## 自然是本教科书

"是故阖户谓之坤，辟户谓之乾，一阖一辟谓之变。""是故"就是所以。"阖"就是合起来，关闭了。关闭为"坤"，开了就是"乾"。这是什么意思呢？因为坤为阴，乾为阳，一暗一明。你从植物上可以看出来。凡是植物，太阳出来以后，它的花、叶都张开了，到了晚上它就闭合，荷花就比较明显。

在广东南华寺，那里有两棵菩提树，寺里的师父拿那个菩提树叶给我看。他对我说，这个叶子是春天落叶，秋天不落叶。我一听，当时脑子里就反应一句话——这是无为。为什么是无为呢？应该说，顺着寒暑往来这个自然规律，该什么时候落叶就什么时候落叶，对于它来说：我是无为状态，你们是秋天落叶，但是我春天落叶也行呀，因为我适应了。你们要靠阳气来进行光合作用，我不一定要靠阳气，我只靠阴气就行了，我的根的功能也与你们相反。这个世界上的万物，为什么都要一样呢？看起来是反其道而行之，但是我又是顺其道而行之，我没有违背自然规律。为什么？我用我的万变应你的不变。阴阳往来，你有你的规律，你有你的不变，但是我用我的万变适应了你的不变。所以这就叫无为而无不为。

在《佛说阿弥陀经》里有一句话："彼国常有种种奇妙杂色之鸟，白鹤、孔雀、鹦鹉、舍利、迦陵频伽，共命之鸟。是诸众鸟，昼夜六时，出和雅音，其音演畅，五根，五力，七菩提分，八圣道分……是诸众鸟，皆是阿弥陀佛欲令法音宣流变化所作。"如果看这个经文，好像这是迷信！鸟怎么能说法呢？这不是迷信吗？真正来说，这不是迷信，是以这个做比喻。就是说，生活中处处都有我们的老师。生活中处处都是道，处处都是易，处处都是禅，处处都是知识。现在科学家不就是仿生吗？这仿生你能说是迷信吗？大自然就是一本百科全书，就是一本大教材。如果你能读懂自然这个教材的话，你就是真正的得道高人，你就是大科学家，但是现在还是停留在书本上的东西多。所以这里讲"神明其德"，这个"德"是德用，必须在生活中用，到大自然中去用。

"一阖一辟谓之变"，怎么样变通？怎么样"往来不穷谓之通"？变则通，通则久。如何开阖？"奇门遁甲"里就有开门、阖门、休门……纵横家鬼谷子就讲开阖：一个是展开，一个是阖起来；一个是横向的，一个是纵向的。社会规律和自然规律都有相通的地方。

## 生活中处处是机会

"见（xiàn）乃谓之象"，它展现出来的就是象，就是形象。"形乃谓之器"，成了形就是器。所以古人对太极的描述是："气之初"叫太初，"形之始"叫太始，"质之成"叫太素，合起来称为太极。气升起来以后才慢慢成形，有形以后才有质，是这么一个形成过程。"制而用之谓之法"，这里有个"法"，这个法有佛法，道家里也有法，现在有方法、方法论，实际上这个法就是规则。无论制造一个什么器具，还是制定一个什么方案，都必须有一定的规则。佛法就是佛教给你一个提升自己的境界、提升自己人格的方法。我是讲一个简单的道理，当然佛教的目的还不仅仅如此，起码这个要搞清楚，先做好人嘛。因为佛也是人，是觉悟的人，是大彻大悟的人。佛不是神，这个要搞清楚。

"利用出入"，实际上前面就讲过一个东西，大家还记得讲了一个"得失"，吉凶就是一得一失，这个"出入"实际上也是一种得和失。"民咸用之谓之神"，"咸"就是都呀，大家都来用（某个区域或是全社会）。"民咸用之"怎么谓之神呢？这还是用前面讲的"百姓日用而不知"。这个神在哪个地方？我认为要具备三个条件：第一个条件，这件事实际上是在我们生活中；第二个，虽然在我们生活中，但是大家都视而不见。就像一块宝石在大路旁边，谁看到它都踢一脚，谁都不去重视它，都不知道它是一颗宝石。第三个，有人把它点破了——噢，这是宝石！大家觉得，哎！这个人神了，怎么他就能发现呢？有些东西仅仅是停留在文字上，还是不解其中味。真正要解其中味，还是要找出它的几个层次。如果要找商机，找成功的机会，实际上在我们的生活中处处都是，关键是看你有没有这个眼力，有没有这个智慧。

有一位人民大学的研究生，他想写一本这方面的书，关于成功的机会。我让他先列一个目录出来。目录列出来，我一看这个目录，这是教科书啊！好像是老师讲座的提纲。我连夜给他列了一个目录。有一天我在一位博士家里吃饭，我让他看那两个目录，他不知道两份目录是谁写的，他看了看两份目录，说："这个目录很有才气呀。"他认可的正是我的那一份。我列出很多的机会，第一个系列是机会有哪些形态，把各种机会的形态摆出来；第二个系列是如何抓住机会、抓住机会的方法这两大类，而且完全是扣住生活，一看这个目录就是非常通俗的语言，就在生活中。

"天垂象，圣人则之"，你能把握住各种商机、机会，就是圣人。

# 第十一章

是故《易》有太极，是生两仪，两仪生四象，四象生八卦，八卦定吉凶，吉凶生大业。

是故法象莫大乎天地，变通莫大乎四时，县（悬）象著明莫大乎日月，崇高莫大乎富贵；备物致用，立成器以为天下利，莫大乎圣人；探赜索隐，钩深致远，以定天下之吉凶。成天下之亹（wěi）亹者，莫大乎蓍龟。

是故天生神物，圣人则之；天地变化，圣人效之；天垂象，见（现）吉凶，圣人象之；河出图，洛出书，圣人则之。《易》有四象，所以示也；系辞焉，所以告也；定之以吉凶，所以断也。

《易》曰："自天佑之，吉无不利。"子曰："佑者，助也。天之所助者，顺也；人之所助者，信也。履信思乎顺，又以尚贤也。是以自天佑之，吉无不利也。"

---

是故《易》有太极，是生两仪，两仪生四象，四象生八卦，八卦定吉凶，吉凶生大业。

---

## 八卦是怎么形成的?

这是易学界最熟悉的几句话，是应该背熟的。"是故《易》有太极"，"是故"是承接上文的。"《易》有太极"这个"易"，它是从太极到两仪，到四象，到八卦，到六十四卦这么一个演变过程。太极在中国古代又叫混沌——混沌初开呀，又叫盘古开天地。传说盘古用一柄大斧把混沌这个大球一劈两半，所以轻清之气上扬，混浊之物下沉，天地就分开了。太极的前面叫无极，现在科学家、天文学家讲，宇宙有没有开头? 它的开始在什么时候? 这个问题一直争论不休。宇宙是随着一声大爆炸来的，那么，大爆炸以前是什么? 这是一个谜。有古代先贤参究围棋：天地未开之前是哪步棋? 天地初开之后又是哪步棋?

**易有太极图**

你讲太极以前是无极，那这个无极又是怎么回事呢？根据古书上的记载，无极是"未见气也"。然后气生了，形体也出现了，然后形体里面的质量也产生了，这就是太极。在这么一个混沌的状态中间，发展到一定程度，慢慢地阴阳就出现了，两仪就是阴--阳—两种符号。两仪又生四象，四象是哪四象呢？一个叫太阴==，一个叫太阳=，一个叫少阴==，一个叫少阳==。太阴就是两个阴爻，夜间就是太阴了，白天那是太阳了。早上东方出现曙光，那是气之初，就是少阴。到傍晚是少阳出现了，这样四种形象。特别是起早的人，你往西走的时候，前面依然是夜色。回头看东方，就看见曙光了，这就是阴阳各半。到夕阳西下的时候，它也有那么稍许的一段时间，也出现了阴阳各半的情景，这就是四象。

**四　象**

四象生八卦，八卦是怎么形成的？是不是以前有这个八卦的形象？古书早有记载，但是近代有学者持怀疑态度，认为八卦不会产生得很早。但是根据考古发现，不仅仅是近几年，从 20 世纪 50 年代到现在，安徽的太和、湖北的孝感，还有长沙的马王堆出土的帛书里，都证明了八卦的图案以及数字八卦。特别是陕西的岐山，出土了一万多片甲骨，可以看得出来，有六个数字形象组成了这个符号。开始考古学家把其中的图案解释成部落的族徽，但是现在又有考古学家证明了，它是由一种数字演化出来的。

前面讲过，八卦是乾☰、坤☷、震☳、巽☴、坎☵、离☲、艮☶、兑☱，分别象征天、地、雷、风、水、火、山、泽。这里讲"八卦定吉凶"，我们应该想到，这个"吉凶"是人为的，八卦是定不了吉凶的。如果这个吉凶是自然的，那么八卦怎么去定它的吉凶呢？因为八卦是人为的，人为的怎么去定自然的吉凶呢？从这儿就可看出，八卦是人为的，吉凶也是人为的。八卦是模仿自然的，吉凶呢？在人为的社会活动、人际活动中产生的观念。这个"定"与我们今天讲的确定、制定、决定还是有区别的。"八卦定吉凶"，就是说，在八卦里能够预测、演绎出其中的吉凶。

## 感知吉凶

"吉凶生大业"，可以看出，《易经》里讲的"吉凶"，并不是平时我们观念上那种吉凶了。这个吉和凶，首先它不是固定不变的，它是会互相转化的。因为是人为的，所以它的转化也有很多人为的因素。为什么能生大业？"大业"是指什么呢？按照我们现在讲的，就是人们的事业。吉凶怎么能生事业呢？只能说事业里有吉凶。这就看出事物的本质，这就是一个源头、过程和结果，我们不能把它搞颠倒了。人类首先对大自然感知的就是易，意识到有吉凶。这个吉凶不是自然的，在自然现象中没有吉凶之分。吉凶是人的感知，对人有利的为吉，对人不利的为凶。

正因为人类对自然感知到有这两种现象，所以人类在努力地追求吉而回避凶，努力地去创造有利的，克服和控制不利的，那么事业就产生了。现在我们所做的事业，它的意义不就在这个上面吗？所以，这个不是颠倒，而是一种事物发展的顺序。现在往往有许多事是颠倒的。不错，现在是科技腾飞的时代，高度发达的时代，人类高度文明的时代，这是人类自我陶醉的一种说法。实际上呢？很多东西只知其末而不知其本，它的本来不是大业生吉凶，而是吉凶生大业。因为事物是周而复始的，所以出现了吉凶生大业，大业又生吉凶。这就是事物的周而复始。一件事的结果就有吉凶之分，这就是大业生吉凶。但是我们千万别忘了，它的本是"吉凶生大业"。

我们办事业，我们努力去追求一个事业，我们的处世为人，千万别忘了我们最终的目的，就是积极去创造那些有利的（吉）；主动去回避、抑制、控制不利的（凶），这是根本的目的，赚钱不是根本的目的，根本目的达到了，赚钱的目的也就达到了。赚钱只是有利（吉）的一个方面，而不是其中的全部。四川沱江上游有一个化工厂，严重排污，排污的程度超过标准几十倍，甚至上百倍，结果造成的损失是几个亿。但是他的总裁认为，我这个设备是从日本进口的，我停着一天不使用，我的损失就不得了。上级要求他把治污设备全部安装好，全部进入治污程序后才能生产，但是他认为他的损失太大，不能停。所以说，赚钱不是吉的全部。结果，他个人的"吉"、一个厂的"吉"，变成了沱江中下游的凶——整个江里的鱼全部死掉了，沿江的居民要开辟第二水源，还要把水库的水放开，用人工降雨的雨水来冲洗江面。现在，专家有一种谨慎的说法是，要五年时间才能恢复这条江原有的生态。但是也有专家认为要二十年，但是还有一个基本前提——再也不排污。如果再排污的话，两百年、两千年都不行。这个损失有多大？有谁为它负责？是谁在生吉凶？

有些人判断吉凶，只从个人利益、局部利益去判断吉凶。科学发展观就要有环保意识。无论做什么事，破坏了环境就是凶多吉少。你努力去维护自然，时时都有环保意识，做事就能趋吉避凶，趋向有利的一面而避开不利的一面。

---

是故法象莫大乎天地，变通莫大乎四时，县（悬）象著明莫大乎日月，崇高莫大乎富贵；备物致用，立成器以为天下利，莫大乎圣人；探赜索隐，钩深致远，以定天下之吉凶。成天下之亹（wěi）亹者，莫大乎蓍龟。

---

## 富贵从哪里来？

这段文字我简单讲一下。所以仿效自然的法则没有比天地更大的了；穷尽事物的变化、流通，没有比四时的更迭、寒暑往来更大的了；高悬在天上而放射光明的，没有比日月更伟大的了；崇高的理想追求，没有比物质的富有、学问德行的尊贵更大的了；置备器物供人使用，制造器具以利行天下，没有比圣人的功绩更大的了（这里指那些搞发明创造的能工巧匠）；探索复杂的物象，研究幽隐、未知的事理，以此来决定万事万物的吉凶，经过前面的努力而成就大业的，没有比蓍占和龟卜更神秘的了。

这里的"法"是效法，指效法自然。最大的变化，就是四时的变化、昼夜的更迭、寒暑往来，其他的变化千头万绪，都是围绕这个大的变化来的。一讲到崇高，就会联想到理想和追求。这个"富贵"是两种，富是对财物的追求，贵是对精神的追求，能得这两个字是很不容易的。在生活中，在现实里有很多这样的例子。有的人确实是很富有，但是并不能被人尊重。有的人即使权轻财薄，但是由于他有学问，有道德修养，就能得到人的尊重。所以，能做到又富又贵是有缘分的。按照佛教的说法是这样，很富有的人，是他的前世以金钱、物质做了很多的布施，但是他的修行不够，没有修到慧；有学问的人不富有，就是说他前世修行很不错，修到了智慧，但是他布施得不够。

这是迷信吗？不是，佛是以这个举例。他知道，世俗人都讲一点现实的东西，讲大道理的话人们很难去接受，干脆讲一点现实的，讲现实的东西大家都能接受。追求学问，追求道德修养，追求盈利，这也是正常的。同时，追求利益，追求财富的积累，也别忘了对社会做一些公益，别忘了社会公德，别忘了社会大众。以发财而言，其中有许多人做出了牺牲。因为你在赚，就有很多人在赔。没有那些人在赔，你的赚也是难得到的，所以是互相的一个缘分。

"探赜索隐，钩深致远"，这几个词现在用得不太多，但一看也能明白，在这个上面我们就不去大做文章了。"定天下之吉凶"与前面那个"定吉凶"联系起来看。前面讲"八卦定吉凶"，但并没有讲怎么定，这里讲了一个怎么定的来源。怎么定呢？"探赜索隐"，"赜"是在一些方面很幽深的东西，"探赜"就是去探究幽深的、隐藏的。"钩深"，这个"深"应怎么样去钩？这是一种形象的描述。"致远"，千里之行始于足下，千里之行也是远，怎样致远呢？始于足下。就是说，通过探索、研究、归纳，演绎出八卦，掌握它的规律，然后根据这些规律去确定、把握、预测天下万事万物的吉凶。

"成天下之亹亹者，莫大乎蓍龟。""亹亹"表示勤勉的意思。这里又讲到了蓍龟，蓍龟只是一种形式上的东西，用铜钱也行。各有各的方法，都有一定的规则，如奇门遁甲，这都是形式而已，但这些形式都没有离开八卦，都没有离开"探赜索隐，钩深致远"。更没有离开"君子终日乾乾"，说一千，道一万，即使占卜大师送给了你一个"吉""大喜"，现实中还是要靠你自己的"勤勤"过自己的日子。"成天下之亹亹"啊，人人都不能违背这一规律。

是故天生神物，圣人则之；天地变化，圣人效之；天垂象，见（现）吉凶，圣人象之；河出图，洛出书，圣人则之。《易》有四象，所以示也；系辞焉，所以告也；定之以吉凶，所以断也。

### 天气变化的影响

"是故天生神物",这个"是故"又是根据上文来的。这个"神物",有的学者的解释是灵龟和蓍草。灵龟的龟甲一烤,会显示出一种甲纹,根据这个甲纹能够判断出吉凶。还有一种是蓍草,这种蓍草竟然还那么有灵气。"圣人则之","则"是仿效。"天地变化,圣人效之",天地最大的变化是四时的变化。"圣人效之",神农氏,也就是炎帝,他是中华农耕文化的创始人,这里所指的"圣人"当然是以神农氏、轩辕氏(黄帝)为主了。"效之",农耕离不开二十四节气,这二十四节气就是效仿天文来的嘛。

"天垂象,见吉凶,圣人象之",天上布满了乌云,就知道暴风雨要来了。今天早上起来的时候朝霞满天,天上有火烧云,预计要下雨;太阳下山的时候,西北边的天空很明朗,就知道明天肯定是个晴天;今天晚上看到星星很稀少,特别是夏天,明天肯定太阳特别厉害。这些都是"天垂象"。"见吉凶",今天晚上一看天,哎呀!天气要起变化,明天要下大雨,对稻子收割是不是有不利的因素?如果我明天要收割稻子,一看天气很好,这时吉的现象又出现了。

无论是哪一行、哪一业办事都与天气有联系,像出版界也与天气有关系。记得1998年发洪水,出版社把书发到各地火车站,天下大雨,火车站里进水了,书也泡水了,这个损失谁负责?你说:"我不是务农的,这个天气与我没关系。"同样有关系。如果到处遭灾,损失太大,人家在那里逃难,没有房子住,精力都放在重建家园上,哪有钱去买书呀?哪有心思去看书呀?所以出版社也受到影响。我们中国是以农立国,传统文化就是农耕文化,讲来讲去是围绕农耕来说的。

### 《河图》《洛书》的启示

"河出图,洛出书,圣人则之",这是讲《河图》《洛书》了。在洛阳的黄河边上有上卦村、下卦村,在天水市三阳川那个地方有个卦台山,在卦台山的西北角上,一眼就能看到山边有一个龙马洞,就在渭河边上。传说龙马一下子就从那个洞里飞出来,伏羲看到马身上的图案,于是灵感来了,便以这个图演绎了八卦。这个仅是传说而已,但是从这个传说我们可以去推测一下。首先是伏羲画八卦在前,看到那个马在后,为什么呢?他可能正在演绎八卦,可能还没那么成熟,正在探索中,突然看到那种马身上的花纹、图案,一下子得到启发了。当时可能有这种马，这种马可能已经退化了，是一种特有的马，现在看不到了。马背上的花纹不一定是八卦图案，只是他得到了一种启发、触类旁通而已。

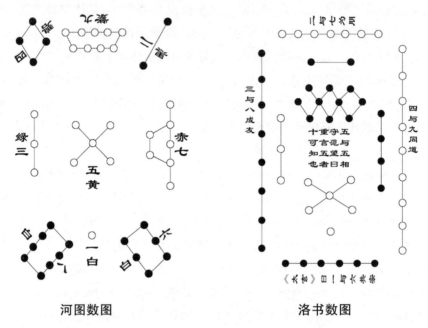

河图数图　　　　　　　洛书数图

我们做事不也有这种现象吗？你正在对某个事不得其解时，看到某一个东西，本来二者之间风马牛不相及，但是对你是一种感悟、一种启发。我的推测是这样，仅供大家参考。因为那个时代离现在也有七八千年了，这七八千年里很多物种都起变化了，即使是人也起变化了。现在很多动物都退化了，退化的原因是什么？因为人为的东西多了，气候、地理都变化了。

我看到过一个报道，几只老虎被关在一只笼子里，两个十九岁的女孩，穿着老虎花纹的衣服给老虎喂食。突然一只老虎衔住一个女孩子的手将她拉下去，一口咬住了她的脖子。好在有人及时赶来，才不至于造成惨剧，不然的话，六只老虎肯定要把她撕碎了。有一位学者目睹了事情的全过程，他认为，是谁之过？是老虎的过错吗？人就没有责任吗？老虎是野生的，你为什么把它关在笼子里？这个问题需要我们去思考。为了人类观赏，也为了经济利益，竟然把这些野生的老虎关在笼子里，它难受不难受？现在到处有那么多旅游的，人来人往到处都是。人在家里都坐不住，居然将老虎关着，人还跑去观赏它，它去观赏谁呢？我们也要思考一下，作为万物之灵长，不要一点责任心都没有。

传说在洛水那个地方有一种龟，大禹治水时坐在石头上休息，看到这种神龟从水里爬出来，看到龟背上有幅图案，这就是《洛书》。"圣人则之"，这个圣人指伏羲还是大禹？这只是一个传说，不是信史。

"《易》有四象，所以示也"。"四象"是刚才讲的那个四象，同时也有四时之象，所以表现出来了。"系辞焉，所以告也"，依此四象写出卦辞、爻辞告之世人。"定之以吉凶，所以断也"。"断"是断定吉凶。

## 天佑还是自佑？

"《易》曰"，就是《易经》里面讲的。《易经》里有好几个地方讲了"自天佑之，吉无不利"。"佑"是指助。最大的保佑是天佑。你们有没有这个同感？一个人身体上感到疼痛时只是喊娘："我的妈呀。"当精神空虚、绝望时，只是喊天："我的天哪！"生命这个物质的载体是父母给的，但是精神还是来自天。这个"天"就是大自然，大家可能有这个同感。所以"自天佑之"，当然是吉了，那还有什么不利的呢？因为你的精神是来自于天的，这里能看出天人合一。很多问题都能与我们现在人的习惯联系起来，从古到今，有一种千古不变的东西，一种理念、一种意识，甚至是一种本能，是与天相应的。

孔子又进一步解释这个问题。子曰："佑者，助也。"什么叫保佑？哦，是帮助你，仅仅是帮助你而已。观世音菩萨讲度人，是有缘则度。你没有缘，怎么度你？这个缘，就是说应该你是主动的，你时时都要主动，只要你发这个愿，我就要尽量保你。比如你想攀上一个山崖，上边有人拉你，但是你手不伸出去，甚至不情愿他来拉你，这总是不行的。你要把手伸出去，还要加一把劲儿，他在上面才能使得上劲儿。援助、援助，只能帮助你，真正的还是要靠你自己。

"天之所助者，顺也！"你不是要得到天的保佑吗？天能保佑你，你顺从天吗？你违背天的规律，那怎么能得到保佑呢？就像现在有的人异想天开，要去征服自然，去改造自然，结果到处给生态环境动"手术"，把整个生态彻底打乱了。我听说，黄山上有一棵树叫"梦笔生花"，据说那棵树现在已经枯萎了。是什么原因？山里造了一个水库，由于这个水库破坏了自然的水系，水压上不去了，树就枯萎了。

我再讲一个亲眼看到的情景。那年我们在天水的仙人崖，整个仙人崖（东崖、南崖、西崖）完完全全是一个整体，就像一整块石头，又高又挺拔，山腰间是光溜溜裸露的石壁，但是山顶上是郁郁葱葱的树林。仙人崖下面是寺庙的一排房子。一位老师父带着我绕到大殿后面，那里有一个小水池子，崖壁上面渗出水，他让我喝了一口。哎呀！那水真好。我当时就想到，山头上那些树的树根，简直就是抽水机呀，甚至想象到石崖里面有很多很多毛细水管，这些小水管在地质压力的作用下把水抬升上去。崖身上有庞大的水系，这是一种自然的景观，如果破坏了，是不可能恢复得了的。所以说，要"顺"啊！要顺其自然，破坏自然总是不行的。现在有一些号称是科学家、专家的，根本没有读过古书，违背了圣人的教诲。圣人的这些智慧都是从自然中来的，教我们"则之""象之""效之"，而不是违之。

"先天而天弗违，后天而奉天时，天且弗违，而况于人乎？况于鬼神乎？"天都不去违背，你人能违背吗？刚才讲的那个沱江污染问题就很明显，因为上游的污染，造成沱江下游五十万余公斤养殖鱼的死亡，还有上百万群众生产、生活长达二十六天停水，二十六天里用车子运水吃，直接损失是 5.02 亿元。你看，这个损失有多大？你们想想，人可以用车子送饮用水，而江里的鱼虾有谁为它们送水？

"人之所助者，信也"，这里讲到诚信。人相互之间要不要帮忙？要互相帮助。但是你要得到别人的帮助的话，必须树立诚信，没有诚信，人家想帮你都很难。

"履信思乎顺，又以尚贤也"，"履"是履行。履行这个诚信，你再遵循那个"顺"。"尚贤"是墨子的思想。这里可以看得出来，墨子"尚贤"的思想是从《易经》里面来的。当然有人会讲，这句话是孔子说的，或是孔子的弟子说的。他们是同时期人哪，这本书的成书时间是在战国时期，但我认为在孔子时代就已经成书了。为什么？因为后面有一些"子曰"，是他的学生补进去的。但是它的真正的思想应该还是《易经》的，因为它是解释《易经》的嘛。

"是以自天佑之，吉无不利也。"这是孔子说的话。我们要好好体会这个"佑"字，要抓住两个字，一个是"顺"，一个是"信"。"顺"要顺乎天则，"信"就是诚信。

# 第十二章

子曰："书不尽言，言不尽意。"然则圣人之意，其不可见乎？

子曰："圣人立象以尽意，设卦以尽情伪，系辞焉以尽其言。变而通之以尽利，鼓之舞之以尽神。"乾坤其《易》之缊邪？乾坤成列，而《易》立乎其中矣。乾坤毁，则无以见《易》。《易》不可见，则乾坤或几乎息矣。

是故形而上者谓之道，形而下者谓之器，化而裁之谓之变，推而行之谓之通，举而措之天下之民谓之事业。

是故夫象，圣人有以见天下之赜，而拟诸其形容，象其物宜，是故谓之象。圣人有以见天下之动，而观其会通，以行其典礼，系辞焉以断其吉凶，是故谓之爻。极天下之赜者存乎卦；鼓天下之动者存乎辞；化而裁之存乎变；推而行之存乎通；神而明之存乎其人；默而成之，不言而信，存乎德行。

> 子曰："书不尽言，言不尽意。"然则圣人之意，其不可见乎？

## 悟能尽意

"书不尽言"，就是书面的文字很难表达人的思维。释迦牟尼佛成道以后，在菩提树下四十八个小时才起座。这四十八个小时他做了什么呢？讲《华严经》。给谁讲呢？给声闻、缘觉和菩萨他们讲，人是听不懂的。他的语言很简单，翻译出来就是《华严经》。我们读到的《华严经》仅仅是整部《华严经》的三分之一。《老子》（八十一章）五千多字，《易经》五千多字，至今仍在不断演绎，演绎了多少倍啊？成千上万倍，还是搞不懂。这个道理是一样的。有人说，那个不可信。那有什么不可信的？因为那是很难用语言表达的。所以释迦牟尼佛在灵山大法会上一上座，有人给他送了一束金菠萝花，他就拈花不语，什么话都不说。平时他一上座就开始讲经，但是那一天他什么都不讲，就是拈花，满座的人都不得其解，唯有迦叶尊者破颜一笑——这是心照不宣啊。佛就讲："我这是微妙法门。"所以他就把衣钵传给迦叶尊者。禅就是从那里开始的。

什么意思呢？佛说出来的是经，但是这个经又未尽其意，又没有表达出他的本义。有一天，释迦牟尼佛与弟子从一片树林旁边过，他捡起一片树叶，说："你们看这个树林里的树叶多不多？"弟子们说："多呀。"他说："我给你们讲的只是这一片树叶，但是我没有讲，树林里有那么多树叶。"那个比例是什么比例？佛有慈悲心：即使我讲出来，你们也听不懂，那怎么办呢？好吧，我就拈花微笑，让你们自己去悟吧。有人问："什么是禅？"佛心想说，又无法用语言表达的，要你自己去悟的，这就是禅。

"然则圣人之意，其不可见乎？"圣人的意思难道真的就不能理解、领悟吗？真正的领悟还要靠你自己。有人讲，《易经》也好，《老子》也好，孔子也好，无论讲什么，还是要互相融通来讲。唐代李通玄讲《华严经》，他是怎么讲的？他是用《易》来讲佛经，讲得非常好。为什么？因为知识都是互相融通的嘛。例如，如果我从字面上讲，几句话就讲完了，就没有面，没有展开。这样讲，多少有一个面，展开了。像你们有学政法的，政法学科都是一些法理，是不是有些枯燥？但是再举一些案例，不仅是现代案例、商业案例，还有古今中外的各种案例一展开，就生动了。如果不展开的话，仅仅是法理上的东西，可能也是很枯燥的，是不是这样？知识一定要展开，如果不展开，知识就会停留在寻章摘句上，就得不到启发。所以，讲课要多一些旁征博引，互相类推。

> 子曰："圣人立象以尽意，设卦以尽情伪，系辞焉以尽其言。变而通之以尽利，鼓之舞之以尽神。"乾坤其《易》之缊邪？乾坤成列，而《易》立乎其中矣。乾坤毁，则无以见《易》。《易》不可见，则乾坤或几乎息矣。

## 是杯子？不是杯子？

孔子说，圣人创立象数，以象数为规范尽可能地来表达他的思想。古代人有他的思想，从直立行走那个时候开始。你想一想，当野兽向他扑过来，他突然捡起石头吓阻野兽的时候，他有没有思考？可以想象，这是一种原始的思维。从这个思维推及以后，人类的思维是逐渐发展的。人的思维是很难用语言表达的，我们的先民用非常朴实的方式，用象数来表达，然后设立六十四卦，有三百八十四爻来反应万事万物的真实性。现在的万事万物，你讲哪个是真的？哪个是假的？如果按照《金刚经》上说的："一切有为法，如梦幻泡影，如露亦如电，应作如是观。"都是假的！你讲完全没有真的？真的还是有的。

中国佛教文化研究所所长吴立民先生讲了一个例子。他讲，有一个弟子参禅去问师父："什么是禅？"师父正端着一个杯子喝水，他随手指着杯子，问："这是什么？"弟子自然而然地说："这是一个杯子。"师父给了他当头一棒："错了，回去重参。"参了几天以后，弟子回来又问："什么是禅？"师父又指着杯子问："这是什么？"他想，第一次我讲是杯子，结果错了，挨了一棒子，于是就说："不是杯子。"结果又是当头一棒，又让他回去重参。第三次弟子又来问，他想，既然我讲是杯子挨了一棒子，讲不是杯子也挨了一棒子，那就讲："既不是杯子，也是杯子。"结果还是挨棒子。这是个游戏的说法，不行，还要重参。到第四次他又来，他想：肯定的、否定的、肯定又否定的都说了，这次什么都不能说了——没的说了，那就不说吧。

不说也不对，它总还是有一个东西在这里。为什么呢？你讲是杯子，错在哪个地方？有位中医说，停在那里的汽车不是汽车，是一堆铁，只有跑起来的才叫车。这是名家的说法——白马非马嘛。白马是马吗？白马就是白马，它不是马，"马"是很多种类马的集合名。所以这个杯子，以前不叫杯子，以后它也不会永远存在，因为它是很多物质合成的。再一个，起个名字叫杯子，到英国它就不叫杯子了。像镜子，在日本就叫"你像我"。

第二次讲不是杯子——又错了，为什么？你说不是杯子，但简单地说，它还是个杯子呀。所以第四次他就没话可说了。这个时候，师父把棒子举得高高的，大喝一声。弟子心想：挨打吧。可是棒子没落下来，就在那一刻，他悟到了。你说他悟到什么了？说不出来。禅宗有很多公案，它最后不说，说不出来，一说就错。为什么一说就错呢？如人饮水，冷暖自知。你把这一口水喝下去，这个冷暖只有你自己知道，人各有异。你想把你自己感受的东西都表达出来，表达不出来。你用什么语言表达？我把水喝下去有什么感觉？没有这个词来形容。即使形容还不是我感觉的东西，还不是真实的东西呀，对不对？只是想象、差不多而已。所以禅宗不立文字，不可说，不可说，一说就错，就落两边。不是落在那一边就是落在这一边，落在两个极端。

"设卦以尽情伪"，就是说，万事万物只要是人为的，都是假的，但是你又不能否认它的存在。"系辞焉以尽其言"，正是因为很难表达，但是又不能不表达，所以佛教讲不立文字，但是又不离文字，还是要用文字这种工具，交流中多少还是一个依据。

"变而通之以尽利"，在变通中来流通，在流通中互利。

## 如何"尽神"？

"鼓之舞之以尽神"，这个"鼓"字，《庄子》里的解释，就是把蓍草四根一分，在那里演绎，就是那个意思，那就是鼓动。这个"鼓舞"的目的就是为了激扬，毛泽东当年有"激扬文字，粪土当年万户侯"的诗句。激扬就是激发、张扬，为什么呢？因为事物有一个表象的东西，就像水停在那里，是静态的，你看是这样的，我看是那样的。假如现在有两位科学家，一位科学家是搞环保的，一位科学家是搞地质的。搞地质的看到水，他能看到水里面有矿物质；环保工作者看的是——这个水有没有被污染？这就是说，人们在分析这个水，那么这就是"鼓之舞之"，他就是在鼓动它。现在我们都在用各种手段、各种方法在万事万物上做文章。那里本来是一个自然景点，那个山长得很妙，那个石头长得很妙，那里的水很妙，就有人开发旅游，这就是鼓之舞之。你就是鼓动他呀。你鼓动得好，当然他人也就随之舞动起来了。

"以尽神"，就是尽量发挥它。有些矿物质，例如计算机上使用的硅（硅片），没有利用它的时候，它就是一种自然的矿物质，现在运用上了，运用它的时候就是"鼓之舞之"，为什么说"以尽神"呢？这个"神"就是说，硅有这么一种功能、一种性质，以前你为什么没有应用它？因为你没有掌握它的规律，没有掌握它的性质，现在你掌握了它的性质，哦！它还有这么一个功能。这就是神哪。你把它未知的功能掌握了，变成已知了，就是"尽神"了。电脑买回家，往那儿一放，对它一窍不通，一点都不懂。现在把它的各种功能——打字、上网等很多的功能都发挥出来了，你认为太简单了。但是在那些不了解、不会用的人看来，这就很神秘了，是不是呀？你们现在回想一下，在你们接触键盘之前，看到人家用键盘打字，你们是不是觉得很神奇？在你动键盘之前，你是不是很神往的？如今你自己变成神了——通神了。这就"尽神"了——你尽量发挥它的作用了。

## 《易》与乾坤

"乾坤其《易》之缊邪？"这个"缊"本来是指新旧丝绵混合在一起，这里应该是蕴。那么，乾坤里面蕴藏着《易》吗？提出一个设问。后面回答："乾坤成列，而《易》立乎其中矣。"乾、坤是开门卦，当然是并列的。乾卦是纯阳爻，坤卦是纯阴爻，阴阳向背，正好成列。"《易》立乎其中矣"，这个变化就是在阴阳之间。你看，你在道路中间走，两边是阴阳，阴阳是根据日影移动的，所以"《易》立乎其中矣"。

"乾坤毁，则无以见《易》。"如果把这个《易》仅仅当成六十四卦的话，那么"乾坤毁"了，把乾、坤这两卦拿掉，我只要六十二卦，那么这个《易》就不存在了。为什么呢？没有天地，怎么有乾坤呢？没有乾坤，那天下的万事万物是从哪儿来的？后面都是讲天下的万事万物。所以在《序卦传》中有一段：天地初开就有父母，有父母就有儿女，有儿女就有夫妻，就有君臣……它就是这么来的，就是这么一个过程。

"《易》不可见，则乾坤或几乎息矣。"但是"《易》不可见"，如果你见不到事物不变的规律和万物的变化，那这个乾坤也就死了。你看来看去它还只是文字，这个文字读来读去还是文字。乾坤里面有《易》，但是你见不到它的《易》，不能把握它的《易》，就等于没有把握乾坤。"天尊地卑，乾坤定矣"，你怎么去"定乾坤"？回头一看，哦！要见《易》才能定乾坤。

---

> 是故形而上者谓之道，形而下者谓之器，化而裁之谓之变，推而行之谓之通，举而措之天下之民谓之事业。

---

## 形而上与形而下

这里有个"形而上"和"形而下"，什么是"形而上者"？诸如道德、理论方面的，是抽象的、看不见的、无形的。何谓"形而下者"？就是看得见的、摸得着的、具体的，能够用感官去感知的、认知的。但是这个上下呢，我们不能拘泥在上下，应该有内外，有此有彼。拘泥在上下是不对的，因为在整个宇宙中，上下是特定方位的，以某物为主。另外还有些东西有内外之分。例如给你一块石头，你讲，这个里面哪里是形而上？哪里是形而下？所以这个东西我们要把它展开一点，放开看。

亚里士多德有一本书叫《物理学》，这个翻译很不好懂，所以严复先生把它翻译成《形而上学》，就是说，它讲的是一种很抽象的理论，是讲无形的，而不是讲具体的。如果给你一本书，书上教你做器具，或者其他工艺品，技术流程都讲得很清楚，那就是形而下的，是具体的东西，是看得见、摸得着的东西。《物理学》是讲理论的，所以严复翻译成《形而上学》。简言之，形而上者是精神形态方面的，形而下者是物质形态方面的。

## 变与通

"化而裁之谓之变"，这个"化"，也是一个过程。《黄帝内经》中说："物生谓之化，物极谓之变。"所以，中医学中有五化，即生、长、化、收、藏。

日常生活中的"化"。以前我举过一个例子——挑担子。虽然我出生在农村，但是我不会挑担子，挑起来一定是很难看的。挑一担水，挑一担稻谷，挑得很像样，让别人说你不是外行？可能很难做到。但是，一个地道的农民，他挑起这个担子，像电视上少数民族姑娘挑一担水，挑得非常优美。有的农民挑一担稻谷或是一担柴火，挑在肩上很美，他这个美就有一种"化"的过程。他把挑担子的要领、步调和技巧，都"化"在行为中了，一化就显得美了。我们不能去给它下定义，一下定义就不懂，只能这么举例子。农村还有一种独轮车。陈毅元帅说，淮海战役的胜利是老百姓用独轮车推出来的。这个独轮车不好推，推独轮车要靠腰扭，你不会扭、不会摆的话，这个独轮车就要倒，这就是把握平衡哪。我去推这个独轮车肯定不行。所以这里需要一个化的过程。

"化而裁之谓之变"，这个"裁"实际上是比较、类比，通过类比、判断，然后取舍。这个取舍是通过类比来的，这也是一个过程，这样才叫变化。凡是自然变化来的东西，都很美。比如吃豆腐，这个豆腐是炼丹没有炼成功，结果成了豆腐。东坡肉，就是他烧肉的时候烧过了，结果阴错阳差成了一道名菜。有些变化来的东西都有它的自然美，有它的奇妙之处，所以这个变化要"化而裁之"。我们要尽可能地把我们的思维引导、展开到事物中，不要停留在字面上，即使我这里讲得不准确，可能你们体验到的比我还准确、还好。我讲课讲得不是很好，但是我希望你们体验的比我讲得好，万事万物在化，人的观察、判断就是裁。

"推而行之谓之通"，"推"就是类推。通过类推去选择，选择之后再行动，这样才能使之通畅、流通。这个类推，在泰卦里就有："拔茅茹，以其汇。"这个"汇"就是类。"拔茅茹"，已经讲了，就是把茅草拔起来看它的根，它的根现在开始萌动了吗？冬天的草根可能水分少，没有活力。现在一看它有活力了，开始萌动了，你就分析，哦！阳气开始上升了，它开始发芽了，你就以这个来类推其他的物类。春天来了，它在萌芽，那么其他物类呢？其他的植物也在萌动呀。这么一类推你就知道，可以开始播种了。这时候播种就能发芽，就能得到好的收获，这不是变则通，通则久吗？这句话不解释也好懂。

"举而措之天下之民谓之事业"，现在讲"举措"，是指行动，一种大的行动、大的措施。"民"指百姓。这个措施的影响面比较广，它应该有利于百姓，有利于社会，这样就叫事业。古人之所以称之为"事业"，有一个前提，有一个内涵——有利于百姓，有利于大众，当然也有利于自己。佛教里讲"自利""利他"，你自己得到利益，也能利他，这个"他"是指众人，指社会。这样才能称为事业，否则是不能称为事业的。

---

是故夫象，圣人有以见天下之赜，而拟诸其形容，象其物宜，是故谓之象。圣人有以见天下之动，而观其会通，以行其典礼，系辞焉以断其吉凶，是故谓之爻。极天下之赜者存乎卦；鼓天下之动者存乎辞；化而裁之存乎变；推而行之存乎通；神而明之存乎其人；默而成之，不言而信，存乎德行。

---

## 象与爻

"是故夫象"，这里又讲到"象"，这个象是什么象呢？这里又重复了以前的一段："圣人有以见天下之赜，而拟诸其形容，象其物宜，是故谓之象。""赜"是指很复杂的事、麻烦事，纷纷乱乱的，天下这么多复杂的事物。"拟诸其形容"，模拟它的形容，又把它与物相宜的那些形象描述出来，用符号把它表示出来，这就是象。上面是风，下面是水，风吹着水，这是什么卦？涣卦。涣是涣散，就是水面被风吹起小波浪了，水面涣散了，这就是卦象啊。

"圣人有以见天下之动，而观其会通，以行其典礼"，所以万事万物的变动、流通，还有人类的活动，这个"会通"——它们之间的汇与通，怎样汇？怎样通？上次举的例子是：我们都坐在一起，是汇在一起，但是如果志向不同，目的不一样，就不通。来了一位编辑，他不听我们讲课，他来了又走了。"会"是打了一个照面，然后就走了，因为不通嘛。就是说，办事的目的不一样，任务不一样。"以行其典礼"，这就是说，事物变化出来都有美的一面，那么人的行为也要有美的一面，这个美就是典礼，这个礼不仅仅是礼貌。

"系辞焉以断其吉凶"，然后又用这个辞来判断吉、凶、悔、吝，甚至还有小吉、大吉、元吉的区别。"是故谓之爻"，这些判词在每一个卦里都有。

"极天下之赜者存乎卦"，所有天下这么多纷纷扰扰的事，都存在于这个卦里，都能用卦来表现。六十四卦就是六十四大类事物的情态、情状，是不是可以这样说？我认为能够分类，预测就是这样，如果不分类，是无法预测的。不仅仅是预测，经营管理方面也是要分类的，如果不分类，是很难把它作为教材去教授的，那是很难的。它把所有事物归类，然后把它分析、展开。六十四卦能够隐喻很多的事情。

"鼓天下之动者存乎辞"，这个"动"字与"变"字有区别。动就会有变化，当然是动中才是变化，动中有变，变中有动。但是动与变又有区别，这里的动是指人为地动，而变是指自然地变。下面又是前面讲过的了。"化而裁之存乎变"，通过人类的社会活动，在实践中不断实践，就有变化。"推而行之存乎通"，在推行中就能流通，就能变通。变则通，通则久。"神而明之存乎其人"，这个"人"是指谁呢？如果狭义地来说，这个人是指占卜的人，运用《易》的人。广义地来说，是指所有人。在所有人中也有区别。"神而明之"，你明白神，明白未知的东西，一下子把未知的、不明白的弄明白了。谁能明白？是人明白了，这个明白的主体是人。

## 无　为

"默而成之，不言而信，存乎德行。"这个"默"字很重要，实际上就是讲无为。为什么说是无为呢？有很多人，不仅仅是那些搞占卜的人，即使不懂《易经》，也不相信《易经》的人，甚至于反对《易经》的人，即使他对占卜的事根本不相信……这些人同样生活在《易经》里讲的那种情状中。为什么呢？每个人都有人生追求，无论是学业的追求、事业的追求，乃至爱情的追求、财富的追求……种种追求都是有的。在你追求的开始都是盲目的，在过程中也会有许多盲目的地方，因为未知的、不确定的因素很多。但是面对这么多不确定因素，面对这么多未知，人往往都有一个本能上的通例，很想走捷径，有种侥幸心理。什么时候我能无师自通呢？什么时候我能早上栽树晚上乘荫呢？每个人都有体会，都经历过，只是程度不一样，这是急功近利的心理呀。

我为什么讲这个？因为这种情状与"默"是相对的。这个"默"不好理解，就理解一下相对的情景。"默"就是无为，为什么无为？要遵循规律。噢，你想早上栽树晚上就乘荫？办不到。你想，它有它的规律，它要一天一天、慢慢地按照这个规律长才能长大，你才能乘到它的荫，你才能得它的利。那我们就耐心地等待吧，这种耐心就是一种"默"。

《庄子》里有一个故事：有一个人的背驼得很厉害，外貌长得很丑，是一个罗锅，几乎是个废人，但是他会植树。很多富户人家的后花园里都要植树，都请他去，结果他由一个废人变成了一个有用的人。他植树的成活率非常高。人家问他诀窍是什么，他说没有诀窍，栽上树后不要动它。但是有钱的人栽树呢？天天都去摸一摸、摇一摇，这样它的树根就动了，就长不大，成活率就不高。你看，他没有其他的招，他就一招：不去理它就行了，让它长它的，就这么简单。这不就是默吗？这就是一种无为啊！

"不言而信"，为什么信？这个信是什么？是自然中的诚信。我要慢慢长，我要根据寒暑往来自然成长。很多伟人都是冬天出生的，为什么？他在娘胎里就经过了一个寒暑往来呀。这里有诚信，你服从了我，你顺从了我，我自然要成全你，就是这么一种承诺，天与人、天与物的承诺。天怎么说？你顺从了我，我就要成就你。人怎么说？我祈求你成就我，就是这么回事，就是这么一份协议、一个承诺。

"存乎德行"，这个德行是什么？我顺从了你的规律，你成就我，这就是德行。"德"是天德，"行"是人的行为。根据这个天德，你的行为、行动遵循这个规则就行了。这就是互相的承诺。

到此，《系辞传上》讲完了，其中有许多例子以前都用过。也许有人认为这是重复，其实重复是积累，是经验，而人的灵感和悟性往往就在这种重复中产生。列宁曾经说过："好的电影不只看一次。"那么，好的书也不只看一次，好的例子也不只听一次。只要用心，例子在重复，感受在更新。我们回顾一下《易经》原文和《系辞传》，其中重复的几乎比比皆是。一部千秋盛传的《金刚经》，前后都在重复"无我相，无人相，无众生相，无寿者相""应无所住，而生其心"等。《论语》中也有不少前后重复的句子。但愿我们在重复中"日日新，又日新"，因为生活在天天重复，生活的意义又在天天升华，这才是享受生活，享受人生。

# 系辞传下

## 第一章

八卦成列，象在其中矣。因而重之，爻在其中矣。刚柔相推，变在其中矣。系辞焉而命之，动在其中矣。

吉凶悔吝者，生乎动者也。刚柔者，立本者也。变通者，趣（趋）时者也。吉凶者，贞胜者也。天地之道，贞观者也。日月之道，贞明者也。天下之动，贞夫一者也。

夫乾，确然示人易矣。夫坤，隤（tuí）然示人简矣。爻也者，效此者也。象也者，像此者也。爻象动乎内，吉凶见（现）乎外。功业见（现）乎变。圣人之情见（现）乎辞。

天地之大德曰生。圣人之大宝曰位。何以守位？曰仁。何以聚人？曰财。理财正辞，禁民为非，曰义。

> 八卦成列，象在其中矣。因而重之，爻在其中矣。刚柔相推，变在其中矣。系辞焉而命之，动在其中矣。

### 八卦螺旋

《伏羲六十四卦顺序图》有两个，一个是圆图，一个是方图，圆图在外，方图在内。那么，"八卦成列"这个"成列"我们要搞清楚，它是两种列。古代作战有长蛇阵、龙门阵、八卦阵，这个"列"就是一种阵。实际上它不仅仅是方阵，八八六十四卦排成方阵是一种，圆阵也是一种，都是"成列"。如果把六十四卦、三百八十四爻全部拉长，它不是线段，这个要搞清楚。它是圆吗？它也不一定是圆。为什么呢？它是螺旋体。

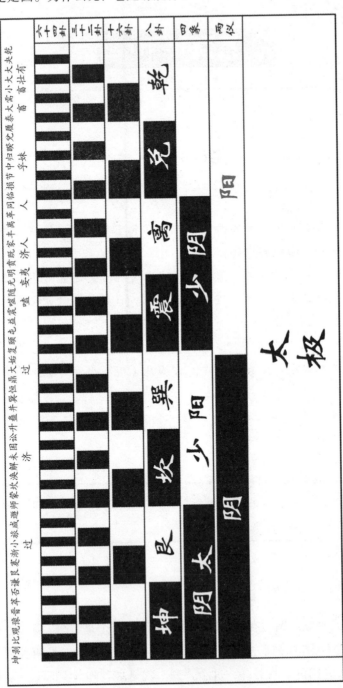

伏羲六十四卦次序

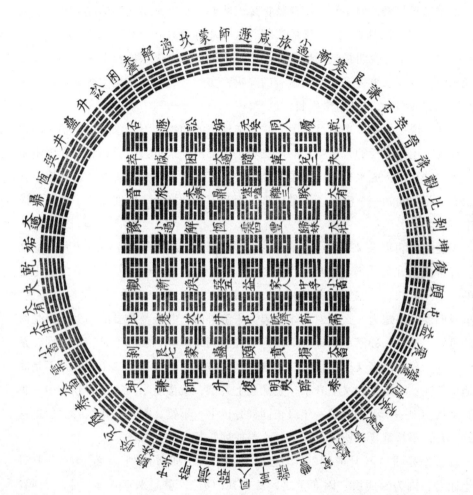

伏羲六十四卦方圆图

为什么说它是螺旋体呢?《易经》的首卦是乾卦,乾卦的初爻是初九,爻辞是"潜龙勿用"。六十四卦,三百八十四爻,从乾卦的初九爻开始,一直到最后一卦未济卦,未济卦的最后一爻是上九,它也是阳爻。那么,这个上九爻就是三百八十四爻最终一爻。未济卦的初六爻是"濡其尾"。这个"濡"是指沾湿了,就是说,这个小狐狸渡河的时候,尾巴沾湿了。狐狸的尾巴是很粗的,为了过河,把尾巴竖起来,但是它一下河就把尾巴沾湿了,这是初爻的情况。到了上九爻的时候,它"濡其首",首就是头啊。这个小狐狸尾巴沾湿了,浸到水里了,现在头也沾湿了,说明是沉到水里面去了。沉没水里会怎么样?有凶险吗?按照常规来说,沉到水里去了,那不就有凶险吗?实际上在爻辞里是"濡其首,有孚失是",只是说它失去了本来面目。

为什么说失去了本来面目?因为它是陆地上的动物,不是水里的动物。陆地上的动物是用肺呼吸的,现在它的尾巴和头全都沉到水里去了,那它现在就不是陆地上的动物了,成水里的动物了。爻辞中没有讲吉,也没有讲凶,甚至连小吝都没有,可想而知——没事,不是坏事,而是一种转换——狐狸变成了鱼(太极图中有阴阳鱼)。

现在我们再回头来看,从方阵变成了圆阵,它又回到了乾卦的初九爻上来了。乾卦的初九是"潜龙勿用",哦!狐狸又变成了龙。相传,狐狸是最懂得修行的,千年的修行,狐狸就能变成仙。这里呢?它不是修成仙,而是修成了龙。这里我们要搞清楚为什么是螺旋体,因为未济卦的上九爻与乾卦的初九爻不是简单的重复,不是一种简单的重叠。因为从乾卦到未济卦,实际上是一个轮回,是一个周期。现在回来又要进行第二个周期了,是吧?那么这第二个过程是不是简单地重复呢?不是,它又上升了,是螺旋上升型,就像从小学一年级到初中一年级,又从初中一年级到大学一年级,同样是读书,不错,都是一年级呀,但这是螺旋上升,不是重复。所以,这个"八卦成列"是一种螺旋体。

看起来是讲"八卦成列",我这里是讲"六十四卦成列"。我为什么要讲六十四卦?因为后面讲"因而重之,爻在其中矣",重起来不就是六十四卦吗?为什么"爻在其中矣"?我刚才讲的就是爻。那么,"象在其中矣",我现在讲这个"象"。现在我们看到的这个《易经》,大家认为《易经》这一本书,首先第一印象是卦辞、爻辞以及《象传》《系辞传》《序卦传》《杂卦传》,是不是这样?在人们的第一印象中是文字。但是我们要搞清楚,真正《易经》这本书,它的原刻本当然有文字,但是源头上出现的不是文字,而是符号、卦象、卦形。乾卦就是六个阳爻,坤卦就是六个阴爻。图书,图书,就是有图又有文,图文并茂,是不是？

所以在人类历史上，像这样带着原始符号和原始思维的书绝无仅有，这是唯一的。无论是在西方找哪一本书，像这样带着原始符号，特别是带着原始的图形，这是唯一的。这本书里以什么为主体呢？这个要搞清楚。不是以文字为主体，而是符号图形为主体。为什么？这个文字是为符号图形服务的，是解释符号和图形的。六爻合起来是一个图形，但实际上呢？单独看，它是阴爻、阳爻，它是符号，它是由两个符号组合成的一个图形，图形里面又是以符号为主体。这个要搞清楚，离开了这个符号就没有图形，离开了符号这个文字就没有根。

我们还要清楚另外一个东西：这个符号是从哪儿来的？这个图形是从哪儿来的？是做什么用的？是不是即兴创作的？像现在画家想画一幅画，即兴地作一幅画？不是，它是观察事物——"仰则观象于天，俯则观法于地，观鸟兽之文，与地之宜，近取诸身，远取诸物"，是几代人共同创作的。它是这样得来的，这些东西就是象。

这个象是什么？我们来看，首先它是一个现象——自然本体的现象，自然里的景象，然后用两种符号把这些现象、景象表达出来就成了图形，就是这么来的。"象在其中矣"，这里有三个东西，把象换成一个词——情境，这就是象。那么，第二呢？就是符号图形。第三就是文字，就是这三个东西。如果是不善《易》者，那你就完完全全在文字窠臼里面出不来。

所谓"善《易》者"能突破文字去推测这个符号和图形，去推测、想象这个真实的情境，那就是善《易》者了，他能回到本来。就像你能玩一种机器，你能把这个机器拆开，拆开以后又把它装上，就是说能还原。所以说，仅仅是文字上能够滚瓜烂熟、倒背如流，讲得头头是道，这不是善《易》者，这只是文字《易》而已。讲《金刚经》的时候，那是叫文字般若，但那不是实相般若。什么叫实相般若？那就是事物的本来的情境、本来的现象。这个《易》跟禅是一样的，跟《金刚经》上讲的般若是一样的意思。

## 变与动

后面讲："刚柔相推，变在其中矣。系辞焉而命之，动在其中矣。"这里有两个字：一个是"变"，一个是"动"。为什么要讲清这两个字？似乎变也是动，动也是变——变中有动，动中有变，怎么把它分开呢？它是有道理的。这个"刚柔相推"，也就是前面讲的"刚柔相摩"——互相摩擦。相互之间要进行合作，同一个物质里，有刚的物质，有柔的物质。有的基本粒子显得刚，有的基本粒子显得柔。在人群里，有的人显得刚，有的人显得柔。刚与柔之间会发生一些关系，正因为这个关系，在互动中发生了一些变化。

"系辞焉而命之"，"系辞"当然是指写辞的人，是指文字。为什么讲"动在其中矣"，不讲"变在其中矣"呢？你用文字来表达"刚柔相推"，表达"刚柔相摩"，表达相互之间的这种互动的情境，真正来说是描述一种变化，为什么说是"动在其中矣"？这个是有区别的。因为动是讲行为的，而变一般是讲规律的。

为什么讲变是结果呢？一次我们在老舍茶馆现场看川剧"变脸"，面对面地看那个"变脸"。他不断地做动作，但是不是每一个动作都变了？他是在动呀，不断地动，但他的许多动作是假动作。你看，他是动了，但是没有变，他就没有显示出结果。就是说，变了才有结果。所以，这里的用词，我们要细心地去琢磨它的微妙之处。这个"动"和"变"的区别是相当大的吗？也不是，它只不过是有微妙的区别。但是这个过程和结果是联系在一起的，它不是分开的，只是把它微妙地区别开。那么，为什么讲系辞的时候是讲过程？下文正好给我们作了说明。

> 吉凶悔吝者，生乎动者也。刚柔者，立本者也。变通者，趣（趋）时者也。吉凶者，贞胜者也。天地之道，贞观者也。日月之道，贞明者也。天下之动，贞夫一者也。

## 道从观察中来

你看，开头讲"吉凶悔吝"，吉、凶、悔、吝是讲结果的。它是从哪里产生的？是从动中产生出来的。就是说，这个结果是从过程中产生的。如果把"动"讲成是结果的话，两个结果就重起来了。所以这里有区别，吉、凶、悔、吝是指结果。吉、凶、悔、吝是一个判断词——判断一件事的结果，是吉还是凶？是有悔还是有吝？是有咎还是无咎？这都是指结果，是从过程中来的。过程就是动呀，所以前文讲的动就是过程中的情状。

例如某件事，开始时呈现的是"吝"，显示出一种艰难的状态，但经过努力，结果又呈现为"吉"，由"吝"到"吉"就是变呀，努力的过程就是动啊。

"刚柔者，立本者也"，这个"本"就是根呀，是指客观的东西。为什么刚柔是立本呢？也正是《系辞传上》中讲的"动静有常，刚柔断矣"。你看，为什么是本呀？天地初开以后，当然就生出了变化，变化就产生了动静。"动静有常"，动静是普遍的，然后以刚柔来判断。所以刚柔是立本的，因为它是客观的，你离不开。在我们的生活中，万事万物不是显示刚就是显示柔。这种显示是无意识的。而这个刚和柔，都是人本性上的东西。当然有的时候用一些策略掩饰，那是人为的东西，是有为的，实际上它真正的刚与柔是在无为中显示的，它是一种本来的东西。这个有为与无为要区别一下。实际上人的刚柔，有的人的性格确实非常固执，显得很刚，你叫他改，他一生都改不过来。有的人非常柔，你想叫他刚一点，他也很难改变过来。所以说刚与柔都是本来的东西，它是本。

"变通者，趣时者也"，"趣"是一种趋向、倾向。这里重点讲一个"时"字。变则通，每个变都能通吗？变通，变通，也有变不通的时候。即使是变通也有区别，有的变通得通畅了，有的变通得不是那么通畅，这也是有区别、有差异的。那么，这个差异、区别在什么地方？"趣时"——变得及时不及时？此时是不是变的良机？是不是真正抓住了变的时机？该变的时候你就要变，该变的时候你没有变，不该变的时候你变了，这就有区别了，这就有差异了。再有，你抓住时机的火候准不准？这也有差异。有时候在谈判关键期的发言，这就要看火候了，看时机了。这个时机抓得不好，不该说的说了，该说的没说，实际上这就是火候的问题。

《易经》里一再强调时、位。位是指空间，时是指时间。时、位这两个东西都要抓准，抓到位，抓住一个机，《易经》中为"几"，几者，机也。

"吉凶者，贞胜者也。"这个"贞"，按照前面的解释，就是正。但是这个贞它又按"常"来解释，所以说"正常"。吉凶当然是相悖的，为什么按正常来说，它是用"胜"字来判断的？难道凶也有胜？这里它讲了一个常规的道理。什么常规的道理？凡是争胜者，不能回避凶。又想取得成功，取得胜利，但是害怕凶，害怕失败，害怕风险，那你别干了，天下没有这种好事，是不是？所以说，越是不怕凶险、不怕失败的人，他胜的概率越高。为什么说"贞"字是正常？这才是正常的规律。你说："'我'要成功了，我这个成功肯定不会有风险。"那就不正常了。哪有这种好事呢？所以，要从常情中去想，这才是常道。

"天地之道，贞观者也。""观"是观察，这好懂。但是，天地之道为什么在于一个"观"字呢？天地之道摆在我们每一个人的面前，显得普普通通、平平常常，对每一个人都是一样的公平待遇。天地之道对你显出三分之一，对他显出一半，对我全部显示出来了？没有那么回事，对每一个人都是一样的。问题是，你能得到这个天地之道吗？关键在于你的观察。你善不善于观察？你善于观察，你就得的多。你深入观察，观察之后还去思考，你就能看到事物的本来面目。人家没有观察到的，你观察到了，这就看你的观察能力了。那么，这就是讲《易经》了。

孔子在这里讲了，《易经》六十四卦、三百八十四爻，都在讲自然现象，都是天地之道。这是我们古代圣人一代一代地观察得来的，一代一代地积累下来的。到了我们这里，仅仅从文字上解释，就成了文字《易》了，就不是天地之道了。你也要去观察，你不去观察还是不行。所以我们今天也少不了自己去"仰则观象于天，俯则观法于地"。你想省一点，是不行的。真省了，那么讲课离开了笔记本电脑，离开了稿子，就讲得不通畅，就讲错了，那是文字是背书，是咬文嚼字呀。他没有自己去观察，自己没有体验，那不是自己的东西，全是书上的东西，全是人家的东西。所以，解释这本《易经》的智慧是从哪里来的，你应该怎么去读《易经》？《易经》讲了天地之道，也讲了人生之道，你怎么去读？你不要仅仅读文字呀。你还要到天地之间，到野外去读，到生活中去读。我讲课之所以不用稿子，因为我下了功夫，可以说这个功夫是在日常生活中下的，逐渐积累的。

"日月之道，贞明者也。"这也很通俗呀。日月之道当然是明啦，这还要去解释吗？还要你再说一次？实际上它还是讲刚才那个道理。为什么呢？因为古代人观察天地，主要就是观察日月，他是从观察日和月着手的。你看，通过观察日，他得出了一天的昼夜交替，得出了东方和西方的方位，得出了时间——早、中、晚。观察月亮呢？月有月圆月缺，这一个月的时间就有了。这个《易经》是怎么来的？就是说，它不仅仅是文字解读，它是一代一代人积累得来的。你们不能忽略这个问题。

## 中国人的"天下"观

"天下之动，贞夫一者也。"我们看这个"天下"，中国的许多学者都讲了这个问题。就是说，中国古代人在国的概念之上还有一个天下。你看，修身、齐家、治国、平天下。《老子》一书中有五十七处讲到"天下"。这里是天下之动，而不是国家之动。在中国古代，皇帝贵为天子。不是叫国君，而是叫天子，这是我们中国传统文化中特有的思维，与西方不同。那么，国是一种什么概念？按陈立夫先生的理解，国是政统，即政治的统一。那么，天下是什么概念？是道统，就是文化的统一，实际上是指文化系统。从古到今，从夏、商、周一直到现在，朝代兴衰更替有多少呀？但是我们的传统文化源远流长。杜甫的那句"国破山河在"，国破了山河还在，还是这座山，还是这条河。朝代变来变去，但是我们中国的传统文化不会变，国破传统在。政统变了，道统不变，这就是天下的概念。

我们把这个思维放大，就能体会到中华传统文化特有的内涵。这种内涵使西方文化相形见绌，显得单薄了。西方文化是不错，有很多精华、经典。但是像我们中国这样的东西，一层一层揭示出来，它有很多内蕴、宝藏。为什么呢？它是成系统的。"四书五经"也好，"诸子百家"也好，道家的思想体系、儒家的思想体系、墨家的思想体系、法家的思想体系、名家的思想体系、农家的思想体系、杂家的思想体系、兵家的思想体系、纵横家的思想体系，这么多的思想体系，都是万变不离其宗，都是互相借鉴，都有"天下"的观念。

另外它有一个根，有一根红线在那里串着。这个思想体系里有"天下"的思维，我的思想体系里也有"天下"的思维，他的思想体系里也有"天下"的思维。《庄子》里讲到天下，儒家的《大学》里也有天下，《墨子》里也有天下，这就是道统啊。别看它分家——你这一家，他那一家，但是很多东西是不分的。这就是为什么说是中国中央之国。中者，立本者也。

现在欧盟统一，它是用什么统一的？是用经济统一。用文化怎么统一？没法统一。像法国人，"我坚持用法语，我就是不用英文，我坚持我的文化。"法国人就是固执，坚守着民族文化阵地。它有三套文字研究体系，一套是为总统服务的，一套是为总理服务的，还有一套是为整个国家机关服务的。货币可以统一，但是我的语言绝对不跟你统一。如果我的语言跟你统一了，我的民族就完了，法兰西就和英格兰一样了。所以这是一个值得深思的东西。

我们国家五十六个民族能统一，原因是什么？有一个文化思想体系在这里。《老子》里有"上善若水""以柔克刚"；兵家里就有一个"不战而屈人之兵"；《易经》里有"中正""中行"的概念。儒家讲中庸，道家讲中和，墨家讲中用，都有一个中，都离不开一个"中"。这就是我们中国文化大一统。"天下之动，贞夫一者也"，刚才我为什么讲那么多？就是这个"一"。看起来是分了道家的、儒家的、墨家的，但是它没有分开，还是"一"。一讲到天下，你讲天下，我也讲天下，他讲天下，都有天下的思维，还是一统。这个厉害不厉害？

这就是《易经》作为群经之首的功劳，因为《易经》有这个思维。为什么"天下之动，贞夫一者也"？前面讲了——"八卦成列"了。"成列"就是一体呀。如果是分裂的话，怎么能成列呢？成列和分裂是两回事，是不是呀？它不是分裂，是成列，成列就是统一。我们回过头看，《易经》六十四卦你怎么能分开？八卦是讲天、地、雷、风、水、火、山、泽；分不开的东西，它是自然中的一个整体。西方人讲宙斯，哪里有宙斯？讲上帝，哪里有上帝？这些东西都是虚构的，你想把它成列，它是无法成列的。我们这个东西是自然中的东西，它自然就是成列的，你分不开。你把风和雷分开？天和地分开？水和火分开？分不开。

---

夫乾，确然示人易矣。夫坤，隤（tuí）然示人简矣。爻也者，效此者也。象也者，像此者也。爻象动乎内，吉凶见（现）乎外。功业见（现）乎变。圣人之情见（现）乎辞。

---

## 刚与柔

这里又讲到乾和坤，这又联系到《系辞传上》中"天尊地卑，乾坤定矣"，又讲乾坤。"确"是指什么？确是指刚健。为什么是刚健？从字形上来看，"石"字旁，石是刚健呀；"角"，无论是牛的角也好，龙的角也好，这个角是刚健的，是硬的，连昆虫的触角都是坚硬的，是不是？"然"就是样子，就是刚健的样子。这很明显哪。乾卦显出刚健的样子，显示出一种易，显示出一种变化。无论是变也好，不变也好，它始终是一副刚健的样子、坚硬的样子。确实，石头和角都是实实在在的。

"隤"与"确"当然是对立的，隤是柔顺的样子。它以柔顺的样子显示出一种简。为什么是简呢？易和简有什么区别呢？易是指一种规律，简是指一种规则。乾卦讲自强不息，是以龙为象征。即使是潜龙，它还是龙；即使是亢龙，它还是龙，是吧？但是坤卦是以什么为象征呢？以牝马为象征。牝马是什么马？它不是一般的马，牝马是柔顺的。本来坤卦的象是牛，牛很柔顺，是顺从人的，但是为什么卦辞里是牝马，而不是牡马呢？也就是说，不是用雄马而是用雌马呢？因为牛的顺与牝马的顺有差别。牝马有什么特性？在一个马群里只有一匹公马，这一匹公马是挑选出来的，是护卫这一群母马的。这一群母马只认这一匹公马，对它忠贞，对其他马是排斥的。而牛不一样，牛没有这个特性，它只是一般的顺。所以用牝马，它有方向性，有趋向性。

我们读《易经》，要深入读进去。这里用字，不像我们现代人写文章，这个词也行，那个词也行，听起来好听就行了，古代人用词表达得非常准确，非常地微妙。有人删了几段话，而且改了几个字。《系辞传》流传下来，与我们现在已经时隔两千多年了，你有多大本事去改两千多年前的东西？情况变了，当时的用词，你以现代人的时代背景去理解，呀呀！你说这个错了、那个错了……我认为这太主观了、太随意了。我认为这个《易经》字字都是千金，我认为不是原文错了，是你错了，是你理解错了，理解不深、不透。所以这个"易"和"简"，它都是跟着"确"和"隤"走；这个"确"和"隤"又跟着"乾"和"坤"走。你看，它都有来历，它也是成列的，一点都不乱。所以《易经》六十四卦，排成方阵也行，排成圆阵也行。你怎么排都能排，这就是它的微妙之处。

## 卦卦都有用九、用六

"爻也者，效此者也。"你看这里，爻是"效此"，这个爻是指什么东西呢？我们要联系到乾、坤里的"用九"和"用六"，你离开了这个就讲不了爻是仿效什么了。爻是仿效卦的？错了。爻就是仿效爻的，就是仿效用九和用六，阳爻就是用九，阴爻就是用六。效是什么？就是用呀。它为什么要讲这个意思？在六十四卦里，"用九"和"用六"只有乾卦和坤卦里有，其他卦都没有，是不是？其他卦都没有"用"吗？不是，而是"效此者也"。无论是哪一卦，屯卦也好，蒙卦也好，既济卦也好，未济卦也好，逢阳爻就是效法"用九"，逢阴爻就是效法"用六"，就是这个意思。你不要认为后面没有"用"，后面都有，只是省略了。因为乾卦都是阳爻，坤卦都是阴爻，一句话就能讲"用九""用六"，但是到了其他卦是阴阳相迭，没有纯的。一爻一爻都去讲用九、用六，那不就乱了吗？不是重复了吗？一句话——"效此者也"就行了，你就明白了。

好多书上讲，"用九"和"用六"只有乾卦和坤卦有，都讲这个。后面呢？他认为后面没有"用"，这就错了。每一爻都有用，每一爻都在用。不讲"用"字，讲什么？就像我在《老子为道》里讲的：古人不是跟你讲道理的，而是讲用的。讲道理给你听，就是为了用。不讲用，给你讲半天，这个道理当饭吃？当不了饭吃。真正当饭吃的，还需要你自己去挣，而不是他人送给你的。讲道理给你听，就是要教你学会用。你学会用，你才能自己去挣钱吃饭，而不是靠他人给你饭吃，就是这个道理。

## 内与外

"象也者，像此者也。"对这个"象"和"像"，我记得国家语言文字工作委员会对文字有一个规范，特别是对"象"和"像"做了规范。这个"象"和"像"用起来有时候打架，经常出错，对有争议的字做了统一。前面的"象"是一个名词，是指现象，也可以讲是图像，指事物的本体是现象，你把它标画出来就是图像；后面这个"像"是动词。"像此者也"，这个像是指什么呢？还是指后面的，除了乾卦和坤卦以外，其他六十二卦里，阳爻象也好，阴爻象也好，卦象也好，都是像这个一样，也是模仿乾卦和坤卦来的。你把乾卦和坤卦理解透了，那么后面就好理解了。为什么呢？因为乾坤是象征天地的。万事万物离得开天地吗？离不开的。这个道理是很清楚、很明白的。

"爻象动乎内，吉凶见乎外。"这个"内"是指事物的本质，内部的规律性。卦与爻的区别在哪里？卦是指静态的，爻是指动态的，我曾经讲过这个。为什么呢？这个爻就是用，所以它离不开"用九"和"用六"。用就是动，一用就动起来了。毛主席在《矛盾论》《实践论》里讲事物的变化时，讲内因是变化的根据，外因是变化的条件。这就是内与外的区别，这就是辩证法。讲事物内部的变化，就像一粒枣子烂了，它是从里面烂起的，这就是变化。这就是说，爻象不是表示表象的，而是表示过程中的规律性的东西。

举个例子，如坤卦的初六爻——"履霜，坚冰至"。坤卦是六个阴爻，初爻就开始下霜了。由薄霜到浓霜，又到雪，又到薄冰，再到坚冰，这有一个过程，是不是？"履霜"，你踏上霜就知道坚冰就要到来，这是一个表象的东西，但实际上反映的是什么呢？它反映的是自然变化的规律。你踏上霜的时候，你不会想到马上就要赤日炎炎，这是不可能的吧？它反映的是一个自然变化的规律，这就是"内"。

从这里可以看得出来，它不是讲表象，它通过表象反映的是内在的规律。这个我们要搞清楚。我们理解每一卦、每一爻的时候，每个字都要扣住。孔子的解释看起来就这么几个字、几句话，他解释得非常清楚。从这儿就可以看得出来，孔子就是孔子，圣人就是圣人，不愧为至圣先师。在这几句话里，句句都不离爻，句句都不离"易"。我这个理解与孔子相比，相差了不止十万八千里，很多东西我还没有理解，理解了这么一点点就感觉到这个分量这么重，感觉得他的伟大了。

　　吉与凶，祸与福，这是个表象。这里告诉我们许多东西。有人做了梦：呀！这个梦不好，我做了一个噩梦。一大早起来就问这问那，忧心忡忡，这个梦预示着什么？有时候碰到一件顺利的事也有担忧，想预测一下吉凶。实际上，凡是显示出吉凶的，是一种外向的东西。善《易》者，真正懂得了《易经》，就超脱了。你懂得"易"了，又懂得"用"了，怕什么？你就不怕了。哦！它是外在的东西。然后再通过爻，看清了其中的过程，明白"用"了，吉里面有凶，凶里面有吉。你看看这个凶，再看看它的本质。你明白这个道理，你就能避开——没事了。是不是这么回事？这就是说，"善《易》者不占。"要占什么？有什么担忧？

　　圣人安贫乐道，乐天知命，非常达观。为什么达观？在他的理念中，无凶无吉，无福无祸，无善无恶，是不是这个道理？他能从这个表面现象，看到事物的本质、规律。这个事物向哪个方向发展，他看得清清楚楚，他就不怕。他看到这个事物向凶的方向发展，他能主动回避它，改变它，他就主动了，是不是？所以我们要真正懂《易经》，做一个善《易》者，就能达观、乐天知命。

　　"功业见乎变"，这里的"变"，按现在的说法是创新。孔子当时的意思也有一种创造性的东西吧？为什么说"功业见乎变"呢？这就是"变则通，通则久"嘛。你不会变，就不能通。不能通怎么叫功业呢？当然不能叫功业了。显现出功业，你还要会变通，会变通实际上就是创新。没有创造性是不行的。没有创造性怎么叫变通呢？《易经》里的爻辞非常有意思，一面讲"直方大"，一面又讲"不习无不利"，"不习"还"无不利"？一面讲"含章可贞"，一面又讲"或从王事，无成有终"，"无成"还"有终"？这就是变通了。你不"成"怎么还有"终"呢？没有成功怎么还有结果呢？有始有终，这本来就是成了，无成怎么还终？这里就有无为与有为的区别，很微妙。仔细研究《易经》，把《易经》琢磨透了，你处理问题、看待问题就很达观了，你始终是在变通、创新，而且显得很平常，看不出轰轰烈烈，也不需要轰轰烈烈。

## 大众之情

　　"圣人之情见乎辞。"这个"情"有几种意思，一种是指情境，一种是指胸怀，圣人有他的胸怀。什么胸怀？中国传统文化里讲胸怀四个字——天下为公。天下为公，这个情不是一般的情了，它以大众之情为情，情系大众，情系天下，以天下为公。这个"天下为公"不是孙中山先生提出来的，是《礼记》篇中的名句，孙中山先生是效仿圣人的。《大学》里也讲得很清楚——治国、平天下。为什么？格物、致知，到诚意、正心、修身，再到齐家、治国，还不够，还要平天下。平天下——以天下为公呀。

"圣人之情见乎辞"，谁作的辞充分表达出了"圣人之情"？如果具体一点，就是讲周文王了。实际上，这个《易经》的经文不是周文王一个人的，而是他前面多少代人口口相传传下来的。我们的老祖先都是圣人。以前毛泽东讲"六亿神州尽舜尧"，那时候只有六亿人口，六亿中国人都是尧和舜。就是说，卦辞也好，爻辞也好，它所显示出来的东西，都是老祖宗的胸怀。现在讲占卜，"你给我占卜一下我家发财的事，我家孩子上大学的事。"——只是一人一己一家，有一国吗？有天下吗？没有。这种占卜属于《易经》吗？它不属于《易经》，不是《易经》。

有人说，他也懂《易经》。他是真懂《易经》吗？到《系辞传》中看一看，到这一句中看一看。用《易经》给你起一个名字，用《易经》给你占一卦，占的是你的事，占的是你一家的事，这个不是《易经》，这不是为《易》者，这不是《易经》里的东西。《易经》里的东西是以天下为公的。也许有人会讲："你这个人老是在那里牵强附会，你老是在那里夸大其词，一个'情'字就讲了这么多，就夸得这么大，你讲得这么像模像样，未必吧？"但是，我不是空口无凭，我们真正走进《易经》思维，走进《易经》的六十四卦、三百八十四爻，走进去你就知道，你就能体会到这个"情"之大了，不是一己一家之情。如果离开了三百八十四爻，那是空话。我们不能站在门外说话。

净慧法师讲禅，他讲了一句话："不看你讲得怎么样好，要看你是不是过来人。"这个是判断的标准。只有你自己亲身体验过，你是过来人，你有体会，人家知道你是不是真正的过来人，听得出来。你认为我刚才讲的"情"字是夸大了？不讲我是过来人，起码我在《易经》里是反反复复、进进出出，不是十遍，也不是二十遍，是来回几十遍。我体验到这里的"情"太大了，这是我的体会。你认为我夸大了，我就是夸大。那么，你自己走几遍试试看？你不要站在门外说三道四，又是对近代科技启蒙的影响啊，又是"反思"，说来说去，都在门外说大话，认为自己是权威，可以包打天下，却没有体会过祖先们的胸怀天下。老祖先们胸怀天下，后代子孙就可以包打天下了？"知之为知之，不知为不知"，致知才格物，这才是科学精神。自己去走一走，自己去亲身体验体验，这才是科学态度。

> 天地之大德曰生。圣人之大宝曰位。何以守位？曰仁。何以聚人？曰财。理财正辞，禁民为非，曰义。

## 守 位

"天地之大德曰生"，"德"是什么？天地之德。天地之德是德合无疆呀。"生"是生生之为易呀，生生不息。这个"生"字就大了。没有天地，哪儿来万物？这个德与道有区别，道为体，德为用。道是本体，它是不动的，是不变的；德是变化的。

"圣人之大宝曰位"，你看这个"大宝"，"宝"是什么？仅仅是指宝贝吗？是宝藏——圣人的宝藏。圣人的宝藏是智慧，是智慧的宝藏，它是积累出来的。佛教里讲"三身"——法身、应身和报身。"尽此一报身，同生极乐国"，这个"报身"就是积累的。这个"位"是指空间。有人讲，这个位是指地位、官位，从科级到处级，再到厅级，再往上晋升……不是这个"位"。这个位是指一种空间概念，这是指社会地位、社会空间。

我们可以想一下，老子做了多大官？一个史官，仅仅是一个管理文书的管理员，他谈不上是一级的官。孔子又做了多大官？孟子又做了多大官？庄子没有做官，是吧？陶渊明也不过是只做了一个县令，以后不为五斗米折腰——他竟然不愿意做了，但是他的社会地位很高。李白做官了吗？杜甫做官了吗？他们都没有做官，都没有官位，但是他们的社会地位很高。所以这个"位"是指尊严（古人的尊严），一种自尊。有多少人尊重他？现在讲孔子是至圣先师，万人敬仰，万代师表，这个位还得了？万代师表，万代都敬仰他，这个位就崇高了。哪一个皇帝有他的地位高？有人总结，我们近代落后挨打的原因，是中国人太尊师重教了，其实，是古圣先师们的智慧宝藏源远流长，太令后世起敬了。

"何以守位？"你得到这个位要守得住。有多少有官位的人能够守得住呢？圣人这个位用什么来守？用仁来守。这个"仁"是什么意思？和天地相应，这叫和合众，也就是说，是不是仁？你能不能得到和合众？你能不能和合众人？你能不能与众人融合在一起？这个是很关键的。这个并不是说人多了，人多就为仁，不是这个意思，仁者才能合和。一和二才能合起来，阴和阳、奇数和偶数才能合起来，只有这二者才能和合，多一个就不行了，"三人行必损一人"哪。

　　三人行为什么必损一人？上次我讲，下围棋是两个人下，如果有三个人，必损一人，所以多一个人就坐在一边观棋不语吧。如果是打牌，五人行必损一人了，是不是呀？当然这是一个比喻。这个"仁"要搞清楚，中国的文化是讲平衡的，讲对应的。为什么讲对应？讲动就要讲静，讲刚就要讲柔，讲吉就要讲凶，讲祸就要讲福，讲失就要讲得，这都是对应的，是不是？只有对应才能和合。"仁"字你讲半天，怎么讲？一番大道理？不需要讲那么多，就是围绕"二"字讲，围绕阴阳二仪讲，围绕动静讲，围绕刚柔讲，就行了。

## 聚　人

　　"何以聚人？曰财。"何以把这么多人都和合在一起？"聚"就是和合。这个"聚"不是把乌合之众全部都召集起来，不是！是和合。何以聚人呀？"曰财。"这个"财"是什么意思？当然是财产、财物、财富，当然是这个意思。用什么来凝聚呢？当然只有财富。这里怎么去理解呢？《易经》六十四卦，讲完乾、坤两卦以后，就讲屯卦。屯卦是指什么？事物刚刚发生，万物伊始。然后再讲到蒙卦。事物刚刚发生以后，在蒙的阶段要去启蒙。蒙卦后面又讲到什么？讲到需卦，有需求了。需卦讲完以后又讲什么？讼卦，有需求就有争讼。讼卦以后再讲到师卦。有争讼，所以就要平息争端。师卦后面是比卦，争讼平息后大家都互相比附、亲附。谁平息了这个争端，谁就为王，大家都去亲附他。然后是小畜，小畜是什么？就是财富的小畜——积蓄起来了嘛。

　　除了小畜，后面还有大畜，这都是指财富的积蓄呀。为什么要财富？"大畜"后面是颐卦。颐就是颐养呀，你没有财富怎么颐养？它都是有道理的。你积累这么多财富就是为了颐养，这个很清楚。颐卦后面是大过，颐养是有益健康的好事，但颐养过度又会损伤健康呀。为什么？这是自然规律，也就是前面讲的"贞"者，就是正常，这是很平常的事。现在讲发财，"哎呀！你这个人哪，财字当头。"这有什么？为了发财就不正常了？但是这里也有区别，不是说你为了发财可以不择手段。

　　为什么说"方以类聚，物以群分"？"物"就是财富。这里就讲到了前面那个"情"。为什么讲到情呢？这里有个"仁"字在里面——和合众。这个财是指什么财？怎么分配？难道都是为了财来的吗？聚在一起不是为了分财，而是为了共同创造财富。你没有创造财富，你怎么有资格分配财富？哪来的财富给你分？第一个就是要创造财富，这个问题要搞清楚。为什么要和合众？只有和合众才能共同创造财富，乌合之众创造什么财富？乌合之众是来瓜分的，是来争夺的。这个要搞清楚，不然的话讲了半天财仍不明白怎么回事。其实这个东西是很清楚的，不然把人聚集起来干吗？就是为了创造财富。

创造财富是以天下为公，不是为一己一家，这个一定要搞清楚。为什么？"仁"字在那个地方，还有一个"位"字在那个地方，前面还有一个"生"字在那个地方。天地生万物不是为一人之生，不是为一家之生，而是为天下之生。水是为一人一家而生的吗？水也是财富，有人就靠"水"发财，但那是一种服务。它是一条线贯通的，是天下为公的东西，不能孤立地来看。所以我前面讲那个"情"字，不是任意夸大的。

## 义是游戏规则

"理财正辞，禁民为非，曰义。"我历来把这个"义"解释为游戏规则。什么叫义？这是一种规则，而且是一种游戏规则，不是法律明文规定的，不是国家制定的，是一种游戏规则。国家出了一个告示，国家已经明文规定应该怎么做，不应该怎么做，这个不叫义，这叫法。但是在朋友与朋友之间，行业与行业之间，有许多不成文的规矩，那些不成文的规矩就是游戏规则，就是义。

"理财正辞"，前面讲了聚财，那是指创造财富，现在讲"理财"，才开始讲分配了，讲如何合理地分配。"正辞"就是要名正言顺，要公开、公平、公正。

这里讲的分配，不能又局限在一个圈子里，我们一群人创造的，只能这一群人参加分配吗？不是。除了参与者可以享受分配外，还要分一部分作为再发展的基金，还要分出一部分作为对社会大众的回报——公益事业。

"禁民为非"，当然很明显了——哪些事不能干，那就要禁止。"禁民"就是教化民众。这里有两个"财"字，从创造财富到分配财富，实际上是一个大的系统。这个系统在我们社会上有很多游戏规则，也就有很多系统。仅仅以企业为例，从国有企业到私人企业到家庭小作坊，它从创造财富到分配财富，各是一种系统、一种模式。中小企业又是一种系统，国有大企业又是一种系统，跨国企业集团的系统肯定又不一样了，所以说各是一个系统。

这里讲系统，也就是讲义。这个义有一个很大的内涵，就是说，小系统也叫义，大系统也叫义。为什么讲义呢？因为义里是讲规则的，都有一个规则呀。并不是说，大自然有规律，我都是依据这个规律就行了——这个是不行的。并不是说，国家有法律，有这一个法律就行了——这也不行。到了系统里，到了企业里，还有大大小小的规则、规章制度。到了部门里还有部门的规则。这个东西就叫义，它完全是靠规则来规范人的。义是规范人的道德行为的。现在讲究企业文化，为什么讲究企业文化？你们都有体会。例如企业雇了员工，有些东西不是靠我规定你要怎样做，除我规定的以外，还要以我的人格、我的人品、我的为人来影响你，来感染你，用这个东西来规范你，这就是企业文化。现在讲法律条文也好，大大小小的规章制度也好，都无法把人的所有行为规范起来。没有办法，那只好靠文化来规范，靠道德观念来规范，靠人文理念来规范。这个义包含了很多东西。

为什么讲"曰义"？为什么最后以一个"义"字收尾？我们再回头来看一看，是不是这个"情"字为大公——天下为公？我们就能看得出来。这里讲到了"生""位""仁""财""义"五个内容，这五个内容也是成列的——八卦成列。一旦八卦成列以后，其他东西都成列了，就是说，《易经》里无论是卦辞也好，还是爻辞也好，都是成列出现的，都是有系统的，大系统里面有小系统。

# 第二章

古者包（páo庖）義氏之王天下也，仰则观象于天，俯则观法于地，观鸟兽之文，与地之宜，近取诸身，远取诸物，于是始作八卦，以通神明之德，以类万物之情。

作结绳而为罔（网）罟（gǔ），以佃以渔，盖取诸离。

包（páo庖）義氏没（mò殁），神农氏作，斫木为耜（sì），揉木为耒，耒耨（nòu）之利，以教天下，盖取诸益。

日中为市，致天下之民，聚天下之货，交易而退，各得其所，盖取诸噬嗑。

神农氏没（mò殁），黄帝、尧、舜氏作，通其变，使民不倦；神而化之，使民宜之。《易》，穷则变，变则通，通则久。是以自天佑之，吉无不利。黄帝、尧、舜垂衣裳而天下治，盖取诸乾、坤。

刳（kū）木为舟，剡（yǎn）木为楫；舟楫之利，以济不通，致远以利天下，盖取诸涣。

服牛乘马，引重致远，以利天下，盖取诸随。

重门击柝（tuò），以待暴客，盖取诸豫。

断木为杵（chǔ），掘地为臼（jiù），臼杵之利，万民以济，盖取诸小过。

弦木为弧，剡木为矢，弧矢之利，以威天下，盖取诸睽。

上古穴居而野处，后世圣人易之以宫室，上栋下宇，以待风雨，盖取诸大壮。

古之葬者，厚衣之以薪，葬之中野，不封不树，丧期无数，后世圣人易之以棺椁（guǒ），盖取诸大过。

上古结绳而治，后世圣人易之以书契，百官以治，万民以察，盖取诸夬（guài）。

> 古者包羲氏之王天下也，仰则观象于天，俯则观法于地，观鸟兽之文，与地之宜，近取诸身，远取诸物，于是始作八卦，以通神明之德，以类万物之情。

## 伏羲故里

开头讲到包羲氏，包羲氏也就是伏羲。伏羲的名字，由于方言不同，流传至今可能有误，所以有几个名字：包羲、伏羲，庖牺……我们首先要了解，伏羲的故里在现在的甘肃省天水市，具体位置就是天水的秦安县。这个秦安县我去过三次，那个地方以前叫成纪县，在《水经注》上有详细的记载，那里是伏羲的出生地。在秦安县往南有卦台山，卦台山上有伏羲庙。现在天水市所在地秦城也有伏羲庙，那个伏羲庙是仿造卦台山上的庙做的。

在新疆出上了一幅画，这幅画就是新疆墓葬出土的一幅伏羲、女娲画。左为男，右为女。伏羲左手执矩，女娲右手执圭，就是圭矩（规矩）。这幅图在联合国的一个刊物封面上刊登过，也就是说，联合国教科文组织对这一幅图非常感兴趣。下面是人首蛇身。按照现在的说法，六十四个遗传密码组成的双螺旋线结构与这个是相应的，科学家们现在正在研究。

另外，在卦台山下面有一条河，叫渭河。这个渭河里有一颗分心石，叫龙石。叫分心石就是在河中间，可惜呀，前几年，当地老百姓在上面炸石头，炸毁了一半，这太可惜了。这是个活石呀，从古到今，无论渭河的水涨还是落，它始终是那么高，是很神奇的分心石。

卦台山上有一个伏羲像，在"文化大革命"时期，那个伏羲像被砸掉了。以前不知道，在那个（泥或木）塑像里藏了一尊铜像。这尊伏羲像是铜的，内层刻有文字，有一百多千克重。这个一百多千克的铜像被推到山下，推到泥坑里去了，被当地老百姓当作废品卖到废品站，两毛多钱一斤卖掉了。现在想起来，实在是非常可惜的一件事。在这个伏羲庙门前有明代的一条古街，非常气派，可惜被拆掉了。我第一次去看伏羲庙，很远就望见那个大牌坊。但是那个伏羲庙前面空空荡荡的，没有古代的感觉，实在可惜，我当时很失望。

以后我们还可以到伏羲故里去感受很多东西，我那次就是到大地湾文化遗址去参观。在我们国家新石器时期，当然在旧石器时期以前有许多遗址，特别是长江流域有很多这样的遗址。就新石器时期来说，大地湾文化遗址是最早的，时间在公元前六千二百多年，这是碳–14测定的，离现在八千多年了，这就是伏羲的故里，这是有考古佐证的。

**伏羲女娲图**

这里有一个"王（wàng）天下"，而不是"王"（wáng），读"王"（wàng），不是称他是"天下王（wáng）"。这个字要有一个区别。这个"王（wàng）天下"是什么意思呢？就是说，伏羲并没有称王。德国的莱布尼茨在他的论文里和几篇演讲中，他都称伏羲为大帝，他认为伏羲是大帝，因为他是按照西方称"上帝"这样来称呼的。实际上，伏羲当时最多是一个部落或者一个氏族的酋长，或者是部落的首领，甚至连首领都不是，只是像现在科学家这样一个人物，在这方面专门搞研究，搞各方面的发明。那么，这个"王天下"实际上是说，他的发明影响了整个时代，这个"王"是指这么一种影响力。我们应该这么客观地看问题。

他发明了八卦，发明了琴瑟，发明了结绳记事，发明了罔罟，还有弓箭。由于这些发明影响了当时的社会。那么，这个"天下"的含义不仅仅是指空间的范围（当时起码是从渭河流域到黄河流域这么一个范围），另外还有一个时间的问题——整整一个时代向后推移呀。伏羲的发明，我们不能仅看作是他个人的发明，是一个以前多少代积累下来的东西。例如瓦特发明蒸汽机，实际上在他没出生以前就有蒸汽机了，只不过是单缸的，单缸起的作用不大。到了他呢？只不过是通过改进以后变成双缸、多缸，它的工作能力、功能一下子就增强了。所以，蒸汽机是谁发明的？是瓦特发明的。那么以前最先发明单缸蒸汽机的是谁呢？没有留下名字。我认为伏羲发明这些东西也像这种情形。人家发明的有些东西还不成熟。到了他呢？他把它成熟了。另外在同一时期，包括他的妻子（女娲），还有其他的人，都是合作者，好像有这么一个班子，当然是以伏羲为主。

## 《易经》的演变过程

再说包羲，这个"包"也叫"庖"，指厨房，或指烹饪、厨师。当然一开始不可能像现在有这么一个烹饪技术，当时主要是指把打猎得来的猎物做成食品，他能把那个猎物的皮剥掉，削掉，还能把肉片出来……这些也是一门技术，所以在这一方面可能也是比较有他的特长的。

另外，伏羲被后人称为"三皇五帝"的三皇之一。"三皇"有许多说法，有的人说包括女娲，有的把炎帝列入其中，有的把黄帝列入其中，无论是哪一种列法，伏羲都在其中，所以伏羲是"三皇五帝"的"三皇"之一，他是大家一致公认的人文始祖。当然，黄帝也被称为人文初祖，这个不矛盾。他是中华民族的人文始祖。对于伏羲氏，这里有必要做一些重点介绍，当然详细的介绍就很多。我这里有一本书，是李建成老师给我寄过来的，他是天水师范学院的一位教授，他写了一本《伏羲文化概论》，特地送给我一本，这是他花了十几年的时间潜心研究的成果。

另外，伏羲在很多书里，如《易经》《左传》《列子》《荀子》《山海经》《战国策》《淮南子》《吕氏春秋》《史记》《水经注》等，都有零星记载。这里主要讲他是如何作八卦的，如何演绎《易》的。因为《易经》这本书的主要作者有三位，首先是伏羲，第二位是文王，第三位就是孔子，也就是称为三古、三圣、三易。三古就是上古伏羲、炎帝、黄帝，他们三位所处的时代被称为上古；中古就是夏、商、周这三代，夏、商、周一般有人简称为三代，就是三个朝代，这是我们国家最早的三个朝代，称为三代，称为中古；从春秋以后一直到现在，就比较近了，称为近古。那么，三圣呢？就是伏羲、文王和孔子。就是说，上古的圣人是伏羲，中古的圣人是周文王，近古的圣人就是孔子，称为三圣。那么，三易是哪三易呢？第一个是《连山易》，《连山易》是艮卦为首卦，据传说是伏羲和炎帝演绎的，重起来就是六十四卦，这个是被夏代所应用的；第二个是《归藏易》，《归藏易》是以坤卦为首卦，因为坤为地、为藏（宝藏嘛），相传为商代所应用；第三个就是《周易》。《周易》是周文王在羑里演绎的，当然它的应用是在周代以后一直到现在，我们所读的《易经》就是《周易》了，是以乾卦为首卦的。

## 八卦是如何演绎出来的？

所以说，伏羲是《易经》的第一位作者，也就是演绎八卦的创始人。他是怎么演绎八卦的呢？下面就有一个详细的介绍。这几句话是非常著名的，在易学界提起这几句话，无人不知无人不晓："仰则观象于天"，观天象当然要仰首望天，这就是观察天文。为什么要观察天文呢？我在《天水日报》发表的那一篇文章，讲的就是这个事。在北纬36°一线向北望，那么这个地平线展开的是36°，在36°这么一个可视的天空中，有一个恒星圈，这个恒星圈中有二十八宿，有朱雀、玄武、青龙、白虎这四象。中间除了北极星，还有北斗七星。所以，这就是一个天象——天文之象。这个就不多讲了，凡是研究《易经》，很多都与天文有关系。

"俯则观法于地"，那就是地理。天文、地理，就是一个很大的范围了，这个内容很广泛。翻开世界文明史，无论是哪一个国家的专家著书，只要提到世界文明，都要提到中国古代的数学和天文。中国古代的这二项（天文学和数学），是得到世界认可的，是有它的地位的。这个与伏羲"仰则观象于天，俯则观法于地"是分不开的。为什么呢？他把天文、地理联系起来了，它不是孤立的。研究天文，离开了地理就是孤立的了。现在研究天文，有些东西与地球也要联系起来。你讲天文时，也要讲到地球。所以说，我们古代人——伏羲时代的人确确实实是有科学启蒙的思想。有一年春分那天，我与女儿珍泉陪同伊世同教授去葫芦岛，在春分那天凌晨驱车赶往秦皇岛，在原秦始皇宫殿旧址，观看春分时分太阳从海上那两块碣石中间升起。

"观鸟兽之文"，"文"就是纹彩、花纹。这个"文"在古代与"纹"是通用的，现在是分开的。前面我讲"上传"的时候已经讲过，这个"文"首先是自然实物、自然现象里的一个纹理、纹彩。石头有纹理，天上的云彩也有纹彩，水有波纹，人模仿它，用线条描绘出来，它就成了彩陶的图案，这就是文化了。"鸟兽之文"——鸟和兽都有纹彩。

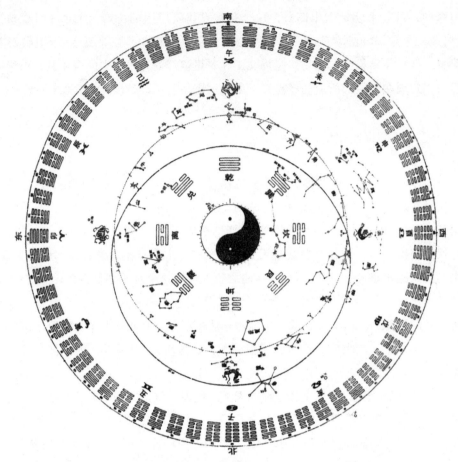

**天文学家伊世同先生绘图**

在卦台山侧有一个"龙马洞"。传说有"龙马"从那个洞里面飞出来，伏羲看到那个龙马身上有一个《河图》，看到那个《河图》他就演绎出八卦了，这是一种传说。但是通过种种传说我有一个猜测，如果这个东西是真的，我就认为真有这么一匹马，而且它身上确实有花纹，有斑点。但是，你想它就是一个完整的《河图》了吗？我想这个不一定。伏羲正在演绎八卦的时候，突然从那个马背上的花纹得到了启发，使他突然得到灵感，由于这个灵感使他的八卦系统成熟了。这是我的一个推测，根据我们的实践，往往有这种情形。

"与地之宜"，刚才已经有"观法于地"，为什么这个地方还要重复讲"地"？刚才讲的是地理，这里讲的是"地宜"——地之宜，这个"宜"必须与四季联系起来。为什么呢？这里的地理、地貌，一年四季都不一样。冬天显得荒凉，秋冬的时候是黄色的，到春天是绿色的了，而且山花烂漫。所以，它都是有变化的。

"地之宜"，这个"宜"就是说四季相宜呀。所以，这里必须扣住这个"宜"字，他观察出了四季的变化。

"近取诸身，远取诸物"，这里一近一远，我们不要把这近和远看得太绝对，实际上它只是相对而言的。"诸身"，例如乾卦象征人的首，坤卦象征人的腹部，兑卦象征人的口。这个就是"近取诸身"，人身上的部位是一种象征性的东西。"远取诸物"，例如艮卦象征山，兑卦象征泽——就是山川、河流、湖沼。坎卦象征水，离卦象征火，震卦象征雷，巽卦象征风。这也是诸物，自然现象也是物。

"于是始作八卦"——于是开始作八卦了。这是一个过程，这个过程讲得比较抽象。

## 八卦的卦德

"以通神明之德，以类万物之情。"这两句就更抽象了。这个"神明之德"实际上就是天德。为什么是天德？这个"德"又是什么意思？必须把这个德搞清楚。实际上，"德"应该讲的是一种作为、一种行为。为什么？我举个简单的例子。这个太阳，当你不了解它的时候，认为它也是神明，有太阳神哪。这个神明的本体就是一个太阳。但是它能送给人类温暖，你感觉到它的温度，感觉到太阳出来有光明，那么，它所发出来的这种功能就是它的德了！

"以通神明之德"——卦有卦德。乾卦是象征天的。那么，它的卦德是健。为什么是健呢？"天行健"，自强不息，运行不止。今天太阳朝起暮落，明天太阳还是朝起暮落。那月亮呢？月圆月亏，就是这样。这就感觉到，天地是运行不息的。这是一德：健。

坤卦呢？它表示地，地表现一种顺。为什么是顺呢？顺是一种柔顺、顺从。就像大地，它承载万物，什么东西都能够承载。它是跟着天转的，似乎就是顺从天的。这是它的德。

震卦象征的是雷，它的卦德是动，就是说，雷声的震动，把地都震动了——惊天动地，这就是它的德。

巽是风，卦德是入。为什么它的德是入呢？你看这个风，特别是那时候，人住在茅棚、洞穴里，只要有一点风，它都能透进来，人就感觉到一种入——无孔不入，到处都能进风。

离卦象征火。火就是附，它的德是附着。没有灯芯，没有柴草去引，没有炭，这个火从哪儿起？它必须附着在某一个物体上，它有依附的功能。

坎卦象征水，它的卦德是陷。因为水能够使地陷下去。只要那个地方是低陷的地方，水就能流进去。同时，它也会使某一地的土陷下去，陷下去当然就有危险。这个危险的"险"是由"陷"引申过来的，它的第一义还是陷。

艮卦象征山，山是什么？是止。它的卦德就是止。这座山挡住了路，水流不过去，风吹不过去，它就是一种止。

兑卦象征泽，就是河流。它的卦德是悦，这是什么意思呢？正因为有水，那一户人家、一个村庄有一口水塘，那就挺好呀！山清水秀。因为水能滋润万物，也能灌溉农作物。水井、池水、河水，给人带来了喜悦，也给植物带来喜悦，就是这个"神明之德"。

"以类万物之情"，刚才讲的实际上就包括了种种常情。

---

作结绳而为罔（网）罟（gǔ），以畋以渔，盖取诸离。

---

## 生活中的《易》——离卦

以上都是概括来讲伏羲始作八卦的情景，下边分开来举例，八卦是怎么来的。我在"天地生人学术讲座"上讲的《〈易经〉与汉字的草创历程》，实际上是从这个联想到的。为什么是一种草创呢？因为《易经》并不是一年就创作成的，或者说是一个人就把它创作出来的，它实际上是几千年中，世世代代的人不断地去积累、丰富，共同创造的。下面我们通过一些例子去体会。

"作结绳而为罔罟，以畋以渔，盖取诸离。"这里不是讲结绳记事，而是指把这个绳结好以后为罔罟。这个罔罟是做什么用的呢？当时做罔罟有两种用途，现在一讲到网就是捕鱼，但是那个时候指打猎的为多。这个"畋"字，如果是"佃"，就是指耕种，这个"畋"是指打猎。可以说"畋"和"佃"是同时存在的，是并用的，这里"畋"还是指打猎用的。那时候打猎为什么也用网呢？现在从有些电视剧里也能看得到，是用网捕野兽。

有一个成语叫网开一面。古代打猎也是用网，但是留一面。在讲六十四卦的时候我记得讲过——留一面，就是说，把其他三面都网起来了，花了很长时间，网了很大一片，那里有许多野兽。然后，狩猎的人摇旗呐喊，锣声震天，从敞开着的一面冲进去。他们往里冲的时候，那个开着的口上的野兽，头冲外的，它有防备，就向外跑。人并不去阻拦它们。人主要狩的是哪些动物呢？狩的是不知道往哪个地方跑，找不到方向的，专门狩的就是这些动物，而跑掉的就让它跑掉，就是说，要网开一面。古代人的这个思维是很有意思的。

这里讲"盖取诸离"，这里这个"盖"字没有什么意义，是一个文言语气词，就是发语词。"盖"就是讲话时开头的语气词，现在人讲话，开头都有某一种口音——习惯口语，如"哎""啊"等，它没有实际意思。"诸离"这个"诸"也没有什么意思。并不是说"诸"就是指多。这里一定要搞清楚，从这个"盖取诸离""盖取诸睽"……你一看，当时做罟罟好像是模仿这个离卦的了，不是这样。并不是说先有这个卦，后才有网。这里一定要搞清楚，后面所有的都要搞清楚，实际上这里还是指观察。

"与地之宜""近取诸身，远取诸物"，这是模仿、效仿。如果按照这个字面理解，后人发明的东西是效仿八卦，那是不对的，应该客观地看问题。按照现在来说，是要"唯物"地看问题。应该说，作八卦的人，演绎六十四卦的人，以及卦辞和爻辞，都是模仿、效仿自然中的事物的。那么，这个离是什么意思？这个离卦是火苗形状。具体怎么模仿，我们只能是推测，很难想象当时是怎么模仿来的。

> 包（páo 庖）羲氏没（mò 殁），神农氏作，斫木为耜（sì），揉木为耒，耒耨（nòu）之利，以教天下，盖取诸益。

## 生活中的《易》——益卦

"包羲氏没"，人死了就叫"没"。"神农氏作"，就是神农氏继承了。从这儿可以看出，是一代接一代地继承下去，神农氏也就是炎帝。这个神农氏到底是不是炎帝？轩辕氏是不是黄帝？历史上是这么通称的，但是有人提出了异议，这个我们不去管它，还是按照普遍的说法。

"斫木为耜，揉木为耒，耒耨之利，以教天下，盖取诸益。""斫木为耜"，这个"斫"当然是砍斫。那"耜"这个工具到底起什么作用？现在也搞不清楚了，可能与现在的锹有一些相似。

"揉木为耒"，这个"耒"是指犁，这个犁上有一个把手，这个把手是弯的。这个时候必须要揉。"揉木"就是用火把木烘软，慢慢地让它软化，然后使它有一点弧圆形，这个就叫作揉木。揉木就是用火烤使它有些弯曲。"揉木为耒"，这就叫"耒"，犁的把手就叫耒。那么，"耒耜之利"的"耜"呢？实际上这个耜是指除草用的东西。有的地方除草专门有一种工具，我们那个地方除草就是用锄头，但是有的地方就不一样。像河南，就有一种专门的东西，那里管它叫耜。"耒耜之利"，当然这个"利"是指有这一种功能了。"以教天下"，教会很多人都来这么做。"盖取诸益"，像这个"耒耜之利"，这个中间就好像是耕出来的土地，就像耕田似的：这里有一个把手，这里是一个犁，用它犁土，是这样一种形式。

> 日中为市，致天下之民，聚天下之货，交易而退，各得其所，盖取诸噬嗑。

## 生活中的《易》——噬嗑卦

这个"噬嗑"，就像我们现在人做买卖一样，生意，生意，生意是谈出来的，双方讨价还价嘛。"噬嗑"的意思实际上就是"咬合"。举一个简单的例子，就是这么一个东西，是一个整体的，你把它放到嘴边，把它咬破了，咬破后嘴唇合起来了。这是引申为两个人谈生意，两个人谈拢了，这个买卖做成了，交易就成了，所以是一种交易。当时是"日中为市"，一般就是上午。古代一般卯时开始交易。

"致天下之民"，"致天下"就是说它不分地域，一般都是部落与部落之间进行交易。"聚天下之货"，是用货易货，那时候没有钱币。"交易而退"，大家都交易完了，当然集市就散了。"各得其所"，每个人都有所得了。这个"噬嗑"就是模仿、效仿交易来的。

> 神农氏没（mò 殁），黄帝、尧、舜氏作，通其变，使民不倦；神而化之，使民宜之。易，穷则变，变则通，通则久。是以自天佑之，吉无不利。黄帝、尧、舜垂衣裳而天下治，盖取诸乾、坤。

## 生活中的《易》——乾、坤

"神农氏没，黄帝、尧、舜氏作"，这里又是一代一代地往下传递了。到了黄帝以后，有尧，有舜，还有颛顼、帝喾，以后到禹。

"通其变，使民不倦"，这个"倦"好像是厌倦，这里我们不能这么理解。这个"通其变"，通什么变呢？实际上还是指《周易》，也就是说，用八卦演绎六十四卦，不断地去演绎。我们现在来看六十四卦是很成熟的了，而且有了卦名卦序，还排出顺序，还有卦辞和爻辞。但当时是零乱的，不是完整的，甚至于六十四卦都不全。你重一卦，我重一卦，他又重一卦，以后就"通其变"，大家共同创作，互相交流融通。

"不倦"，就是把这六十四卦继承下来了，流传下来了，流传没有间断。我认为这个"不倦"是指没有间断。人们对此乐此不疲，还很感兴趣，还一代一代地往下传。我认为应该这样去理解。我查了一下，好多书上都解释为不厌烦、不厌倦、不疲倦。我认为不仅如此，为什么不厌倦呀？因为大家对这个还是很重视，很感兴趣，认为六十四卦对大家还是有作用的，所以"不倦"。所以大家还是在不断地研究它，传承它，没有使它间断。

"神而化之，使民宜之"，"化"是化成天下。这个"神"是什么意思呢？我们不能说它是神话，是什么门神、什么河神吗？不是。就是说，大家对这六十四卦，对这个《易》有一种崇拜、敬畏之心，起码是重视的。我认为最关键是有种好奇心。当作一个神奇的东西，认为它里面有许多神秘的东西，所以就不断地去研究，在继承和流传中不断地去成熟，所以化成天下了。"使民宜之"，这个"民"是指大家，这个"宜"，就是适宜、适用，并从中得到启发。这个"宜之"，是使大家都能从中得到启发，得到教化。

"易，穷则变，变则通，通则久。"这个"易"要单独读，连起来就读不好。当然，易就是变易，这个里面主要讲的就是变易，不断地去变易它。不断地去变化它，演绎它。有人把这个"穷"，当作贫穷来解释了。我认为这个不对，应该是穷尽，在演绎中穷尽它的变化。你穷尽了它，按照这种思维，按照这种构想去演绎。现在它还没有变化，你演绎到一定程度，它的变化就出来了，一变化它就通了。这个通就是感悟呀——有新的感悟了，就有新的心得了，它又开始进步了，慢慢成熟了。然后"通则久"，这个"久"是指能成立。由于能成立，就能流传久远，因此源远流长啊。

我的理解就是围绕这个《易经》来解释。通则久，就是流传久远，它就能够延续下去。因为你不但穷尽了，而且不断有新的变化、新的进步了。这里似乎有一个重要信息，《系辞传》不仅仅在解释《周易》，而且同时也在追溯三易演绎的历史。

"是以自天佑之，吉无不利。"你看，这首先是一个赞叹词。赞叹什么？赞叹它"通则久"！"是以"就是所以。它能够"自天佑之"，是谁在保佑啊？当然它是自己保佑自己了。其次，它确实得到了自然的法则了——"观象于天""观法于地""吉无不利"，这当然是大吉大利。大家运用起来——都有利，这又是一种赞叹。什么东西值得赞叹？就是因为"穷则变，变则通，通则久"，一代一代传下来，几千年一直传承下来，这是孔子讲的话。从伏羲、神农氏、黄帝、尧、舜，然后一直传到周文王，一直传到春秋孔子时代，可想而知了，至此唯有赞叹了。你说久不久远？成就这么一本《易经》，那是多难得啊？所以，这是一种赞叹。

这里一个"垂衣裳"，我也想了好长时间，它有很多解释，我取了一种解释。这个垂，读 chuí，又读 zhuì。这个垂（zhuì）就是缝呀——缝衣裳。以前有衣裳吗？也有衣裳，但是很简单。到黄帝、尧、舜的时候，他们又有新的发明了。他们能把布一块一块地缝起来。以前，就是布片围在身上，披在身上，还谈不上是衣裳，而现在称为衣裳。这个衣和裳有区别，上身为衣，下身为裳，叫衣裳。现在叫服装，那时候是有区别的。所以坤卦六五爻是"黄裳元吉"，黄裳是指下装，下身的服装为裳，它的本色是黄色的。这就是"垂（zhuì）衣裳"。

"而天下治"，这个"治"是指文明，"天下治"就是指天下文明。为什么呢？因为不断有新的发明。你想，大家的衣着文明，那么这个社会也就显得文明了。

"盖取诸乾、坤"，这个乾、坤，是根据什么来的？我们这样设想：乾卦☰，为后衣片，坤卦☷，为前衣片，前衣片开扣。当然我只能在这里想象啊，我们很难知道当时是怎样去模仿的。

> 刳（kū）木为舟，剡（yǎn）木为楫；舟楫之利，以济不通，致远以利天下，盖取诸涣。

### 生活中的《易》——涣卦

古时候的树大，不像现在。那个时候大树太多了，人把树挖空了，可以做成木舟。现在好像少数民族、非洲都有，很大的一棵树，把中间挖空了，然后放到河里，一个人划，还有这个现象。"刳木"也好，"剡木"也好，都是指砍树、挖空的工序。"舟楫之利"，一个是舟，一个是桨，当然有它的功能了，这个功能主要是做什么呢？"济"就是渡。既济、未济的济就是渡。有河当然就有水的阻隔。隔山容易隔水难——这就是说，不通了。因为有舟楫了，那当然就通了。"致远以利天下"，当然就能够到更远的地方去交易了。那么这个涣卦是怎样模仿它的呢？这个涣卦上边是风，下边是水，风吹在水面上，把水面吹得波澜起伏。水上有木舟，涣卦的上卦为巽卦，是属木的，舟在水上。

---

> 服牛乘马，引重致远，以利天下，盖取诸随。

---

### 生活中的《易》——随卦

"服牛乘马"，牛拉车也好，马拉车也好，这里不仅仅是指骑在马上。实际上，有骑马的，也有牛拉着车子的。"引重"嘛，它能载重。"任重而道远"这个词也是从这里来的。那么，随卦又是怎么来的呢？随卦上面是泽，下面是雷——泽雷随：上面是喜悦，下面是车轮滚动。这个雷是什么意思呢？这为什么又是车呢？就是说，车轮滚滚像雷声隆隆那样，因为车载得重嘛，车子一多轰轰隆隆的。大有卦中描述车队好像是作战，是不是作战呢？不是，而是车轮声像打鼓那样。人骑在马上，当然是一种喜悦了，马拉的车上载重大，车轮隆隆。上文讲到舟，这里讲到车，真是水陆交通啊。

---

> 重门击柝（tuò），以待暴客，盖取诸豫。

---

### 生活中的《易》——豫卦

"重门"就是一重一重的门。现在家家不是有防盗门吗？过去住的是深院，有一重门，有二重门等等；有大门，还有耳门。那时候有耳门，现在农村也有耳门。耳门是指两侧的门。第二，击柝就是敲梆，打更，这是指晚上。电视剧《大宅门》里也有表现，到了晚上，白景琦巡夜吆喝："谨防烟火！"实际上就是"以待暴客"。"暴客"就是指盗贼了。这个"豫"就是指预警。预警是一种警戒，让人提高警惕。每天晚上预防盗贼，是不是天天晚上都有盗贼？"谨防烟火"，是不是天天都会有火灾？不是，它是一种预警。

> 断木为杵（chǔ），掘地为臼（jiù），臼杵之利，万民以济，盖取诸小过。

## 生活中的《易》——小过卦

杵，就是造纸厂咚咚咚捣纸浆的木器。过去油坊也有这个东西，杵米也用这个东西。我还记得小时候我父亲在区里工作，我常上街去。引起我好奇的是有两个广西大汉杵米时，中间一个大石碇，中间像锅，口很大，里面放稻谷。两个人手持石锤，喊着号子，轮流下锤，目的是去除稻壳而取其米粒。石锅掘地为臼，就是挖地为臼。而那个石锅模样的东西就是石臼，石锤为杵。

"万民以济"，"济"当然就是救济了。"盖取诸小过"，这个小过怎么又是从这里来的呢？这从卦形上来看了。这个小过卦☳，中间两个阳爻，上下各有两个阴爻，中间像杵，两边像臼里杵出来的稻谷和米，只能是这么去推测吧。这就是一种小过。另外，你只能把这个稻壳捶开，而不是把米催捶了，要是捶成了浆的话，那就是大过了。

> 弦木为弧，剡木为矢，弧矢之利，以威天下，盖取诸睽。

## 生活中的《易》——睽卦

这个睽是一种乖。乖是什么？我以前讲睽卦的时候讲了一个"拐（guǎi）"。在我们那儿有这种方言，讲这个人聪明、点子多，就讲这人很拐。这个睽的意思是乖，乖就是拐。就是说，这个人他并不害人，但他又有很多的计谋，有许多鬼点子，就说他是拐点子多，虽不存心害人，但也会闹事，往往事情就会多。所以，乖就有事，多少有一些不利的东西。这里模仿了什么东西呢？"弦木为弧"。"弦木"是指把这木头通过火烤制成一个弓。怎么样变成一个弓？我小时候看过大人怎么把竹子弯起来的。就是把稻草烧着，把竹子放在火中。并不是要把这个竹子烧着，而是让它受热，竹子受了热就软了，然后慢慢地、一点一点地让它弯过来。还有，篾匠经常做活儿，也少不了这种工艺。

这个"矢"就是箭。用弓，当然就要有箭。这个弓箭"威天下"。"威天下"是指什么？当然不仅仅是指捕猎的武器，还有部落与部落之间、氏族与氏族之间的战争。你不是乖吗？你不是点子多吗？你不是老算计我们吗？好！我也不跟你算计了，我就用武器对付你，就是这个意思。有这么一句话："秀才遇见兵，有理讲不清。"意思就是说：你不是有理吗？你不是很会想点子吗？我不跟你讲这些，我点子不多。秀才遇到兵——我就是用兵，用武力来征服你！那你点子再多也没用。

> 上古穴居而野处，后世圣人易之以宫室，上栋下宇，以待风雨，盖取诸大壮。

## 生活中的《易》——大壮卦

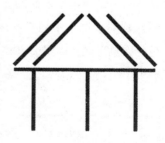

我们在大地湾文化遗址参观原始村落时，能看出来，古代人开始是穴居，后来是半地下。我们到遗址里去，是一个半地下。它上面也有几根柱子，柱眼是斜的，而且那个洞眼还保留着。柱子斜立，上面肯定是草棚了。那么以后呢？"易之以宫室"，这个"易之"，前面都没有讲到这个问题，但是这个地方突然来一个"易之"。那么，这个"易之"是不是讲《易经》呢？是不是从这个地方来的？我认为这个地方很难去准确地说清楚。我认为这个"易"有迁移的意思——易地，或者是易地、易处，乃至迁徙。再者就是易型，草棚改为宫室了。

"上栋下宇"，这个大壮卦☳，上面是雷，下面是天，雷天大壮嘛。"上栋下宇"是什么意思呢？"上栋"即大壮卦的上卦，有人描绘成 △；"下宇"即下卦 ☰，竖起来像三根柱子 ‖‖，这就是"上栋下宇"。

> 　　古之葬者，厚衣之以薪，葬之中野，不封不树，丧期无数，后世圣人易之以棺椁（guǒ），盖取诸《大过》。

## 生活中的《易》——大过卦

　　古代人的墓葬，几乎所有文化遗址都有。"厚衣之以薪"，实际上这个"衣"不是指衣服，而是一个动词。这里讲什么东西呢？是描述把什么东西裹起来。"以薪"，薪是柴草，就是说，古代人死了以后，是用柴草裹尸，就像穿衣服一样，葬到野外。为什么叫中野？当然，不是说不近也不远，一般安葬在居所中间。这个中间是指什么呢？是指他们居所的村落里。"不封"，即不掩土。"不树"，是说也不栽树。这里的"不树"是说，既不埋葬，也不在坟墓前栽树。当时有没有这个东西？"丧期无数"，没有期限。为什么说没有期限呢？因为没有埋葬啊，经常去看一看，经常去祭拜，去吊唁。

　　后世的圣人"易之以棺椁"，这个"易之"是什么意思？"易之以棺椁"，这个"易"如果是易地，即又迁移到另一个地方，也有说换了一种安葬方式。那么，这个"易"还是变的意思。换了一个地方，又变了一种方式：用棺椁而不是薪裹了。这个棺椁古代有两种：棺是里层，椁是外层。这是指大过。那么，大过是怎么去模仿这个东西的呢？人死了，当然是一种过。为什么是大过？因为大过 ☱，你看，这个中间都是刚硬的（四个阳爻），两边是柔的（两个阳爻）。这又是什么意思呢？大过卦又是怎么模仿这种墓葬、棺椁的呢？它有什么意义？是从卦形上，还是从卦义上？我们也不去追究它了，反正它是一种效仿。

> 　　上古结绳而治，后世圣人易之以书契，百官以治，万民以察，盖取诸夬（guài）。

### 生活中的《易》——夬卦

这里讲"结绳而治"。开始是"结绳而治",到以后呢?又变了一种方法,叫书契。书契是什么?是刻在木头上,刻在竹简上的文书。"百官以治,万民以察",可以留下来了。什么东西?号令呀,发布的公文或者大事都记下来,刻写下来,这就是书。当时的书籍就是一种文书了,那时候不像现在的书,装订得很厚,不是这样。那是一种文书,或是一块木板刻上了文字,或者是一块竹片刻了字,刻了符号,作为一种标志。老百姓根据这个来"察",这里不仅仅是指观察,而是察觉。

"盖取诸夬","夬"是指断事、决断。书契出现之前是以口口相传来传递信息的,有书契了,就以书为依据了,那就凭着这个依据来断事、判断,来决断。

## 《易经》为什么得以传承?

这一章在我的手头上现有的所有讲《系辞传》的,基本上都是一带而过,我很难找到参考资料。金景芳先生干脆把这一段空过了,不讲了,把这一段删掉了。所以,今天我这个解释也仅供参考,还是要自己多动脑子。

我想,这一章有一个原则性的东西必须抓住。第一,演绎八卦,演绎六十四卦,都是观察自然现象,观察社会现象,根据自然事物演绎的,并以此命名系辞的,有卦形、卦名,然后用文字解释。象征什么?有什么卦德?这些东西都是一种效仿,这是客观的,这一点应该是肯定的。

第二,六十四卦来之不易,是几千年中多少代人、多少圣人不断地去演绎,不断地去传承,不断地使之成熟。这是一个非常庞大的集体创作成果。

第三,能看得出,我们的古代先民有朴素、唯物的思维,并有科学的启蒙,在这一章里可以看出有很多的发明。八卦、六十四卦也是一种发明,其他的发明都是实用的,实实在在有它的利。什么利?都能实用。那么,我们应该思考一个问题:"八卦"也好,"六十四卦"也好,它具体是做什么用的呢?它为什么能够传承下来呢?为什么它伴随着这么多发明,不断地丰富,不断地成熟呢?能看得出,我们古代的先民对"八卦""六十四卦"非常重视。为什么要这么重视?为什么不断地去"穷则变,变则通,通则久"?为什么能做到这一点?我们要思考这个问题,这里我提出这么一个问题,因为这个问题对我们理解《易经》很有作用。

　　有人把它用作预测、占卜，所以我在讲六十四卦的时候就认为，这是一个小层面的占卜，实际上它是一个大层面的占卜。从这里可以看得出来，它是一种社会性的思维，这是很神奇的东西，有很多的奥妙。古代人既有务实的一面，也有务虚的思维，能用符号表示事物的"象"，又能用文字表达事物的理。所以，我认为我们要从这里去思考。

# 第三章

是故《易》者，象也。象也者，像也。彖者，材也。爻也者，效天下之动者也。是故吉凶生，而悔吝著也。阳卦多阴，阴卦多阳，其故何也？阳卦奇，阴卦偶，其德行何也？阳一君而二民，君子之道也；阴二君而一民，小人之道也。《易》曰："憧憧往来，朋从尔思。"

子曰："天下何思何虑？天下同归而殊途，一致而百虑，天下何思何虑？日往则月来，月往则日来，日月相推而明生焉；寒往则暑来，暑往则寒来，寒暑相推而岁成焉。

"往者屈也，来者信（伸）也，屈信（伸）相感而利生焉。尺蠖（huò）之屈，以求信（伸）也。龙蛇之蛰，以存身也。精义入神，以致用也。利用安身，以崇德也。过此以往，未之或知也。穷神知化，德之盛也。"

是故《易》者，象也。象也者，像也。彖者，材也。爻也者，效天下之动者也。是故吉凶生，而悔吝著也。阳卦多阴，阴卦多阳，其故何也？阳卦奇，阴卦偶，其德行何也？阳一君而二民，君子之道也；阴二君而一民，小人之道也。《易》曰："憧憧往来，朋从尔思。"

## 象思维

这一章开头就承接上一章讲"是故"，就是上承上一章讲伏羲，乃至以后神农氏、黄帝氏、尧、舜，他们一代一代共同创造《易经》，去效法自然。所以说："《易》者，象也。""《易》者"是指这个象，所以王树人教授提出"象思维"。王树人教授在《"易之象"论纲》一文中说："易之道，始于象，源于象。没有象，就没有易。"又说："'象思维'乃是人类共有的始源性的思维方式，也即是最根本的思维方式。世界各民族，在其作为初民之时，都处于这种思维方式之中。"论文在具体分析伏羲始作八卦的思维过程后说："可见，'易之象'作为'先天之象'，就是'本来如此'之象，亦可简称为'本象'，又可称为万物之'始源'，成万象之'根本'。这种'易之象'就是'太极'或'道'。"如此精辟的论述，简明独到的总结，给我们的启示不仅仅是一种引导，确切地说，是一种震撼，由于震撼而拓展了思维的想象空间。这个象思维就是说，作《易》者的思维就是一种象思维，是效法自然之象。

"象也者，像也。"意思是说，这个像是不是全同？是不是百分之百的模仿？就是现在的照相技术、摄影技术，对物体、情景的拍照也不可能做到全同。绘画、模仿、写生，它也不是一种全同。这个意思就是说，大壮卦效仿"上栋下宇"，观天、察地，只是一种像。它只能是一个大概，不是全同。它是模仿其中的某一个特征、某一点，而不是全部模仿。

"象者，材也。"这个"材"应该是裁判的裁，而不是材料的材。"象者"，"象"就判断，判断就是裁判。所以，在《系辞传上》最后就说了："化而裁之谓之变""化而裁之存乎变"，不就这两句吗？"化而裁之"，"裁"就是判断、裁断。所以，现在公司有总裁，体育比赛有裁判。判就是判断。

## 无所不包 = 万能？

"爻也者，效天下之动者也。"这里为什么一再强调爻？难道爻比卦更重要吗？是的，因为爻是基本单位，卦是由阴爻和阳爻两种基本符号组合的，在创作《易》的过程中，是先有爻而后有卦，离开了爻就没有卦。所以，这个爻是很重要的。这个"爻"是效法天下各种情景、事物、行为。这个"动"不是一般的行动、活动，包括了天地万物之动、社会之动、人为之动。可以看出，这个爻尽管只有一个阴爻、一个阳爻，两种符号，但它变化来变化去，能够在六十四卦里变化出三百八十四爻，它所代表的、所效仿的是广泛的，它无所不包。

这里我们不能绝对地说这是万能。它无所不包，但它又不是万能。这是什么意思呢？就是说，不要迷信，要科学、客观地看问题。因为，如果你把一个东西当作万能的话，就会有一种侥幸的心理，就会有一种依托，甚至会把它凌驾于其他文化之上（而不是融合）。这个是不对的，因为它有客观存在的一面，要尊重客观。但它的代表性是广泛的。

为什么代表性是广泛的呢？因为在天地万物之中，它有简易的特征。举个例子，蚂蚁的种类有几百种，但实际上它还是叫蚂蚁。在植物里分科，分门、科、目，这样细分下去。天下人有几个？一句话：两个——一个男人、一个女人。你看，这就是简易呀。为什么说它的代表性是无所不包呢？因为，它所代表的不是某一种物，而是代表这些万事万物的基本规律和基本特征。阳爻代表什么？它代表天，代表光明，代表刚健，代表男。动物里分雄雌，植物里也分雄雌。这里都代表了。具有这种代表性。

但是，在运用中，你不能把它当作万能的，你把它当作万能的就是一种迷信了。所以，这个东西能不能用？可以用。但你必须掌握它的规律，你不能拿起来就用。这是一把菜刀，什么东西都能切吗？这个不对，这个要搞清楚。所以，现在有很多人认为《易经》是万能的，《易经》是无所不包，但和万能是有区别的，是两回事，这个一定要搞清楚。如果这个问题混淆了，就是对《易经》的误解。

所以，下面就讲了"是故吉凶生，而悔吝著也"。为什么会生吉凶呢？为什么悔、吝、咎这些都显现出来了呢？因为它在动，在动态中才会出现刚柔相摩、刚柔相推。动静相生，刚柔相摩，八卦相荡，生生不息，当然就会生出很多的变化，在变化中当然显现出种种结果。为什么这些结果往往是相对立的呢？吉和凶是对立的，因为事物变化就是两种：刚与柔在摩擦，动与静在对立，阴与阳在向背。所以说，它得出的结果当然也就是相对立的。

## 阴卦与阳卦

"阳卦多阴，阴卦多阳，其故何也？"震卦☳，是两个阴爻一个阳爻，所以说震卦就是长男。为什么说是长男？一阳爻在初位，初为长，阳为男，故曰长男。坎卦☵也是两个阴爻中间一个阳爻，它叫中男，它也是阳卦。艮卦☶只有一个阳爻，而且在上面，所以叫少男。从下往上，长、中、少都叫男，所以称为阳卦。阳卦里阴爻多。而阴卦里呢？像巽卦☴，是两个阳爻一个阴爻，一个阴爻在下，就是长女；离卦☲，一个阴爻在中间，叫中女；兑卦☱，一个阴爻在上面，它叫少女。你看，它就只有一个阴爻，有两个阳卦，它就是阴卦。

这是什么原因呢？下面讲了。噢！阳卦是奇数，阴卦是偶。这个奇和偶有区别，是对应的。"其德行何也？"那它的德行是什么呢？奇与偶又是什么德行呢？这就是上面讲的那个"合十"——合适不合适？这个相合适，就是把十合起来，一与六是不能合的，必须是一与二合，就是奇与偶合。然后是二与三合，就是奇与偶合，这样才能合起来，这就是它的德行。

## 一君二民与二君一民

"阳一君而二民，君子之道也；阴二君而一民，小人之道也。"有一个测试题：大写的壹、贰、叁、肆、伍、陆、柒、捌、玖、拾里面，哪一个字表示反叛，有反叛的行为？这里，我们也可以提出一个问题，哪一个字表示忠贞不贰？表示忠心耿耿？当然，表示忠心的就是"壹"，表示反叛的就是"贰"——有二心嘛，生出二心了嘛。

"阳一君而二民"，你看，震卦、坎卦、艮卦——一君二民，因为在《易经》思维里，一般都是阳爻比作君子，阴爻比作小人。这种比喻，从汉代以后都是这么沿用的。这中间到底说明了什么问题？我们今天来看，当然不能接受。那么，现在我们应该怎样去看这个问题呢？这个"君"应该起一个主导作用，而"民"，它与君是顺从的关系，这是二者之间的关系。

"一君而二民"是君子之道。为什么呢？一个人做主，两个人顺从嘛。当然这是君子之道，做事比较规范。那么，"阴二君而一民"，你看，"阴"就是两个君只有一个民——小人之道，这当然不规范了，就不正常了。两个人做主，到底谁做主呀？最后，谁都不做主。那么，这一个人听谁的呢？夹在中间了。在我们现实生活中经常会有这种现象。这里很明显有一个"阳"字、一个"阴"字。"阳一君而二民，君子之道也"，这个好理解。"阴二君而一民，小人之道也"，这个也好理解，刚才讲的，就这么理解。

这里为什么分出阳与阴？我们回过头，刚才有一个问题没有回答："阳卦多阴，阴卦多阳，其故何也？"这个答案就在这个地方。凡是卦象，都是反映一种静止的状态，这是比较而言。在静止的状态中，它所显示出来的象只有两种：一种是阳，一种是阴。那么就是说，光明正大，有信心的，有透明度的，刚健的，积极的，向上的，都是阳卦之象。

但是，往往越是积极的，越是蓬勃的，越是向上的，所隐藏的东西、负面的东西也不可忽略。那么，阴卦就多阳，这也是一样的道理。在现实生活中，也是这样。凡是暗箱操作的、被动的、消极的事物，它的背面又会因为它这种消极、被动、不透明、灰暗，会压抑另外一种积极的东西。在社会发展规律中，往往是积极向上的是主流，所以后面就讲到"君子之道""小人之道"。我刚才讲的这些，如果初听起来与这个卦和爻没有关系，似乎是一种附会，自己臆想的东西。我要说一个理由。为什么？前面讲了："易者，象也；象也者，像也。"这个像不是全同，是近似、相像。你不能非要完完全全的公要对公，母要对母，是吧？你非要挑出一对孪生兄妹或者是双胞胎。在现实生活中不是这么回事，只是似像非像，所以只能这么去理解。

在现实社会中，因为它只是像，所以后面讲："《易》曰：'憧憧往来，朋从尔思。'"这个"《易》曰"是从哪儿来的呢？是咸卦里的一句话。"憧憧"是指反反复复、来来往往中。"朋"是指类，类比，同类。就是说，这个像也好，仿也好，观察也好，乃至盖取诸……这些是怎么来的呢？怎么去观察？怎么去效法？怎么样去取诸？噢！他们是在反反复复、来来往往的类比中演绎出来的。在类比中，通过这些观察、实践，再来思考。"思"就是思考。这个思考就是一种类比。你们看上面，特别是第二章，都是一种类比。这句话呢，又对上面做了一个总结。

> 子曰："天下何思何虑？天下同归而殊途，一致而百虑，天下何思何虑？日往则月来，月往则日来，日月相推而明生焉；寒往则暑来，暑往则寒来，寒暑相推而岁成焉。"

## 殊途而同归

"子曰"就是孔子说。孔子说这个话干什么？就是进一步解释上面。这里有两个"天下"，这个"天下"是天下人。为什么要提到天下人呢？《易经》的是集体智慧的结晶。何思何虑？大家都在想些什么呢？都在忧虑些什么事呢？下面讲了："天下同归而殊途。"就是殊途同归。这里举一个例子，讲二十八宿。

现在的二十八宿，它的起源在哪儿？现在还没定论。为什么呢？在世界文明史中，不仅仅中国有二十八宿，印度也有二十八宿，埃及也有二十八宿，巴比伦也有二十八宿。那么，为什么现在无法证明谁在先谁在后？谁模仿了谁？谁是向谁学习的？谁是教师，谁是学生？谁都拿不出有力的证据，证明我是教师你是学生。但是，如果从这个来看我们应该说，同归而殊途呀。为什么说在巴比伦，在埃及，在印度，在中国，人们同时都想到了，都观察到了，都是同样观察了这个天，观察了这个恒星圈，观察了这个日月的运行。

为什么呢？地球在旋转的时候，转到速度非常快的时候，我们知道，超越这个球体的外围有一层圈，特别是球的直径大的部分有一个圈，这个叫赤道。它有一个轴心，那么，月亮围绕地球转的轨道叫白道，我们在地球上看成太阳绕地球转的轨道叫黄道。月亮一个来回，也就是朔望盈亏，正好是二十七天多，可以叫二十七天，也可以叫二十八天，一般古代是叫二十八天。为什么呢？它一月转二十八宿，宿就是说它要停一站。我要住一宿了，一宿就像一个旅店。哎，这正好是二十八天，它住了二十八宿，它走过了二十八个驿站——二十八宿（二十八个星位）是这么来的。

"殊途"，那么说，也许巴比伦人是用另一种方法观察的，印度人从那个方位观察的，中国人是用这种方法推测的……这就是"殊途"，又是同归，得出同样一个结论——二十八宿。这个二十八宿都是一样的，这就是同归了——结论是一样的。那么，这样回到《易经》上，阴爻和阳爻，可能你那个部落表示阴爻和阳爻，或是用一个黑子、一个白子。他那里呢？可能是另外一种形式，我这里又是这种形式，用各种不同的符号、不同的实物来代表。但是集中起来还是两种：一种是阴爻，一种是阳爻。两种思维、两种概念所代表的，都是阳爻代表太阳，阴爻代表月亮；阳爻代表白天，阴爻代表黑夜；阳爻代表男人，阴爻代表女人。都是这两个东西，能代表很多，这就是殊途同归呀。

所以说"一致而百虑"，也就是说，结论是一致的。但是你考虑这个问题时，使用的方法可能简单一些，你在思考这个问题时，研究、分析、观察的方法，可能比我这个简单，我可能比你那个复杂一些，但是结论、结果是一致的。结论一致，但方法有多种。

"天下何思何虑？"又问一句：你们现在明白了吧？前面讲得那么多，怎么效仿？《易经》怎么来的，你们现在明白了吧？远祖先民是怎么发明出来的？怎么思考的？怎么分析的？是这样来的。讲得非常清楚。所以多问一句，就是说，你还要问吗？你还没搞清楚吗？如果按照现在有些人的疑问，你还认为《易经》是迷信吗？你还把《易经》当作迷信去搞预测，去占卜吗？"何思何虑"？

你看，下面又进一步说明这个问题："日往则月来"，太阳下山了，月亮起山了；"月往则日来"，月亮下山了，太阳起山了。"日月相推而明生焉"，这个"明生"，"明"是明什么？明四季呀；明昼夜呀；明历法，是不是？这些东西都明白了：四季是怎么回事，历法是怎么回事，二十四节气是怎么回事，卦为什么有卦象，还有十二卦，十二卦气。

"寒往则暑来，暑往则寒来，寒暑相推而岁成焉。"这一年是怎么回事？一年分四季八节、十二个月、二十四气、七十二候、三百六十日，是这样推出来的。春夏秋冬正好成为一岁。你看，现代人是冬天过年，以前是夏天过年，属于夏小正。夏至这一天日影最短，而冬至这一天日影最长。你看，这个东西都是观察来的。那么，下面又是进一步比喻了。

> "注者屈也，来者信（伸）也，屈信（伸）相感而利生焉。尺蠖（huò）之屈，以求信（伸）也。龙蛇之蛰，以存身也。精义入神，以致用也；利用安身，以崇德也。过此以注，未之或知也。穷神知化，德之盛也。"

## 屈与伸

"往者屈也，来者信也，屈信相感而利生焉。""信"，即伸。这里讲"屈伸"，这个屈伸是什么？以前我有一本书叫《能屈能伸》，为人就要能屈能伸。就是说，拳头打出去，还要收回来，这就是屈伸。还有一句话："大丈夫能屈能伸。"为什么叫大丈夫能屈能伸呢？屈就是为了伸，在屈伸中互相得到感应。"利生焉"，这个利益是从哪儿来的？在屈伸中来的。

吴建民大使讲过这么一句话，他讲，谈判桌上，要达到谈判的某种协议，实际上是双方退让的结果。双方在谈判以前，心里要有一个底线，就是说，我退让，心里要有一个底线，我退到我这个底线，我就再也不能退了。只要我还没退到我的这个底线，我都能退，我还有个底线在那个地方。但是，真正退到我的这个底线的时候，我再也不能退了，这个底线就是原则。你让我不守我的底线，这不可能。双方在底线以内都能退让。你退一步，我退一步，这样，谈判就成功了。这就是屈伸，这就是"利生焉"，这就叫双赢。你没有退过你的底线，我也没有退过我的底线，我们双方当然都是双赢了嘛——利生焉，是不是？所以说，这个东西是有道理的。下面又用动物来做比喻：

"尺蠖之屈，以求信也。龙蛇之蛰，以存身也。"尺蠖是一种小毛虫，这种虫我们见得多了。起码在电视上见过。它的行走就是一屈一伸、一屈一伸，它屈是为了求伸，这里是一个比喻，这是很形象的。它如果不屈，就不能前进，半步都不能前进。大屈才能大伸，大屈大伸才能大进。你从电视上看，豹子是跑得最快的，狮子也跑得快，它在跑动的时候，空中一跃的动作，先是屈；然后，前爪往前一伸，然后再屈，又往前一伸，它的动作就是这样。昆虫也是这样，猛兽也是这样。

"龙蛇之蛰"，清明、谷雨、惊蛰都是一个节令。蛰是什么意思呢？龙和蛇以及许多昆虫，到了冬天就冬眠，就潜伏下去——蛰伏，蛰伏到土里去。蛰伏是为了什么？"以存身也"，是为保存自己的生命。因为到了冬天，它在外面无法生存，它不耐天寒地冻，所以它必须在土里求得生存。到了春天，大地回春，一声春雷惊动那些蛰伏的龙蛇虫蚁。惊动了，它们醒过来了，所以叫惊蛰。

## 《易》以致用

"精义入神，以致用也；利用安身，以崇德也。过此以往，未之或知也。穷神知化，德之盛也。"这里又讲到人了。"精义入神"是指什么呢？按照本书来说，就是这些作《易》者——这些创造《易经》的人。"精义"就是研究事物的奥义、奥妙。研究到什么程度？研究到出神入化的程度。那么，目的是什么呢？是为了致用——学《易》以致用。还有一个词，叫"经世致用"，经世就是治国呀。经世致用，学以致用啊！也是为了百姓日用。

上一讲我提了一个思考题，在上一章中举了很多例子、很多卦，如夬卦、大壮卦、离卦、大过卦、涣卦、随卦、小过卦、豫卦、睽卦等，这些卦是怎样演绎出来的？哦！是演绎那些社会现象，甚至演绎的都是一些发明。有哪些发明呢？例如，有网罟，有农业工具的耜、耒，还有经商贸易，还有衣裳、书籍、车马、房屋……这些发明都是致用的。这里讲的许多发明，现在有的已经看不见了，但是源头还是这个东西。大地湾文化遗址，距今八千年前居室的地面光滑如镜，所用的原料和工艺，大地湾人民至今仍在用，他们坑头靠背就是用这种砂浆抹面的，光滑、结实，多少年都不会开裂。我第三次访问大地湾文化遗址时，对此发生了浓厚的兴趣。当你看到从遗址中取回来的八千年前的地面土块和这种料浆原料——一种当地特有的石子，你会感到五千年前的祖先们还活着？

那么，卦又是做什么的？这里讲了，卦也是致用。这个用途和那些发明的东西，致用上有区别吗？肯定有区别了，这种区别我们还是用上面的一句话来说："同归而殊途，一致而百虑。"它的用途可能不一样，但是目的、达到的效果是一样的，所得到的利是一样的。

后面讲"利用安身，以崇德也"，这个"利"是什么呢？这个利是用来安身立命的。这里没有讲"立命"，正好这个补上去。怎么补？这个后面有"崇德"呀。崇德就是立命。钱能安身，但钱不能立命；只有道德才能立命，知识才能立命。所以，以前我有几次讲课都讲过这个问题：人要先立命而后安身，而不是先安身后立命。你先安身后立命的话，你这个安身是安不住的。

《大学》里讲"大学之道"时也讲了，那它的次序是什么？"格物""致知"，然后到"诚其意""正其心""修其身"，然后才是"齐其家""治其国""平天下"。这个次序摆得清清楚楚。你看，齐家、治国、平天下是为了安身，不仅是个人安身，而且是大众安身。那么，崇德应该就是诚意、正心、修身了，这个才叫崇德，德崇而命立呀，都离不开格物、致知，因为这些不是凭空的。诚意、正心，是空的，必须是从格物、致知来，你必须是从实践中间来，人不是在真空里生活。

在这里，我们回答了前面提出的思考题。哦！那么多发明是致用。噢！演绎这个八卦，运用这个八卦，所以这个八卦能够代代相传，不断地完善，不断地传承，这个致用是为了立命，是为了崇德，这就很清楚了。所以最后的两句话，总结得非常绝妙。

## 《易》之盛德

"过此以往，未之或知也。"就是说，你想超过这种境界，超过这种安身和崇德，超过这种致用，你再往前走，你找得到它的真知吗？那就未可知也，那就可能得不到真知了，就不是那么回事。所以它是从这个角度来说明问题的。这个《易经》是这么来的，应该说它就是一种必然的、规律性的东西。

"穷神知化，德之盛也。"穷尽了这种自然的神秘，这种穷尽也就是格物，获得了知识，并达到了出神入化的境界，达到了化成天下的境界，知识化成天下了。"德之盛也"，这个德太盛大了。这个德是什么？就是《易》之德，当然也是创造《易经》的作者的德。

现在我们回头看，这个结论是两千五百多年以前孔子下的结论，他讲到"德之盛"，到现在，经过了两千五百多年时间的考验。我们今天的科学成就已经达到一定的高度，过去的两千五百多年，合起来都达不到这近一百年的科技高度。但实际上，回头再看《易经》"德之盛"，仍然不夸张，仍然是一句实实在在的话。经过时间的考验、现实的考验了，我们仍能看到这个《易经》的盛大。

那么，再看看我们的现实生活，再看看近一百年，工业革命以后，几个世纪以来，这些发明、创造，这些科技的腾飞。你看，这些过程与前面讲的过程都是"象者，像也"——也是有相似的地方。科技在腾飞的时候，现在是科学与哲学两条腿走路，科学离不开哲学，哲学离不开科学。科学的命题、科学的思维、科学的灵感、科学实验的思路和理念从哪儿来？从哲学里来。你看，两个都是致用。有人认为，哲学是束之高阁的，它不能致用。实际上，它同样是致用的。在今天——两千五百年以后，回头再看两千五百年以前我们老祖宗的东西，到今天仍然是与时偕行，依然是常释常新，从空间和时间都能说明"德之盛"。

# 第四章

《易》曰："困于石，据于蒺藜，入于其宫，不见其妻，凶。"子曰："非所困而困焉，名必辱；非所据而据焉，身必危。既辱且危，死期将至，妻其可得见邪？"

《易》曰："公用射隼（sǔn）于高墉之上，获之，无不利。"子曰："隼者，禽也；弓矢者，器也；射之者，人也。君子藏器于身，待时而动，何不利之有？动而不括，是以出而有获。语成器而动者也。"

子曰："小人不耻不仁，不畏不义，不见利不劝，不威不惩。小惩而大诫，此小人之福也。《易》曰：'屦校灭趾，无咎。'此之谓也。"

"善不积，不足以成名；恶不积，不足以灭身。小人以小善为无益，而弗为也；以小恶为无伤，而弗去也。故恶积而不可掩，罪大而不可解。《易》曰：'何（hè）校灭耳，凶。'"

子曰："危者，安其位者也；亡者，保其存者也；乱者，有其治者也。是故君子安而不忘危，存而不忘亡，治而不忘乱，是以身安而国家可保也。《易》曰：'其亡其亡，系于苞桑。'"

子曰："德薄而位尊，知（zhì）小而谋大，力小而任重，鲜（xiǎn）不及矣。《易》曰：'鼎折足，覆公𫗧（sù），其形渥（wò），凶。'言不胜其任也。"

子曰："知几其神乎！君子上交不谄，下交不渎，其知几乎！几者，动之微，吉之先见（xiàn）者也。君子见几而作，不俟终日。《易》曰：'介于石，不终日，贞吉。'介如石焉，宁用终日？断可识矣。君子知微知彰，知柔知刚，万夫之望。"

子曰："颜氏之子，其殆庶几乎？有不善未尝不知，知之未尝复行也。《易》曰：'不远复，无祗悔，元吉。'"

"天地絪（yīn）缊（yūn），万物化醇；男女构精，万物化生。《易》曰：'三人行，则损一人；一人行，则得其友。'言致一也。"

子曰："君子安其身而后动，易其心而后语，定其交而后求。君子修此三者，故全也。危以动，则民不与也；惧以语，则民不应也；无交而求，则民不与也。莫之与，则伤之者至矣。《易》曰：'莫益之，或击之，立心勿恒，凶。'"

---

《易》曰："困于石，据于蒺藜，入于其宫，不见其妻，凶。"子曰："非所困而困焉，名必辱；非所据而据焉，身必危。既辱且危，死期将至，妻其可得见邪？"

---

## 困与期待

前面反复讲了象，这里又举例，从卦辞、爻辞中来举例。那么，卦辞和爻辞是怎么来的呢？这里开头就举困卦里的例子。困卦里讲，"困于石，据于蒺藜"。这个"据"，有几本解说《易经》的书中都把它解释为占据、据有，我认为不对，应是"拘"，只有这个"困"和这个"拘"并列才对。"困于石"，被石所困，又被蒺藜、荆棘、藤蔓所拘，这个"据"是拘禁在里面。

"入于其宫"，为什么会"困于石，据于蒺藜"呢？实际上，这也是对某种事业、某种事物的探索、追求，在追求中有所期待。当追求进入一个阶段以后，达到某种目标时，"不见其妻"。这个"妻"只是一种象征意义，实际上是一种期待、期望。见不到自己所追求的目标、所期待的东西，相反的是"困于石，据于蒺藜"了，当然是一种凶象。

孔子又对这个作了一番解释，"非所困而困焉，名必辱"。本来不该被困的被困在那儿了，当然名誉就会被玷污，就会受到损害。本来不会被拘的，而被拘禁在那里，当然身心就会危险了。既有名誉上的污辱，又有身体的危险，"死期将至"。这个"死期"是什么呢？是种绝望，不是我们想象的那种生死的死，这种绝望临头了。

"妻其可得见邪？"哪儿能看得到这种期望呢？这个期待的东西怎么能看得见呢？这里我们应该搞清楚的一个东西，孔子为什么以这一段爻辞为例，并且发了这么一番感慨？这个问题出在哪个地方呢？为什么会被困呢？怎么又会被拘呢？自己所期待的东西落空了，问题出在哪个地方呢？我们看，顺着孔子的话的语气来体会，问题出在他的期待上：他所设计的目标、他本来的愿望。为什么？他讲了，本来不该困，被困了；本来不该被拘，结果被拘了；不该受侮辱，不该受危害，结果呢？这些都来了。难道是问题出在困上吗？为什么会被困？就是因为这个期待超越了现实，超越了实际情况。

有一天，一个企业老总到我这里坐了几个小时。他的企业以前投资了几千万，做得很好；后来再扩大，就做得不好了。谈了一下午他才走，结果还忘记拿走钥匙了。原因在什么地方？这个问题不是出现在过程中，如管理问题、员工问题、资金问题，或是投资方向问题，我认为问题还是出在期待上，所以我开头就讲圈子。他问我时，我说："这是你的圈子问题。"为什么？圈子要量体裁衣，你的圈子比你的规模小，你圈不住它，当然变成一种无奈了。

所以这一段话不要忽略，不然的话你看了半天，是讲什么呢？前面讲了一些自然现象，讲日月运行、寒暑往来，这不是自然现象吗？那么，到这个地方就是讲社会现象了。从这个地方开始就是讲社会现象，讲人生了，有针对性的，有现实意义。现实意义是什么？就是说，我们无论干什么事，设定的目标、寄予的期待一定要合乎社会发展的规律，合乎你自身的实际。超越了这些东西，脱离了这些东西的话，就会被困住了，还找不出原因。因为，困卦本身不困大人，是困小人的。

---

《易》曰："公用射隼（sǔn）于高墉之上，获之，无不利。"子曰："隼者，禽也；弓矢者，器也；射之者，人也。君子藏器于身，待时而动，何不利之有？动而不括，是以出而有获。语成器而动者也。"

---

## 《易》的主体

《易》曰："公用射隼于高墉之上，获之，无不利。"这是解卦里的一句话、一个爻辞。"公用射隼于高墉"，这个隼是一种凶猛的鸟，这个鸟飞翔在高墙之上，把它射下来了，于是获得了这种猛禽。这个好像没有什么不利的，这谈得上利与不利？但是回头一句"无不利"，后面又来一句"何不利之有"？还有什么不利呢？利又在哪个地方呢？这两句给我们另一种启发。"隼者，禽也"，它只是一个猛禽而已。"弓矢者，器也"，它也只一个器物而已。"射之者，人也"，关键是人呀。是谁射的？是人射的。这三者中，主体是人。

"君子藏器于身，待时而动，何不利之有？"你经常把武器藏在身上，等待时机使用这个武器，当然没有不利的。这里提出了一个问题，是什么问题呢？看后面："动而不括，是以出而有获。语成器而动者也。"你看，似乎是自问自答。这里的"括"是什么意思呢？是阻塞。你从字面上、字形来看——口舌，这个手把口舌挡住了，就像一个人，叫你别说话，马上把嘴捂住，是不是？这就是语塞了。"不括"就是不塞。行动起来没有阻塞，那当然是通畅了。一通畅，当然就是有所获了。

下面讲"语成器而动者也"，"动"是行动，"语"是语言。"成器而动者也"，这里又有一个东西。什么"成器"？要联系《易经》讲，孤立地来讲这个成器，又讲不通了。你讲是谁语呀？是《易经》语，是作《易》者语，是作《易》者用辞来表达这个成器。这个成器，实际上在现实生活中，有一个成的过程。但是，这个过程的主体是谁呢？是人，是人在行动，表达的是这么一个过程。

那么，回过来看，这一段的真正意义是什么？在现实生活中，又是指什么呢？我看还是指利。因为联系这个卦，是解卦，它又有所解，解什么？解决、解困、解惑，那具体要你解决的是什么东西呢？这里围绕一个"利"在讲。这个"利"是从哪儿来的？从这个字面上看，是从利器上来。如果没有弓箭的话，怎么能把高墙上的猛禽射下来呢？这只是一种表象了，实际上弓箭是从哪儿来的？是人发明的，是人制造的。"藏器于身"，"成器而动"，就是这么一个过程。除了这个过程，还有一个很关键的问题，就是伺机而动。并不是说你有弓箭，你有武器，你就能战而胜之，不是，还要待时，作战也是讲时机的，特别是捕捉战机很关键。打猎的人把枪举起来以后，要抓住时机，时机不准还是会放空枪。这里人的因素是第一位的。

那么，回到一个"解"字上。要解，要想迎刃而解，要想解困，解决问题，不错，我们要用力气，要依赖一些条件、工具，乃至武器，但是真正还是要靠人呀。利从何来？这里很明显了，所以必须把这个东西分清楚。前面这个解卦讲得很清楚："无所往，其来复吉""有攸往，夙吉"。都是吉，来往也好、来复也好，无所往也好，有攸往也好，都是吉。为什么呢？这个事情的吉凶与来和往没有关系，关键在于行动的人，行动的方向、行动的动机。为什么这样说呢？"夙"字中说的。夙，夙愿，夙愿就是初衷，就是开始的动机。

> 子曰："小人不耻不仁，不畏不义，不见利不劝，不威不惩。小惩而大诫，此小人之福也。《易》曰：'屦校灭趾，无咎。'此之谓也。"

## 小惩大诫，小人之福

孔子又发了一番感慨，这段话也算是格言。你看，"小人不耻不仁"，什么意思呢？小人不知廉耻。有位中学教师给我讲了一个故事，有一位高中校长，有人来送礼，他对送礼者说："我不收礼。"因为他有一种信念：不以为荣，反以为耻。而有的人呢？不以为耻，反以为荣。这就是君子和小人的区别了。所以，小人不知道耻，也就不知道仁了。

"不畏不义"，"畏"是敬畏。有人爱讲："我天不怕、地不怕。"这个社会上最怕的就是这种天不怕、地不怕的人。我举一个例子，这种人在大街上开着车子，前面来了车子，他天不怕、地不怕，他就可以跟你撞。前面有行人，他照样向前开。他心里只有一个——怕什么？就是这种"不怕"太可怕了。他没有敬畏心理，法律他不敬畏，天理他不敬畏，道德他不敬畏，自然规律他不敬畏，连父母他都无所敬畏。没有敬畏，就没有了理性。没有敬畏意识的人，谈得上什么义呢？敬畏很重要。

我们现在这个社会就是少了很多敬畏心。为什么？一讲因果，哎呀，那是迷信，那是宿命论，那是唯心的，那是封建糟粕。哎，把这一层敬畏撤除了，所以，对父母可以打骂，他不知道这里有因果报应；对动物可以残害，他不知道这里有因果报应；对大自然任意去污染，任意去破坏，他也不知道这里有因果报应。因为他缺少了这样一层防守意识。人要是没有敬畏心那就麻烦了，社会没有敬畏心也就麻烦了，仅仅靠国家的法律，那是有限的。

"不见利不劝"，这个"劝"是劝勉、勉励。小人不见到实实在在的利益，不把这个钱送到他手里，只是勉励，只是劝说，什么用也没有。他没有道德观念，他只看得见钱。我是深有体会的。举个例子，有些人的观念是一种什么意识？送他一本书，他无所谓，甚至随手放到一边，走的时候甚至都忘了拿，他认为这个不是利。递给他一支烟，他双手恭恭敬敬地接着，而且点头哈腰——认为这就是利。所以，这个东西怎么去区别？怎么去理解？

"不威不惩"，这个"惩"是惩戒。没有法律的威严，惩戒没有临头时，他坦然处之，认为这不是惩罚。有一位从英国留学回来的学生，她对我讲，英国的监狱里，必须有牛奶，有面包，而且有文化生活，有娱乐生活，还经常组织犯人的家属定期去监狱检查，去监督。有人认为，我们中国必须走西方的道路，要建立这种民主自由。我们中国如果建立这种民主自由，很多人还想去那里享受呢，那还得了？那里还有牛奶、面包，还有娱乐生活……你想，那很多人就要千方百计去犯罪，到监狱里去待着了。但是，西方人不是这样。西方人认为，把他关起来了，没有自由，这就是最大的惩罚。有些中国人，你不给他自由没事，他只要吃好的喝好的，认为有这个就行了，认为这个不是惩罚。所以说，建立民主社会，也要考虑社会文化背景，要考虑社会的惯性思维，民主不是面包＋牛奶，而是需要民众的适应心态，可接受的心态。

以前我教初中也有这个区别。那些成绩好的学生、积极上进的学生，有时候犯了错你轻描淡写地点一下，他脸就红了。他认为这就是对他的一种惩罚。但是有的学生呢？罚他在前边站着，站一节课，他还是嬉皮笑脸，他认为这个不是惩罚。所以说："小惩而大诫，此小人之福也。"如果通过小的惩罚得到了大的警戒，一下子醒悟过来了，这真是小人之福呀！

所以举了这么多例子，在噬嗑卦里讲了："屦校灭趾，无咎。""屦校"，屦是一种鞋，校是一种刑具，这种鞋就是刑具。鞋穿上，脚指头就被锁住了，夹住了，行动就不自由了，就不方便了。但是，为什么讲无咎呢？没有大的妨碍。对大脑，对思维，对心灵没有伤害，只是让他行动不方便，跑得不快：你别跑，跑不动，就是这个意思，这个就是无咎。也就是说，这是小的惩罚，达到一种大的警戒，那么，这就是小人之福了。

> "善不积，不足以成名；恶不积，不足以灭身。小人以小善为无益，而弗为也；以小恶为无伤，而弗去也。故恶积而不可掩，罪大而不可解。《易》曰：'何（hè）校灭耳，凶。'"

## 积恶灭身，小人之祸

一看这段传辞，与上面似乎是相反的，更进一步了，更进一层次了。

前面是"无咎"，这里"是凶"，原因在什么地方？前面就是举例，讲人生之理。积善之家必有余庆，厚德才载物。那么，这个善是从哪儿来的？是积来的，是积累的。这个善不积累，怎么能成名呢？怎么能美名远扬呢？怎么能使人高山仰止呢？这都是慢慢积累的。

但是，与此相对应的恶也是这样，恶也是积累的。古人云："人为善，福虽未至，祸已远离。人为恶，祸虽未至，福已远离。"电视上报道，有的官位很高的人被判刑了，他的非法所得全部被没收了，他这个结果是怎么来的？冰冻三尺，非一日之寒，是慢慢积累的，现在到了灭身的这个程度，是不是呀？大贪都是小贪积聚而成的呀。

"小人以小善为无益，而弗为也。"小人以为这个善小而不为之，以为这个没意思。地上有一节废电池，你把它捡起来，收集起来，然后按照正规的渠道去处理，这是一个小善。这点小事，哎，不做，认为没有作用。但是，了凡先生在《了凡四训》里怎么讲？他做善事天天记：一天必须做十件善事，十件小善积累起来就是一件大善呀！他就是这么积累的。

小人"以小恶为无伤，而弗去也"。随地吐一口痰，随便扔一个垃圾，这也是一小恶呀。有的人认为无所谓，谁也不会来处罚他，没有伤害。哎，这个是小恶，渐渐会使人养成一种不良的习惯。实际上，正是这些不良的习惯，影响了一个人的形象，影响一个人的基本素质，影响一个人的成功，影响一个人的人生。

所以说："恶积而不可掩。"这个恶积累起来，是掩盖不住的。"罪大而不可解"，罪大恶极，罪不可赦，为什么不可赦？不可解？解不开呀。就是说，你怎么给他解释都不行，谁都救不了他。"罪大而不可解"，到这个程度了。这个时候，《易》又曰："何校灭耳，凶。"你看，前面讲"无咎"，这里讲"凶"。这个"凶"是什么意思？"何"是负荷，"校"就是一种刑具，这个"何"就是荷担，荷担就是把夹扛在肩膀上，夹在脖子上，甚至把耳朵都夹住了。难道真的是夹住了耳朵吗？这个耳是聪呀，它不是指耳，不是说这个枷把耳朵夹住了，而是指这个人的理智都被夹住了。你们看，他不聪明了，糊涂了，利令智昏了，聪明都被灭掉了。利令智昏——凶呀。上面讲"此之谓也"，这个地方也可以用一句"此之谓也"，就是指这一类的人了，就是指这一类的事了。你看，《易经》噬嗑卦这两句爻辞，把它联系起来，讲出了这么多深刻的人生道理。这就是劝人行善呀，劝人改过，"诸恶莫作，众善奉行"呀。

> 子曰："危者，安其位者也；亡者，保其存者也；乱者，有其治者也。是故君子安而不忘危，存而不忘亡，治而不忘乱，是以身安而国家可保也。《易》曰：'其亡其亡，系于苞桑。'"

## 安守自己的本位

这又是孔子说的。"危者"当然指危险了。有危险的时候，你要安守其位。

有危险不怕，时时处处都会有危害的。"人在家中坐，祸从天上落"，什么原因？有的人在大江大河里沉没于水中了还得以生还；但有的人呢？以前有人讲过一个故事，在一个很浅的沼泽里，水很浅，浅到什么程度呢？水还不到膝盖处。可有人跌到水里，竟然一下子就淹死了，这是什么原因呢？所以这个很怪，讲不清其中的原因。而有的人在大江大河、大风大浪里掉到水里还有生还的可能。就是说，危险无处不在，但求生的希望也无时不在。

本来没有危险，却出了危险，这是为什么？就是说，危险是无处不在的，但是你只要"安其位"，安守住本位就行了，再大的危险都不怕。不能安守其位的话，时时都有危险。贪官、腐败分子招来杀身之祸、牢狱之灾，还要连累家人和孩子，这是什么原因？关键是没有"安其位"。

所以，孔子这句话是告诫人的，说得入木三分，关键是世人不听劝告。问题不是圣人没有点到，我们老祖先都是像谆谆教导自己的孩子一样，都讲到了，关键是我们自己、我们的弟子、我们的子孙后代没有去听，当作耳边风了。"安其位"这句话讲得太好了。

"亡者，保其存者也"。你看，这个"亡"当然不仅仅是指死亡了，是指存亡。南唐已经亡了，这个国家没有了，南唐后主李煜还要作词："无言独上西楼""剪不断，理还乱"。到了灭亡的时候就要选择了，选择什么？首先是人要生存下来。有一个报道，说阿根廷一个超市失火了，发生火灾了。可是那个超市的老总首先考虑的是还有些人没有付货款，赶紧把门关上了。他想到的不是人的生存，而是想到了他的利，那还得了？结果，不该死的人死了，不该有的损失损失了。在这个时候应该保什么？人命关天哪。

"乱者，有其治者也。"天下大乱，肯定有英雄豪杰出来治理。中国近代社会已经积贫积弱了，落后了，而西方有坚船利炮，他们不仅仅是用坚船利炮轰开我们的国门，同时用他们的鸦片来腐蚀我们人民的精神，侵蚀人民的身心健康。中国人只有刀和矛，没有坚船利炮，这还不够，还要使你变成东亚病夫。你看，成东亚病夫了，成了半殖民地，还有军阀混战，这是大乱呀。在这种情况下，中国共产党诞生了。尽管有日本铁蹄践踏我们的国土，屠杀我们的人民，但是，谁笑到了最后？还是正义，是人民。

## 居安不忘危

"是故君子安而不忘危，存而不忘亡，治而不忘乱，是以身安而国家可保也。"你看，这个道理讲得很透彻了，这是居安思危的思想。盛唐时期的魏徵丞相给李世民上了一个《谏太宗十思疏》，他就讲了居安思危这番道理。做君子的，在安定的时候不要忘记危险。在天下大治时，不要忘记天下大乱。只有这样，才能得到真正的安定、安乐，国家才能确保疆土的安定。

所以否卦说："其亡其亡，系于苞桑。"我们看这个"苞"字挺有意思。苞是什么意思？一棵树或是一棵竹子，当初是从哪儿来的？从那个小芽苞来的，种子胚芽上长出一个小苞。甘蔗每一节还有一个苞。这个"苞"是什么？是它的本，是它的源。你想，树长得这么大，竹子长得这么高，但是，它的本还是当初那个芽苞，那个芽苞是它的本。芽苞宣告一个生命开始了。"其亡其亡"，就是将亡将亡呀，将要亡啦。不要怕，"系于苞桑"——回到本上来吧。"亡"又作"旺"解。国家兴旺时，"其旺其旺"，同样要系于"苞桑"，要居安思危呀。

我们中华民族积贫积弱时，成了东亚病夫时，世界列强都来瓜分时，日本铁蹄残酷地来践踏时，我们的国家并没有亡。中华民族到了最危险的时候，竟然没有亡，因为我们"系于苞桑"呀！我们这个"苞"是什么？是我们的传统文化！我们中国传统文化就是我们的本，就是我们的苞桑，我们以这个为系——"系于苞桑"。这个就有意思了。

有句恭贺新居落成的贺词"竹苞松茂"就是从"其亡其亡，系于苞桑"里来的，有民歌的风味。

> 子曰："德薄而位尊，知（zhì）小而谋大，力小而任重，鲜（xiǎn）不及矣。《易》曰：'鼎折足，覆公𫗧（sù），其形渥（wò），凶。'言不胜其任也。"

## 谋略与智慧

古人讲厚德才能载物，但这里讲的不是厚德，而是薄德。这个德很薄，他的位呢？又很尊贵。你看，这是相反的了。现在有些被查出来的贪官很明显，他的地位、官位是很尊贵的，做到省长一级、副省长一级了。官位不能说不高，但是他们的德薄。

"知小而谋大"，"知"是智慧。智慧浅，而谋略很高明。计谋和智慧是两回事。有些人没有智慧，但是他很会用一些智巧，用一些心机。许多商场为了促销，使出了种种销售方式，一到购物高峰期或者假日期间就搞这些东西，这就是用计谋，但是大多吃亏了。那不是促销，相反是在那儿给它促亏损、惹事。所以这个东西是不行的。有些人就是这样，大的智慧没有，而谋略不少。

"力小而任重"，你看，肩上的担子倒是很重，但是他的力气并不大。"鲜不及矣"，这个"鲜"就是显然，显然是力所难及的、力不从心的，这是显而易见的事。下面又用鼎里的爻辞来说。

《易》曰："鼎折足，覆公𫗧，其形渥，凶。"什么意思呢？这个鼎有三只足，当然也有四足鼎，一般是三足鼎。其中一只足被折断了，当然就要倾覆，倾覆以后"公𫗧"，是什么？以前的鼎不是摆着看的，鼎是指大锅。凡是在大祭祀、集会或是军事活动时，大家都集体在一起聚餐。聚餐时，用一般的锅不行了，就用这个大鼎来烹饪，煮食物。如果这足折断了，美味的佳肴、美餐（公𫗧）就全部泼出来了。"渥"是龌龊，这个情形太龌龊啦。它当然是凶了。

为什么鼎会折足？这就是前面讲的："力小而任重""知（智）小而谋大""德薄而位尊"。折足是这个原因，这个凶就是这样来的。所以后面讲"言不胜其任也"。什么意思？这一句爻辞讲的就是他力不从心了，力所难及呀，所以这是显而易见的事。你看，这个比喻也是很恰当的。

> 子曰："知几其神乎！君子上交不谄，下交不渎，其知几乎！几者，动之微，吉之先见（xiàn）者也。君子见几而作，不俟终日。《易》曰：'介于石，不终日，贞吉。'介如石焉，宁用终日？断可识矣。君子知微知彰，知柔知刚，万夫之望。"

## 知几者

孔子又有一番议论了。这个"几"，屯卦中有"君子几不如舍"。《系辞传上》中有"几事不密而害成"，这个"几"是什么？是机会，机遇，天机，良机，但是真正的是指在事物发展过程中出现了微妙的动向、趋势、态势，这个态势并不是始终存在、永恒不变的，而是一瞬间的。你抓住了，就是天机，就是良机，就得到了先机。

"知几其神乎"，这个"几"是很神的，很神秘的，是很神奇的，你知道你能捕捉到这个"几"吗？你能洞察"几先"吗？这个"知"就是感叹了。所以，

"君子上交不谄，下交不渎"。所谓君子，与上面相交，与顶头上司相交，他不会阿谀奉承，不善于谄媚；对下呢？他也不亵渎，不轻佻，不轻慢，不轻狂，而是不卑不亢。那么，这种人就是知"几"的人了，他就知道这里的微妙之处，他懂得这个"几"。

所以，下面又解释，"几者，动之微"。你看，在行动中，在事物发展变化过程中，这种动向是非常微妙的，是瞬息万变的。你能在瞬息万变中抓住这个机会，那你就是知"几"了，你就能得到吉了。这吉是从哪儿来的？"吉之先见者也"，你就提前看到它的吉象了。有人讲未卜先知，这就是未卜先知。所以，这个"几"是相当微妙的。

胡雪岩能成为江南第一大财神，就因为他能捕捉到很多微妙的商机。无论是何时何地与人交谈，与人交往，人家不经意的一句话，他都会抓住商机。

有个典型的例子。某一条商业街突然失火了。其他的商家都在组织自己的员工抢救商品，唯独一位珠宝商的老板组织员工疏散，赶紧逃离火灾现场。他是珠宝商呀，那么多珠宝他不救，出来以后马上组织他的员工到全市的建材市场去订货。其他人喊："哎呀，我的商品烧毁了，怎么办呀？"而这个珠宝商在想那些眼前的损失时，看到商机了：这个商品一条街马上要重建了，建筑材料要涨价了，他就把建材全部预订下来了。结果，他发的这笔财比他丢失的珠宝还多。在一瞬间他一下子抓住了商机，他那个吉是先前就现出来了，他该发财，是不是？你看，如果再慢一点？不行。这个"几"就是在微妙之间，既是在空间的微妙之间，又是在时间的微妙之间，其他人看不到，一千个人里只有一个人才能看得到。你看，这就是微妙之几。

"君子见几而作，不俟终日。""俟"就是等待。"君子见几"，见到了这个机会，马上去行动。我还再等一天？明天再来吧？等你想明天再来时已经机不再来了。

所以，下面又引用《易经》的话，这是豫卦里的几句话。"《易》曰：'介于石，不终日，贞吉。'介如石焉，宁用终日？"哎，你看，豫卦里讲"介于石"，"介"是刻写，刻到石碑上。你看，不仅仅是记住，而且刻到石碑上。"不终日"，不等待这一天太阳下山。今天的事等到明天再办吧？不行，不等待。"贞吉"，当然是吉！这是豫卦里的爻辞。为什么用豫呢？豫就是预计、预谋，这是未卜先知。未卜先知不就是豫吗？

你看，"介如石焉"，把它刻在石头上。"宁用终日"，"终日"，按照我们现在的说法是指一天，有始有终。"宁用终日"中的这个"用"是指用在一瞬，用在一刻。刻在哪里？一部分刻在石头上，但它是祖宗留下来的，是前辈留下来的经验和教训，很多东西都是在口口相传中记住了，警诫后人。现在那么多法律条文、格言、警语、家训，可还是有人知法犯法。

"宁用终日"，真正用起来，可不是在一天中慢慢地用，实际上是在一念之间，在一瞬之间。是吉是凶，在一瞬之间，用也在一瞬之间。你平时记住了这个教训，记住了这个经验，但由于你意不诚，心不正，所以就容易走火入魔，容易思想开小差，容易忘记自我，某一念头突然松懈时，下地狱了。这个"宁用终日"一定要搞清楚，为什么？前面讲了"不俟终日"，老是讲这个问题呀，老是在"动之微"中告诫后人。

"断可识矣。"能判断清楚吗？在一瞬之间，事出现了，你能判断清楚吗？突发事件出现了，你能判断：我该怎么做？是进还是退？是用刚还是用柔？你能判断清楚吗？等我慢慢研究研究，我明天回答你，明天再处理吧。不是人不等你，是事不等你。这里讲得很清楚。

## 诚其意，正其心

所以，"君子知微知彰"。"彰"是彰显，明显地表现出来了，显现出来了。"微"是不显明，非常微妙。君子既知彰又知微，既知刚又知柔。"知柔知刚，万夫之望。"你看，是众望所归，万民所仰！你能为万民所拥戴，凭的是什么？就是凭知微知彰、知柔知刚。这个微和彰是指事物的"几"。无论是在微妙之中，还是显现出来的，你都抓住了。做出判断以后，你是用柔呢？还是用刚呢？哎，办法也来了，你知道怎么去处理了，怎么去决断了。

非典那年，竟然有官员在关键时刻不知微不知彰，不知道是用柔还是用刚，结果呢？被就地免职。这个道理很明显。在我们的现实生活中，有很多这类事，我们自己也有很多教训，也有经验，每个人都有。但是这里有一个东西最关键，是"君子"。

什么叫君子？为什么讲只有君子才知微知彰、知柔知刚？在我们中华传统文化里，君子所具备的，第一是能"格物致知"，达到诚其意、正其心、修其身、齐其家、治其国，还有平天下的胸怀和境界，这就是君子。但是这个根本的东西是什么？是诚，最关键的是落实在一个"诚"字上。只有诚，你才能正！这是很关键的。因为你能正，所以你就知道中。你知道中，事物的彰也好，微也好，处理上柔也好，刚也好，你都能"中行"，都能保持平衡。许多东西能抓住一个根本的东西就行了。

　　有位老总问我，怎样用《易经》指导我的实践？我怎么来决策呢？我说："抓住《易经》中你喜欢的那一句，你喜欢的就是应机，对你来说非常贴切。""哎呀！这一句太好了，我就用这一句，我就参这一句，其他的呢？""参考就行了。你把这一句话用作'座右铭'，终身受用，那你也就是善《易》者了，也就把《易经》学到家了，你也就是一个高人了。"

　　不是说一本《易经》背得滚瓜烂熟就行，到了关键的时候，不知道该用哪一句合适，哪一句得力，还是判断不清楚；我不知道是用柔还是用刚，还在那儿等明天再说，今天晚上我再看看《易经》吧，再卜一卦，再去推五行。那么，这个机会早就错过了，吉凶已经显示出来了。是吉是凶？即使是吉，已经过去了。如果是凶，它还在那里等着，还逃不掉，它还赖着你。就是这么回事。

　　所以说，这里"君子"很关键。关键时刻，是听老子的话呢，还是听孔子的话呢？我学释迦牟尼佛，是念哪一本经好呢？我是拜阿弥陀佛好呢，还是拜观世音菩萨好呢？我是修哪个法门得力呢？许多人就是搞不清楚，问东问西，问这问那。结果呢？到关键的时候束手无策，经常做错事、说错话。关键一句话"诚其意，正其心"，这是最关键的。你把这个做到了，守住一个"诚"字，对你身边所有的人，无论是上还是下，无论是智者还是愚者，无论是你的亲人还是陌路人，对你有利还是无利，都公平地对待他们——平天下嘛。有公平心、平常心，这就是诚其意。

　　有了"诚其意"，遇到什么样的突发事件，你都会眼不眨、心不跳，你都能知微知彰、知柔知刚，做到顺其自然，都能左右逢源，得心应手，恰到好处。这一段非常有意思了，好好去体会，在我们生活中怎么样用《易》。善《易》者不占，你把这个东西搞清楚就行了。

　　子曰："颜氏之子，其殆庶几乎？有不善未尝不知，知之未尝复行也。《易》曰：'不远复，无祗悔，元吉。'"

## 宽　容

　　这里孔子又讲到颜回了，颜回是他最赏识的学生。这里"颜氏之子"不是颜回的儿子，他是指颜回。孔子又称孔丘、孔夫子，这里他也称他的学生为老师了。他是最器重颜回的,在《论语》里他对颜回的称赞有很多处,他讲颜回 "殆庶几"。"殆"就是大概,"庶"就是近——将近、接近。就是说,颜回大概 接近"几"了吧,颜回他大概知道这个"几"吧,他与这个"几"接近了,很 近了。

为什么呢?因为,在不善的时候,看到不利的情况,他未尝不知,他是知道 的,知道以后"未尝复行"。"未尝复行"是什么意思?指积累经验,接受教训, 有错他不会犯第二次,有经验能继续积累下去。所以用了复卦里的一句爻辞: "不远复,无祗悔,元吉。""不远复",走了不远又回来。为什么要回来呢?因为 知"几"了,看出苗头了,看出趋势了,所以回来。"祗悔"是大悔。"无祗悔", 没有太大的后悔之处。如果你再往前走,那就有大悔了。这里就讲得很清楚了。 那条错路你再走下去,不就是大悔了吗?因为走得不远,所以没有大悔,因为及 时悔过来了。走得不远,哎哟,我走错了,我回来了,这有什么大悔?

"元吉"就是大吉。这个大吉为什么放在这里呢?本身这里有悔呀,为什么 往回走?有悔还元吉?在现实生活中,人非圣贤,孰能无过?哪能不做错事呢? 哪能没有过错呢?有过错是常事,是正常的。有过错没问题呀,你马上能回头, 马上就改,当然是大吉了。怕的就是不知道回头,不知道悔改,那就麻烦了。所 以,这个就是大吉!你看,这个大吉放在"有悔"之后。本来走了错路,不管走 错了几步,走错了就是叫错。总是一个过,虽然走得不远,总是一个错。虽然这 个悔不是大悔,总是一个悔,但是元吉。我们的老祖先把问题看得非常客观,有 非常大的宽容心。什么事都没有百分之百的,不要把什么事都看得那么绝对。金 无足赤,人无完人。有小过,有小悔,有小错,这是正常的,不怕。你只要悔 改,你只要见"几"、知"几"就行了,就是君子了,就是元吉了。你看这个话、 这个道理多深刻,太有意思了。但在现实生活中,有时知悔,改过了,但在他人 的印象中仍然是一个坏印象,你改了,但他人的印象却未改。

> "天地絪(氤)缊(氲),万物化醇;男女构精,万物化生。《易》
> 曰:'三人行,则损一人;一人行,则得其友。'言致一也。"

## 一人行与三人行

"絪缊",这是阴气和阳气,二者融合起来形成的一种弥漫的状态。天是阳气，地是阴气，阳气和阴气汇合起来，弥漫起来了。正是因为阴阳二气汇合起来了，才能使"万物化醇"。"醇"是什么？酿酒。这个酒酿到什么程度？发酵已经到了成熟的阶段，一种浓烈的酒香扑鼻而来，酒酿得成功了，这个时候叫醇。那么什么是"万物化醇"？就是万物的生长到了一个很好的状态。

"男女构精"，"构"是"交媾"，"精"是受精。"万物化生"是这样化生的。这里我引用汪忠长先生的一段话，他是这么说的："人类谓宇宙为中心，天地之精华，国家之命脉，社会之主体，无不由夫妇之和谐而衍生。"你看，他是这样来解释的，其中强调了"和谐"。所以，这里就应用了损卦里的一段爻辞："三人行，则损一人；一人行，则得其友。"这个"三人行"好理解，举个例子，如下棋，无论是下围棋也好，下中国象棋也好，或是下国际象棋，只能两个人对弈。如果有三个人，那肯定有一个人要靠边站了，那就损一人了。当然，这里讲"三人行，则损一人"不是这个意思，这个例子只是为了方便解释。比喻什么呢？你三个人是奇偶配对吗？是阴阳化合吗？不是！所以现在某些体制，成立一个组织，起码要三个人，为什么？在处事决定时要少数服从多数，如果只有两个人，意见相悖就麻烦了。再加一个人，少数服从多数。实际上在事物发展的规律中，就是两种：阴阳、刚柔、动静、得失、吉凶等。

"一人行，则得其友。"一个人也不行，要得其友。一阴得一阳，一阳就得一阴。男要配女，女要配男，所以对夫妻又称为"配偶"，而不是"配奇"。这个东西很有道理，在损卦里就讲了这个。所以，下面孔子又进一步讲："言致一也。"这是什么意思呢？还是回到现实社会中。这个"致一"就是"一致"，就是讲理是"一致"的。"三人行，则损一人"也好，"一人行，则得其友"也好，这两种情况都是讲一个意思，都是讲"配偶"，而不是"配奇"。

> 子曰："君子安其身而后动，易其心而后语，定其交而后求。君子修此三者，故全也。危以动，则民不与也。惧以语，则民不应也。无交而求，则民不与也。莫之与，则伤之者至矣。《易》曰：'莫益之，或击之，立心勿恒，凶。'"

## 至诚才能持久

子曰："君子安其身而后动，易其心而后语，定其交而后求。"这里又讲到了君子之行。"安其身"就是安身。居贞以便建侯，你定位了，安其身、定其位了，你才能够行动。大学毕业以后，还没有安身，还没有定位，就要创业，就要轰轰烈烈干一番事业，这行吗？你这一番轰轰烈烈的事业，以什么为基础？定位在哪个上面？"易其心而后语"，这个"易其心"的"易"字，实际上就是"正其心"，由杂乱向正转移。《易经》讲"中正"。

为什么说这个"易"是"正"呢？你为什么非要牵扯到"正其心"上去呢？不错。也就是说，"易"是指"变易"。你的心是怎么想的？在变易中得到调整，调整以后得到正念。得到正念、正信，心里就有数。我到底是以什么为目标？以什么为定位？以什么为准则？怎么正确地判断？你心里总要有一个主张，有一个定位。当然，你是时时在"易"中，在变易和转换中寻找定位、调整自我定位。等你的心正了以后再说，再发表意见，是赞同还是反对。

"定其交而后求。"两个人必须建立了稳定的交际关系、朋友关系，并且交情很深的情况下才互相有所求。不要乱求人，乱求人会上当吃亏的。"君子修此三者，故全也。"你把这三者修行到位也就完备了。

"危以动，则民不与也；惧以语，则民不应也；无交而求，则民不与也。"这又是讲，你一动起来就会有危险，谁跟你合作呀？你出语不逊，出语猖狂，一说话就很吓人。不是话说得很大，就是说得很猖狂，说得不着边际，说得不实际，那谁响应你？谁相信你？你跟人家还没有交往，你就要向人家乞求，要求这个、要求那个，谁会听你的？

你看，这些东西都发生在二者之间，这是双方的事。你看前边就讲了，双方就是二者。而且，"三人行，则损一人"，它是二者之间的事，是双方的事。一个巴掌是拍不响的，必须是两个巴掌才能拍得响。道理就在这个地方。所以下面讲："莫之与，则伤之者至矣。"没有人与你交往，没有人与你合作，没有人来响应你，没有人相信你，这种伤害太大了。这是最大的伤害呀！受了这种伤害就会寸步难行、无所作为。

所以，《易》曰："莫益之，或击之，立心勿恒，凶。"你看，用了《易经》益卦里的一句话。不去利他，甚至还要去伤害他，是什么原因呢？是"存心不恒"，也就是"存心不诚"。"恒"是一个"诚"字。至诚才能恒，只有诚才能持久，不能持久当然是不诚。不能"诚其意"，当然也谈不上益，甚至于有种伤害，当然是有凶。这段里把社会人生的现象说得很透彻，而且是与《易经》里的爻辞联系起来说的。

我有一位朋友，有一年春节我到他家拜年。他讲："我今年有一个大计划，要投资几百万。石家庄有一个祖传研究《易经》的大师，他给我预测了一下，说我今年能办大事，如果错过了这个机会，以后就要差一点，应该抓住这个机会。"当时我感觉这个话不对，但是那时是正月，是春节，不能说。但实际上他投资下去，现在惹了大麻烦了，竹篮打水一场空，为他人作嫁衣裳了。他以前做得很好，车子买了，几套房子都买了。是谁害的？占卜害人哪。

"善《易》者不占"，在我们生活中，在社会实践中，你按这个去做，好好地做一个"君子"，你诚其意，正其心，修其身，齐其家，你能做到这样，你有治国的胸怀，有平天下的境界，怕什么？还用去占卜吗？不需要。这就是"善《易》者不占"。我们只有这样，才能对得起我们的老祖宗，才有驾驭已知和未知的能力，这个很重要。

# 第五章

子曰："乾坤，其《易》之门邪？"乾，阳物也；坤，阴物也。阴阳合德而刚柔有体，以体天地之撰，以通神明之德。其称名也，杂而不越。于稽其类，其衰世之意邪？

夫《易》，彰往而察来，而微显阐幽。开而当名，辨物正言，断辞则备矣。其称名也小，其取类也大。其旨远，其辞文，其言曲而中，其事肆而隐。因贰以济民行，以明失得之报。

子曰："乾坤，其《易》之门邪？"乾，阳物也；坤，阴物也。阴阳合德而刚柔有体，以体天地之撰，以通神明之德。其称名也，杂而不越。于稽其类，其衰世之意邪？

## 古老的《易》，不老的学问

孔子在这里讲到乾、坤两卦，他把乾、坤两卦比作"易之门"。也就是说，乾、坤就是《易经》六十四卦的开门卦。《周易参同契》开篇云："乾坤者，易之门户，众卦之父母。"大家都知道，以前的《连山易》是以艮卦为首，《归藏易》是以坤卦为首，《周易》则是以乾、坤两卦为首，孔子认为它是开门卦。

乾卦也是一种象，是什么象呢？所有属阳性质的物类的象，有阳的特性，如光明、刚健、广大、积极，有这一方面的性质，这是一种物类的象。那么，坤与乾是相对应的，具有阴的特性的这一物类的象。阴一类的特性有：晦暗、柔顺、静止、消极，具有这些特点。那么，阴阳两种特性的物类，虽然是相反的、截然不同的，但是它们又是统一的，一旦二者融合、统一时，就能"合其德"，它们的特性和功能得到互补了。这样，刚与柔也就得体了。

在运用中，以这个来体察"天地之撰"。"撰"是什么？按照《尔雅》的解释，"撰"就是具——具备了。也就是说，一阴一阳这两种特性、两种功能在相辅相成、互补相融时，具备天地之德了，阴、阳之德合起来就是整个天地之德，天地之德都具备，这样才能"通神明之德"。这个"神明"也是"阴阳不测之谓神"。虽然在自然界中，有很多自然现象还没有破译，人们还不太了解，还处于神秘的状态，但是我们的古代先民——我们的祖先，他们能够用一阴一阳两种符号去仿效，在错综复杂的自然现象中，能够捕捉住天地之道、天地之德，就是两种——一阴一阳，这就不容易了。

| 阳性词 | 阴性词 |
|---|---|
| 白天 | 黑夜 |
| 光明 | 晦暗 |
| 刚健 | 柔顺 |
| 广大 | 静止 |
| 积极 | 消极 |
| 明亮 | 阴暗 |
| 温暖 | 寒冷 |
| 刚 | 柔 |
| 动 | 静 |
| 男 | 女 |

所以在这里，我们能够看到，《易经》为什么能够源远流长？为什么到了科技高度发展的今天，还有它的现实意义？为什么它还能演绎出今天的科学易、管理易、生活易？这是什么原因呢？因为它抓住了自然本质的东西，除非天地、太阳系、宇宙变了，这个宇宙不变，这个"易"也就变不了。只要地球还是围着太阳转，易象就不会变，因为人们抓住了这个根本的东西。

《易经》既是一门古老的学问，也是一门新鲜的学问，是什么原因呢？关键是天地不老，它也跟着天长地久。你们看，太阳运行不息，老了吗？这里看的就是这个东西。抓住根本的东西了，这个不容易呀！我们现在想一想，现在的科学家，那不得了呀，每年的科研经费有多少？还有科研设备，还有培养经费，这个要花多大代价呀？我觉得，这个事非常了不起。

### 石器时期的第一大发明

我曾去过秦安县，一位中医大夫给我们看那套石器时期的古针（称为"九针"），用石头磨制的那个针。看到那个针，我就觉得我们的老祖先太神了，因为那是旧石器时期的东西，还不是新石器时期的东西，就是说，离我们现在已经有几万年了。

为什么呢？你想一想，如果现在要你发明一种针的话，那科研经费要拨多少？要打多少科研报告？首先是，你必须想到发明这个针起什么作用？缝制作用——穿孔。又研究用什么材料，然后研究如何磨直、磨尖，还要有一定的硬度、强度的工具在尾部钻孔。用什么东西去钻孔？想到钻孔、穿线这一点，放到现在，又是一系列的科研项目。这一个伟大的发明，媒体可能要忙半年了。

我们的祖先，他们一分钱的科研经费都不需要花，一天学都不上，一样科研仪器都不用，一次研讨会都不需要开，一次广告都不需要做，就这个"四不"，研究出这个东西千古不变、千年不朽，与日月同寿。天地不老，它也跟着一起天长地久，而且越传越神奇，像陈年老窖，历久弥新。所以这个特别有意思。现在有人说，"以通神明之德"，你看那是迷信哪。是吗？它迷信在哪里？说不出来，反过来是他迷信了。要知道，《易经》是实实在在的东西，也是人类原始的科学启蒙，是一种朴素的科学思维。当然，这后面的两句话是最不好懂的："其称名也，杂而不越"，"称名"，在卦辞、爻辞里，对很多物、事、现象，都给它起了一个名字，像龙、牝马、狐、鹰、车……名字很多。在四大名著里，一本《红楼梦》人物就很多，人物关系也很复杂，里面那些道具也不得了。但是《易经》里所描述的东西，简直像一部小说。"不越"是什么意思呢？就是说，不像文学著作。为什么我刚才讲四大名著？四大名著里面讲的东西是虚构的，《易经》不是虚构的，它反映的是客观现实的东西，它没有超越本质的东西。它不是臆想、杜撰，而是客观的，没有超越客观现实。

"于稽其类"，"稽"就是考查、稽考。纷繁复杂的称名、纷繁复杂的事物，如果分类的话，无非是前面几章讲的，这里又要考查分类。实际上，前面几章就是分类了。你看，从这里看得出来，第二章是从那些发明来说的，第三章就是抽象地来说的，第四章就是从卦辞、爻辞，从每一卦所表现出的社会现象来说的，我看大概是这样一个分类。从这个分类里能看出什么？

## 忧患意识从哪里来？

"其衰世之意邪？"这一句不好懂。这里，无论是高亨先生，还是金景芳先生，都没有解释准确，只有汪忠长先生的解释是准确的。为什么呢？他讲，作《易》者，也就是写这个卦辞的人，演绎《周易》的人所处的时代是衰世。原文是这样："或许是流露作者处在衰危之世的思想理念吧。"（见《周易六十四卦浅解》）周文王所处的时代是殷纣王的时代，那当然是衰世了。正因为是衰世，所以他在卦辞、爻辞中流露出的忧患意识特别强烈，他不断地提出警戒。刚刚提出一个吉，马上又提出一个有咎，原因是什么？就是不断地在警戒人，这就是忧患意识，也就是前面讲的"危者，安其位者也；亡者，保其存者也；乱者，有其治者也。是故君子安而不忘危，存而不忘亡，治而不忘乱"，就是这种"其亡其亡，系于苞桑"。

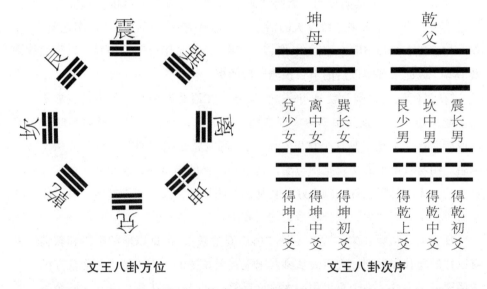

文王八卦方位　　　　　　　文王八卦次序

如果周文王所处的是盛世，他当然想不到这些问题，不可能老是强调这些东西。他正是因为生长在衰世，而且被昏君幽禁在羑里，他当然有很大的压抑情绪，有很大的忧伤，忧国忧民。所以他所阐明的，所接触的社会现象，他作卦辞的立意、主题，所表现的是衰世的思想，而不是盛世的。实际上，这种衰世所总结出来的思想，对后世更有作用，更有启发。为这句话，我查了很多书，都是一带而过。一带而过就不明白了，唯有汪老教授解释得非常清楚，因为他的易学是正统的。

> 夫《易》，彰注而察来，而微显阐幽。开而当名，辨物正言，断辞则备矣。其称名也小，其取类也大。其旨远，其辞文，其言曲而中，其事肆而隐。因贰以济民行，以明失得之报。

## 观察力从哪里来？

"夫《易》，彰往而察来，而微显阐幽。""夫"是语气助词，古代人说话不像现在人，一开口：呀、啊、这个、那个……那时候可能是夫、之、乎、者、也……这些东西。为什么"夫《易》"？这就是强调呀、感叹呀，他是一种感叹，所以"啊！《易》"。"易"，语气上就显得平淡了。"夫《易》"，一下子语气就加重了。为什么要感叹呢？

你看，"彰"是很明显的，就是"洞察"。"往"就是以往的、过去的。"来"就是未来，今天和未来。按今天的话来说，经常有一句话，叫"前车之鉴"。还有一句话说："毋忘历史，面向未来。""察往"，就是用以往的经验、以往的教训做借鉴，以此来观察以后的事，预测以后的事。

"微显阐幽"，"阐"就是明——阐明嘛。在语文课中，老师不是经常要你总结主题思想吗？特别是中学语文课老师，让你总结议论文的主题思想时，一般都说阐明什么，是不是这个意思？所以，"阐"就是指"明"，"幽"就是"暗"，幽暗。明与暗换个说法就是阐与幽，这就是汉字的丰富性。阐与幽、微和显都是对应的。无论是明也好，幽也好，它都是很明显的，又是很微妙的，就看你的观察力了。没有观察力，就分不清它的明和暗。

观察力是从哪儿来的呢？还是"彰往而察来"，根据以前的经验和教训。没有以往的经验和教训，观察力从哪儿来呢？最关键的，古人的书不像现在的，一句话要说一大堆，一个意思用一大段反反复复来说。古人呢？就这么几个字，既精炼又深邃，必须联系起来看。这里隐含着很多话，必须不断地去解读，解读出这个"微"字——"微显"嘛。它并不是非常明显地显示出它的明和暗、刚和柔、动和静，是吧？它并不明显哪。

在我们的现实生活中，为什么有时候处理问题那么难？有时候问题处理过后得罪了人？或者是哪件事做错了，回过头来，错在哪个地方呢？想不清楚。有时候回头一看，噢，是这么回事。但是当局者迷，此情此景，"身在此山中"呀。在那个时候，事态发展并不明显。谁是谁非，并不明显，这就要靠你来观察，这就要靠你以往的经验和教训，这是很关键的了。这就要靠你的洞察力、你的分辨力、你的判断力，不然这个"微"怎么联系到我们的现实生活中？

## 当名与正言

"开而当名，辨物正言，断辞则备矣。"《系辞传上》中有这样一句话："夫《易》开物成务"，这里是"开而当名"。"开物"，什么是叫"开"？我们要好好地体会这个"开"字。这个"开"实际上是前面那个"彰""察""微""显"。开而显，在微妙中显示以辨"阐幽"。你没有这个洞察力，没有这个经验，你怎么去"开"呢？这个"开"就是显示出事物的本来面目。似乎这个门打开了，乾、坤是"《易》之门"，这个门打开没打开呀？往往是你今天打开了，明天未必能打开。这件事情你打开了，另外一件事又不一定能打开了。

"当名"，名副其实、恰当，这就是事物的本质。你没有看到事物的本质，没有抓住事物的本质，很多问题就表达不准确了。所以，欧多克斯提出了地心说，认为宇宙是围着地球转的，地球是不动的。以后哥白尼发现太阳不动，提出了日心说。再到牛顿发现有万有引力，这是人类的认识过程。就是说，《易经》里取的这些名，象征也好，比喻也好，都是很恰当的，一直到现在还是成立的。

"辨物正言"，是说通过辨别正确地表达。"言"就是表达，准确地表达。那不得了，我们现在的写作是最难的，要表达一个东西，很难准确地表达。即使是平常闲聊，要把一件事表达准确，看起来是很简单的一件事，想用简明的几句话把它表达出来，都不是容易的事。

"断辞则备矣"，判断这些辞，无论是卦辞也好，爻辞也好，都是判断出来的，但是它是很完备的。现在看起来还能挑出它的什么毛病吗？认为它表达得不完整吗？很难去说。

## 称名与取类

"其称名也小，其取类也大。""小"就是具体的，"大"就是抽象的。说它小，小到什么地步？"小而无内，大而无外"，这样解释？不是这样。这个"称名"具体到一件事上是很具体的。例如，它讲"负且乘"，那人本来是乘在车子上，或者是乘在马上，还把物品背在身上。你看，这个描述就很形象了，有情境，有人物形象，但是又要"取类"。"取类"是什么意思？是指"负且乘"这件事所象征的普遍性，所比喻的事。

在我们的现实社会中，几千年来这种现象还是存在的。它象征的意义、比喻的意义是很抽象的，也就是说，它具有代表性。并不是说它就讲这样一件事，如"拔茅茹"那一句。"拔茅茹"就是把茅草拔起来，是不是小事？它小到不能再小了。《易经》这么一部流传几千年的经典著作，讲"拔茅茹"这么一件小事，有什么意义？高亨先生解释说：拔除对农作物有害的杂草。金景芳先生的解释是：拔除这根茅草，带动那根茅草。我就觉得这么小的一件事，它的意义在哪个地方？

也许它是根据茅草根的萌动情况来预测、判断季节吧。判断春天来没来？该不该播种？该做什么？要抓住农时。你只讲出它的小，没有讲出它的大，没有把"取类"讲出来呀，那不行。你只讲出它的"称名"，没有讲出它的"取类"也不行。所以，我讲六十四卦的时候，几乎经常讲到这方面的东西：这个经典讲这么一点小事，太没意思了。最后两卦——既济卦和未济卦，两卦都讲小狐狸过河，而且是小狐狸，过河的时候尾巴被沾湿了，都讲这个事，这是很小的事。讲狐狸，为什么不讲狗？为什么不讲马？为什么不讲其他的动物？为什么讲它的尾巴沾湿了？这么一个小事是什么意思？它这个"称名"是很小的，你仅仅是把这个讲清楚了，还是不通俗。

我几乎经常收到读者反馈的信息说："我们看其他《易经》的书都看不懂，看不进去；看了你的书，非常有意思。"有两个读者来信都讲这个事，现代还有读者在讲这个事："你这本书我们读得进去。"原因就在这个地方：我不但讲了"称名"，还讲了"取类"；不但讲了小，还讲了大。这是很关键的，所以我刚才讲这两句有意思呀。讲不清楚它的取类，讲不清楚它的大，这个《易经》就白讲了，是不是？读者是伟大的。为什么伟大？他们分得很清楚：你给他们的东西是不是货真价实的？这个是分得很清楚的。因为不是一个人，现在你们都很清楚，全国各地许多读者来信、来电话，几乎个个都是这么说。

我讲的六十四卦（《易经的智慧．经部》），我的成功之处就在这个地方。我的功夫也就下在这个地方。你们记得很清楚，我在研究时，为了一个"拔茅茹"，为了一个"利见大人"，为了一个"小往大来""大往小来"，为了一个"包有鱼"，我反反复复打电话，四面讨教，八方求索。然后，又到野外去参究，仿效远祖先民"仰则观象于天，俯者观法于地"，就像长着一双"贼"眼睛，到处滴溜，真的。

为了观卦中一句"盥而不荐，有孚颙若"，我在散步时，还在那里晕晕乎地思考，进入了一种什么状态？我进入到那种祭天的状态了，想象到古代祭天的情境。啊！我突然明白了这个"盥而不荐"是什么意思了。我并不是在字面上解释它：哦！当时的情景全部展现在我面前，我好像参与那个祭天仪式了，身临其境，成了一个参与者。没有下到这个功夫是不行的，这就是功夫。

## 言曲而中，事肆而隐

"其旨远，其辞文，其言曲而中，其事肆而隐。""旨远"，就是它的含义是深远的。"辞文"，就是说，它的卦辞、爻辞很有文采。《论语·雍也》中，孔子说："质胜文则野，文胜质则史。文质彬彬，然后君子。"意思是说，质朴超过了文采就会流于粗野，文采超过了质朴就会流于虚幻。只有文采和质朴相宜，才能具备君子的风度和修养。如："其亡其亡，系于苞桑。"哎！读起来像民歌，像《诗经》，雅俗共赏。"其言曲而中"，是说它的表达有时候转个弯，弯弯曲曲的，用一种比喻，用其他的方式来描述，委婉，又表达得非常中肯、中的，如讲那个"乘马班如"。

那个"乘马班如"是指去求婚的，求婚没有求到，他怎么样？他又要"入于林中"，去追那个猎物——鹿，追入林中以后没有向导，追进树林深处了，哎，"君子几不如舍"，他猛然警惕起来：我再往前追——"往吝"，就有"吝"了，就会有小的危险了。这个时候，他很机智、机敏，"不如舍"——放弃。这是什么意思？你看，他转这个弯，实际上是举了个例子，就像讲一个故事，实际上是要我们学会放弃。就是讲了一个"机"，你要识时机——"识时务者为俊杰"，这个时候你不要再追了，再追就不行了，你要学会放弃。这一句话就中的了。

"其事肆而隐"，这个"肆"是指直——直露、坦露。有人讲：放肆！放肆不就是很坦露吗？很直爽的吗？里面表达的事情有两种：有的很直白地说出来了，而有的隐晦地说出来了。有两种，一种很直爽、很直白，一种很隐晦。哎！这就有意思了。直白里也有隐晦的东西，隐晦里也有很直白的东西，就看你怎么样去透视，去分析。它绝对不是一个表象的东西。

姤卦里"包有鱼"，"姤"就是指遇。逅是邂逅，就是不期而遇，没有预约而相遇。但是，姤不是不期而遇，是有约、有期，是互相预约的，而且是有期，不是"不期而遇"。"不期"就是没有时间，姤是有期的。为什么说是有期而遇？阴和阳，寒和暑，它的来往时间，是六个月河东，六个月河西。它是六个月一个来回，半年一个来回。寒暑往来是不是这么回事？这个相遇是有期而遇。"包有鱼"，讲到河里的鱼，为什么不讲天上的鸟呢？就为了这个问题，我想了很长时间，查了很多书。书上解释来解释去，都没有从这个"鱼"里面跳出来。有人研究，"鱼"是阴物，因为在水里嘛，表示阴的。最后我想，哦！它不是"鱼"，是"遇"，还是一个"遇"字——"包有遇"。

为什么呢？乾卦是象征天的，它不用"天"，不叫天卦，而叫乾卦。如果它叫天卦，象征天，它的含义就固定了，它就没有其他的象征意义了，就固定住了，就只能象征天了。那么，象征父亲、象征马？都不能象征了，那只能是天了，固定了，限制住了。它这个"乾"字就很灵活。

咸卦，它本来是讲感应，但是呢，下面这个"心"字去掉了——很有意思。本来是讲感应的，如果加上一个"心"字，直接用感应的"感"字，那就是人的心灵感应了。那么，天与地的感应、阴与阳的感应、自然中间的感应没有了。真正的感应，这个表达是很广泛的。它既表达了人与人之间的感应，那就是心灵的感应，但是还有自然万物之间的感应呀，花相互之间也有感应，是不是呀？风与树林之间也有感应呀，日与夜之间也有感应呀，一句话——阴与阳之间也有感应，这些感应它就不能代表了。那么，它用一个"咸"字就全部代表了，是不是呀？"包有遇"，你看，它是"包有鱼"，怎么是"遇"呀？它的代表性就很广泛了。

我始终觉得，《易经》里的用字有它的微妙之处，有它的趣味性。你把它真正解读出来，真是趣味无穷，并不是说干巴巴的。所以我讲《易经》的时候，开头讲：你真正读出味来，就像是读《三国演义》，而不是读一本古典，很深邃的东西。哎呀，这么难懂！所以说它"肆而隐"，开放而又隐秘。这个"遇""感"，它都是隐藏的东西。


## 有疑才有悟

"因贰以济民行，以明失得之报。"这一句话也不好理解。这个"贰"在《尔雅》里是指疑。为什么呢？贰嘛，模棱两可，贰就是疑。如尊与卑、动与静、刚与柔、得与失、吉与凶、张与弛等，都是二者对立，有对立就有疑。再如二人，在那里互相猜疑：是此呢，还是彼呢？是甲呢，还是乙呢？老是二者之间在那里怀疑。所以，《尔雅》里的"贰"本义就是"疑"。这就可以看出，古代的字，要真正知道它的本义，是很有意思的，它是有来历的。

"贰"是二者间猜疑，这就很有意思了。为什么前面讲"三人行，必损一人"？"因贰而济民行"，这个"济"，有的人解释为成。当然，"济"也就是成了。"既济"就是渡过去了，不就是成了吗？"未济"就是没有渡过去，就是没有成。这个解释是对的，但是这个地方是不是这么回事呢？这里这个"贰"又是什么呢？怀疑，在阴阳二者之间、在乾坤二者之间怀疑，因为有疑才有悟啊，要考虑这一点。因为有疑才有悟，才有选择的余地。

所以，"以济民行"，这个"济"应该理解为教化、启迪。正因为你在二者之间，对很多事物抓住了阴和阳、刚和柔、动和静这二者的辩证关系，你悟到了，所以你运用这个东西去启迪百姓，去教化百姓，去指导他们的行为。

"以明失得之报"，"失得"是什么？这里当然就是指吉凶了，因为这种启示和教化，所以使得民众知道了失得和吉凶的规律——报应。报应是怎么回事？噢，这个报应是一种规律，它并不是迷信的报应。有人把吉凶当作报应，失得也是报应，这不错呀。失得和吉凶是一种报应，但是，这个报应到底是怎么回事？它是一种自然现象，是一种自然规律，也是一种社会规律，也是事物发展的规律，是很正常的。

# 第六章

《易》之兴也，其于中古乎？作《易》者，其有忧患乎？

是故履，德之基也；谦，德之柄也；复，德之本也；恒，德之固也；损，德之修也；益，德之裕也；困，德之辨也；井，德之地也；巽，德之制也。

履和而至，谦尊而光，复小而辨于物，恒杂而不厌，损先难而后易，益长裕而不设，困穷而通，井居其所而迁，巽称而隐。

履以和行，谦以制礼，复以自知，恒以一德，损以远害，益以兴利，困以寡怨，井以辨义，巽以行权。

---

《易》之兴也，其于中古乎？作《易》者，其有忧患乎？

---

## 《易》之兴

你看，这里又讲到了忧患。"《易》之兴"，这里有一个时间问题了。前面我已经讲了三古、三圣，这里讲中古。中古就是夏、商、周三代时期，这里具体指商、周之际周文王演绎六十四卦时期。"《易》之兴"，从什么时候开始兴起的呢？前面是它的草创阶段。它的草创阶段经历了多长时间呢？这无法来推测了，但是可以想象是几千年，在伏羲以前不能说它没有一点基础，没有一点影子，前面已经讲过。然后由伏羲把它进一步研究成熟成为八卦，以后相重成为六十四卦。这并不是一次性完成的六十四卦，而是慢慢演绎，不断地从伏羲、炎帝、黄帝，到尧、舜，一代一代地创作，不断地成熟，到了周文王的时候，才有了文字。

由符号到图形，再到文字，有两个条件，第一个条件是甲骨文。以前不能说没有文字，也是有的，但是暂时还没有找到在甲骨文以前的成熟、系统、统一的文字，考古还没有发现。但是有一点可以肯定，在这以前，除了用符号以外，口口相传的语言还是有的。这应该是第二个条件。这个"称名"是不是周文王给它起的？应该说以前就有，《连山易》《归藏易》的时候就已经有名了。也许那个时候也有书籍（刻写），也有象形文字，但是最主要的还是口口相传。

## 《易》的忧患思维

"作《易》者，其有忧患乎？"这里讲到它的思维了。那么以前的八卦，从《连山易》到《归藏易》，有没有思维？肯定有思维！那时已经给每一卦起了名字，当然有它的含义，有它的内容，有它的语言，这是肯定的。但是这里强调了忧患意识，而且对忧患意识这样突出地表达，那就是周文王的功劳了。根据我的推测，周文王在总结、归纳前人口口相传的每一卦的内容的时候，就把这个忧患意识进一步强调、充实到里面去了。以前有没有？也有，只是没有那么充实，不是那么突出。我举个例子，如家人卦的演变。

家人卦的卦名，在《归藏易》里叫"散家人"。为什么呢？这就说明，以前的家人不像现在有房子住，父父子子、夫夫妻妻、兄兄弟弟，人伦次序都很分明，大家都有一个安居乐业的稳定生活。新石器时期以前不是这样，一家人可能生活得很分散。那时的孩子只知其母不知其父，所以叫"散家人"。而到了周文王的时候，时代已经变了，已经进步了，把"散"字去掉了。所以这有一个过程。

周文王讲这个忧患意识，实际上正是因为他被囚禁在羑里，在长期压抑中，长期思考对社会的认识，所以他的忧患意识就非常强烈。我们在羑里参加第七回世界易经大会那个祭祀活动的时候，面对周文王昂然挺立在那里的塑像，大家都去祭拜，年年都祭拜。但是我们应该想一想，在祭拜的时候，有几个人能想到当时他被幽禁时的生活情景？想象到他当时的心态？他当然有忧患意识了。正因为有忧患，所以才能"兴"，这个"兴"是由忧患而兴的。你们看这个词句前后有它的内在联系。

> 是故履，德之基也；谦，德之柄也；复，德之本也；恒，德之固也；损，德之修也；益，德之裕也；困，德之辨也；井，德之地也；巽，德之制也。

## 礼是德之基

"是故"，所以。这里举了九个卦，下面三段都是根据九个卦来说的，首先是履卦。"履者，礼也。"它就是讲礼的。"仁、义、礼、智、信"，"仁""义"建立在什么基础上？建立在礼的基础上。我举个简单例子。我在北大参加了一个周鼎衍先生易学资料的传承仪式。在传承仪式上，有几位从很远的地方来的嘉宾，我们也给他们安排了座席，而且请他们一起共进午餐。其中有一位，在他离开北京时，连个招呼都不打。有意思的是，他在来北京之前在电话中对我说，他身边有一位高人，能未卜先知，甚至有千里眼，能预测到千里之外的详细情景，我婉言谢绝了他的引荐。可惜的是，他连"礼尚往来"的常识都没有预测到，这种人有什么资格去做传统文化？所以说，"礼"是德的基础。如果讲某某人，讲他这个人"仁义道德"，但是见了面后一看，这个人连礼貌都不懂，这个"仁义"就假了，一假就百假了。

## 谦虚也要有资本

"谦，德之柄也"，"柄"是什么意思？《天水日报》的主编赵小霞女士特地给《易经的智慧．传部》写了一个书评。她专用谦卦来举例，她认为我这个谦卦讲得特别好。为什么呢？谦卦的初爻讲"谦谦"，讲"谦谦"两个字的时候我也讲过，朱熹、尚秉和、高亨等大师的解释是"谦之又谦""谦而又谦"，都是这样说的。我觉得，这样解释好像不够分量，所以我又琢磨，进一步思考，思考出"外谦"和"内谦"。为什么？卦分上下，也分内外。上卦为外卦，下卦为内卦，是吧？"地山谦"，外卦是地，地是厚德载物；内卦是山，是艮卦，艮卦是什么？它"知止"呀！它的卦德是止，"止于至善""知止而后能定"。你看这个"谦"，是既有内谦，也有外谦。

有的人看他的外表，觉得他很谦虚；能看出他内心谦虚吗？是真正的谦虚吗？还有"鸣谦"。一个人谦虚还能去张扬自己吗？我认为，不要一讲谦虚就觉得不能张扬自己，该张扬的还要张扬，该表现自己时还要表现自己。有的人一得到"谦虚"的好评，得到这个称誉以后，一下子就拘谨了，连话都不敢多说了。该表现的时候不敢去表现，认为我一表现，别人就讲我这个人不谦逊了，这怎么做人呢？这样，谦虚不就成为一个包袱了吗？那么这个谦虚就成为假谦虚了，故意做作而已。

这个"鸣谦"有两个东西，还有一个东西是什么呢？透明度。"鸣"就是"透明度"。一个人要谦虚，没有透明度也是假谦虚。就是说，他本身没有知识功底，没有文化功底，没有真才实学，还没有道德修养，只是表面上一副谦恭的样子，这能叫是谦虚吗？凭什么叫谦虚呢？没有透明度，人家一看，哎，这个人还谦虚，实际上他是不学无术的。了解的人一看，他是假谦虚。在我们社会中，我们见过这种人呀。初见面，觉得这个人很谦虚，但是长久了，熟悉了，哦，这个人没什么东西，他没有谦虚的资本。这是很关键的。谦虚也要有资本，没有资本谈什么谦虚呀！

我年轻的时候有点不懂礼貌，再一个想问题也很简单。人家一看，这个人架势大，反而资格老一些的人很谦虚。年轻嘛，实际上并不是瞧不起人，也并不是自高自大，实际上是年轻人的潇洒，甚至是一种单纯。有真才实学，有一些社会地位的人，有谦逊的资本，对他人一个笑脸，都会使人为之感动：哎哟，这个人了不起！

有一次碰到一个熟人，我骑着车，马上提前下车。以后他还把这件事到处说："这个人真了不起，见到我老早就下车。"他感动大了，因为我那个时候已经有谦虚的资本了。没有谦虚的资本，你下车，谁睬你呀？所以说，谦虚也要有谦虚的资本。《易经》里的东西，你要仔细地琢磨，是非常有意思的。

## 朴 + 真 = 善

"复，德之本也"，复卦初爻不是"不远复""元吉"？为什么又是"德之本"呢？这个"复"就是归、返——返归。返归到哪个地方去？你无论叫"返"也好，"归"也好，它都回归到哪儿去？返归到本上，返回到源头上。只有这样才叫返，只有这样才叫"复"，"反本"哪。"人之初，性本善"，"人之初"就是"人之本"，"善"就是"本"，人要回归到"本善"上来。"复归"，现在讲返璞归真，朴和真就是人之本善，就是人类的本来。"人之初"本来就是"善"，就是"朴"，就是"真"。那么现在我们又得出一个体验来了。"人之初，性本善"，什么叫"善"？"善"的内容是什么？哦，可以看出来，就是朴，就是"真"——非常朴实、本真、率真。这个就是"人之初"的那个善。不然的话，什么是善？搞不清楚了。

真正的善的内容，就是两个字：一个"朴"，一个"真"。这是哪儿来的？"返璞归真"嘛。你返，当然是返到本上。这个东西要联系起来，这个结论就在这个地方，答案就在这里，互相融通的。

## 固本与固末

"恒，德之固也"，"固"是恒固不变。"恒"就是讲"恒固"的。恒卦里有"君子以立不易方"，就是讲这个"恒"——恒固不变。但是，这个"固"是固什么？又提出一个问题了。当然是"固本"了。不是固末，末是固不住的。为什么西方的一些管理学老是在淘汰，老是在换教材？它固不住，因为它不是本，它是末。只有《易经》这本管理学才是本，它是亘古不变的，是讲本来的。

所以说，固是固本。《黄帝内经》中有"标本论篇"，意思是：治病诊断，明白标本，就能"万举万当"，不明白标本，那就是盲目乱医了。并且举例说，先有寒而后生病的，当然治其本；先有病而后生寒的，也要先治其本。大家都知道，西医是先治标，吃药、打针都是治标。中医里，"八纲辨证"，里面讲"固本"。有的中成药里有一句话：固本。中医是辩证的，科学的，讲固本的。没有谁讲固末。这是很有意思的东西。

## 损是修德

"损，德之修也。"这里讲"修"。为什么说损为修德？一讲损——那个人太缺德了，太损。可这里"损"又叫修德？奇怪了。其实，这是应用《老子》的"为学日益，为道日损，损之又损"。噢，损是损什么东西呢？讲简单一点，这个损是指人要改变那些不良的习气。改也是修，悔也是修，从人的习气修起，你把那些不良的习气修正了，就是德。还有呢？要涤除。涤除什么东西呢？杂念、欲念、欲望，通俗一点，就是私心杂念，要把它涤除掉，这个涤除也是损。举一个例子。一个人家，把室内作一次清理整顿，要清理一些垃圾出去。清理垃圾的目的就是使室内更整洁。当然你不是要把有用的东西损掉，你损掉的当然是没用的东西。所以"损"就是"德之修"。

## 在困境中分辨德行

"益，德之裕也"，"裕"就是扩充，进一步丰富，完善，成熟呀。"德之裕"就是"为学日益"了。这个"为学日益"，不只是指学知识了，还指积德——

"厚德载物"。

"困，德之辨也，"这个困为什么是"德之辨"呢？哎，这里我的体会是最深的。一个人是不是真正有德行，真正在积德，真正在修行，在什么时候分辨？只有在逆境中，在困境中才能分别。人在顺境中好做人，说话也响，做事也得心应手，拥护的人也多，帮助的人也多。但是在困境中，就不是那么回事了。哎，在困境中，如果还能坚持安贫乐道，坚持这种德行，就能分辨这个人是不是真正有道德修养的人了。不是真正有道德修养的人，在困境中就会破罐子破摔，就会随波逐流，就会消沉下去了。积什么德？我都没饭吃，我还去积德？我先要去找吃饭，是不是？所以这个"德之辨"在困卦中。

## 真理在水井的底部

"井，德之地也"，高亨先生认为这个"地"字错了，我认为没错。为什么呢？我在讲井卦的时候讲过，"井"有三个德，一是，暴风雨引起山洪暴发，江、河、湖、池塘这些都会溢洪，都会有洪涝灾害，唯独大海不怕，大海没有洪涝这一说。而井呢？瓢泼大雨下三天三夜，它也不会有横溢的现象，它也没有洪涝的现象。因这水井的水位与地下水的水位相通，它不会自满，这是一德。二德呢？无论什么人去取水，它公平相待、公平相对。谁来了我都给水。第三个德呢？清澈见底——纯净，因为它与地下水相通嘛。池塘的水、河里的水、江里的水、湖里的水，都没有井水那样清醇。这是三德。为什么？与地下水位相通嘛。

西班牙有一句谚语："真理在水井的底部。"这很有意思。你们不是要找真理吗？到水井的底部去找。它与地下水位相通，真理就在那个地方，它是本来的东西。其他的水都是地表水，那不是本来的。这个"地"有承载、滋润的功德，能滋养井水呀！因为它是地，地是承载、滋养。

"巽，德之制也"，"制"是指制衡，"巽"是指退让，谦逊嘛。但是，它为什么叫"德之制"呢？德也是讲原则的，无原则的退让是不行的。温、良、恭、谦、让，这五个字都是有原则的，是以德为准绳的。所以这个退让要有制衡，没有制衡是不行的。应当退让的时候我退让，应当坚持的还要坚持，这就是制衡、制约。《黄帝内经》中解释五行相克的"克"，就是制约的意思。

> 履和而至，谦尊而光，复小而辨于物，恒杂而不厌，损先难而后易，
> 益长裕而不设，困穷而通，井居其所而迁，巽称而隐。

## 尊重是双向的

再看下面，还是这九卦。

"履和而至""礼之用，和为贵"，这就是今天讲的礼。礼就是"和"。大家一见面，一个合十——合适不合适，大家心平气和，相互说话很文明、很和气，这就是一种礼貌。所以说"履"是"和而至"，就是说：礼到了，和也到了。

"谦尊而光"，这个"尊"是双向的，以前我讲这个"尊"的时候就讲过，尊是双向的。现在有些名人，有很多崇拜者、追星族去追捧他。他认为自己很了不起了，要他签名，他很随意。我们这么尊重你，你为什么不尊重我们呢？尊重是双向的，要互相尊重，那么这个"光"也是双向的。这个光实际上就是人的尊严，这不仅仅是光彩呀、光荣呀、光环呀！这个光环是什么？人的尊严是第一层光环。有人认为，名誉是光环。真正的光环是人的尊严，你的尊严都没有了，谈什么荣誉呀？抗日战争的时候有一些汉奸，不也有官衔，不也有一些名誉吗？但那叫光环吗？

"复小而辨于物"，这个"小"应该是微。前面不是讲了微吗？微妙、微细。在微妙中分辨事物。也就是《老子》说的："天下大事必做于细。""不远复"，哎，为什么走得不远，马上又复回来？发现了什么东西？实际上是从微妙中发现了过错。噢，我走错了，那赶紧返回去。另外"不远"也是小，这是小错呀！

"恒杂而不厌"，"杂"是纷繁、杂乱，但是不厌其烦，只有这样才能做到恒——恒久、永固。

"损先难而后易"，这个损，我认为是开头难：这也舍不得扔，那也舍不得丢；这也舍不得改，那也舍不得改。真正痛下决心放下了，这个放下了，那个也放下了，什么都改了——哎，好了。就像一个人戒烟，开头难哪！开头戒掉了，后面就容易了。

"益长裕而不设"，这个"设"字，高亨先生说这个"设"字错了，我认为并不是用错了。这个"设"，应该是阻塞的"塞"，"设"与"塞"谐音，古文常见这种现象。为什么呢？长不就是溢吗？往上涨嘛，是吧？"裕"不就是不断地充

裕吗？不断地丰富吗？但是，它不会阻塞。为什么？你们记得有四个字，是老子说的"有容乃大"。它当然不会阻塞。你怎样丰富它，充实它，它都不会堵塞在那里，始终都有回旋余地——有容乃大。这个"容"是什么？是德。你没有德怎么有容呢？就是说，人要有心量，有宽容心，宽容心就是德。有宽容心就有平常心，之所以平常，因为没有被烦恼和杂念堵塞。

"困穷而通"，这个"穷而通"，前面讲过"穷则变，变则通，通则久"，这里实际上是说，穷尽了变化当然就会通畅，通畅就能感悟。朱熹说过一句话："身困而道亨。"这句话很重要，要记住。

"井居其所而迁"，"居其所"，这个"居"不仅仅讲"井"之居。这个井是跟着居民走的，一个居民点就有一口井，而且井卦里面讲"改邑不改井"，什么意思呢？"邑"就是一个地区的名称，是地名。一个地区、一个乡、一个村，名字改了，但是这个井不会改，还是那口井，地名、邑名改来改去，它还是那口井。这个"迁"是讲迁移，但这里不是讲迁移，意思就是讲不改，它是跟着居民走的——"居其所"。它是随着居民点走的，这里没有居民了，人搬走了，那井在这里也就自生自灭了。哪里有人居住，哪里就有井。这个"迁"是跟着人来走的，是为人服务的。

"巽称而隐"，这个"巽"是指退让。这个"称"，即它也要托词，也要名正言顺。你为什么退让？无缘无故地退让？这不是，托词是指理由，"称"就是它有理由。但实际上，它说出来的理由（可以称名的，可以摆在桌面上的这个理由）不一定是真实的，真实的是隐藏着。我为什么要退让呢？我退让就是为了进嘛，退是为了进。表面上称说"退"，谦虚地说了一番道理，而实际上呢？退一步就是为了下一步进，我退一步就是为了进十步。

---

> 履以和行，谦以制礼，复以自知，恒以一德，损以远害，益以兴利，困以寡怨，井以辨义，巽以行权。

---

## 返璞归真是觉悟

下面第三段，还是围绕这九卦。

"履以和行"，人的行为举止，都要有礼貌，要讲礼体，讲礼仪。但是你讲礼的目的是什么？就是为了和。

"谦以制礼"，谦虚呢？又是制衡礼度的。礼也要有个度，礼太多了、太繁杂了也不好，那就以谦来制衡。谦就是真正的谦虚了，那就是谦德了，假谦虚是不能制衡的。

"复以自知"，这个"自知"是指自觉、自省。为什么呢？你要知道返回，"不远复"，要懂得返归回来——返璞归真。你知道返璞归真，就是说你觉悟了。你通过自省，明白了。这个知就是觉了。

"恒以一德"，这个"一"就是专一了。专一也是德，因为"一"是由"道"而生的，"一"又可以生"二"，生"三"，生万物。

"损以远害"，这个"远"就是避开——趋利避害嘛。孔子讲，对鬼神要敬而远之。为什么要敬而远之？太近了就会受到伤害，受到迷惑。

"益以兴利"，"兴利"是很好理解的，人都是为了利益两个字嘛。

"困以寡怨"，人在困境中，你有德就不会怨天尤人。有的人呢？碰到一点点困难，碰到一点点挫折，就怨天尤人，骂大街，就像有些现象："端起碗吃肉，放下筷子骂娘"，就是这个意思。"寡怨"就是少呀，不要怨天尤人。在困境中不怨天尤人，积极奋进，这就是一德，这也是《易》的内涵。

"井以辩义"，这个"辩"应该是"辨"。你看这个井德，刚才讲到，它不分人，对人都是平等的。无论什么人来打水，它都是公平的。但是，它还能分别义或不义：有仁义之人，还有不义之人哪。它能够从中分别，它看得很清楚。为什么呢？水井它瞪着一只眼睛哪。每个人到水井去打水时，面目全映到水井里面，它就给你照个相，就给你曝光了。它看得很清楚，你的心灵它也看得很清楚。

"巽以行权"，这个"权"是权宜之计。为什么说是权宜之计呢？巽卦是讲退让的。前面不是讲"称而隐"吗？它隐的是什么？噢，是它的权宜之计。它的退让是在某种场合、某种条件下，暂时让一步。这是权宜之计，而不是畏缩，不是逃避。所以，这个"权"与前面那个"隐"是相通的，联系起来的。

以上三段都是以这九卦为例，反反复复地说。为什么要讲这九卦？为什么以这九卦为例？这九卦有什么代表意义？你看，履卦、谦卦、复卦，这三卦在上经，上经三十卦里只举了三卦为例。但是，下经三十四卦里就有六卦，从这个比例来看它的代表性，而且，有许多东西是对应的。履与谦相对，复与恒相对，损与益相对，困与井相对，只有巽卦是单独的，为什么呢？一直到现在我还说不出一个原因。就像以前我讲六十四卦一样，有几个地方我确确实实回答不出来，我就说："知之为知之，不知为不知。"我回答不出来，我不知道——我就是不知道。但我要把问题提出来，留在这个地方供大家去思考，共同去探讨。

　　这里肯定有一个为什么，肯定有一个答复。孔子为什么要举这九卦为例，而且是反反复复地讲？当然，我们有一点是肯定的，以这九卦为例说明《易经》的真正内含是什么。到底什么是《易经》?《易经》讲的是什么？这一点是肯定的。它是以这九卦做代表来说明这个东西，但是为什么用这九卦做代表？我们暂且存疑，大家共同去思考。

# 第七章

《易》之为书也不可远，为道也屡迁，变动不居，周流六虚。上下无常，刚柔相易，不可为典要，唯变所适。

其出入以度，外内使知惧，又明于忧患与故。无有师保，如临父母。初率其辞而揆其方，既有典常。苟非其人，道不虚行。

《易》之为书也，原始要终，以为质也。六爻相杂，唯其时物也。其初难知，其上易知，本末也。初辞拟之，卒成之终。

若夫杂物撰德，辨是与非，则非其中爻不备。噫！亦要存亡吉凶，则居可知矣。知（智）者观其象辞，则思过半矣。

---

《易》之为书也不可远，为道也屡迁，变动不居，周流六虚。上下无常，刚柔相易，不可为典要，唯变所适。

---

## 文字是借鉴

《易经》成书是以符号为主，前面讲过。既然成书了，当然就有文字。我们现在所看到的《易经》，似乎忽略了那个符号图像而重在文字。因为重在文字，就容易偏离它本来的象，偏离了它当初那个"象者，像也"。它是如何效法自然的？如何去反映社会变化的？这个偏离了。《中庸》里面有一句话："道也者，不可须臾离也。"须臾就是很短的时间，就是说"道"在生活中，一分一秒都不能偏离。为什么呢？它是百姓日用呀。所以这个"远"就是指偏离。

"为道也屡迁"，道不可偏离，为道呢？这与道是有区别的。"道"是指事物的本体，是事物的本质。为道呢？就是人为的东西。人在为道的时候，也就是说，道在人的活动中不一样了。道是不变的。为什么呢？道是规律，规律是不变的。日起日落、寒暑往来、月缺月圆，它就是规律，这是不变的。但是，当这些规律一旦进入人为的活动，就不一样了，它就会变化莫测、扑朔迷离。

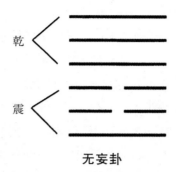

**无妄卦**

　　为什么？这个为道是人为的。有一个企业老总来电话向我咨询，他对于无妄卦提出一些问题。什么叫无妄卦？为什么叫无妄？我跟他解释，他就是搞不懂。实际上，他搞不懂的原因就是，他在文字里面兜圈子，兜了半天兜不出来，兜迷糊了。我对他讲，先看卦象，无妄卦的外卦是乾卦，是指天。这里天也是指外部世界——外部客观的世界。那么它的内卦呢？内卦是震卦。震卦又是表示什么呢？表示它的卦德是动。内是什么？内就是指心。你心在动——起心动念。起心动念、念念相续都是被外部世界所牵。外部世界是什么？从本卦卦象看是乾卦。乾卦的卦德是健，健就是自强不息、周流不居。它是变化无常的、客观的。外部世界是客观的，起心动念是主观的。那么，人为的东西就是主观的东西多，因为人在活动中，都是有所追求、有所期待，这个追求和期待都是在主观之中。当你的主观与外界的客观相应的时候，就达到无妄了。

　　什么叫无妄？相应嘛。你所追求的都能实现，你不骗它，它就不骗你。当你主观的想法与外界的客观的东西不相应，你的追求、你的期待超越了现实，超越了客观，甚至违背了客观，那就不是无妄了，那就是妄想了。是不是客观与你相违呢？故意与人相悖呢？有人怨天尤人：老天为什么对我这么不公平？他不知道，是你先骗了它。为什么？你与它不相应哪。所以，这个东西我们要从卦象上看。如果是从文字上去兜圈子，兜半天你都兜不出来。你把这一句搞懂了，那一句又是什么意思？把这一爻搞懂了，那一爻又是什么意思？结果呢？越搅越糊涂。我将这些一讲，那位老总非常感动。他说："谢谢老师的开导。"这个东西还是从卦象上去看。当然不能说文字没用，文字始终是一个借鉴、一个参考。所以这里我就借机把这个进一步说明一下。

### 谁适应谁？

"变动不居，周流六虚。""变动不居"与那个"屡迁"是一样的意思，那就是变化莫测了。"居"就是停住。这个变化是停不住的，就像人的念头一样，时时刻刻都在变化。那么，这个变化再结合到卦上又是什么呢？这个变化在卦上就是六种虚设——用六个爻来虚设六个爻位。看起来有六个爻位，但是它能周遍流动。周遍，就是无所不包、无所不有、无所不体现。同时，它还不是机械的。圣人设的这个位置，六个爻位就是六个位置吗？是固定的吗？它不是固定的，它是流动的，始终在阴与阳中流动，不是阳爻就是阴爻，再无第三者插足。

当然这种流动是有序的，它不是无序的，所以讲："上下无常，刚柔相易。"这个"上下"就是上面一个经卦、下面一个经卦，因为它是两个八卦组成的。八卦就是经卦——上卦与下卦，也就是外卦和内卦。它的往来是"无常"，不是恒定的，它是有变化的。"刚柔相易"，这个变化是通过刚柔相推演、演绎的，所以有序。

后面又讲道："不可为典要，唯变所适。""不可为典要"，也就是说，不要拘泥于文字。这里有很微妙的东西。"唯变所适"，就是顺其自然。怎样合适呢？怎样相宜呢？顺其自然，只有这样才是合适的。这个"适"，不是客观事物来适应你的主观思维，而是主观要适应客观，这个要搞清楚。这个主和次、上和下，变化的主次关系一定要搞清楚，不能颠倒了。一搞颠倒了，那就是外部世界必须适应我的主观想象，这是适应不了的。

有的人求职，今天到这个单位，这个单位怎样怎样，我看不惯；那个单位不合适我。总之呢，他不安心。这个不安心的原因是什么？他老是想这个企业、这个单位的方方面面都要适合他的主观愿望、主观期待。他有一个标准——一个先入为主的标准：这个单位的老总应该是怎么样的，效益应该是怎么样的，环境应该是怎么样的，名气又怎么样，给我们的各种待遇应该怎么样，哎，他的想象非常美，这就是主观想象的东西。他希望他的工作环境、他的工作单位要适应他，只要不适应，他就认为这个单位不行，所以换了一个单位又换了一个，不断地跳槽，跳来跳去，最后什么东西都没有学到，把自己搞得无所适从。人家工作一年干得非常有起色，他这一年的工作老是在那里适应，老是在磨合，他适应不了，老是找不到一个适应的地方，原因就是他老是要外部的客观来适应他的主观，而不是他的主观去适应客观。这个要搞清楚。

> 其出入以度，外内使知惧，又明于忧患与故。无有师保，如临父母。初率其辞而揆其方，既有典常。苟非其人，道不虚行。

## 如何把握"度"？

开头讲了个"度"字。什么度？这个"度"是说，做什么事都有一个度。我们要考虑这个"度"，不能把这个"度"放在一边。这个"度"就好像是一堵墙、一座山，你不能去超越它——"度"就是不能超越。但是我们一定要考虑到，这个度是一条线，它有两边。为什么说有两边？就是说，要把握这个度，不能超越这个度，有一个底线，但有时候又要超越它，你不超越，又错了，有时超越是为了创新。有时候你超越它是错的，但有时候你不超越它也是错的。这个东西是变化的。

如何把握这个度？我举个例子。节卦里初九爻是"不出户庭，无咎"，就是说，你不出门是无咎的——没有什么危害。但是到了第二爻它就有区别了："不出门庭，凶。"哎呀！一下子反差就变得那么大，同样是"不出户庭"，同样是不出门，初爻是无咎，没有伤害；而到了二爻，爻位上这么一点点区别，不出门就会有凶险。你看，这个门庭就是度，应该说出门庭的时机是关键的"度"。如果你把这个度看作是一个机械的，看作一个具体的、教条的东西：这个东西我不能逾越，一逾越就不好。但是呢，情况一变——时间和空间一变，你看，它从初爻到二爻，它的空间未变，时间变了，结果是相反的，这个就有意思了。

我举个例子。佛教里有戒律，这个戒律是不是度？这个戒律就是度。其中有一条：不打妄语。这是一个度，是一个戒律。当然，我们在正常情况下，不能打妄语，不能说假话，但是，在一个特定情况下，如在某一对夫妻之间，或是某个上下级之间，在某种情况下，一说真话就会使他们之间发生误会、闹出矛盾，这个矛盾甚至还不是一般的矛盾，可能闹出很大的分裂。这个时候你只能是说方便妄语，就是说圆通一点，只要对他们二者都没有伤害就行，使他们中间不会发生误解就行了。否则，你就超出这个度了，超出这个戒律了。

你想，我这个不是打妄语了吗？但是这不叫打妄语，因为这个时候你如果真的去讲真话，相反你就是违背这个戒律了，是不是？这个东西，它就有个度的问题——把握度。我们以前对这个度有误解，认为它只有一面，而没有看到它的另一面。所以我们平时为人处事，处理关系，特别是谈判，经常会出现误区，出现

283

一些不应该出现的过失，原因就是这个度没有把握好。这个度你只看到一面的话，就使人拘谨了，过于保守了，原因就是你只看到了这一面，没有看到另外一面。这个出入很难把握，这里的关系是挺微妙的，所以《易经》是非常客观的，把万事万物的变化分析揭示得淋漓尽致。

## 顺境与逆境

"外内使知惧"，无论内也好外也好，是出也好入也好，要知道警戒，有一种敬畏的心理。敬畏什么？是敬畏这个度。但是这个度不是一般地敬畏，而是一种警戒，要"明于忧患与故"。这又讲到了忧患。什么叫忧患？"故"是什么？这个"故"就是指事物的情境——原因。这个情境又分顺境和逆境，就是说，假如两个人同时占到这一卦，同样一爻，问同样一件事，你给他分析吉凶，肯定不一样。为什么？怎么不一样？他们一个是在顺境中，一个处在逆境中，这就不一样了。这个度有两面嘛。为什么？就是讲这个忧患嘛。

一个顺境中的人，你要让他有忧患意识，要居安思危。但是，要是在逆境中的人，你过于强调忧患的话，就把他吓怕了，他就一点勇气也没有了，是不是呀？他本来就在那里患得患失、忧心忡忡，本身包袱就很沉了，觉得抬不起头，做这件事不顺利，做那件事也不顺利——在逆境中嘛。逆境中的人就是这样——什么事都不顺，什么事都遇到坎，眼看着要成功，结果都失败了。哎，你这个时候给他讲忧患，那不就是给他雪上加霜吗？叫他抬不起头，使他一点勇气都没有，一点自信都没有了。

如果一个在顺境中的人，你不讲忧患，老是讲：哎呀，你这是大吉大利呀，你这个人运气太好了，大胆去做吧。结果害了他，是不是呀？有这样一件事，有人请别人占了一卦："你今年要发大财，你今年财气很好。"结果呢？他真的大胆去上项目，项目一上，结果全亏了。为什么全亏了？我问他："如果你不去占这一卦，如果你没有听人说你今年要发大财的话，你上这个项目的时候，会不会慎重一点？是不是按照客观去分析、去评估，好好地去把握？"他说："是呀，我肯定要谨慎一些。"对呀，他不就是被顺耳的话蒙蔽了嘛！大吉大利——你今年发财，就是说，你随便怎么做都会发大财，是这么回事吗？不是！所以这就害了他。这是顺境和逆境的区别。当然，这里讲到忧患，讲到惧，但是要把握好度。

## 谁能帮助你？

"无有师保，如临父母。"虽然没有师长的保驾护航，但是也如同常听到像父母那样的教诲。古人说"叨陪鲤对"，就是常在父母跟前听教诲。这两句话的意思是，自己要把握自己。这个度怎么把握？仅仅靠老师行不行？仅仅靠父母行不行？关键还是靠自己，更不能靠去占卦，这个就更靠不住了，靠得住的还是自己。当然不是说不听老师的话，不听父母的话，不是那个意思。老师与父母都是引个路，指个方向。父母给你指一个方向，要好好做人，这是一个方向。老师给你引个路，也是叫你好好做人。但是怎么做？还在于自己，还是要靠自己。就像进了考场，进了赛场，老师帮不上忙，父母也帮不上忙，都在场外干着急。答题也好，比赛也好，全靠你自己去把握。《易经》中说的道理就在这个地方，是吧？

"初率其辞而揆其方"，"初"当然是指事物的开端。"率"是率性。一般在表达的时候，想怎么说就怎么说，慷慨陈词，率性坦诚，但是真正做事的时候又要"揆其方"。"揆"是揆度，揆度就是把握度。这个"方"就包括圆了——可方可圆。什么时候圆，什么时候方，这个方和圆、屈和伸、刚和柔、进和退，就要靠你自己去把握了。开始说豪言壮语，一旦做起来又要审时度势。

"既有典常"，不错，是有常规呀。你做得得体，就是有理有节。做得有礼有节，但又不拘泥于典章，这个度就要靠你自己去把握了。这个方和圆、屈和伸、刚和柔、进和退，就全凭你自己去把握了。

## 虚与实

"苟非其人，道不虚行"，"苟非"就是假设、如果。如果不是这种人呢？如果不是很好地"揆度"，不能很好地按典章办事，办事不能做到有理有节，他做不到这一点怎么办呢？又有一句话，道是不虚行的。你不这样做，但是道（规律）是不跟着你走的，客观的规律不会跟着你主观的想法走。你主观上是那么一种愿望，或者是你不愿意这么做，这是你主观的想法。客观的规律不虚行，它是实实在在的。

道是实实在在的，可什么是规律？你看不见。但真正在办事的时候，这个事情的结果一出来，它是实实在在摆在你面前的。你违背了客观规律，违背了这个道，结果就不成功，就凶。你顺其自然，有理有节，能揆度其方，结果就如愿以偿，就心想事成了，就万事顺利了，这个结果就成功了。不管你是按章办事，还是不按章办事，这个它不管，它是很实在的。你想我行我素，它也回敬你一个我行我素。

我们办事，往往在这个过程中是稀里糊涂的。前面说的那个老总打电话过来，他就是在过程中糊涂了。你糊涂，就是说你"苟非其人"，你不是一个明白人，你不懂得这个规律，或者你不愿意按这个规律办事。但是，"道"不糊涂，这个是一点都不虚行的，也就是说，这个道不是束之高阁的。在开端的时候，好像是束之高阁：那个是人家说说而已，口号而已，是大道理，谁不明白呀？但做事就是做事，过程中必须按照规律和规则去做，结果一出来，你就明白它不是束之高阁的，它是实实在在的。这个东西如果搞不清楚，就要命了。

所以，在我们的生活中，处理问题经常有出入，最后还搞不清楚原因在哪里，就是在这个"揲其方"，老是把这个道的规律当作"虚行"。有人讲务虚，你真正务虚了吗？你真正务虚了，你就能看出它就是一个实在的东西，它不是虚行的。你务出实才叫务虚。你务不出实在的，就是白务了，白忙一场。许多人把这个务虚误解了——务虚就是空谈理论，认为这个理论、道理上搞清楚，大家意见都统一了就行了，认为这就是务虚了。结果办起事来呢？还是不知道怎么办，还是抓不住要领。最后的结果是实实在在的，一点不虚。

> 《易》之为书也，原始要终，以为质也。六爻相杂，唯其时物也。其初难知，其上易知，本末也。初辞拟之，卒成之终。

## 本与末

"为书"，就是讲《易经》这本书，你不要把它看作一本书，还是要把它放在客观里，它不是主观上虚构的东西。"原始要终"，又讲到始和终，这里我又要讲"其亡其亡，系于苞桑"了。为什么？这个苞是指什么？它就是开始。因为它是芽苞，是本！一棵参天大树从哪儿来的？树之初就是芽苞，发出芽的那个苞，这就是本，没有这个本是不行的。树长万丈，叶落归根，要归到哪个地方？要归到这个苞上，根也是从这个苞上长的，要首先想到归根，这个根从哪儿来呀？芽都不发，更谈不上这个根呀。首先要发芽才能长根哪。我们看到，真正的本不是这个根，而是苞、胚芽。

古人用字非常贴切。不讲根，讲苞。这个太厉害了——入木三分、细致入微。这个用词是真正科学的东西。我想，爱因斯坦要是听到这里，他也会叹为观止。爱因斯坦听到讲这个"苞"的时候，他也会认为：你们中国人的祖先用辞，《易经》的用词，不用根用苞，我们的科学家研究来研究去，也仅此而已呀。

"苞桑"，桑是什么？桑是终。为什么是终？古代有一句话："失之东隅，收之桑榆。""东隅"是指早上。这个机会失去了，浪费了时间。好，在傍晚夕阳西下的时候补上，夕阳正好在桑树之间，所以用"桑"比喻暮。日暮当然就是指终了。你看这个比喻，这个事物的本末出来了。系在哪个地方？"其亡其亡"——将亡将亡的时候，赶紧回到本上——"系于苞桑"。就是说，事物的本和末，首先要抓住一个本。

"以为质也"，"质"就是事物的本质了。《大学》中说："物有本末，事有终始，知所先后，则近道矣。"好好参究这句话吧。

## 终和始

"六爻相杂，唯其时物也。"这个"杂"是错综复杂。错综复杂这个词是从《杂卦传》里来的，《易传》最后一篇是《杂卦传》。为什么叫《杂卦传》呢？这个"杂"是我们现在讲的杂乱无章吗？不是。它是杂而有序。为什么讲错综复杂？我这里举屯卦——水雷屯，上面是一个坎卦，下边是一个震卦；然后到蒙卦呢？就是山水蒙，下面的震卦搬到上面去，然后还要覆过来。震卦是一个阳爻在下面，到上卦，一个阳爻在上面，就是艮卦了。然后坎卦下来了。当然，坎卦覆过来覆过去，它还是一个坎卦。这就把它既是错开了，又覆过来了——错综复杂、错综有序。例如，美术图案相错，相错是什么？是美感。钩心斗角也是一种美，它就是讲错综复杂。卦与卦之间，都是两两相错，上下相复。这些是很有规律的，有序的。

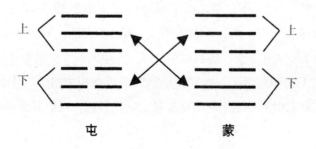

屯　　　　　　蒙

"唯其时物也"，为什么会这样呢？它代表的是特定的事、特定的物。它不是随意性的，它是代表特定的东西，特定的时间、特定的空间，但是这些都是相宜的。

"其初难知，其上易知。""初"是指初爻，"上"就是上爻。初爻当然是指事物的开始，上爻是指事物的结果，这就是本和末，也就是指始和终，也是指苞和桑。那么，为什么初爻难知？往往事物的开端，未知的东西多，万事开头难呀。难在哪个地方？难在未知的东西太多，不确定的因素太多。到了上爻的时候"易知"，结果出来了，当然明显了。是吉是凶？是成是败？是得是失？都已经显示出来了，当然是很清楚了。上爻所表现的就是这个。这就是事物的本末和始终。

所以，"初辞拟之，卒成之终。"初爻的爻辞是模拟，像一份计划书、一份策划方案，只是模拟而已。那么上爻呢？它是确定结果。"成"就是确定——确定这个结果。这就把上爻和初爻讲了，也就是讲了事物的开始与结果。

> 若夫杂物撰德，辨是与非，则非其中爻不备。噫！亦要存亡吉凶，则居可知矣。知（智）者观其彖辞，则思过半矣。

## 在家能知天下事？

"若夫"，中学课本里有《岳阳楼记》——"若夫云雨霏霏"，"若夫"是语气词。在这里竟然用语气词，有感慨了。"杂物撰德"，"杂物"，《易经》里表现的事物很多，但是无论多少事物，它所表现的都具备了德。乾卦有"健德"，坤卦有"顺德"，震卦有"动德"，巽卦有"入德"，坎卦有"陷德"，离卦有"附德"，艮卦有"止德"，兑卦有"悦德"——它们都各有其德。

"辨是与非"，"辨"不是辩论的"辩"，应该是分辨的"辨"——分辨是非。那么，分辨又靠什么呢？噢，还是靠中爻，靠中间四爻。刚才不是讲了初爻和上爻了吗？除了初爻和上爻，还有"中爻"——中间四爻。例如互卦。什么叫互卦？互卦要把上爻和初爻拿开，只在中间四爻里互相交错。为什么？因为用互卦来辨是非，只有中间四爻才能辨是非呀，它是过程。以屯卦为例，看它的"互卦"（见图）。

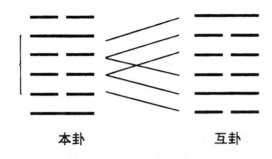

本卦              互卦

　　"噫！"这个"噫"是什么意思呢？这个"噫"，我反复地琢磨，认为"噫"是一种好奇的心态。哦！太惊奇了！惊叹其中的奥妙。

　　"亦要存亡吉凶"，是存是亡？是吉是凶？他要去追究，要进一步去探讨——"则居可知矣"。什么是"居可知矣"呢？"居"就是"不出门户"。古人讲："秀才不出门，能知天下事。"诸葛亮在卧龙岗，他没有出户庭，没有走天下，但是他知天下事，能够预测到以后三国鼎立，其实他在家里已参透了《易经》。

　　"知者观其彖辞"，这个"彖"不仅仅是指彖辞，也指卦辞和爻辞。"知者"能从卦辞、爻辞里去揣度、研究，通过独立的思考，已经知道一大半了。这里讲有度，不讲全部知道，而是讲"过半"。这个"过半"就很了不起了，因为他没有出户庭呀，坐在家里他就知道了。我们能想象到其中的意思吗？所以"若夫""噫"，发出惊叹。

# 第八章


二与四同功而异位，其善不同，二多誉，四多惧，近也。柔之为道，不利远者；其要无咎，其用柔中也。三与五同功而异位，三多凶，五多功，贵贱之等也。其柔危，其刚胜邪？

《易》之为书也，广大悉备。有天道焉，有人道焉，有地道焉。兼三才而两之，故六。六者，非它也，三才之道也。

道有变动，故曰爻；爻有等，故曰物；物相杂，故曰文；文不当，故吉凶生焉。

《易》之兴也，其当殷之末世、周之盛德邪！当文王与纣之事邪！是故其辞危。危者使平，易者使倾。其道甚大，百物不废。惧以终始，其要无咎。此之谓《易》之道也。

---

二与四同功而异位，其善不同，二多誉，四多惧，近也。柔之为道，不利远者；其要无咎，其用柔中也。三与五同功而异位，三多凶，五多功，贵贱之等也。其柔危，其刚胜邪？

---

## 为什么"二多誉，四多惧"？

这又是讲"中爻"——中间四爻。你看，二爻和四爻"同功"。什么叫同功？都是阴爻，功能相同。"而异位"，一个在第二爻位，一个在第四爻位，这两个都是偶数。一个在外卦，一个在内卦，位不同，相差很大，但是它的功能是一样的，都是阴爻，都表示柔。

"其善不同"，这个"善"是什么？它所表现出来的善，就是"誉"和"惧"，有所不同。"二多誉，四多惧"，"二多誉"是什么意思呢？二爻是下卦的中位，所以往往有赞誉之辞。到了四爻呢？为上卦的初爻，又接近第五爻，所以有惧怕、警戒之义。为什么四爻是警戒？"近也"。它接近谁？它接近了五爻。五爻是君位呀！你想，在君主身边——伴君如伴虎呀！古人的东西传来传去，它都是相通的。

```
上九    ━━━━━━━━━

九五    ━━━━━━━━━

九四    ━━━━━━━━━    或跃在渊，无咎

九三    ━━━━━━━━━

九二    ━━━━━━━━━    见龙在田，利见大人

初九    ━━━━━━━━━
```

再从卦上看，看看乾卦。乾卦的九二是"见龙在田，利见大人"。你看，"利见大人"，这个好。这个是"二"，就多誉呀。什么誉？赞誉。"利见大人"就是赞誉这是一句好辞。但是到了九四呢？"或跃在渊，无咎"，"或"是迷惑、困惑。在困惑面前他有一个选择：如果跃上去，就是"飞龙在天"了；但是跃不上去怎么办呢？因为上跃的难度是很大的。是上还是下？要么"飞龙在天"，如果不能上，就退到群龙中间去。

你看，它就与九二不同。就是说，"二多誉"，"利见大人"一句话就是誉。"四多惧"，你看，"或"就是有惧怕的心理，有警戒。是进还是退？一进又有点惧怕。在总经理身边的人，不是要非常谨慎吗？要退，退不好也很可怕呀，这也是一种警戒。所以，这个二爻和四爻讲得很清楚了，二者有区别。

"柔之为道，不利远者。"二爻和四爻都是柔，它的功能、表现是柔的，表示柔道。为什么讲"不利远"呢？不利于远，就是说，你不要柔得太过了，你柔得太过了也不行。为什么？这就是前边讲的度，有个度的问题。

"其要无咎，其用柔中也。"这个"要"是真正的要领，你要抓住这个要领，你把这个要害抓住了，就无咎。怎么抓呢？在运用中用柔，运用柔时要中行。六十四卦里讲到许多"中行"，也就是"四书五经"里讲的《中庸》。中庸就是要把握一个度。

## 为什么"三多凶，五多功"？

"三与五同功而异位，三多凶，五多功，贵贱之等也。"刚才讲到四爻和二爻，在这里讲三爻和五爻。二爻和四爻都是阴爻，它的功能都是柔。那么，三爻和五爻都是阳爻，阳爻的功能是刚，"用刚"这一点是相同的。但是，爻位不相同，一个在上卦，一个在下卦。哎，这个位区别很大。这个三爻在下卦的上爻，上爻本身是阳，刚得有些过头了。为什么呢？马上要进入下一卦了，到这里已经是终极之位了，再来一阳爻就盛了，盛极必衰了。

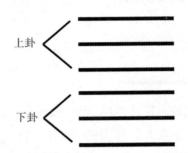

"三多凶"，凶是从哪个地方来的呢？是从位上来区别的，它是下卦之上爻，下一卦的上爻因为是阳爻，阳是表示盛，盛就是盛极必衰，是这么一个趋势，所以多凶。"五多功"，五爻是什么？它正好是上卦的中位，中好呀，二爻多誉，因为它是中。所以五爻多功，因为它也是居中。在《易经》里讲究中和正。居于中的，只有两个，一个是第二爻，是下卦之中。那么，第五爻呢？正好是上卦之中。这两爻因为是居中，两边都有保护——不偏不倚。居中就好。所以《易经》讲中正，讲中行，儒家讲"中庸"，道家讲"中和"，墨家讲"中用"，都有个"中"字。

上九 ▬▬▬▬▬▬

九五 ▬▬▬▬▬▬　飞龙在天，利见大人

九四 ▬▬▬▬▬▬

九三 ▬▬▬▬▬▬　君子终日乾乾，夕惕若厉

九二 ▬▬▬▬▬▬

初九 ▬▬▬▬▬▬

"五多功"，因为它是居中的。它不但居中，而且还正。为什么正？五位上它是阳位，是奇数，正好又是阳爻，当然是正。如果五爻上是一个阴爻，它就不正。你看，乾卦里九二爻是阳爻，它是居在阴位上、柔位上，但是它还能"利见大人"，原因就是它居中。所以到了三爻——九三的时候，它同样是阳爻，但是它要"君子终日乾乾，夕惕若厉，无咎"。它就不同了。所以，这个五爻——"九五之尊"，是尊位。居"九五之尊"，是帝王之位！如果在事物发展的过程中，这一爻就表示全盛阶段，就是顶峰——成功的态势。所以讲，"三多凶，五多功"，这个区别是贵贱之分。这个等级是怎么分出来的？是在阳与阴、刚与柔上分出来的。那这个贵与贱是怎么分的？我们看下面这一句话。

## 刚能胜柔？

"其柔危，其刚胜邪？"二爻和四爻，也同样有它的贵贱之分。二爻是下卦的中位，下卦以它为主，上下是有保护的。这个位置如果是一个阳爻，那么这个刚位是主事的，要负主要责任的，因为居中啊。四爻呢？在上卦的下爻，它负不了责，它是辅佐的，是辅佐五爻的。三爻和五爻的区别也在这个地方。为什么呢？三爻在下卦的上爻，它表示下卦的结果。虽然它表示结果，但它的结果不是它自己做主的，它还是由初爻和二爻做主的，它的结果是由初爻和二爻决定的，不是它自己决定的，它不是起决定作用的一爻。它与五爻不同，五爻是上卦的中位，而且是整个六爻的主体。你想，六十四卦大部分都是五爻在做主，但也不是绝对的，也有少数情况下主爻不在五爻，而在二爻。它不仅仅管上卦，全卦它都要管。这一爻是君王之位，居高临下。那与三爻就不一样了。

现在回过头来看，为什么特地讲柔？为什么讲柔位？就是说，在五爻上必须是阳爻，必须显出刚——要负责，要负全责。假如是柔——阴爻的话，它能负得起这个责任吗？能挑得起这个担子吗？能有这种魄力吗？那么再看看二爻。二爻是下卦的中位，虽然它要负责，但是在一般情况下，它不能对全卦负责。它是阴位，是柔位，相比较而言它要显得柔一点，不像"九五"，所以在未济卦里的九二爻是"曳其轮"。为什么要"曳其轮"？就是说，这个位置是个柔位，你虽然是个主事的，你有责任，但是相比较而言，显得柔一点，不能越权，所以要"曳其轮"。"曳"就是拽着，这个轮子要拽着一点，就像骑车，车闸要带着一点。阳爻居在柔位上，不要太刚了，不要太用强了，不要过了。

所以，"其刚胜邪？"是不是说你用刚就能胜呢？就能把事情办成呢？这个刚柔之间有度呀。这个度不把握好是不行的。这里我们要很好地体会，我们平常为人处事，处理人际关系，决断一件事，要有区别了。刚和柔的区别就在"位"的区别上。当然还有一个时间的问题：时间的先后，所以因时、因位、因人而异，这个要好好地把握，要有个度。这个度其实是很微妙的。

> 《易》之为书也，广大悉备。有天道焉，有人道焉，有地道焉。兼三才而两之，故六。六者，非它也，三才之道也。

## 天道、地道、人道

下面两段就是一个总结了。因为前面讲了初爻和上爻、二爻和四爻、三爻和五爻——六个爻都讲了。它们的功能、刚柔的区别、终和始的区别、本和末的区别，都讲了。那么，看看下面：

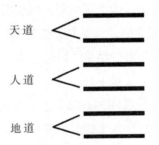

"广大悉备"，就是刚才讲的，讲得非常周到、完备、周详、细致入微。生活中，与我们为人处事对应的话，那简直是淋漓尽致，似乎就是三千年前的老祖宗面对面地指导我们。他说的这些东西，似乎就是老祖先把我们今天的人际关系、社会现象和人的心态，看得清清楚楚。这个就像《金刚经》里的一句话："尔所国土中。所有众生，若干种心。如来悉知。何以故？如来说诸心，皆为非心，是名为心。所以者何？须菩提，过去心不可得，现在心不可得，未来心不可得。"就是这个意思，就像全部都知道。我看，这还是荀子那句话："天下无二道，圣人无两心。"这里讲得清清楚楚。所以能讲得那么完备，他们都是圣人，是悟道，大彻大悟的。

所以我讲，伏羲、周文王、孔子、老子他们是开悟之人，大彻大悟之人。"佛者，觉也"，就是说，他们觉悟了人生，大彻大悟了，不是佛就是菩萨呀，只不过是我们的称谓不一样，是不是？从上文看，你们就能体会到它怎么样"悉备"，实际上讲到悉备，它又很简单，就是讲到天道、人道、地道，就是这天、地、人三才，也就是"六爻之动，三极之道也"。但实际上呢？你只要讲到天、地、人，就无所不包，就非常的完备。

"兼三才而两之，故六。""兼三才"，八卦就是三爻。下爻表示地才，中爻表示人才，上爻表示天才。然后"两之"，就是重之——两两相重，两卦一重为六。那么，下面两爻就表示"地道"，初爻就表示地底下，二爻表示地面。那么，"人道"？三爻和四爻表示人道，就是表示人的始终、前后、开头与结尾。那么，五爻和六爻就表示天道了。它两两相重，还是这三道。"六者，非它也，三才之道也。"这个六爻没有其他的含义，它没有变化。三爻是表示天、地、人，六爻还是表示天、地、人三才之道。

**三才之图**

> 道有变动，故曰爻；爻有等，故曰物；物相杂，故曰文；文不当，故吉凶生焉。

## 你转谋略？谋略转你？

"道有变动"，为什么有变动？天道、人道、地道，所以用爻来表示。爻有阴爻和阳爻。变来变去，无非是阴与阳、刚与柔、动与静。"爻有等"——有等位。爻有爻位，有初爻与上爻之分、二爻与四爻之分、三爻与五爻之分。"故曰物"，所以能表示事物，能象征事物，能说明事物。"物相杂，故曰文"，万事万物、林林总总，是纷繁复杂的，所以有这么多文字、这么多文辞来表达，说得没完没了。

　　所以我认为，我们的圣人、古代的祖先有那么多经典：儒家有"四书五经"，道家有《老子》《庄子》《列子》，墨家有《墨子》《墨经》，佛教经典有三藏十二部。这么多经典没有谁能够一本一本地通读、通览，但是无论是读孔子的书也好，读老子的书也好，还是读释迦牟尼佛的经典也好，我总有这样一个感觉：就像我们的父母、我们的老师在谆谆地教诲，千叮咛万嘱咐，语重心长，苦口婆心。但是讲来讲去就是一句话：教你好好做人、好好做事。

　　就是这么回事，没有其他的。千言万语一句话：好好做人。就是这个。你抓住了这个关键，那么，读《易经》即使没有时间细读，通览以后，或者是你喜欢哪一句，你用得上哪一句，你认为哪一句对你应机，你就用这两句，你就参这两句，你就照着这两句去做，这都能受用。

　　所以，有位老总一再问："企业怎么经营？怎么去把握？"他看了这一卦，又要去看那一卦，越看越摸不着头脑。我问他："你不仅仅是看六十四卦摸不着头脑，你在现实生活中同样摸不着头脑，即使读了一些经营管理的书籍，都是些谋略的东西。这些谋略是无穷无尽的。那么，你用哪一招来救你的命？你用哪一招能让你挣大钱？你认为哪一招是高招？正因为糊涂了，正因为摸不着头脑，尽是在谋略上转——不是你转谋略，而是谋略转你。"

　　我讲：你只修一个东西，修什么？修宽容心，修心量。这个心量要靠什么修？一个"诚"字。你心中一个"诚"，把一个"诚"字立起来了——"诚其意"，你专用一个"诚"字，其他什么谋略都不要。"不战而屈人之兵""上善若水"，就能"厚德载物"，就能达到这个目的。

　　他问："我应该从哪个地方做起呢？"我讲，我举个例子。现在你的员工，无论他是有意还是无意给你造成损失了，使你的工作受到影响了，甚至于对你的工作造成很大的被动局面，影响很大。你在这个时候，从这一件事情做起：先检讨自己，问自己。你是宽容的还是怨天尤人的？把全部的责任都推在员工身上，结果会怎样？你想一想。另外一种，以宽容心待之。首先，自己错了，主要责任在我，因为我是老总。相反还要考虑员工的情绪，他会不会背思想包袱？他比我年轻，他会不会因为这件事影响他的后半生，会不会影响他的成长，会不会影响他的进步？从这个角度去想，然后与他促膝谈心，对他说："我们两个都想办好，同时我们都有责任，我们两个都共同面对，好不好？"你经常用这种宽容心去面对所有的事，面对所有的人，包括企业之外的人，那么，你的事怎会做不好呢？

　　这个是不可思议的。你另外还去想什么招？不需要想招呀。你有个"诚其意"就行了。你能够"诚其意"就能够"正其心";能"正其心"就能够"修其身";能"修其身"就能"齐其家"。不但能"齐其家",你还能"治其国",还能"平天下",有什么事情做不好?哎呀,这几十个人的企业你都治不好,原因就是你不能"诚其意"。"诚其意"立了根,你能治国、平天下,那还得了,是不是?

所以这里就是"物相杂,故曰文;文不当,故吉凶生焉"。吉凶是从哪儿来的?文不当呀!是文辞不当吗?是理解不当,理解有误,老是在文字里兜圈子,老是看这个谋略、那个谋略,老是想走一些捷径,这吉凶就生了,生出吉凶了,区别就在这个地方。

所以,我们理解《易经》,要把东西展开,特别要与我们的生活联系起来。学《易经》还是在于应用,你不会运用,只知道夸夸其谈,这个没用。但是,运用要抓住主要的,那么今天主要讲的就是"度"。要抓住"度",阴阳、刚柔、动静、得失、吉凶,这些东西不是人为的,不是靠你的主观判断,它是客观的,所以,主观必须适应客观。

《易经》的爻位,初爻和上爻、二爻与四爻、三爻和五爻它们有区别,有同功的地方,又有不同的地方,这些东西都是客观的。所以我们看问题,一定要使自己的主观愿望和客观实际相符合,顺其自然。

> 《易》之兴也,其当殷之末世、周之盛德邪!当文王与纣之事邪!是故其辞危。危者使平,易者使倾。其道甚大,百物不废。具以终始,其要无咎。此之谓《易》之道也。

## 文王为什么演《周易》?

这一段要讲到历史了,首先讲了"《易》之兴"。讲"《易》之兴"我们要想到,在《易经》未成书以前,它有一个很漫长的、几千年的草创历程:从阴爻、阳爻的符号到八卦,然后到六十四卦;从《连山易》到《归藏易》,再到《周易》。那就是说,《周易》一直流传至今,是比较完备的。所以这个"兴",就是讲它是比较成熟的文字《易》了,所以真正是图文并存的一本图书。当然,这个"兴"还有另外一层意思,在于朝堂之上、民野之间都在运用《易经》、运用八卦、运用六十四卦。

下面就讲《周易》之兴的历史背景。从年代来说，就是公元前一千年以前，距今已经三千多年了，当时正是殷商的末世。商是成汤灭了夏桀以后，建立的我国历史上第二个王朝——商。汤以后，有太丁、太甲、太庚……商都迁到殷地以后，就称为殷商了。殷地就是河南的安阳，现在那个地方通过考古，特别是出土了大量的甲骨文，所以又称为殷墟。有一年我们参加"第七届世界易经大会"，开幕式以后就赶到殷墟，有一个很隆重的演出，以后我们又参观了殷墟地下考古遗址和甲骨文出土遗址。

这里所指的"末世"，实际上是指商的最后三位国君——文丁、帝乙、帝辛。帝辛就是纣王，帝辛是他的王号，纣是他的名字，他另外还有一个名字叫寿。为什么要从文丁时候算起呢？因为后面又讲到"周之盛德"，那要讲到周。周的始祖叫作弃。根据《左传》和《史记》记载，据说这位周族的始祖弃，跟着大禹一起治过水，那就很早了。以后，特别是到了殷商的时候，周族几代人都是大将，为殷商立下了汗马功劳，所以文王的父亲季历就得到了封赏，封为侯伯，封地就在岐山，也就是说，周王朝的发祥地是在岐山，就是现在陕西宝鸡一带。

那么，周族不仅是历代有功臣，而且有盛德。历代祖训：礼贤下士，泽及百姓，所以为四方诸侯所拥戴。也正是因为这样，这个伯侯，从文丁的时期就兴盛起来了。文丁害怕他壮大，捕杀了季历，所以要从文丁时候说起。

那么，周文王这个名字，实际上是他的儿子周武王推翻了殷纣王，建立了西周以后追封他的。他姓姬名昌，叫姬昌。根据《史记》记载，姬昌小时候非常聪慧，成人以后长得龙须虎眉，身材高大，也深得他父亲的喜爱。他父亲被文丁杀害以后，他就继承了侯伯之位，称为西伯侯，在位五十年。这个西北侯与两位诸侯非常好，一位是九侯，一位是鄂侯。但是，有一件事使他们三人都遭难了，这个事发生在殷纣王身上。

殷纣王本身也是有天分、有魄力、有才干的，特别是气力过人，他能赤手空拳和猛兽格斗。纣王在前期有很多功劳，国家各个方面都治理得很好，但是后来他骄傲了，荒淫奢侈，不理朝政。他有一个妃子是九侯的女儿，对他荒淫无度的宫廷生活非常不满，这一下子就激怒了殷纣王。殷纣王一怒之下不但杀了这个妃子，而且把她的父亲九侯剁成了肉酱。鄂侯听说以后，为这个事抱不平，去跟纣王争辩，认为九侯没有错，他这样做，天下人不服。纣王不但不听他的，相反把鄂侯烤成了肉干。这个消息传到西北侯那里，因为周离殷都稍远一点。但西伯侯也只有仰天长叹，表示不满。

　　这个事被成侯知道了。这个成侯正好借这个机会报复西北侯，到纣王那里进谗言，添油加醋。但是这个西北侯世世代代功劳很大，而且这个人非常谦虚。纣王只是听成侯这么说，纣王并没有对他起杀心，而是把他召到都城，然后把他囚禁在离都城二十里外的羑里，一囚禁就是七年。在这七年中，整个羑里被重兵把守，层层设卡，周文王几乎见不到白天，连他的儿子想见他都得不到允许。

　　在这种情况下，作为这一位德高望重的伯侯，如何渡过这个难关呢？这不仅仅是一般的囚禁，失去自由以后的孤独、寂寞是常人难以忍受的，但是他承受下来了。为什么呢？他正好借这个机会演绎六十四卦。因为在这之前，他对八卦、《连山易》《归藏易》都是比较熟悉了，那个时候《易》已经盛行，诸侯决定大事都要去问卜。问卜对他们来说是非常平常的。那个时候，他们有大事都是问卜，从甲骨文里能够看出那一段历史。

　　正是因为有这个基础，周文王就借这个来充实自己的精神，在前人的基础上重新研究、总结，重新归纳、演绎六十四卦。《连山易》以艮卦为首，《归藏易》以坤卦为首，他就来一个以乾、坤为开门卦，以既济、未济为关门卦，这样演绎出一套新的卦序，并且把前人口口相传和一些图形、符号，甲骨文记载的、流传下来的卦辞、爻辞这些内容，根据他个人的经历、理解和当时的社会现实，重新写了卦辞。如果他没有这个盛德，就不会演绎六十四卦。

　　"天将降大任于斯人也"，天为什么降这个大任在他的身上呢？因为他有盛德，这个是基础。他在做西伯侯的时候，就继承了祖训，以德厚待天下，以德泽济百姓，以德招贤纳士。当时连纣王身边的贤臣都投奔到他那里去了，他委以重任，以礼相待。同时，他每年在岐山祭天，很多诸侯都踊跃参加。所以这就是他的盛德。那么，现在他又重新演绎了六十四卦，并且使这个《易经》更完备、更成熟了，真正成为一册书了，这又是一个盛德。

　　他以后之所以能被释放，因为他身边的大臣买了美女、骏马、珍宝去贿赂纣王和纣王身边的重臣，最后纣王也就放松警惕了，最后也是为他做了保证。在那种情况下，西伯侯也做了保证——不背叛，之后他就回到了岐山。后来，他遇到了姜太公。姜太公辅佐他以及他的儿子周武王，推翻了殷商，灭了纣王，建立了西周。这就是一段历史。

## 忧患与太平

　　"是故其辞危"，"是故"就是接着上面那一段历史了。正是因为有这么一个历史背景，所以，周文王所写的卦辞和以后周公写的爻辞，都偏重于居安思危。这里我也要讲一下，这种"居安思危"的观念也影响了后代。在当时可能比较普遍，因为《诗经》里有这种记载，《诗经·小雅》里有这些句子："战战兢兢，如临深渊，如履薄冰。"还有"揣揣小心，如临于谷"，还有"采薇采薇，薇亦柔止。曰归曰归，岁亦莫止"。"采薇采薇，薇亦柔止。曰归曰归，心亦忧止。"都有忧国忧民的伤感之情。

　　为什么说这种"居安思危"是当时的一种社会观象、一种比较普遍的观念呢？下面有解释："危者使平，易者使倾。"这个"平"当然是指太平。能有一种居安思危的忧患意识，才能真正使天下太平。"易者使倾"，这个"易"与"危"是相对的，这个"易"实际上就是一种大义，因为这个"易"不是指变化，不是指事物规律性的变化。正因为它不是有规律的，所以说它是一种大义，所以有人就认为这个"易"是指义。当然我们不用去揣测。这个"易"还是要与"危"相对。"倾"是倾覆——这个国家被颠覆了，就再也没有太平了，没有安定了。

　　"其道甚大，百物不废。"这个道理当然是大道理了。天下是太平还是被颠覆？这是国家的安危问题，这当然是大道理了。正因为是大道理，所以"百物不废"。这个"物"所包含的不仅仅是事物，应该包括社会变迁。无论社会怎样变迁，这个大道理始终是执政者的一个座右铭，一直到现在还不能废弃。所以到了唐代，魏徵丞相把这个大道理又跟唐太宗讲述了一番。所以呢，在中华人民共和国成立以前，中国共产党马上要胜利了，三大战役已经结束了，在西柏坡会议上，毛主席向全党提出了两个"务必"：务必保持艰苦奋斗的作风；务必保持谦虚谨慎的作风。当南京解放以后，他又提出"宜将剩勇追穷寇，不可沽名学霸王"。这些东西都是有传承的，一直传到现在，它还是"不废"。

　　"具以终始，其要无咎。"为什么说是"具以终始"呢？就是说，无论是国家也好，家庭也好，还是个人办事也好，每一件事从开始到结束，都要贯穿这种忧患意识。并不是说，你开始要以后不要，或者是开始不需要以后需要——不是。"具以"就是具备、贯穿。你抓住这个要领，当然就"无咎"了。这就是"易之道也"。

## 《易》的立意

　　如果说，我们现在把《易经》六十四卦讲完了，那么老师让学生总结中心思想的时候，大家总结一下，课文的中心思想是什么？你看，他就讲了：这个核心的思想是居安思危、忧患意识。这一句就总结出来了，讲得非常明显。

这里我们要搞清楚一件事。有人会认为，那是周文王有了这么一番经历，他以个人的经历去悟透了这个社会，对万事万物的理解太过于强调居安思危了。因为他有这个经历，也就是说，他对这个社会可能有些偏激了，有偏见，于是你认为这个《易经》也有偏见的东西。所以，这里有误解，我们也要搞清楚。从那个时候一直到现在，几千年的历史证明：这并没有过分。《易经》立意，立在这个居安思危、忧患意识上——正中主题，正是社会的要害部分。

社会首先强调的，就是安定、太平、国家的巩固，是不是这个东西？但是这些都离不开居安思危，所以我们的国歌用《义勇军进行曲》，其中有一句"中华民族到了最危险的时候"。中华人民共和国成立了，抗日战争胜利了，解放战争也胜利了，还有什么危险呢？为什么当年的第一代领导人坚持不改这句歌词？一直到现在还要唱这句词？居安思危！这不是"百物不废"，而是百世不废，世世代代从始至终都不能丢弃这个东西。所以说，当时这个立意是非常准确的。

我们也能看得出来，《易经》之所以能流传到今天，它还保持着文明的价值、文化的价值，而且具备了整个人类文明的价值，它真正的意义就在这个地方，真正的价值就在这个地方。凡是文学家，无论是创作戏剧也好，小说也好，像现在的影视剧、电影这些东西，这里有一个东西：真正有艺术价值的文学作品，有一个突出的东西——有悲剧色彩。没有悲剧色彩的作品，就没有文学价值。可以想一想，四大名著里都有悲剧色彩。就是一个喜剧，哪怕是卓别林的幽默剧、无声电影，里面都有悲剧色彩。只有悲剧色彩，才能使人为之感动，对人才有启发，才有教育意义，而这就是人类共同的东西了。

那么，回头看，这本《易经》要是如"反贪""反特"电视剧写得那样热热闹闹，或者讲一些吉祥如意的东西，那也不会流传到今天，对今天也就没有什么意义了。所以，这个问题要从多方面来看。

再看，"此之谓《易》之道也。"这句话做了一个非常好的总结。不像我们总结一篇课文，还要总结表现了什么？阐明了什么？歌颂了什么？讲了一大堆。人家这样一本有分量的经典，一句话就总结了："此之谓《易》之道也。"所以，这就是我们古人思维的精粹，这就叫精粹。

# 第九章

夫乾，天下之至健也，德行恒易以知险。夫坤，天下之至顺也，德行恒简以知阻。能说（悦）诸心，能研诸侯之虑，定天下之吉凶，成天下之亹亹者。是故变化云为，吉事有祥。象事知器，占事知来。

天地设位，圣人成能。人谋鬼谋，百姓与能。八卦以象告，爻象以情言，刚柔杂居，而吉凶可见矣。变动以利言，吉凶以情迁。是故爱恶相攻而吉凶生，远近相取而悔吝生，情伪相感而利害生。凡《易》之情，近而不相得则凶，或害之，悔且吝。

将叛者其辞惭，中心疑者其辞枝，吉人之辞寡，躁人之辞多，诬善之人其辞游，失其守者其辞屈。

---

夫乾，天下之至健也，德行恒易以知险。夫坤，天下之至顺也，德行恒简以知阻。能说（悦）诸心，能研诸侯之虑，定天下之吉凶，成天下之亹亹者。是故变化云为，吉事有祥。象事知器，占事知来。

---

## 至健与至顺，知险与知阻

这一段进一步强调乾、坤。乾卦所象征的，是天下最大的刚健。因为刚健是它的德，这种德行对它来说，是很平常的了。也正因为这种平常、这种德，它就能"以知险"。是什么意思呢？"知险"，怎么是知？这个"知"字我们怎么理解呢？我们要从刚健这个德行上来看。刚显示一种强，健显示一种勇。正因为刚强、健勇，所以它就好胜、好斗、好争。为什么？因为"至健"嘛。但"至健"一过反成了好胜、争胜，那当然就会惹事，惹麻烦了。这个"知"，就是知道这个东西，因为只有知道才不会过，不知道就容易过。刚健是好呀，不错，刚健有什么不好呢？刚健是天德呀。但是这个天德也不能过，这个度要把握准，这个"知"就是把握这个度。

"夫坤，天下之至顺也"，"顺"是坤卦的卦德，"至顺"就是至柔了——柔顺嘛。至柔一过就是弱，顺从一过就是被动、不作为，那就成为一种惰性了。就是说，什么事都随声附和，这就过了。那么，这种德行"简以知阻"，它就会造成阻碍。为什么阻碍？那个事就行不通了，你太柔弱了，那个事的阻力当然就大了。你这里一示弱，万事万物都有阻力；你一刚健，它的阻力就软下来了；你一柔弱，阻力就来了，阻力就显得大了。这些都是相应的。你要知道不能过，柔不能过，顺不能过，一过你办事的阻力就大，要知道这个东西。

为什么这里又要强调乾卦和坤卦呢？前面在《系辞传上》也反复强调乾卦和坤卦，我们要搞清楚六十四卦、三百八十四爻，看起来这么多，但实际上它所象征的就是两个：阴与阳、尊与卑、刚与柔、动与静、健与顺。所以，乾卦和坤卦里"用九"和"用六"，是六十四卦中通用的，逢阳爻就是"用九"，逢阴爻就是"用六"，是不是？这个东西就很明显了。

"用九"就是"见群龙无首，吉"。"用六"呢？"利永贞。"是不是这个东西？所以讲来讲去，还是讲这个核心的东西、最主要的东西。所以，对照《系辞传》，回头再去看六十四卦，就更清楚了。

## 《易经》是心理学著作

"能说诸心，能研诸侯之虑，定天下之吉凶，成天下之亹亹者。"这个"说"，解释为"悦"，这里应该是"阅"，因为古代这几个字与"说"字都是通用的。"能说诸心"，就是《金刚经》上讲的"若干种心，如来悉知"，其实就是他通过"阅"——观察、了解，他都知道。三百八十四爻，有的一爻讲一件事，有的一爻讲两件事，实际上这个事都扣紧了人的心态。真正讲它是讲事物吗？它是讲人的心态。

既济卦里"九五"讲："东邻杀牛，不如西邻之禴祭。"是什么意思呢？就是这个村子的东头用杀牛来祭祀，但是村子西头呢？是非常简单、非常朴实的祭祀。哪一种实受其福呢？真正实受其福的，是西邻而不是东邻，这里看起来是讲一件事，其实是讲人的心态。佛教讲"一切唯心造"，是指心态作用于客观而产生主观意识。这个"能研"，当然是研究、研判。高亨先生认为，这个字应该是"能研诸侯之虑"，是"候"而不是"侯"。就是说，种种的忧虑都有一种象征，都有一种征候，这个征候就是事物。它所真正反映的是"虑"，而不是事物。所以，这一本书实际是一本心理学。从这里来看，它完全是一本心理学、心态学，它是指

"虑"的，事物只是"虑"的一种征候。《大学》说："知止而后有定，定而后能静，静而后能安，安而后能虑，虑而后能得。"这里也有一个"虑"字。

## 谁定"吉凶"？

"定天下之吉凶"，有人会误解，认为问卜就是定天下之吉凶。不是这样。它这里所揭示的内容，揭示的道理，是居安思危——一种忧患意识，就是说，乾卦的卦德是健。健是好，不错，但到了"至健"的时候，就不要让它过，健不要让它变成了好斗、好胜——争强好胜。如果争强好胜，就会带来凶，带来风险。真正本义上的"至健"，是吉。你办事就是要有种自强不息的精神，一种积极向上的精神，锐意进取，这个当然是吉，这是好的精神呀。现在讲"女排精神"，"女排精神"就是锐意进取，"顽强拼搏"。这是一种至健。但是在足球场上，有的球员踢来踢去——打起来了，这就是争强好胜，这个"至健"就过了，这个很明显。

"定吉凶"是谁定的？是把这个龟板放到火上烤，烤一烤就定了吉凶？像现代人用几个铜钱占卜一下，或者拿张纸算一下，这个能定吉凶吗？这个是大错特错的，不是《易经》的本义，本义就是刚才讲的。在我们国家，邓小平先生以前说的韬光养晦，这就是"至顺"了——"至顺"精神。韬光养晦——我们不打头，我们好好地发展自己。一次听吴建民大使讲外交形势，他就强调了这一点。吴先生是前驻法大使，是资深外交官了。

但是这个"至顺"不能过，一过、一柔就是弱了。什么都让步，不坚持原则，一让再让，胆小怕事，在国际事务中随声附和，人云亦云，这就不好了，这样国家的威望就没有了。经济再强大也不行了。这个"定吉凶"是谁来定的？就是靠自己运用《易经》，靠自己去把握自然规律，去把握社会发展规律，通过这个你理解了，然后运用这个规律来处世，当然"吉凶"就在这个里面。这个"定吉凶"一定要搞清楚。

"成天下之亹亹者"，你看，"亹亹"就是勤奋，锐意进取。锐意进取当然能有成就了。天下真正的成就者就是要勤奋，还要自勉。勤奋就是健的一面，自勉就是自己勉励自己，这就有顺的一面。"君子终日乾乾"还要"夕惕若厉"，就是这两个东西。所以说，"是故变化云为，吉事有祥"。这个"云"应该是"纭"，之所以说变化纷纭，又能万事顺遂、吉祥如意，正是因为能遵循变化的规律。"无为而无不为"，这一句中的"为"字很重要呀。

"象事知器，占事知来。""象"是象征，象征一种事。根据这种事，要知道这个器物——知道物，也就是前边《系辞传上》讲的"形而上者谓之道，形而下者谓之器"。"占事知来"——知道未来。"占事"与刚才讲的"定天下之吉凶"是一样的意思，我们不能误解，这里就不重复了。

> 天地设位，圣人成能。人谋鬼谋，百姓与能。八卦以象告，爻彖以情言，刚柔杂居，而吉凶可见矣。变动以利言，吉凶以情迁。是以爱恶相攻而吉凶生，远近相取而悔吝生，情伪相感而利害生。凡《易》之情，近而不相得则凶，或害之，悔且吝。

## 人谋？鬼谋？

"天地设位，圣人成能。人谋鬼谋，百姓与能。"这里讲了"天地设位"，实际上也是"乾坤设位"。"天尊地卑，乾坤定矣。卑高以陈，贵贱位矣。"你看，这又回到《系辞传上》开头的几句了。这个"位"如果从卦象上来看是六位：初位和上位、二位与四位、三位与五位。实际上呢？这个区别还是一个阴阳、一个尊卑、一个刚柔，还是这两种对立的东西。"圣人成能"，圣人能够成就大事。前面讲"圣人之大宝曰位"，这里又讲到这个问题了。

"人谋鬼谋"，这个"鬼"要搞清楚，这与我们想象的"鬼怪"不一样。这里是讲"人谋"与"鬼谋"，它是相通的。这又是什么意思呢？这里实际上讲了一个意思：退一万步来说，人为的东西，即使是鬼的所为，它也不能违背自然规律。所以《聊斋》里写鬼，写来写去还是人之常情。它与这个世俗里的人事是一样的。

所以，在古代许多文学著作里，无论是写鬼也好，写神仙也好，还是写妖怪，它们都是人化、人性化、人格化的，写来写去都是人。就是天上的玉皇大帝，还有王母娘娘，还有七仙女，都是和人间一模一样地吃喝拉撒睡，没有区别，只是把它夸张了。甚至连官的等级、生儿育女都是一样的，都离不开这个"人谋"。"人谋""鬼谋"是相通的，离不开这个宇宙空间，脱不开这个宇宙空间的自然规律。所以呢，"百姓与能"，百姓也能做得到。"与能"，也能与圣人一样。

　　所以，毛泽东有一句诗词："六亿神州尽舜尧。"就是六亿人民都是舜尧。这句话一下子就把《易经》是什么书，讲的是什么道理给定位了。是不是空中楼阁的空道理、大道理？是不是专门给圣人讲的，给治国的人讲的？这句诗回答了这个问题：不是！它是"百姓日用"，只是"百姓日用而不知"。为什么"百姓日用而不知"？"只缘身在此山中"而"不识庐山真面目"呀。这里讲得很清楚了。圣人能做到的，百姓也能做得到。

　　如果讲研究《易经》，很多专家可能是把《易经》当作一套束之高阁的大理论。你要问他《易经》的日常运用，他可能还用一番大道理回答你。有人可能讲得头头是道，但在实际生活中，他又违背了道，他又不知道"道"在哪个地方，不明白什么是"道"。一定要搞清楚这个东西。

## 吉凶与人的心态

　　"八卦以象告，爻象以情言；刚柔杂居，而吉凶可见矣。""八卦"是卦象。卦象是一种象征，象征天、地、雷、风、水、火、山、泽。爻辞和卦辞呢？描写了一种情境，描写了人的心态。前面讲的"虑"就是心态——忧虑，忧虑是最普遍的心态。"刚柔杂居"，"杂"就是错综复杂。当然，乾卦是纯阳爻，坤卦是纯阴爻。但是，像这种纯阴、纯阳，仅此两卦而已，其他六十二卦都是阴爻和阳爻参差不齐的。正是因为这种参差不齐、错综复杂，所以它就显示出吉凶了。不然的话，都千篇一律，这个吉凶从哪儿显示出来呢？

"变动以利言，吉凶以情迁。"在变化运动中，它就讲利与不利，如："不利有攸往""不利东北，利西南""利涉大川""利御寇"等等，都是讲"利"与"不利"。"利见大人"，有"利见"就有不"利见"了。在"潜龙勿用"的时候就是不"利见"，就是不"利见大人"。这是肯定的，"潜龙勿用"嘛。"勿用"时他能利见大人吗？它只是没有说，这里就有不利。"或跃在渊"的时候，它也有个不"利见大人"。"亢龙有悔"更不利！所以这里有两个"利见大人"，就有两个不利见大人的因素。"吉凶以情迁"，这里又讲了吉凶。这个"情"不仅仅是情境，真正还是人的心态变化。

所以这个"情迁"后面就是"是故爱恶相攻而吉凶生，远近相取而悔吝生，情伪相感而利害生。"爱和恶是相对立的，正因为对立，所以就会出现吉凶了。人讲"爱憎分明"，有爱就有憎——疾恶如仇。"远近相取"，"远"和"近"仅仅是讲远近吗？这里是讲亲与疏。用人有一句话：是任人唯亲，还是任人唯贤？亲疏，疏就是疏远。哎，你跟我无亲无故，那我就另眼看待；你与我沾亲带故，哎，那就是"一人得道，鸡犬升天"。这个亲与疏之间有一个互取与勿取，也就有"悔吝生"。当然这个谈不上吉凶，只是悔吝。

"情伪相感"，这个"情"就是真。真与伪互相感应、观照，利害就生了。是利是害？那就看你是真还是伪了。这里就一个"诚"字。

## 不相得与不可得

下面再接着讲"凡《易》之情，近而不相得则凶。"这要联系到前面来讲。"凡《易》之情"，凡是《易经》里面所描述的情境，所揭示的道理，实际上是我们身边的事。"近"就是在我们身边。但是你"不相得"——不是"不可得"，而是"不相得"。这个"相"字就不同了。如果是"不可得"，就是说，你不能得，这里不是这个意思，这个"不相得"就是说不相应。明明是你身边的东西，与你不相应，不能接受。这就容易得凶，这就厉害了。为什么厉害？说明"易"是发生在你身边的事，但你事事都违背了"易"，违背自然规律。《易》就是讲规律的，就是我们身边的事，我们天天都离不了的事。《中庸》说："道也者，不可须臾离也。"《太上感应篇》中说："头上三尺有神明。"讲的都是一个意思。但是你"不相得"，你与它一点都不相应。那就是说，不是你不能得，而是你不愿意去得到它，你不认可它，这当然是凶，那就是违背规律了。这个凶，凶到什么程度？"或害之"，害了谁？害社会，害众人，到头来是害了自己，轻一点的就是悔吝。

这一段话讲得非常严重，把这个利害关系讲出来了。为什么要这样强调这个利害呢？实际上，我们能看得出孔子的观念，他不是用龟去问卜，用蓍草去卜蓍，他是反对这个的，他讲的完全是平常的道理、哲理。所以最后一段，他把社会上各种人的心态都画成了画。

> 将叛者其辞惭，中心疑者其辞枝，吉人之辞寡，躁人之辞多，诬善之人其辞游，失其守者其辞屈。

## 听其言，观其行

"将判者其辞惭"，这个"惭"应该是"渐"。他不仅仅是惭愧，这个是"渐"。有反叛心的人，心怀鬼胎的人，他说话"渐"，就是吞吞吐吐、支支吾吾，这就是一种"渐"。

"中心疑者其辞枝"，这个"枝"就是"歧"。高亨先生认为这里应该是"歧"，我也认为这个是"歧"。当然"枝"也行呀，分歧和分枝差不多，是吧？可能以前这个"歧"和"枝"是通用的。心中有疑虑的人，他说话就有点前后矛盾，甚至于自相矛盾。

"吉人之辞寡，躁人之辞多"，这个"吉人"应该是有道德修养的人。他的言语很精炼，没有废话，没有空话，也就是《金刚经》上讲的"如来是真语者、实语者、如语者、不异语者，不诳语者"。因为自然规律"无实无虚"。这个"躁人"指缺乏修养、缺少涵养的人，遇事容易急躁，话很多，而且说的废话多，空话多，假话多。

"诬善之人其辞游"，"诬"是诬陷、诬告、谗言。那种心术不正的人往往对有修养的善人用谗言相诬。这种人说话是游移不定的。这个"游"就是虚。游移嘛，不实在，不实之词，都是一种谗言，也就是说，"欲加之罪何患无辞"，要诬陷一个好人，他何愁没有言词来加害他呢！

"失其守者其辞屈"，"失其守者"，就是不守本分的人。如果讲得具体一点，是不敬业的人。这些人说话随声附和。"屈"就是随声附和，人云亦云，没有自己的主见。

到这里似乎有这么一个问题：整个《系辞传》到这里就讲完了，怎么是这么一个结尾呢？这样的几句话怎么就完了呢？这样一个以"天尊地卑"为开篇，而最后以这几句话结尾，似乎有点虎头蛇尾、头重脚轻的感觉，我们要好好地体会。

我认为这一段话讲人的心术，最后落实到这个地方。《易经》这本书，有的人把它当作一种"术"，当作一种"方术"、一种谋略。但这个地方强调人的心术，这本书是讲心术的。什么心术？是阴谋诡计吗？是心计吗？其实，是指心态、心理。看起来是讲事讲物，实际上是讲人心的。

另外讲"善《易》者不占"，这个地方就突出这个东西了。你还要去占卜吗？在我们的现实生活中，你听这个人说话支支吾吾，这个人心里肯定有反叛思想；看这人说话前言不搭后语、自相矛盾，这个人心中肯定是游移不定的；这个人说话很少废话，很少空话，还不说假话，哎，这个人肯定是有修养的人；这个人说话老是讲一些废话、空话、假话，这个人是缺少修养的；这个人说话老是讲一些假话、不实之词，这个人肯定是在诬陷人；这个人说话老是附和着别人说话，说明这个人是守不住本分的人。

你要不要去占卜？其实你只要在生活中察言观色，听其言观其行，就知道这个人是什么样的一个人了。判断一个人是不是讲信用，这不就明显了吗？听其言，观其行呀，这就是占卜。所以说，"善《易》者不占"的道理就在这个地方。

我们回到"大学之道"里的"正心"，就是"诚其意，正其心"，人要"诚其意"，要"正其心"。前面实际上就是讲的"格物""致知"呀，用爻这个符号来象征、效法自然之象，"象者，像也"，是吧？从而获得了自然变化的规律、社会变化的规律，就得到这些知识了嘛。"格物""致知"的目的是什么？是要你拿到大街上给人家占卜、骗钱？去误人？不是，这里面已经讲得很清楚了，目的是要你"诚其意，正其心"，还要"修其身"，这样，你的言行就是一致的。言行一致的人就是讲诚信的人，你就能"齐其家"、"治其国"、"平天下"。

你看，表面上看这个结果好像是有点小尾巴，好像没有结尾，但是我们看到这里，它是软着陆呀，轻轻松松一番大道理全在里面，落实到一个"心"字上，落实到一个"诚"字上——这个结尾太大了。我们能看出这个结尾的分量，看出《系辞传》作者的用心、立意，前后篇章结构的布局。

《系辞传》分上、下，其实它的原文是没有分上下的。它的开篇是"天尊地卑，乾坤定矣"，在讲这一句开头，我重点讲了一个"定"字。你看，结果讲的是什么？它讲心术，讲人的心态。能不能定？靠什么来定？靠人来定。人又靠什么来定？靠诚意来定。心定不下来，人怎么定下来？人定不下来，怎么来定乾坤呢？天和地是不能由你来定的，它本身已经定了，从宇宙爆炸那一刻起，天与地就已经定下来了。天道与地道已经定下来了，现在来定你的人道。人道就是靠你的心定，你的心不定你的人道就无法定。还是那句话，欲安身，必先立命。

所以，我们的总结就要把这个东西抓住，贯穿在里面，前后呼应。所以刚才讲的立意是在道上，其实立意就是立命。"《易》之道也"，讲了一番道理。"其辞危"，你知道危就知道进退，知道险阻。如果心术不正，怎么去知呢？心术不正的人就不相得了，天天身在"易"中，身在"道"中都不相得、不相应，都无缘。所以说，这个东西很关键，我们必须把这个东西搞清楚。它既给《易经》的六十四卦、三百八十四爻做了一个详尽的解释、阐述，有的地方甚至是反反复复去强调，但是它千言万语所说的还是"人道"。"人道"的关键是心态，定乾坤要靠心定。

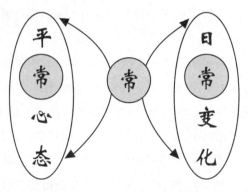

你看，结尾是虎头蛇尾吗？是头大尾小吗？不是，它是软着陆。把这个搞清楚了，我们对整个《易经》就有一定认识了，就有一把钥匙了。拿着这把金钥匙去开六十四卦——六十四把锁，实际上一把钥匙就开两把锁——乾、坤两卦，你把这两把锁打开了，六十四卦就全部打开了。你把"用九"和"用六"这两把锁打开了，那么三百八十四爻的锁就全部打开了。一打开，是迷宫吗？不是，原来是我们生活中的事，就在我们身边。你的心定下来了，回到你的平常心。我们万事都要顺其自然，有了平常心就有清净心，有了清净心就有了平等心。这样，无论是远也好，近也好，都相得。得到什么？得到吉祥。祝大家时时吉祥，天天吉祥。吉祥要在"易"中得，"易"是变化的过程；吉祥要在平常心中得，变化过程就是"常"。所以开篇云:"动静有常,刚柔断矣。"于是得出一个游戏规则来。"常"是认识论,"断"是方法论,两个字讲完了两门学科,太伟大了。谁伟大?我们的祖先伟大,五千年源远流长的中华文明伟大,三古三圣三易伟大,我们作为一个中国人伟大!

# 说卦传

# 第一章

　　昔者圣人之作《易》也，幽赞于神明而生蓍，参天两地而倚数，观变于阴阳而立卦，发挥于刚柔而生爻，和顺于道德而理于义，穷理尽性以至于命。

## 神奇的蓍草

　　所谓"说卦"，当然是解释卦的。这一篇比较具体，特别是后面。但是前面呢？还是有一些抽象的、理论上的东西，我们看这一章。这一章文字不多，但含义比较深。

　　"昔者圣人之作《易》也"，开头是直接点出这个《易经》的作者，是指伏羲、文王。这主要是指《易经》部分，当然这里是指上古与中古的伏羲与文王共同创作了《易经》。应该说，还包括了黄帝、炎帝等。

　　"幽赞于神明而生蓍"，"神"在古代有个区别：天上为神，地下为祇，所以叫神祇。这个"幽赞"应该说是神明"幽赞"，主语应该是"神明"（天神地祇）。幽赞应该是暗中赞助。以什么样的形式来赞助呢？就是说，伏羲、文王作《易》，是得到了神明暗中赞助的。

　　"生蓍"，这个"蓍"是指蓍草。蓍草是一种植物，在《本草经》里讲："蓍实，生少室山谷。"在唐代有一本《本草图经》，对蓍草有介绍，说蓍草长得像蒿，一丛丛的，高有五六尺，一丛一般有二三十茎，根都是相连的。一丛也叫一本，所以原文是一本，一本就是一丛，根为本，像黄花、香蕉，它们都有这个特点。它是一丛共生于一根，长了很多茎，最多的能有五十茎，就是五十根。它在秋后开花，一般是紫红色的。

这个蓍草比较神奇，为什么呢？现在还有，在河南淮阳，那里有一个伏羲墓，伏羲墓的旁边有半亩地，这块半亩地上长着蓍草。这个蓍草不能拔，要用刀齐地面割，割过一遍后会分支，根上又长，又发芽，但它无法移栽。它也有种子，但它的种子拿到其他任何地方种都不行，移栽也不行，这个可能就是它神奇的地方。

著名电影演员焦晃与我们说过一件事。我们上次一起在"2004 文化高峰论坛"上，他说别人送了他三根蓍草，有一天家人把换下来的衣服放在蓍草上，蓍草就蔫了，枯萎了。把衣服拿掉，重新收藏在洁净的地方，慢慢地那蓍草又恢复了原貌，他感到很新奇。蓍草真的很有灵气，不可思议。

## 神助？ 自助？

这里我们要搞清楚这一句，实际上不仅仅是讲蓍草，应该是说这个"幽赞"，是什么形式的幽赞？是暗中赞助。怎样暗中赞助？到底是什么样的神明？这里要有一个正确的理解。我们不是冠冕堂皇地去讲科学，不讲迷信，不是。我们不是回避什么问题，而是实事求是。你说佛教里面有许多东西，语言表达上看起来好像不可思议，有些好像带有迷信色彩，实际上它是很客观的，只是语言表达的问题，因为它隔着时代。这里的"神明"也是隔着时代，隔着几千年。

那么，我们今天也有许多不可思议的东西，我们应该理解。这个暗中的赞助，实际上在大自然中有很多奇怪的现象，能使有些专门研究的人得到启发，得到灵感。这里举个例子吧。就说华佗，他不是发明了那种手术锯吗？有一次他在山林里寻找药草，手被划破了，那是一种茅草——芭茅，叶片很宽，而且叶片两边像锯齿，把他的手划破了，流血了。他一下子得到灵感，因此他就发明了这个手术锯。以后，他就用手术锯锯骨头。这不就是灵感？这不就是暗中赞助了吗？似乎暗中有人说："喂，华佗，你过来，我教你。"华佗过去了，叶片划破了他的手。这不是明着教。就像这个芭茅，有多少人见过？被芭茅划破手的有多少？我小时候打柴，被芭茅划破不知道有多少次，但是华佗有这个灵感。为什么华佗能从中得到启发，能够发明这个锯呢？这是幽赞呀，是谁在幽赞？实际上还是因为他在悉心研究。你没有用心，就联想不出来。你心里想到的是自己一家的事，想着自己的事，想着那些私心杂念。那华佗想的呢？华佗专门想着为病人解决痛苦，专门寻找这些方法。他心系于天下的病人，一心一意解除病人的痛苦。他专门想着这个，所以他就得到启发了，得到灵感了。

这样的例子很多，一直到今天，我们的科学家搞研究，无论是物理学家、化学家还是生物学家，他们在大自然中寻找灵感，启迪智慧，从客观实际出发。

所以说，八卦、六十四卦以及其中的卦辞、爻辞，都是在自然界中，在社会活动中，在实践中不断得到启发，得到灵感，这样慢慢积累起来的，是这么一个过程。所以说，我们不能用主观臆想去推测，应该从客观实际去推测。

## 是参还是叁？

"参天两地而倚数"，"参天"的"参"字，应该作sān，为"叁天两地"。因为这"参"字，把下面写成三横，这不就是大写的"叁"吗？写成三撇就是"参"，古文通用。有人正是如此解释的。为什么呢？其理由是这样的：叁为奇数，两为偶数。所以以这个为倚数。这有没有道理？有道理。我对这个问题也经过了很长时间的思考，这两年我又有了些新的感悟。对这个"参"字的理解，我认为应该还是一个"参"字，"参"的本义是参拜、参见。为什么呢？凡是参见、参拜，往往是向上的，眼睛向上望着。也就是说，"参"是以头顶着天。那么，"两地"是什么意思呢？这就有意思了。你们想一想，"立地"正好是两条腿立地。头顶是奇数，两条腿立地为偶数。

佛教里有一句话，赞颂佛的话是"两足尊"。什么叫"两足尊"？有人误解了，认为拜佛的时候，一翻掌就托着佛的两只脚，这是一种尊重——"两足尊"。实际上它的真正意思是指佛修行的觉行圆满了，智慧和修行功夫都具足了。你看释尊，尊就是指佛，"两足尊"，尊称为佛。释迦牟尼佛不就叫"世尊"吗？

那么，这里我们从两个地方来看，一个是人身，身体的身，是两只脚立地。两只脚掌心也很有意思，脚掌中间凹进去，脚心就是一个眼，它接收地气。前面说过汪忠长教授不是讲了吗？脚心就是两个眼，是接收地气的两个耳目。这是从人的身体方面讲。

更为确凿的理由，是乾卦爻辞的本身，九二爻，"见龙在田，利见大人"；九五爻，"飞龙在天，利见大人"，六爻爻辞中只有两个"人"字，但这两个"人"字并没有落在"人道"的九三爻和九四爻上，而是落在"天道"的九五爻和"地道"的九二爻上。上参天，下立地，原来这句"参天两地"是解读乾卦象和爻象的。

我们再回到《易经》上来看人生。在人生中无非是两种情形，一个是尊，一个是卑，尊与卑；还有健与顺，乾卦就是健，坤卦就是顺；还有一个刚与柔，分为男女。结果就有得与失、吉与凶、祸与福、成与败，这也是两分的。当然，还有什么？苦与乐、顺境与逆境这些很多，都是两分的。这个两分就像人走路一样，一前一后交叉地走着。特别是成与败，它往往是这么交替的。

那么，后面讲的"倚数"是什么意思呢？怎么是倚数呢？前面《系辞传上》我就讲过："天一地二，天三地四，天五地六，天七地八，天九地十。"这个不就是数吗？这个数就是这样来的。天为奇数，地为偶数。这个"倚数"就是这么一个来源，就是根据"大衍之数"来的。你看这个很明显了：天为奇数，一个脑袋顶着天；地为偶数，两只脚立地。奇与偶互为倚数，这不也就是"倚数"了吗？无奇则无偶，无偶则无奇；无天则无地，无地则无天；无尊则无卑，无卑则无尊……互为倚数。这是自然法则。

## "和"是下手处

"观变于阴阳而立卦"，这个很明显了，前面都讲了，观察这个变化："仰则观象于天，俯则观法于地"，这就是观；"观鸟兽之文与地之宜"，这也是观。观察这些变化，在这些变化中发现，无非就是一阴一阳两种现象不是阳就是阴。无论自然千变万化，纷繁复杂，但是综合总结起来，它无非就是一阴一阳，根据这一阴一阳来立卦的，所以"太极生两仪，两仪生四象，四象生八卦"。

"发挥于刚柔而生爻"，这个"爻"字就是刚与柔，阳爻就是刚，阴爻就是柔。就是说，逢阳爻就是"用九"，也就是用刚；逢阴爻就是"用六"，也就是用柔。

"和顺于道德而理于义"，这个"和"很重要，要"和顺"。《庄子·天下》有一句话："育万物，和天下，泽及百姓。""和天下"，在整个《易经》六十四卦的卦辞、爻辞里，只出现了一个"和"字，就是在兑卦里。兑卦的初爻，也就是初九，叫"和兑"。兑为悦——喜悦，在和气中得到喜悦，得到愉悦，在和睦中、和谐中得到愉悦；在兑卦里还讲到"商兑"，通过协商得到喜悦；还有"来兑"，通过互相往来得到愉悦；"孚兑"就是通过诚信才能得到喜悦；反之则"引兑"，通过引诱，通过不正常的手段来取悦人，这个是不对的，这是"上六"。

易理是和谐第一，首先在和谐中取得愉悦。所以讲"和顺"，有"和"当然就"顺"了。这个"顺"有柔顺之意；这个顺从是以"和"为基础，以"和"为前提的。这样再来谈道德，谈礼义，就有基础了，那就不是空谈了。你提升自己的道德，办事有理有节，而不是问："我从哪里做起呀？"经常有人问我："我该怎么做呢？从哪里做起呢？""道理我明白，可我该怎么做呢？"经常有人问这种问题。他心里想的是：我比你先明白，我甚至比你还明白得多，但我不知道怎么去做。这是很关键的。

所以说这里最关键的是"和顺"，特别是以"和"为基础。"和"是看得见、摸得着的。所以说"和气"是很关键的。说话和气，人际关系和谐，这个是能做到的，这个就是下手处。佛教《阿弥陀经》中描述西方极乐世界，有一句"出和雅音"，有人不懂什么是"出和雅音"，其实，这正是下手处呀，就是说，我们日常说话的语言、语态、语气，要"和"——和气、平和；要"雅"——文明、温文尔雅。佛说西方极乐世界要"出和雅音"，有人认为这是迷信。今天我们的社会道德教育，提倡精神文明，同样需要"出和雅音"。有位老法师说：极乐世界就在我们生活中，就是一个和谐的社会。

道德，你可能觉得好像有点空，我从哪个地方做起？我怎么为道？我怎么修德？似乎有点找不到下手处，但这个"和"你总能找得到下手处吧？与人谈话"出和雅音"，这个你总能做到吧？人际关系达到和谐状态，你也好做到啊！无论遇到什么事，无论是顺境还是逆境，心态平和一点，不要急躁，不要浮躁，不要怨天尤人，不要破罐子破摔，这些你能做到呀，这就是"和"。平和一点，这就是下手处。

## 何谓"尽"？

"穷理尽性以至于命"，我觉得这里正好是"大学之道"。为什么？穷尽什么？穷尽客观事物的规律，就是"格物"；理义就是"致知"，有知识就懂道理了嘛。"致知"，你得到了知识，当然也就懂得了道理，这是"格物致知"。那么"尽性"呢？正好就是"诚意""正心"。性嘛，就是修身养性。不管是性也好、理也好，都是"尽性"。

这里我们把这个"尽"讲清楚。什么叫作"尽"？我们怎样做到"尽"呢？就是"诚意""正心"，怎么做到最佳呢？怎样最大化呢？全靠修行。什么时候能修成正果呢？每个人都要追求这个最佳、最高的境界。那么这个成功的标准是什么？这个"尽"，"尽"到什么时候才叫"尽"？我们要把这个东西搞清楚。实际上我们要读古人的书，字字你都要落在一个实处，不要泛泛而谈。有人讲："道理我讲清楚了，你现在明白了吗？"道理我是明白了，可我怎么做呀？还是找不到下手处，这样不行。在参究的时候，我都要找到实处。我找不到实处，不跟你们说。我打算开课，我就要找到实处。实处在哪里？用禅者的话说，"在当下"。用净慧老和尚的话说："在生活中。"在生活中参禅，在参禅中生活。他还有一句名言：在生活中实现"觉悟人生，奉献人生"。

借用古人一句诗："山重水复疑无路，柳暗花明又一村。"这里就是实处，这就好懂了。你修行，修你的诚意，修你的正心——修身养性，你的功夫下到什么程度了？似乎山尽了，水也到头了，哎呀，现在连路都没有了。这个"尽"，已经到头了嘛：山也尽了，水也尽了，连路也尽了，到了这个程度。实际上这个时候你已经是"疑无路"的时候，正在这个乾卦九四爻"或跃在渊"，在"或"的时候，在迷惑的时候，就要"飞龙在天"了。

这个时候，山也尽了，水也尽了，路也尽了的时候，你再往前坚持一步，再"尽"一步，离成功也就更近一步了。坚持就是胜利，再往前一步就是"又一村"，就是"柳暗花明"！到了"或跃在渊"的时候，你再坚持，再努力，就是"飞龙在天"。你看，是不是这个结果？这个看得见、摸得着吧？这就是实处。往往好多事情难做到，就是落不到实处，道理上空泛，大家讲来讲去都讲一样的话。许多人一说，虽然各执己见，其实都差不多。实处是关键，你看，"山重水复疑无路"到"柳暗花明又一村"，与乾卦的"九四"和"九五"两爻联系起来了。再与这里的"尽性"联系起来，再与我们的生活、工作联系起来，我们讲，实处找到了。好，下面是"以至于命"。

## 何谓"命"？

这个"命"字要重点讲。为什么？因为一旦有人知道你这个人还懂《易经》，就会问："你懂《易经》，你会算命吗？"有人老是要问这句话，特别是一些不懂《易经》的人。这样的人太多了，连有些高级知识分子都问这句话："《易经》是算命的书吗？""你讲《易经》给人家算命吗？"都是这几句话。都把这个"命"看得非常重要，但是到头来不知道"命"是什么。自己不顺利的时候，自己的愿望达不到的时候，就归结为一句话："我的命不好。"

那么，"命"到底是什么？什么是命？我从甲骨文开始讲。"命"在甲骨文的卜辞里，"命"和"令"是同一个字。这是甲骨文的写法，上面好像一个屋顶或一个伞盖，下面就是一个人跪着。上边是什么？像 A 字，但多一横。这是什么？木铎。木铎是什么呢？就是一个"铃"。那下边多一短横呢？就是铃舌。古人是以震铎来发号施令的。⺊乃是跪的人形，表示受命之意。《说文》："令，发号也。"本义："发号令使有所为也。"

我读小学的时候，学校是"打铃"上课。以后呢，我们学校扩大了，买了一个大铃，绑在大梁上，用长绳子拉，就像敲钟似的。这是以"铃"发号施令。这个"命"和"令"的意思，就是"使"的意思，就是接受，使你有所为。命令你做什么，指使你做什么就要做什么。

泰卦里有一句话："自邑告命。""邑"就是一个单位，一个地区，从邑去告命。乾卦里有："乾道变化，各正性命。"这个"命"与它的本义是一样的，就是"命令"。你接受这个命令，然后就有所为。那么回过头来，我们再讲到这个"命"，我们看得出来是双向的。在现实生活中，人们对"命"有误解：一种认为命是出生时候就已经命中注定了，我就是这个"命"，改不了，这是一种；另一种误解，认为"命"完全由自己做主，"我"就是命的主人。实际上这二者都有误区，都不对，特别是前一种，因为它是双向的。第一种很明显，他就是完全把自己当作奴隶，这是一种宿命论，悲观主义，听之任之：反正"我"是命中注定就是这样，"我"也不想积极努力上进了，反正怎样努力还是这个样子。

那么第二种，为什么认为"我"是"命"的绝对主人这也有误区，怎么也不对呢？因为一个人不是孤立的，你是独立的一个人，当然你能自己做主，想怎么样就怎么样。但你可以为所欲为吗？是你去适应外部环境，还是外部环境来适应你？是你来适应企业环境，还是企业环境来适应你？这是个关键问题呀。因为你是社会中的一个细胞，你是整个人际关系中的一员，不可能事事都是按照一个人的主观愿望发展，这是不可能的。所以，一个人绝对给自己做主也是不可能的。

你要真正地掌握自己的命运，要怎么做呢？有一个词是"认命"，认命又有两种：一种是说，我的命就是这么不好，或者说我的命就是这么好。还有一种"认命"，个人的命要服从社会的命，要服从众人的命；这个社会的命要服从自然的命。你看，太阳上山了，就命令你起床，命令你"日出而作"；太阳下山了，命令你"日没而息"，是不是呀？这就是命呀，你必须要跟着这个规律走。还有寒暑往来、四季交替。命令植物，春天要发芽，植物不得不发芽。秋天命令植物结果，你不得不结果。是不是这么回事？这就是一种命令。

我们能违背吗？我们无法违背这个规律，所以一定要认命。认了命你就知道，一个人的命是在千千万万个命的网络中。你既要有自尊，同时又要和合大命。你不适应这个众人之命，不适应社会之命，不适应自然之命，你这个小命当然是孤独的了，是不是啊？你就被边缘化了。你一定要融入众生之命，融入社会，融入自然，你这个命就有生命力，有朝气。

所以，"至于命"联系到前面讲的"格物致知""诚其意，正其心"，就是说，"正其命，修其身，齐其家，治其国，平天下"。这个命就非常宏大了。这个大命就是《阿弥陀经》中说的"共命"。假如你前面做不到，你把自己的命边缘化了，融不进大众之中，融不进社会，融不进这个时代的潮流，融不进这个大自然，那你的命就是孤零零的命，还谈什么治国、平天下？"齐家"都难呀！一个家里两三个人、几个人都搞不好，生活搞得很凄惨，这是什么命？这不仅仅是经济条件决定的，许多时候都是人为的，都是自己造成的。

电视上有过一个新闻：一个儿子受父母的溺爱，他自己不去努力，而是游手好闲，还喜欢赌博，喝酒，出风头。但是钱从哪儿来？找他父母亲要。父母亲不给他就打，最后被他父亲误伤一刀刺死了。事后，全村七十多人共同写担保书，担保这个七十多岁的父亲请求法院赦免他的死罪。法律最终宽容了。你想，他这是"齐家"吗？谈得上修身吗？这是什么命？连一个家庭，连父母的命他都不服从，都融不进去。这里就讲了这个东西。

乾卦里讲得很清楚："见群龙无首。"怎么叫"见群龙无首"？就是"共命"呀，就是要你与群龙融合在一起，不打头，不要搞特殊化，意思就是说你不要把自己边缘化了，你融入群龙之中，这样就吉，这样才"利见大人"。所以我在讲乾卦的时候，把"大人"解释为众人。唐教授为我这本书作序，那么认真地读了；著名的易学教授汪公，几次打电话都说，"我正在读你的这本书"。很多人都读了，没有人对我所提出的"大人"的解释提出异议，没有人说我是在胡说八道，起码他们还认可。我没把这个"大人"解释为一个"大人物""贵人"，没有特殊化，没有边缘化，我认为是大众，是众人，"大人"就是"共命"，与众人同呼吸，共命运。

一个人想得利，你必须先有利于众人，先有利于大众，你才能获利。利从哪里获？你仅仅是求自己一个人的利益，你本事再大，其利也小。《易经》就讲这个，后面例子要是一卦一爻地去讲，那就更多了，都在讲这个东西，都讲这个命。孔子五十而学《易》，所以五十而知天命，这个值得我们好好参究。

"各正性命"，每个人要把握住自己的性命。所以，这个东西我们就能看得清楚，《易经》是不是迷信？《易经》对于我们今天的社会公共道德教育，对我们未成年人、下一代的教育有没有好处？为什么要抛弃它？为什么要把它当成迷信，当作糟粕？还是孔子说的一句话，要有客观的观点。什么是客观的？"知之为知之，不知为不知。"如果你不懂，就不要胡说八道：哎呀，《易经》是迷信。这一章看起来文字很少，但是内容很深。

# 第二章

昔者圣人之作《易》也，将以顺性命之理。是以立天之道曰阴与阳；立地之道曰柔与刚；立人之道曰仁与义。兼三才而两之，故《易》六画而成卦；分阴分阳，迭用柔刚，故《易》六位而成章。

## 三才之道

第一句"昔者圣人之作《易》也"，和前面一样，就不重复了。"将以顺性命之理"，前面讲到"命"，讲到"性"，讲到"顺"，讲到"理"，这里也就不重复了。"尽性命"，这以什么为基础？人的命要以"诚意""正心"为基础。

"是以立天之道"，天道分阴阳。这里的地道应指社会、人际。这里应该是这样看的，"柔与刚"就是指事物分"刚""柔"。"立人之道"呢？"曰仁与义"。

"兼三才而两之"，这个前面也讲过，"三才"就是天、地、人，"而两之"就是两卦一重。"故《易》六画而成卦"，就是六爻组成一个卦。这六个爻"分阴分阳，迭用柔刚"，它是迭起来用的，相互交错，所以《易》是六位而成章。整个六十四卦、三百八十四爻，成为一个大的篇章，但是它都是用六个爻位来组成的。

# 第三章

天地定位，山泽通气。雷风相薄，水火不相射，八卦相错。数往者顺，知来者逆，是故《易》逆数也。

## 伏羲的先天八卦

这一章是描述《先天八卦图》的。《先天八卦图》据说是伏羲所制，所以后人常常分出伏羲八卦、文王八卦。其实，伏羲八卦为先天，文王八卦为后天。本章描述的是伏羲八卦。请看《先天八卦图》。

先天八卦图

先看方位：四正位是天南地北，左东右西。天南为乾卦，地北为坤卦，所以说"天地定位"。首先要定好天之位，左东为离卦，离为火；右西为坎卦，坎为水。所以说："水火不相射。"清代顾炎武认为"射"读若"石","石"，识也。为何水火不相识呢?《尚书·洪范》中说:"水曰润下,火曰炎上。"水向下润,火向上炎,所以水火不相识了。

再看四隅位:东北方向为震卦,震代表雷;西南方向为巽卦,巽代表风。雷声震动就会产生气流,气流就是风;气在流动就会使云层里的正电子和负电子相遇,相遇而搏击,产生雷、电。所以说"雷风相薄"。高亨先生说:"薄,搏也。"

西北为艮卦,艮卦代表山;东南为兑卦,兑卦代表泽。有山就有河流,有河流川谷就有山,所以说"山泽通气"。

四正位的乾与坤是天与地南北相对,离与坎是火与水东西相对,都是相对。

四隅位的震与巽是雷与风相关,有雷就有风,有风就会产生雷;艮与兑则是山与泽相关,有山就有河,有河就有山。都是相关的。

天地定位后,其他便各有归宿:雷风在天上,山泽在地上;火向天炎,水向地润。《先天八卦图》是如此的规则、严谨。


## 水道湾湾

"天地定位,山泽通气。雷风相薄,水火不相射,八卦相错。数往者顺,知来者逆,是故《易》逆数也。"这一段的内容比较深。"天地定位",也就是前面讲的"天尊地卑,乾坤定矣"。怎么定? 定什么位? 定尊卑之位,定刚柔之位。

"山泽通气","天地"是指"乾坤";"山泽",山就是艮卦,泽就是兑卦。怎么通气呢? 为什么是通气呢? 从风水学上来说,山有山脉,水有水系。这个水呢,水道湾湾,它的湾是根据山脉的地形、地势来的。山是怎样蜿蜒的,水也是怎样蜿蜒的。山脉和水系二者是不是通气的? 它们就是通气的。像我们在天水的仙人崖,看到那整座的崖、那一座大山,但整座山给人的感觉是一块整石头。山中腰是光秃秃的石崖,但是山顶上松树长得非常茂盛。崖底下还有泉水叮咚作响,这就是说,在整块石头里有水系,有很多像是毛细血管那样的水管,是通的。

再看"雷风相薄",雷是震卦,风是巽卦。"相薄",根据高先生的解释,"薄"是搏斗的搏。有那个意思吗? 不完全讲是"搏斗",但像波浪、气浪一样。雷一震动,就会产生气流,气流与气流互相冲击,互相搏击。

"水火不相射","射"好像是射击。水和火,也就是坎卦和离卦。水和火从表面上看,好像是"火水不相容",但是这里是"水火不相射",实际上它既有不相容的地方，也有相生相克的地方，也有互相利用的地方。它的功能互相利用，水离不开火，火离不开水，不会互相排斥，这是从大的方面来说的。从总体上来说，从广义上来说，它们有互相利用、互相融通的地方。"八卦相错"，"相错"它是错综复杂的，不是单一的。水是克火的，这是就个别来说它是这样，但从总体来说它不是这样，又是错综复杂的。

## 顺和逆

"数往者顺，知来者逆"，这个可能有一点不好理解。"数"，不是"数"（shù），是数（shǔ）。怎么去"数"（shǔ）？"往"是以往的事，你要去数这个以往的事，要顺着数。那么，对未来的事，你要知道未来的事，你要逆着数。这是什么意思呢？这里还有一个"始"和"终"、"本"和"末"、"道"和"善"。如果从卦上来说，是初爻和上爻。怎么说呢？这个事情已经过去了，你要去数，要顺着数啊，从头到尾，清清楚楚。它已经发生了。人家讲故事，一般都是从头讲到尾。让你讲一天的事，你要从早上讲到晚上，当然是顺着讲了。

好，回到现在讲，那未来的事呢？那就不是要逆着去数嘛。我举一个例子：现在你们想要办一个公司。你首先想的，不是你先做什么，而是你办公司的前景，你要赚多少钱，先想这些东西，想一个结果。办到什么规模？达到什么目标？你先把这些想好，你不把这个定下来，就不可能做好。肯定你是先想结果，目标想好以后，这个事我值得做，我有积极性，这个事有赚头。好，然后看，从什么时候做起？这不就是逆着数了吗？《易经》也是讲这个东西。这里就是讲《易经》是哪儿来的。

"故《易》，逆数也。"这个《易经》是哪儿来的？《易经》不是主观臆想的，不是像刚才我举的那个例子。你要办个公司，先想结果。《易经》不是这样的。《易经》所表达、反映的，都是已经发生过的事。通过发生的事，逆着去数，首先从这个事情的结果入手，然后推测它的过程有没有教育意义，是不是普遍规律，有没有代表性、典型意义。一万年才碰到一次的事，这种事它不讲。所以《易经》举的例子，都是有典型意义的，都在我们身边经常发生的。所以，《易经》是从哪儿来的？它不是主观的，而是客观的。首先从它的结果往前推，推它的过程，然后再把它安排在这个爻上，安排在这个卦上。它是从经验产生结果，从经验出发，从客观出发来推的。这个结果给我们什么教训，给我们提供了什么经验？这是从结果来看的，是逆着数的。

# 第四章

雷以动之，风以散之；雨以润之，日以煊之；艮以止之，兑之说（悦）之；乾以君之，坤以藏之。

## 卦德

这一章是讲卦德了。"雷以动之"，"雷"，震卦的卦德是动，雷就是震动。"风以散之"，吹散了，风一吹，它就散了嘛。"雨以润之"，是滋润。"雨露滋润禾苗壮"，以前有这么一句歌词呀。"日以煊之"，煊就是晒干了，烤干了。"艮以止之"，山嘛，它的卦德是止，止住了。兑是悦，喜悦、和悦、愉悦。"乾以君之"，乾卦为君，天尊地卑嘛。乾代表天，以天为君。地道要服从天道，人道也要服从于天道，遵循天的规律。"坤以藏之"，坤是大地，大地是管收藏、承载的。这是从卦德上来说的。

# 第五章

帝出乎震，齐乎巽，相见乎离，致役乎坤，说（悦）言乎兑，战乎乾，劳乎坎，成言乎艮。

万物出乎震。震，东方也。齐乎巽，巽东南也；齐也者，言万物之絜（洁）齐也。离也者，明也，万物皆相见，南方之卦也；圣人南面而听天下，向明而治，盖取诸此也。坤也者，地也，万物皆致养焉，故曰致役乎坤。兑，正秋也，万物之所说（悦）也，故曰说（悦）言乎兑。战乎乾，乾，西北之卦也，言阴阳相薄也。坎者，水也，正北方之卦也，劳卦也，万物之所归也，故曰劳乎坎。艮，东北之卦也，万物之所成终而所成始也，故曰成言乎艮。

## 一年八季

首先讲一个"帝"字，你要搞清楚这个"帝"的本义。这个"帝"字的甲骨文像架着的木头或一束木燔，有点像祭天的形式，所以它是一种祭名。什么时候祭？春祭，是开始之祭。那个祭为什么出乎震呢？我们以《后天八卦图》为例。

从东开始，东边为震卦，在季节上它又指春分。但是那个时候，夏代的历（夏历），特别是殷商朝的历，它是一年三百六十天除以八，就是除以八个季节，每个季节正好四十五天，四十五天为一个季节。那么，震卦正好是表示春分的，表示万物开始发芽了。在万物开始发芽的时候，就开始春祭——祭天，祈求一年五谷丰登、人畜兴旺、风调雨顺。天坛公园里有祈年殿，就是祈祷的地方，就是每一年的春天开始春祭。"帝出乎震"，就是说"帝"是产生在东方。

"齐乎巽"，齐是整齐，是怎么整齐？我们看巽卦，巽卦的方位正好是东南方（东南角）。又是一个四十五天，这四十五天是春末夏初，春天要过去了，夏天开始了。这个时候禾苗长得比较整齐了。在远处一望，油菜地金黄一片，那个麦苗绿油油的一片，是不是？这就是齐。我们再看下面一卦离卦。

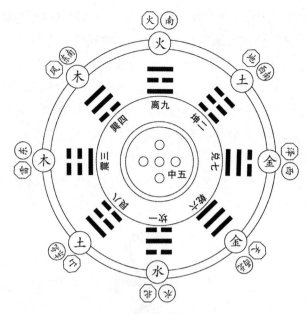

**后天八卦图**

离卦的方位是正南方。按夏历四十五天计算，季节正好是正夏，也就是夏至这一天，这个时候草木非常旺盛了。不但草木旺盛，其他动物也是非常活跃的。很多动物经过冬眠，春天慢慢地苏醒后开始出来活动。像人到了夏天，往往是在外面乘凉，在外面时间多，在家时间少；到了冬天呢？在家里时间多，在外面时间少。后面讲到"相见乎离"，也就是说，互相见面接触、互相交往多了。所以南面好像是"火"。火就是光明，过去的君王面南而坐，为什么呢？你看故宫里的金銮殿，皇帝就是背对正北，面向正南而坐。为什么？南面明亮呀，他看到那些文武大臣在明处，就看得很清楚。再一个，他迎着光明的一面，他也在光明的一面，别人看他也看得很清楚。

坤卦是在西南方位，它是什么季节呢？它这个四十五天是夏末秋初，夏天快要过去了，秋天已经来了。在这个时候，草木是什么情况呢？花已经谢了，开始结果实了。如果拿稻子来说，稻子有"灌浆"一说，什么是灌浆？"灌浆"就是自养自益，是最忙的时候。这个时候，它的下部为什么叫自益啊？庄稼下部的叶片慢慢地枯萎了，营养上输，它的上部忙着灌浆了。

兑卦的方位是在正西方，它的四十五天正好是秋天。秋天正是万物成熟的季节。万物都成熟了，当然是喜悦了——丰收的喜悦。

乾卦的方位是西北方，它这个四十五天，在季节上是秋末冬初，秋天要过去了，冬天已经来临了。在这个时候，阴气开始上升，阳气就开始收敛，收敛到地下去，冬藏了，慢慢地沉入地下。这个时候它要到地下去养育那些已经疲惫的根。根已经忙了一年了，这个时候，它要吸收营养，要用阳气去养育它。这时候，阴气为什么要上升呢？它要升上来，地上万物该结果的已经结果了，忙了半年也忙得差不多了，也要吹吹气、散散热。上次讲六十四卦，讲到泰卦，那里就讲得很清楚，它就是这个情景。为什么说"战乎乾"？这个时候阴气和阳气就开始交错了。而且这个"战乎乾"还有一个说法，粮食收起来了，分配的时候，多多少少都有一些分配不均的情况。什么时候发生战争？这个时候很容易发生战争（内部的战争、外部的战争），这时候互相就有纷争了。

**"帝"字的甲骨文**

坎卦的方位是正北方，它的季节是冬天。到了冬天大家就要休息了，为什么？人忙了一年，也很疲劳了；一年下来，万物也疲劳了，叶子也掉了，树有的也枯了，该收的也已经收起来了。有些动物、昆虫，就开始冬眠了。这个冬眠就是归，"曰归，曰归"，《诗经·采薇》里有"曰归，曰归"，纷纷吵嚷（曰）着回到洞穴里面去躲起来，藏起来，所以它是"劳归"，"劳乎坎"嘛，后面也讲到"归"。

艮卦的方位是东北，它的季节正好是冬末春初，冬天过去了，春天要来了。艮卦是一座山，好像是一座山分成两面，正好一是阴面一是阳面，一面是终，是过去一年的终；一面又是新的一年的开始。所以，正好是它的两面。

这是以《后天八卦图》为根据，把八卦分为八个季节，每个季节四十五天，讲每一个季节中万物的状况，讲人的活动情况。现在有个名词叫"愿景"。一年的愿景，这个特有意思，既有愿望，也有景象。这个愿望能不能实现？这个景象是不是好的景象？但是无论怎样，它的规律是不变的，寒暑往来，春夏秋冬，季节是四季分明。这是根据《后天八卦图》来讲的。"帝""齐""絜"，"絜"是指修整的意思。

# 第六章

神也者，妙万物而为言者也。动万物者，莫疾乎雷；桡万物者，莫疾乎风；躁万物者，莫熯乎火；说（悦）万物者，莫说（悦）乎泽；润万物者，莫润乎水；终万物始万物者，莫盛乎艮。故水火不相逮，雷风不相悖，山泽通气，然后能变化，既成万物也。

## 神奇的大自然

"神也者"，这个"神"是什么神？是不是人们现在拜的神？好像是把他人格化了、神化了。这里不是，实际上有赞叹的意思在里面。为什么赞叹？刚才根据《后天八卦图》讲的八个季节中万物的愿景，你看，神奇不神奇？这个大自然太神奇了，这个万物生长太妙了。这个"妙"又是赞叹《易经》之妙。《易经》是妙不可言呀！它把自然现象、社会现象、物与人的愿景，描述得这样淋漓尽致、栩栩如生，这是一种赞叹呀！

下面讲"动万物者"，万物之"动"，最大的"动"当然是"雷"。"桡万物"，就是吹拂万物，那当然是风了，还有什么东西能吹拂万物？你用电风扇去吹拂，有自然风那么好吗？这是指自然风呀！还有夏天刮西风、下暴雨的时候，刮西风时是叫西风暴，这个西风暴有什么好处呢？灭虫。东风暴一来，虫就多了；西风暴一来，虫就少了。你看，这就是自然风，什么风都比不了它。"燥万物者"，干燥万物，你看晒粮食，当然是靠太阳了。

什么能滋润万物？当然是"泽"了。你看，凡是有田的地方，就必须有河，还有河堰，有水坝，有水库，有水塘，是不是呀？它要灌溉，没有这些禾苗就得不到喜悦。它没有得到灌溉嘛，得不到灌溉当然没有喜悦啦。

"润万物者，莫润乎水。"水能滋润万物，其他东西能滋润吗？"终万物始万物者，莫盛乎艮"，我们刚才讲了，它是讲终始，所以说水火不相逮呀，不相及呀，它互相没有融合的地方。实际上它都是互相融合的，雷风不是互相对立的，不是互相排斥的，实际上它是互相借鉴的。山泽是通气的，然后能变化生成万物。这个万物是在万物互动、万物相融、万物相生，在相克中相生，在相生中相克，这样才是万物。人呢？人也是这样，人与人之间也是这样。所以这就是《易经》之妙，自然之神奇。

# 第七章

乾，健也；坤，顺也；震，动也；巽，入也；坎，陷也；离，丽也；艮，止也；兑，说（悦）也。

## 再说卦德

这一章是讲八卦的卦德。这个"德"必须讲清楚，"德"是有所为，"道"是无所为。道为体，德为用。这个卦德已经反复讲过许多遍了，这里再重复一下。

乾卦的卦德是"健"，也就是刚健。"天行健，君子以自强不息"，就是指天体是运行不息的。天天日出日落，每月月圆月缺，每年寒暑往来，这就是运行不息的自然表现。

坤卦的卦德是"顺"，顺从、柔顺。因为坤卦代表地，地要围绕天转，所以是一种顺。

震卦的卦德是"动"，因为震卦代表雷，雷当然是惊天动地的了。

巽卦的卦德是"入"。巽卦代表风，风是无孔不入的。

坎卦的卦德是"陷"，有的书上写成"险"，这个"险"是由"陷"引申来的。有水的地方就会陷下去，因为水是向低处流的，而且是向下渗入。因为有"陷"，所以也会引申为"险"。

离卦的卦德是"丽"，但有的是讲附着。丽是亮丽、明丽。

艮卦的卦德是"止"，因为山是静止的。

兑卦的卦德是"悦"。兑是泽，泽就是江河湖海，水能够滋润万物，所以也就能够使万物愉悦，愉悦万物。

这一章是卦德，下面进一步讲卦象。

# 第八章

乾为马，坤为牛，震为龙，巽为鸡，坎为豕，离为雉，艮为狗，兑为羊。

## 卦象：动物之象

这个卦象是指动物之象。

"乾为马"，马是一种奔腾之象、刚健之象。

"坤为牛"，牛有一种顺德之象。

雉离 南
鸡巽　　牛坤
龙震 东　　西 羊兑
狗艮 北 马乾
豕坎

"震为龙"，龙能够呼风唤雨，所以它也是惊天动地的。当然，这里说明一下，至今，根据考古、古生物学家考证，对这个龙现在还没有一个定论。是不是真有这么一种动物？现在讲恐龙呀，还有其他的什么龙呀，现在想象中的龙，画的那个龙，似乎是一种综合性的象征。

"巽为鸡"，为什么巽是为鸡呢？因为鸡是乘风飞的，它代表鸟类。

"坎为豕"，豕是猪。猪最喜欢从低洼的泥坑中陷下去了，哪里有水，它就在那个低洼的地方睡觉，打滚。古代养猪可能是最普遍的，为什么呢？因为家人的"家"字上面是个"宀"，"宀"是指房屋，房屋下面是一个豕，就是猪。一个人家没有猪，就好像不是一个家。东巴文里的"家"字画的是一个房子，房子里是两个人，一个男人一个女人。它就非常形象，有男人有女人这就是家。从汉字的"家"就能够看出来，说明我们古代，在农耕社会（农业就包括畜牧业、家禽、家畜），在家畜里，可能猪是最普遍的家畜了，豕就是一个人家的象征、一种财富。

"离为雉"，雉是野鸡，因为毛色比较好看，美丽、亮丽。

"艮为狗"，为什么呢？狗是守大门的，无论来了什么人，看到狗他必须止步。

"兑为羊"，它代表一种喜悦，因为古代用羊做祭祀品。

这是动物之象，也就是"远取诸物"。那么，"近取诸身"是哪些东西呢？我们看下一章。

# 第九章

乾为首，坤为腹，震为足，巽为股，坎为耳，离为目，艮为手，兑为口。

## 卦象：人身之象

这是讲"近取诸身"，是以人身上的部位、器官做代表，为象征。

"乾为首"，乾为天，为父；在人身上，当然为首，为头脑，这是主要的。

"坤为腹"，坤是代表地的，地是承载万物、含藏万物、滋养万物的。那么肚子呢？人的肚子大腹便便，腹就是这样，就是收藏食物。

"震为足"，一跺足，一声吼，都会引起震动。

"巽为股"，为什么股就是巽呢？从卦形上来看，上面是两个阳爻，下面是一个阴爻。这个阴爻中间分开。再一个，巽是指谦逊。逊就是逊下、谦卑，股为下。

"坎为耳"，为什么坎为耳呢？因为坎为陷，耳朵是陷得最深的。

"离为目"，目是明亮、光明。

"艮为手"，你看看山势，特别是画的那个山，就像手指一样。

"兑为口"，有喜悦，有言语表达。

再看下面一章，讲人伦之象。

# 第十章

乾，天也，故称乎父；坤，地也，故称乎母。震一索而得男，故谓之长男；巽一索而得女，故谓之长女；坎再索而得男，故谓之中男；离再索而得女，故谓之中女；艮三索而得男，故谓之少男；兑三索而得女，故谓之少女。

## 卦象：家人之象

"乾，天也，故称乎父；坤，地也，故称乎母。"这是很好理解的。乾卦代表天，称为父；坤卦代表地，称为母。父有刚健之象，自强不息；母有柔顺之象，能承载，能滋养。过去称父是"严父"。严父是指什么呢？就是一种威严，威严当然也是一种刚健的象征。那么称母呢？称为慈母。慈母有柔顺、滋养的含义。

"震一索"，这里"一索"是一个阳爻。它是一个初阳，名初九，在下位，上面两爻都是阴爻。因为在下，在初爻，初为长。就如一家人，无论是兄弟几人，姊妹几人，第一胎都为长，为长男或长女。"巽一索而得女"，这里的"一索"是初索，是阴爻，所以为长女。"坎再索"，再往上中间就是第二爻了，第二爻是阳爻，那就是叫中男。"离再索"，就是指阴爻在中间，所以就称为中女。"艮三索"就是上爻，这个上爻是阳爻了，所以就是少男。从下往上，他是老三，当然是老小了，所以叫少男。"兑三索"，也是上爻，为阴爻，为老三，所以是少女。这是一个人伦次序。

在自然界里，它是一个整体：有天，有地，有雷，有风，有水，有火，有山，有泽。我们讲祖国大地，讲大地就是讲山河。"国破山河在"，它是一个整体。讲人伦秩序，就是一家子人，父母、三男、三女，八口之家，这就是人道了。

我们再看下面，八卦又有其他象征性了。刚才是根据几个有特点的系列来指代的，下面是根据前面主体的象征，引申到一些其他的物类。

# 第十一章

乾为天，为圆，为君，为父，为玉，为金，为寒，为冰，为大赤，为良马，为老马，为瘠马，为驳马，为木果。

坤为地，为母，为布，为釜，为吝啬，为均，为子母牛，为大舆，为文，为众，为柄，其于地也为黑。

震为雷，为龙，为玄黄，为旉（fū敷），为大涂（途），为长子，为决躁，为苍筤（láng）竹，为萑（huán）苇。其于马也，为善鸣，为馵（zhù）足，为作足，为的颡。其于稼也，为反生。其究为健，为蕃鲜。

巽为木，为风，为长女，为绳直，为工，为白，为长，为高，为进退，为不果，为臭（xiù）。其于人也，为寡发，为广颡，为多白眼，为近利市三倍。其究为躁卦。

坎为水，为沟渎，为隐伏，为娇輮（róu），为弓轮。其于人也，为加忧，为心病，为耳痛，为血卦，为赤。其于马也，为美脊，为亟心，为下首，为薄蹄，为曳。其于舆也，为多眚，为通，为月，为盗。其于木也，为坚多心。

离为火，为日，为电，为中女，为甲胄，为戈兵。其于人也，为大腹，为乾卦。为鳖，为蟹，为蠃（luǒ），为蚌，为龟。其于木也，为科上槁。

艮为山，为径路，为小石，为门阙，为果蓏（luǒ），为阍（hūn）寺，为指，为狗，为鼠，为黔喙（huì）之属，其于木也，为坚多节。

兑为泽，为少女，为巫，为口舌，为毁折，为附决。其于地也，为刚卤，为妾，为羊。

乾为天，为圆，为君，为父，为玉，为金，为寒，为冰，为大赤，为良马，为老马，为瘠马，为驳马，为木果。

## 乾之象征

"乾为天"，这个就不用多讲了。"为圆"，这个圆就是天圆地方。"为君""为父"，前面都讲了。

"为玉""为金"，这里玉和金实际上是属于地的。四大生态圈，有大气圈、水圈，第三个是岩石土壤圈，第四个是生物圈，当然生物圈包括动物、植物和微生物了。岩石土壤圈实际上为地，玉也好，金也好，实际上都是岩石、土壤一类的，它是在岩石、土壤里慢慢进化来的。这里为什么要把它作为乾的象征？因为在古代，特别是到了夏、商、周的时候，往往在祭天的时候用玉器、玉币，《礼记》里都有记载，我在讲六十四卦的时候都讲过，用金属的器皿（不仅仅指金子，青铜器等都是金属一类的制品）来祭天。

那么"为寒""为冰"呢？这是从前面讲的方位图上、从季节上来说的。乾卦已经是秋末冬初了，已经到"大寒"了，已经结冰了，是从这个角度来说的。

"为大赤"，乾卦为天，为日，当然是赤日炎炎。

"为良马，为老马，为瘠马，为驳马"，"良马"当然很好理解了。"为老马"，它是指年龄的问题，老马为"长（zhǎng）"。"瘠马"就是瘦马，这个瘦不是一种贬义的瘦，例如在内蒙有一种马，就是属于瘠马一类的。这个马的形体又矮又小，但是它最适合于山地作战，其他马不行，其他马只有走平地有优势。这种马个体小，但是它奔驰起来特别迅速，特别是在山地奔跑。"驳马"就是指杂色马，有颜色，有纹彩。

"为木果"，什么叫木果呢？这个木果是指已经老熟了的。熟到什么程度呢？就像葫芦一样。葫芦熟到什么程度？里面的种子全老了，外面的皮也老了，可以锯开成瓢了，大的甚至可以放到水里作为舟。"老熟"和"熟"是有区别的。因为它的季节是秋末，收获的季节已经过了，其他的都收起来了，它已完全老熟了，但是没有收获，把它留下来了。

---

坤为地，为母，为布，为釜，为吝啬，为均，为子母牛，为大舆，为文，为众，为柄，其于地也为黑。

---

### 坤之象征

"坤为地，为母"，前面都讲了。那为什么"为布"呢？因为布像地一样能够展开，能够承载，能够包容，而且它也有纹彩。

"为釜"，釜是指锅。锅是做什么用的？煮食物的，食物是用于滋养的，所以与地、与母有相似的地方。

"为吝啬"，为什么为吝啬呢？这个不好理解，这里要与天比较而言。天上的太阳，它给大地万物以阳光（光线）和温暖，非常慷慨大方。但大地呢？大地上的万物，老是躲躲藏藏的，很含蓄，特别是那些珍贵的金、银、珠宝矿，它们都是埋藏在地下的，舍不得拿出来，它不是公开的。还有一些山珍野味，藏在深山老林里，只有极少数人能得到。所以它与太阳、与天要对比着来看。所以讲这个吝啬很有意思，你不去这样作对比就不好理解，地为什么是吝啬的？它跟母亲不一样，母亲是不吝啬的，但是有些人又是要用另外一种方法来比较了。

"为均"，在前面讲到"吝啬"，这里又讲到"均"，但这个均不是平均的"均"，这里要搞清楚。这个"均"是说，你所有的东西（包括垃圾）"我"都承载，都收藏。它有这样的一个特性，这就是大地。

"为子母牛"，是指已经带犊的母牛，或是受孕的母牛，或者是已经生下来但还在哺乳期的母牛。初生牛犊嘛，带犊的母牛。

"为大舆"，舆是指车，大舆是指大车，大有卦里有"大车以载"。

"为文"，指纹彩的纹。

"为众"，这个众是指多。万物当然是指多。

"为柄（bǐng）"，这个柄是什么意思呢？甲、乙、丙，甲是指种子开始发芽的时候，夹壳已经破裂了。就像我们吃的那个松子一样，用火一炒，它就破裂、开口了。这个"甲"就是指这个种子的外壳，它已经裂开，开始发芽了。"乙"呢？是芽已经长出来了，长出的一种弯弯的形状。那么"丙"呢？它是生长旺盛的状态，而且开花了，开花就会好看。丙其实就是有一个火字旁的"炳"，那个花开起来像一团火，像火苗这么一个形象。

"其于地也为黑"，这个"黑"是指玄黄。"天玄地黄"，玄就是指黑色的，黑色就是玄。天玄地黄，那么天是黑的吗？不是，它是指高深莫测。黑土地、黄土地，这地为黑，实际上这里面有一个地底和地表的区别，地的真正颜色是近乎黑色的。但地表如果没有植被，就是黄色的。这是指坤卦。

> 震为雷，为龙，为玄黄，为旉（fū敷），为大涂（途），为长子，为决躁，为苍筤（láng）竹，为萑（huán）苇。其于马也，为善鸣，为异（zhù）足，为作足，为的颡。其于稼也，为反生。其究为健，为蕃鲜。

## 震之象征

"震为雷，为龙"，这个前面已经讲了。"为玄黄"，这里讲到了玄黄，既是黑色又是黄色，这又是什么意思呢？像坤卦里就讲了："龙战于野，其血玄黄。"这个"龙战于野"，就是雷震动，通过震动把这个地表翻起来了，黑色与黄色相杂了。"惊天动地"，就是把地震动起来了。

"为旉"，这个"旉"表面上是敷展，敷是展开了，但实际上呢？又是指春雷震动以后，百草发芽，百花齐放了。

"大涂"，这个"大涂"实际是前途的途、路途的途（古代"涂"与"途"是通用的），就是大路、大道。

"为长子"，前面已经讲了。

"为决躁"，决躁就是迅速，躁就是迅速，像闪电、霹雳，"迅雷不及掩耳"就是形容快。

"为苍筤竹"，这种竹子是青色的。

"为萑苇"，一种青色的竹子。

下面接着讲了四种马。"其于马也"，有四种马，一种"为善鸣"，当然是指声音洪亮。

"为异足"，"异"是指一种白马，这个马的膝盖以下又是其他的颜色。从这个字形上可以看出这种马。

"为作足"，"作足"是指马的足胫长，也是指这种马跑得快。

"为的颡"，这个"颡"是指马的额头，是脑门。"的"是指靶心，就是这个马的脑门上就好像靶心一样，有一点白色的毛发。这种马也是跑得快的。

"其于稼也，为反生"，这个"稼"当然是指庄稼，也是指植物。正常情况是长起来后，在它上面采摘果实。但是"反生"呢？取的是根茎，如大豆、花生、薯类、山药，这一类果实都是长在地下的，好像它是倒着生下去的，上面的茎叶等作用不大，真正的作用是下面部分。所以有的瓜叫地瓜，如红薯叫地瓜嘛。豆子本来在上面，叫大豆、绿豆，还有黑豆，果实都是长在上面。但马铃薯又名土豆，所以这个用词很有意思。如果搞不清楚的话，实在不知道他讲的是什么东西，就像在打谜语。实际上搞清楚呢，是很有意思的。这就是古人的语言表达、称谓和我们今天不一样之处。就像我讲《老子为道》时讲到老子说的"玄之又玄"。如果我们现在的小孩子讲"E-mail"，老子会说："你这个小娃娃怎么说话玄之又玄？"是不是？老子不知道"E-mail"，也会说"玄之又玄"嘛，这是因为时代不同。

"其究为健，为蕃鲜。""究"就是极、过，极就是到了一个极点。不但是到了极点，甚至有一点过。什么过呢？它是讲"健过"，像雷能够惊动天和地，天为健呀，它还能惊动天和地，这个健是太过了一点。

"为蕃鲜"，蕃是指茂盛，草木茂盛。这个鲜是指鲜嫩。为什么讲鲜嫩呢？草木茂盛也好，鲜嫩也好，它都是正在呈生长的趋势。如果它呈生长的趋势，就有动感了。它在不断地长呀，但是它的生长用肉眼是观察不到的。你真正观察到了时，它的动就不得了了。一棵树，一年就长那么高。你是通过智慧观照它的生长，感知它是在动态中。

这是震卦的卦象，那么下面来看巽卦。

　　巽为木，为风，为长女，为绳直，为工，为白，为长，为高，为进退，为不果，为臭（xiù）。其于人也，为寡发，为广颡，为多白眼，为近利市三倍。其究为躁卦。

## 巽之象征

"巽为木，为风，为长女"，这里又多了一个木。在五行里巽是代表木的。"为风"，这是自然之象了。"为长女"，这是人伦之象了。

"为绳直"，绳，就是指木工用墨斗来划线，根据这个把木头裁直来打制工具。它是根据木头来说的。

"为工"，也是从这个方面来说的。在古代石器时期，再到青铜时期、铁器时期，以后又用到玉器、金银器、瓷器等，但没有讲到这个木器。从古到今从来没有讲到过木器，但这里讲到木器了，而且很重视。实际上，开始把石头砸开以后，看到石头很锋利，就用石头绑在木棒上做武器，那个时候就注重木头的作用了。以后有许多东西都要借用木了，从石器时期一直到现在都在使用中，但木没有历史地位，因为太普通了。

"为白"，这个"白"还是指木，这个木把皮去掉以后就是白色的了。

"为长，为高"，这是从空间上来说的。长风浩荡，长风破浪。"为高"，有一个词叫"风高"（夜黑风高），是吧？

"为进退"，风嘛，无孔不入，所以它进退自如。不管是东风还是西风，是南风还是北风，它是很自由的，进退自如。

"为不果"，这个"不果"是什么意思呢？这个"果"不是果实的"果"，是指不果断、不丰满，它是柔软的，所以它为阴爻，为阴卦。

"为臭"，风吹过来带着味道，并非臭味。

"其于人也，为寡发，为广颡，为多白眼，为近利市三倍。"这是指人。这个人"为寡发"，从字的表面意思看是指人的头发少（稀稀的），已经秃顶了。这实际上是一个比喻，似乎是被风吹掉的。经常看到一种情景，只要被风吹过以后，头顶就会显得光秃秃的，光秃秃的不就是寡发吗？"为广颡"，"颡"就是额，指天庭很宽广。"为多白眼"，"白眼"是指眼白比较多。眼白多又是什么意思呢？是指这种人做人做事非常会跟风，会随风使舵，会看风向。

"为近利市三倍"，这里有两种解释。有人从木上来解释，认为木的利用价值比较大，它的根也有价值，木本身有价值，它的果、花、枝叶都有价值，甚至于它的皮也有价值，有的树皮可以做药用，所以这是从它的实用价值来说的。但是这里不是讲木的，前面有"其于人也"，还是讲人的。怎么讲人呢？"近利市三倍"。拿我们现在的经商的人来说，也是看风，这个风就是指商机，从市场上讲叫行情。行情就像风一样，一阵一阵的。有时候一种商品突然涨价了，一阵风来了；有时候某种商品突然贬值了，又是一阵风来了。炒股也是，它就是一阵风，你把握得好就能获利，把握不好就赔钱了。这里不是指某一个人，而是指人类的活动，所以我刚才把两种拿出来做比较。我看到，有几本书都是从木来解释的，这个解释好像有些勉强，那么你们自己去比较吧。

"其究为躁卦"，雷为躁，所以震为躁卦。那这里为什么也是躁卦呢？这个躁与震卦的躁是有区别的，但是也有相同的地方。为什么呢？雷动它就会有气流，气流也就是风。这里"究"就是讲极——过了。这个风一旦刮得过了，那就是台风啦。台风过来不就和震卦的躁相合了？它所引起的灾难性也是不得了，甚至比雷的影响还大，比雷、闪电还要迅速，还要躁。这个风力有十二级，哪十二级呢？就是软、清、微、和、轻、强、疾、大、烈、狂、暴、飓这样的十二级风。风的十二级你们记得吗？这是我在五岁时，在学龄前到学校去玩，六年级的学生上课讲到的，我就背下来了，以后的课文里没有。我那个时候的记忆力很好，就背下来了。

下面讲坎卦。

> 坎为水，为沟渎，为隐伏，为娇輮（róu），为弓轮。其于人也，为加忧，为心病，为耳痛，为血卦，为赤。其于马也，为美脊，为亟心，为下首，为薄蹄，为曳。其于舆也，为多眚，为通，为月，为盗。其于木也，为坚多心。

## 坎之象征

"坎为水，为沟渎，为隐伏"，"为水"已经讲了。"为沟渎"，"沟"和"渎"都是指沟一类的东西。沟呀，坑呀，洼呀，都有陷的意思。"隐伏"，陷下去就有风险，它当然是"隐伏"了。"为娇輮"，水流的形状当然是娇輮的，既有力量，但它也是娇輮的。"为弓轮"，弓轮就是水势，它能够转弯，能够像弓和轮那样旋转，旋转就是漩涡、回旋。这是从它的本体来说。

"其于人也"，那么引申到人的身上呢？"为加忧，为心病"，因为有风险，所以有忧虑，有心病。"心病"当然也是一种忧虑，比忧虑还严重。

"为耳痛"，因为坎卦为耳，它不仅仅是心里忧虑，而从心里忧虑联系到耳了。

"为血卦"，血实际上也是水，但在人体上呢？所表现的就是血，讲人热血沸腾、血气方刚。

"为赤"，这个赤与乾卦的赤不一样，水是透明的。那么这个赤在本体上引申到人呢？"上善若水"、君子之交淡如水，这是指人的品质，人的道德品质是透明、明亮的。

那么引申到马呢？"其于马也，为美脊，为亟心，为下首，为薄蹄，为曳。"这里又有五种马："美脊"，当然是指那种良马，或者是指有斑纹的马。

"为亟心"，这个"亟"是指什么呢？它不用性急的急，而是这个亟。这个亟是什么意思呢？是懒惰。它为什么懒惰呢？

"为下首"，有这种马，它老是低着头，昂不起来。

"为薄蹄"，这种马本身有一种缺陷，它的蹄比较薄，就是说它锻炼得少。

"为曳"是什么呢？是指这种马即使拉车，也拉得比较慢。

下边又引申到车子，"其于舆也，为多眚，为通，为月，为盗。""多眚"是什么意思呢？这个车子为什么叫多眚呢？你想，坎为陷，陷下去了，坑坑洼洼的，当然容易倾覆了。倾覆是灾呀，但不是大灾，只是过错（眚）。

"为通"，它又能流通，这个车子还是能通过的。

"为月"，这个似乎又不是讲车的，它是讲水本身，月光如水嘛。这个与车有什么联系呢？月如轮呀。我查了一下，其他书上也没有讲这个的。

"为盗"，这里有隐伏的意思，高亨先生的书上解释"隐伏"为盗。这个"为月""为盗"，我实在找不出一个合理的解释。

"其于木也，为坚多心"，如果引申到木来说，好像这是从卦形上来说的。为什么是从卦形上来说？你看，这个木外表是皮，皮是柔软的，中间这个木是坚实的，从卦形上看，两边是阴爻，中间是阳爻，与卦形似乎有些像。

下面讲离卦。

> 离为火，为日，为电，为中女，为甲胄，为戈兵。其于人也，为大腹，为乾卦。为鳖，为蟹，为蠃（luǒ），为蚌，为龟。其于木也，为科上槁。

## 离之象征

"离为火，为日，为电"，当然是指火光、电光、日光、光明，因为有光明它就亮丽。

"为中女"，刚才已经讲过了。

"为甲胄"，这个甲是指盔甲。当然盔甲也闪光了。另外盔甲是用来保护身体的。这就是离卦的卦形，离卦是上下为阳爻，中间是阴爻。人的身体是柔软的，盔甲当然是坚硬的，是保护身体的，是裹在身体上的。

"为戈兵"，戈兵是用来守卫的，被保卫的人在中间，当然是柔。正因为柔，当然要受到保护。保护者为刚强者，在周围。

"其于人也"，那么引申到人呢？

"为大腹"，这个大腹还是从离卦的卦形上来说的。它中间是虚的，虚的是包藏的。"大腹"还有一个比喻。火苗、火焰，中间是空的。凡是火苗，它的边上温度最高，中间温度最低，而且中间是空的。

"为乾卦"，离为什么又到乾呢？因为乾为天，为日，为光。

下面呢？"为鳖，为蟹，为蠃，为蚌，为龟。"这几种动物都是带甲的，柔的在中间，甲壳在外，起保护作用。

那么引申到木呢？"其于木也，为科上槁"。"科"当然是指一棵树。"槁"是什么意思呢？是枯槁。这棵树已经枯槁了，从外表看这还是一棵树，但中间已经空虚了，腐烂了，是空心树，就像离卦的卦形一样。

下面讲艮卦。

---

艮为山，为径路，为小石，为门阙，为果蓏（luǒ），为阍（hūn）寺，为指，为狗，为鼠，为黔喙（huì）之属，其于木也，为坚多节。

---

## 艮之象征

"艮为山，为径路，为小石"，这些都是围绕山的。"径路"就是山路。"小石"也是山上的石头。

"为门阙"，这个是从艮卦的卦形上来说的：上面一个阳爻，下面两个阴爻，就像开着一个门，似乎就是一个门阙。

"为果蓏"，树上结的果为果，草上长的果（像草莓这样的）为蓏。无论是果还是蓏，它都叫实，果实嘛，这是取实来说的，实实在在的。

"为阍寺"，"阍"是指门口把门的人。凡是寺院，都有把门的。以前讲"大理寺"，真正的寺是宋代的称谓，现在叫部委，那时候叫寺，寺是从那里来的。它有把门的，当然是止。

"为指"，因为山为手，象征手，当然有手指的指。"为狗"，有"止"的意思。那么"为鼠"又是什么意思呢？有些书上解释为山鼠、松鼠，这个是不是确切，我也说不清楚。

"为黔喙之属"，"黔喙"是指肉食性的动物。"之属"就是那一类的动物。食肉性的动物当然在山林里。"其于木也"，又引申到木了。

"为坚多节"，为什么说这个坚实又多节呢？像竹子，树都有节。其实从山势来看，山也是有节的。山形起伏、跌宕、蜿蜒，都是有节的，就像树上的节一样，也是弯弯曲曲的。这是从山势象形来说的。那么下面讲兑卦。

> 兑为泽，为少女，为巫，为口舌，为毁折，为附决。其于地也，为刚卤，为妾，为羊。

## 兑之象征

"兑为泽，为少女"，前面都讲了。"为巫"，过去巫和医是两个关联的行业，巫是诊断，医是医治、治疗，它们是不同的分工。先是为巫的人诊断，到底属于哪一类的病，然后行医的人治疗，根据巫的诊断来治疗。但是巫在以后有一个演变，变成了另外一种形式。那时候，凡是给人诊断、看病的，女人为巫，男人为觋。

"为口舌"，因为它为口，所以容易引起口舌之争。

"为毁折"，因为江河湖海容易被毁。

"为附决"，"附"是附在岸上，必须有岸、有堤。因为这个岸很容易决堤，容易决口。

"其于地也"，引申到地上来说呢？"为刚卤"。"卤"是什么意思呢？最明显的就是池塘和湖，它底上的土带盐，带碱。这种土跟其他土不一样，比其他的土要结实一些。

"为妾"，这里为什么是指为妾呢？这从归妹卦可以看出来。因为她是少女，只能做妾，往往是做妾的多，在古代，在周代以前有这个习俗。

"为羊"，前面讲过，这也是一种喜悦。

# 总　结

　　《说卦传》到此已经讲完了，但是有许多地方讲得自我感觉不满意。大家在以后自己整理的时候，自学、研究的时候，要独立思考，查找其他的资料，对我其中讲错的做一些更正，讲得不圆满的做补充、修改。这里呢，我想说三个问题。

　　第一个：我讲六十四卦总共讲了六十八节课，因为乾卦和坤卦讲了两次。开始讲了乾卦和坤卦，在讲完了六十四卦以后，我觉得这两卦没有讲好，又重新讲，所以讲了六十八节课。经过录音整理以后，通过一年多时间的运作，今年四月份出书了，得到了海内外专家和读者一致的好评。这对我是一个极大的鼓励和自信。联系到这一次讲《系辞传》，你们也不断地给了我不少的鼓励、信息反馈和评价。这里指《易经的智慧》第一版的出版。

　　这里我做一个自我总结。首先我对《易经》是在孩提时候、在十六岁的时候莫名其妙地发生了兴趣，以后是断断续续地割舍不下。在对禅文化发生兴趣以后，实实在在地下了一番功夫。回头再读《易经》，看《易经》，居然有一种居高临下的感觉，竟然对《易经》产生了一种新的崇拜，一下子感觉到我们中华传统文化，感到这个群经之首，不仅仅是博大精深，同时感到它的伟大之处在于，几千年以后还能指导我们今天的处事为人，还在我们的日用之中。所以这个时候，我就产生了一种责任感。我记得台湾的国学大师耕耘先生说的："人是活在责任和义务里。"北大楼宇烈教授多次推崇这句话。我觉得我们的责任和义务应该与我们这个社会、我们这个时代联系起来。由于有一种大的责任感，因此我把着眼点放在年轻人的身上。

　　我认为，我们的《易经》文化要弘扬，要传承，靠的是年轻人。但是，在我与许多年轻人，特别是与你们长期接触、交谈（你们是知道的，只要你们或你们的朋友、你们的同学到我家，或者在外面、在活动中碰到时，我特别喜欢交谈），在交谈中，我是有心在做社会调查。在这个调查中我发现，绝大多数年轻人想了解《易经》，但是又觉得《易经》太深奥了。所以我就下决心，在通俗易懂，可读性、趣味性、实用性，这些方面下功夫。也许正是因为禅宗文化，特别是那些生动活泼的禅宗公案对我的启发，所以我找到了通俗的讲解方法。

这个通俗怎么通？不是把《易经》引导到那些世俗、庸俗中去，不是这种通俗，而是把所有来听我讲《易经》的听众和读者、年轻一代的思维引导、通向《易经》的日用之中。因为《易经》的俗是一种平实、一种自然、一种本体。所以说"天道酬勤"。读者是伟大的。当我的拙作一上市，一发行，马上就进入畅销书的行列，一直到现在仍然销售得很好，这对我是一种鼓励、一种信心。

所以第二个问题我要讲，带着这种鼓励和信心，我又加紧了自学和进一步研究。这是新的研究方向，一直还是不改初衷，还是想着为年轻人，为我们这个社会，多做一些传统文化的普及工作，让更多的年轻人了解《易经》、喜欢《易经》、学习《易经》、应用《易经》。带着这种初衷，我又进一步去研究考古的成果，研究甲骨文，研究人类社会学，乃至西方哲学和世界其他文明，进行对比、对照，同时到野外去考察、访问。

我们前后到甘肃伏羲故里去过三次。后半年我们在安阳参加"第七回世界易经大会"，参观了文王参究六十四卦的羑里和殷墟遗址，我们还计划再去有关地方去实地体验。为什么呢？因为我们要了解《易经》，必须从源头找《易经》的草创历程，从草创中去体验、感受我们祖先是如何创作《易经》的，而不是仅仅从文字上，特别是现在的引申义去解读《易经》。八卦是怎样发明的？伏羲是不是真有其人？历史的记载并不多，目前的考古也没有确凿的证据来证明，但是我认为，山还是以前的山，水还是以前的水，民俗还是留下了很多宝贵的文化遗产。所以我想，我们应该从山水之中，从民俗之中去寻找伏羲、文王画八卦、推演《周易》的草创历程，为今后我们再重新温故《易经》提供新的资料和新的感悟。

第三个问题，听我的课程的人已经把六十四卦都听完了，现在把《系辞传》和《说卦传》也都听完了。当然，你们其中也有人只听了一个《系辞传》。但是我这里要重申一个观点，我们学《易经》，一定不是拿着这个《易经》去搞占卜、搞预测，而是把这个作为我们为人处事的哲学老师。为什么说是哲学老师？因为《易经》六十四卦的经文和《系辞传》《说卦传》的传辞，通篇所贯穿的哲学思维、哲学思辨，突出的一个东西，就是居安思危的忧患意识。在我们为人处事和社会实践中，你只要牢牢地把握了这个东西，成功率绝对是比较高的。

那么，居安思危这种忧患意识反映在哪些地方呢？无论从卦辞还是爻辞，还是《系辞传》的传辞，几乎处处都能找到。那么我们怎样抓住它的主要东西呢？我们在社会活动中，在日用之间，不可能把这本书捧在手中，也不可能真的把这些东西倒背如流。所以我建议，我跟很多人都这样说过，有很多人跟我咨询《易经》，有电话咨询的、有上门来咨询的，特别是有些大律师，他是给别人打官司的，但是他家里的问题他不能解决，等着向我咨询。

所以我给任何人都讲一个东西，不要用侥幸的心理去等待结果。好像先要把这个结果搬到你们面前，你才能得到一种满足感，这是不对的。为什么？因为在我们人生中，在处事中，未来始终是未知的。如果谁要侥幸地想把未来都变成已知的话，这是违背事物发展运行的规律的。在事物发展中，我们只能在不断实践中去解读这些未知，就像我们乘车一样。我们到某一个陌生的地方去，我们过一站才知道这个地方怎么样，再过一站再知道这个地方怎么样，跟着你的行程不断地去解读，把未知变成已知。在我们人生实践中也只能这样，你不能把结果直接搬到你的面前。

当然，要不要预测？要。但这种预测是哪一种预测呢？还是以旅行做例子。对于你要到某个地方去，这个目的地尽管你没去过，那是未知的，但你事先要有所了解，通过一些其他方法去预测。沿途要经过哪些地方？你也要做一些准备，做一些了解，这是一种客观的、也是必要的预测。譬如你要办一个企业，你事先对这个企业必须有一个目标，要做社会调查，要做可行性的研究，做可行性评估。这种预测是客观的、合理的、科学的。

但是，无论是哪一种，我们必须明白一件事，前路茫茫都是未知数，都有不确定的因素，都是无法把握的。但是有一点我们能把握，有一点我能已知，有一点我心知肚明。是哪一点？是自己的心态。好好守住自己的心态，前路茫茫我们无法去把握，我们也没有必要非去把握这个东西，把功夫下在那个方面是舍本逐末。

真正的功夫要下在哪个地方？下在自己的"本"上，就是自己的心态上。你把自己的心态时时都调在一个"诚其意，正其心，修其身"上面。你把这些做到了，那么，无论前途多么渺茫，有多少艰难险阻，多少不确定因素，只要你心里有一盏明灯，就能把前路照亮了。你从道义上明白了，首先你心里明白，用智慧之光照亮你前面的路，那么无论前途如何不确定，你有明灯高照，你就有自信，有动力，有勇气去克服它。前面有坎坷不怕，你知道怎么去做，怎么去克服，这样成功率会超过任何一种努力。所以，我强调这个东西，这就是我们学《易经》的目的。

《易经》的讲解告一段落，但是无论是我也好，还是你们也好，我们对《易经》的自学、研究不能停，这是一个阶段性的，是一个形式上的间断。我们在日用中，每天都离不开《易》，我们要天天参禅、参易、参道，只有这样，我们才能做到与时偕行、万事顺遂。同时，再次说明，我的讲解只是个人自学、修习的一孔之见，目的只是以通俗铺上几块引玉的砖头，真正的金玉力作、真知灼见，一在原著，二在各代（特别是近现代）专家的著述。抛砖引玉到此，祝贺各位早日"飞龙在天，利见大人"，谢谢！

# 序卦传

　　有天地，然后万物生焉。盈天地之间者唯万物，故受之以屯。屯者，盈也。屯者，物之始生也。物生必蒙，故受之以蒙。蒙者，蒙也，物之稚也。物稚不可不养也，故受之以需。需者，饮食之道也。饮食必有讼，故受之以讼。讼必有众起，故受之以师。师者，众也。众必有所比，故受之以比。比者，比也。比必有所畜，故受之以小畜。物畜然后有礼，故受之以履。履者，礼也。履而泰然后安，故受之以泰。泰者，通也。物不可以终通，故受之以否。物不可以终否，故受之以同人。与人同者，物必归焉，故受之以大有。有大者，不可以盈，故受之以谦。有大而能谦必豫，故受之以豫。豫必有随，故受之以随。以喜随人者必有事，故受之以蛊。蛊者，事也。有事而后可大，故受之以临。临者，大也。物大然后可观，故受之以观。可观而后有所合，故受之以噬嗑。嗑者，合也。物不可以苟合而已，故受之以贲。贲者，饰也。致饰然后亨则尽矣，故受之以剥。剥者，剥也。物不可以终尽，剥穷上反下，故受之以复。复则不妄矣，故受之以无妄。有无妄然后可畜，故受之以大畜。物畜然后可养，故受之以颐。颐者，养也。不养则不可动，故受之以大过。物不可以终过，故受之以坎。坎者，陷也。陷必有所丽，故受之以离。离者，丽也。

　　有天地，然后有万物；有万物，然后有男女；有男女，然后有夫妇；有夫妇，然后有父子；有父子，然后有君臣；有君臣，然后有上下；有上下，然后礼仪有所错（措）。夫妇之道，不可以不久也，故受之以恒。恒者，久也。物不可以久居其所，故受之以遁。遁者，退也。物不可终遁，故受之以大壮。物不可以终壮，故受之以晋；晋者，进也。进必有所伤，故受之以明夷。夷者，伤也。伤于外者必反（返）于家，故受之以家人。家道穷必乖，故受之以睽。睽者，乖也。乖必有难，故受之以蹇。蹇者，难也。物不可终难，故受之以解。解者，缓也。缓必有所失，故受之以损。损而不已，必益，故受之以益。益而不已，必决，故受之以夬。夬者决也。决必有遇，故受之以姤。姤者，遇也。物相遇而后聚，故受之以萃。萃者，聚也。聚而上者，谓之升，故受之以升。升而不已，必困，故受之以困。困乎上者必反（返）下，故受之以井。井道不可不革，故受之以革。革物者莫若鼎，故受之以鼎。主器者莫若长子，故受之以震。震者，动也。物不可以终动，止之，故受之以艮。艮者，止也。物不可以终止，故受之以渐。渐者，进也。进必有所归，故受之以归妹。得其所归者必大，故受之以丰。丰者，大也。穷大者必失其居，故受之以旅。旅而无所容，故受之以巽。巽者，入也。入而后说（悦）之，故受之以兑。兑者，说（悦）也。说（悦）而后散之，故受之以涣。涣者离也。物不可以终离，故受之以节。节而信之，故受之以中孚。有其信者，必行之，故受之以小过。有过物者，必济，故受之既济。物不可穷也，故受之以未济，终焉。

1. 乾卦  上乾
下乾

乾卦六爻为纯阳，象征天，天外有天。

天运行不息，所以显示刚与健。

天体的运行不舍昼夜，不误分秒，从来没有停止过。这种意志不是最大的刚吗？这种体质不是最大的健吗？所以《易经》中说："天行健。"

2. 坤卦  上坤
下坤

坤卦六爻为纯阴，象征地，地中有地。

地必须顺应天的运行规律，并承载万物，所以显示柔与顺。

乾、坤二卦是六十四卦的根本，包括了六十四卦和三百八十四爻的变化法则。所以说，天地初开，然后产生万物。万物始生，充盈于天地之间，所以接下来是"屯卦"。

3. 屯卦 上坎
下震

屯卦由坎卦（水）和震卦（雷）重合而成，名水雷屯。

屯，读 zhūn，表示万物始生时的艰难。象征天地初开，万物始生时的状况：天的刚健之力和地的柔顺之力二力作用，产生了雷鸣般的震动，由震动产生了强大的气流，气化合为水，有了水，万物才能萌发、滋生，充盈于天地之间。

但是万物创生的开始，各方面条件并未成熟，呈现出一种艰难、蒙昧的状态，所以，接下来是"蒙卦"。

4.蒙卦 ▤▤　　　　上艮
　　　　　　　　　下坎

蒙卦由艮（山）和坎卦（水）重合而成，名山水蒙。

蒙的本义是蒙盖、包裹的意思，这里指蒙昧和幼稚，也有启蒙的意思。

从卦形上看，像是水要流动，又受到山的阻隔和限制（艮卦为山，为止）。

又好比有人在山中迷路时不知所措的样子，此时如果没有人指引和帮助，就会陷入饥渴的困惑之中。

万物始生时也是这样，所以接下来是"需卦"。

5.需卦 ▤▤　　　　上坎
　　　　　　　　　下乾

需卦由坎卦（水）和乾卦（天）重合而成，名水天需。

需是需要饮食供给、需要启蒙的意思。

阳光（乾）和雨露（坎）是万物生长的第一需要，万物生长靠太阳，雨露滋润禾苗壮。阳光和雨露是万物生存的第一需要。

在物资还不丰足的时候，就会出现分配上的问题，所以接下来是"讼卦"。

6.讼卦 ▤▤　　　　上乾
　　　　　　　　　下坎

讼卦由乾卦（天）和坎卦（水）重合而成，名天水讼。

讼是争执、争讼的意思（这里不一定是专指诉讼）。

上为乾，下为坎，坎为陷，象征天下万物陷入争执的讼斗之中。

由于物资不丰富，很难满足每个人的需求，加上少数人的贪婪，野蛮抢夺，势必引起多数人的不满，因此接下来是"师卦"。

7. 师卦  上坤
下坎

师卦由坤卦（地）和坎卦（水）重合而成，名地水师。

师是众、军队，意思是兴师动众。

小的争讼引起大的纷争，乃至战争，众多的柔弱者也会团结起来为保护自身的利益而战斗。这时，有勇敢刚强者（卦中第二爻是唯一的阳爻）振臂一呼，于是群起而攻之，平息了争讼。

争讼平息，新的局面出现了，所以接下来是"比卦"。

8. 比卦  上坎
下坤

比卦由坎卦（水）、坤卦（地）重合而成，名水地比。

比是紧靠、靠近，引申为比附、辅助、竞相亲近、攀比的意思。

战争结束了，众人一致推举那位勇敢善战者登上首领的位置（注意：师卦中第二爻阳爻上升到本卦的第五位，名九五之尊）。首领产生了，众人纷纷前来表示亲近。于是首领做出新的分配决定，鼓励大家公平竞争。

有了竞争，就会使一部分人先富起来，所以接下来是"小畜卦"。

9. 小畜卦 上巽
下乾

小畜卦由巽卦（风）、乾卦（天）重合而成，名风天小畜。

畜是积蓄的意思。由于有了新的分配制度，可以公平竞争，一部分勤劳、刚健者（乾为刚健），便有了多余的收入（巽为入），率先富裕起来。由于生产力还比较落后，竞争尚处在初级阶段，因此也只能是"小康"水平。

随着生产力的发展和社会的进步，竞争会越来越激烈，需要用道德礼仪来规范和制约，所以接下来是"履卦"。

10. 履卦 上乾
下兑

履卦由乾卦（天）和兑卦（泽）重合而成，名天泽履。

履与"礼"同音、同义。古人常指履行礼仪。

刚健、勤奋者（乾为刚健）有了积蓄，自然喜悦（兑为悦），由于喜悦，便有了礼节和礼仪。

明礼之人自然心情舒畅，因此接下来是"泰卦"。

11. 泰卦 ䷊ 　上坤
　　　　　　　下乾

泰卦由坤卦（地）和乾卦（天）重合而成，名地天泰。

泰是安泰、通畅的意思。

卦中内卦为刚健的乾卦（下卦亦称为内卦），外卦为柔顺的坤卦（上卦又称外卦）。由于礼仪的节制，人人都把刚强的一面含蓄于内（乾为内卦），而把柔顺的一面表现于外（坤为外卦），强争硬夺的少了，柔和顺应的多了，万事自然通畅顺利。

然而，事物不会始终通畅，因此接下来是"否卦"。

12. 否卦 ䷋ 　上乾
　　　　　　　下坤

否卦由乾卦（天）和坤卦（地）重合而成，名天地否。

否，读 pǐ，是恶、不、阻塞的意思。

本卦与泰卦颠倒过来了，刚健的乾卦变为外卦，而柔顺的坤卦变为内卦。显示社会风气变坏了，争强好胜的招摇于外，而柔顺安分的压抑于内。

然而，这种理不畅，礼不通，物不流，气不顺的局面也不会长久下去，所以接着是"同人卦"。

13. 同人卦 ䷌ 　上乾
　　　　　　　　下离

同人卦由乾卦（天）和离卦（火）重合而成，名天火同人。

同人是人与人之间和睦相处的意思。

离为火，有蒸蒸日上之象。与上卦乾卦相重合，象征天底下热心向上的人还是大多数（卦中阳爻居多）。

大多数人能和睦相处，四方万物必然归顺，所以接着是"大有卦"。

14. 大有卦  上离
下乾

大有卦由离卦（火）和乾卦（天）重合而成，名火天大有。

大有是大的收获。卦中第五爻为国君之位，应为阳爻，本卦是阴爻，象征国君以天下为公，顺应民意，与民同处，使人民都能富裕。

少数人富裕为"小畜"，天下人富裕为"大有"，所以接下来是"谦卦"。

15. 谦卦 上坤
下艮

谦卦由坤卦（地）、艮卦（山）重合而成，名地山谦。

谦是谦卑的意思。

内卦是艮卦，象征内心有山的安宁，知行知止；外卦是坤卦，象征外表有地的平实，可尊可卑。

谦而后能使人愉悦，所以，接下来是"豫卦"。

16. 豫卦 上震
下坤

豫卦由震卦（雷）和坤卦（地）重合而成，名雷地豫。

豫有愉悦和预见、预备两重意思。

有了大的功业而又能谦恭的国君（单位领导、地方长官乃至个人同理），并没有沉溺于安逸之中，而是以欢庆的鼓乐（雷象征鼓乐）祭拜上帝和祖先（今解为归功于人民，回报于社会），不贪天之功，因为他有更长远的预见和计划。

这样才更得人心，所以接着是"随卦"。

17. 随卦 上兑
下震

随卦由兑卦（泽）和震卦（雷）重合而成，名泽雷随。

随是顺应、随顺的意思。

本卦阳卦在阴卦之下，阳爻也在阴爻之下，六十四卦中这两种情况同卦出现的，只有这一卦，这就是本卦"随"的特定含义：高贵者不耻下问是一种"随和"的谦恭；领导虚心听取下级的意见，是一种"随顺"的作风；刚强者按照柔

弱者的意见办事，是一种"随缘"的大度。本卦下震上兑，象征随动而悦，随悦而动的协作景观。

然而，随和也要讲原则，没有原则的"随"会惹出麻烦的，所以接下来是"蛊卦"。

18. 蛊卦 ䷑
上艮
下巽

蛊卦由艮卦（山）、巽卦（风）重合而成，名山风蛊。

蛊是蛊惑，迷惑的意思，这里是腐败、惑乱、多事的意思。

卦象为山下之风，山风多为山谷风，所以名山风谷（蛊）。山谷风常使人毛骨悚然，引发出一些惑乱的事端来。

惑乱发生了，需要有人出来收拾局面，所以接下来是"临卦"。

19. 临卦 ䷒
上坤
下兑

临卦由坤卦（地）、兑卦（泽）重合而成，名地泽临。

临是君临天下，大的意思。

泽上是地，地为岸，临岸而俯视泽中，自然有一种伟岸的感觉，有震慑全局的气象。

站得高者，就有了观摩的条件，所以接下来是"观卦"。

20. 观卦 ䷓
上巽
下坤

观卦由巽卦（风）、坤卦（地）重合而成，名风地观。

观是观摩和观望两重意思。

巽居上，坤居下，象征风行大地，观览万物民情；坤又有"众"的意思，象征众人仰观风向，众望所归。

众望所归说明上下意志相合，所以，接下来是"噬嗑卦"。

21. 噬嗑卦 ䷔
上离
下震

噬嗑卦由离卦（火）、震卦（雷）重合而成，名火雷噬嗑。

噬嗑是咬合、吻合的意思，口中有物梗塞，咬破才能合上，这就是有噬（咬）而后嗑（合）的原义。

本卦上、下两爻为阳爻，中间二、三、五爻为阴爻，阴为虚，极像一个张开的口；第四爻为阳爻，阳为实，很像口中有一物梗塞。若要合上口，必须将此物咬破才行，这就是本卦卦象与卦名相配的原义。其义为合，但万物不可苟合，所以接下来是"贲卦"。

22. 贲卦  　上艮
下离

贲卦由艮卦（山）、离卦（火）重合而成，名山火贲。

贲是文饰、修饰的意思。

俗话说，山有脉、石有纹，有纹理的石头便有了欣赏性。离卦的物象是雉，雉是一种羽毛美丽的山鸡，山（艮）中有美丽的山鸡，当然是对山的一种装饰。也可以理解为，在火光的映照下，远山更显得明亮、秀丽。

然而，过分的装饰又会失去真实，好得过头了，就是一种弊端。所以，接下来是"剥卦"。

23. 剥卦 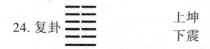 　上艮
下坤

剥卦由艮卦（山）、坤卦（地）重合而成，名山地剥。

剥是剥落、脱落的意思。

上卦贲是修饰，修饰后便有了文采，本卦为剥，显示装饰的彩绘开始剥落。卦中唯有一阳居上，以下五爻全为阴，是阴剥阳，剥到了极点，只剩上爻一阳尚在，有种君子正义难伸之象。

然而，剥到极点便是终点，所以接下来是"复卦"。

24. 复卦 　上坤
下震

复卦由坤卦（地）、震卦（雷）重合而成，名地雷复。

复是返本、复苏的意思。

从卦上看，初爻一阳，在五阴之下，是阴极而阳返；上坤下震，又象征雷动于地中，阳气开始回复。重新回复到原本的现实，就没有虚假了。

所以，接下来是"无妄卦"。

**25. 无妄卦** ䷘    上乾
                    下震

无妄卦由乾卦（天）、震卦（雷）重合而成，名天雷无妄。

无妄是真实没有虚妄的意思。

天在外，雷在内，象征天上打雷，肯定会下雨，真实无妄；天上打雷，要存正念，不可有妄想。

没有虚妄的念头，实在地去干，定会有所收获。所以，接下来是"大畜卦"。

**26. 大畜卦** ䷙    上艮
                    下乾

大畜卦由艮卦（山）、乾卦（天）重合而成，名山天大畜。

大畜是积蓄丰满的意思。

卦形是天藏于山中之象，形容储藏、积蓄之极大，大得只有用"天"来作比。

有了丰富的储备，就可以用于养育。所以接下来是"颐卦"。

**27. 颐卦** ䷚    上艮
                  下震

颐卦由艮卦（山）、震卦（雷）重合而成，名山雷颐。

颐是营养、养育的意思，如成语"颐养天年"。

卦的上下两爻为阳（实），中间四爻为阴（虚），上下实，中间虚，像张开的口；震卦为动，比作咀嚼、张口吃饭，吸收营养的动作。

没有营养，就不能行动，所以接下来是"大过卦"。

**28. 大过卦** ䷛    上兑
                    下巽

大过卦由兑卦（泽）、巽卦（风）重合而成，名泽风大过。

大过是大大地超过的意思。

下卦巽为风，上卦兑为泽。风不从水面吹拂，而是从泽水下面吹过，可见不同寻常，超越常理。

但风总会吹回水面的，不会始终大过，所以接下来是"坎卦"。

29. 坎卦 ䷜        上坎
                  下坎

坎卦由两个坎卦重合而成，坎为水，水中有水。

坎是陷、险的意思。

因为上卦大过，过则盛极必衰，衰则陷落。

而陷落也有一种亮丽的景象出现，所以接下来是"离卦"。

30. 离卦 ䷝        上离
                  下离

离卦由两个离卦组成本卦，离为火，火中有火。

离是火附于物燃烧而上炎，放出光芒，显示明亮的灿烂景象。

以上三十卦为上经部分。接下来是下经三十四卦。

31. 咸卦 ䷞        上兑
                  下艮

咸卦由兑卦（泽）、艮卦（山）重合而成，名泽山咸。咸是感应的意思。

卦形很有意思，外卦是兑卦，为悦，为少女，内卦是艮卦，为静，为少男。就像一诚实文静的少男，在家迎候新娘；一和悦的少女被男方诚情所感，姗姗来嫁。

男女结婚后都希望白头偕老，因为这是一种新的家庭生活的开始，所以接下来是"恒卦"。

32. 恒卦 ䷟        上震
                  下巽

恒卦由震卦（雷）、巽卦（风）重合而成，名雷风恒。

恒是长久、恒常的意思。

本卦一为长女（内卦巽），一为长男（外卦震），说明当年的少男、少女已是多年的夫妇了。卦中之象，好比主妇在家恭顺（巽即逊）地操持家务，丈夫在外勤奋（震为动）地创办事业。

每个家庭都不可能维持现状，所以接下来是"遁卦"。

33. 遁卦　　　　　　上乾
　　　　　　　　　下艮

遁卦由乾卦（天）、艮卦（山）重合而成，名天山遁。

遁是退避、退让的意思。

上为乾卦，象征天，下为艮卦，象征山。无论山有多高，都不会顶破天，因为天知道退让。夫妻间也是这样，互相谦让，才能保持和睦，夫妇和睦，家道才能兴旺。

所以接下来是"大壮卦"。

34. 大壮卦　　　　　上震
　　　　　　　　　下乾

大壮卦由震卦（雷）、乾卦（天）重合而成，名雷天大壮。

大壮是伟大、兴盛的意思。

下卦乾象征刚健的丈夫，自强不息的君子；上卦震象征轰轰烈烈的事业。事业伟大，家道必然兴旺。

夫贵必然妇贤，所以接下来是"晋卦"。

35. 晋卦　　　　　　上离
　　　　　　　　　下坤

晋卦由离卦（火）、坤卦（地）重合而成，名火地晋。

晋的本义为进，是前进、晋升的意思。

上卦离指太阳，太阳从地平线上冉冉升起，人们开始了一天的劳作，行人也和太阳一样赶着自己的路。

然而，行进的路并不是平坦的，所以接下来是"明夷卦"。

36. 明夷卦　　　　　上坤
　　　　　　　　　下离

明夷卦由坤卦（地）、离卦（火）重合而成，名地火明夷。

明夷是光明受到伤害的意思。伤害，是指太阳消失在地平线之下，黑夜降临了。

"日出而作，日没而息"，此时人们也要回家了，所以接下来是"家人卦"。

37. 家人卦  上巽
下离

家人卦由巽卦（风）、离卦（火）重合而成，名风火家人。

家人是指把家庭治好的意思。

有了一个温馨的家，在外受到什么委屈和伤害，也能在家里得到安慰和安全感。本卦上为长女（巽），下为中女（离），象征女人持家理财。九五阳爻为男在外卦，说明男人常年在外。

如果家庭成员乱了人伦，其行为可能难守正道了，所以接下来是"睽卦"。

38. 睽卦 上离
下兑

睽卦由离卦（火）、兑卦（泽）重合而成，名火泽睽。

睽是违背、背离的意思。

与家人卦中的和睦、温馨相反。再看卦象，上离为火，下兑为泽。火向上炎，水向下润，水火相违。居家处事互相违逆，必然引起家道维艰了。

所以，接下来是"蹇卦"。

39. 蹇卦 上坎
下艮

蹇卦由坎卦（水）、艮卦（山）重合而成，名水山蹇。

蹇的原义是跛足的跛，行走不方便，引申为困难的意思。

本卦下卦艮为止，前进不得；上卦坎为险，不敢冒进，于是，陷入左右两难的境地。坚持正道，意志坚定的人，每到难处都会遇到"贵人"的。

所以，接下来是"解卦"。

40. 解卦 上震
下坎

解卦由震卦（雷）、坎卦（水）重合而成，名雷水解。

解是缓解、排忧解难的意思。

解与难是相反相成、矛盾互动的。本卦内卦"坎"为险，而外卦"震"为动，由于行动，终于从困境中走了出来，正如俗话所说：树挪死，人挪活，在挪

动中得到了缓解。

但是，排除困难也像谈判一样，要想真正解决问题，必须做出一些让步。

所以，接下来是"损卦"。

41. 损卦　　　　　　　上艮
　　　　　　　　　　　下兑

损卦由艮卦（山）、兑卦（泽）重合而成，名山泽损。

损是减损、损失的意思。

上卦艮象征山，下卦兑象征泽。山在泽中，山脚岩壁遭遇波浪的撞击和水的侵蚀，势必有所损失。年年月月不停地损失，也许有一天，山被夷为泽底则不能再损失了。

所以，接下来是"益卦"。

42. 益卦　　　　　　　上巽
　　　　　　　　　　　下震

益卦由巽卦（风）、震卦（雷）重合而成，名风雷益。

益是增益、增加的意思。这里也有"溢"的含义。

与上卦完全相反。当山被夷为泽底不能再损失时，而泽的面积增加了，这就是大自然不增不减的奥妙所在。本卦上为巽，巽为风，风是气流。下为震，不断地震动便会不断地增加气流。气流凝结为雨云，大雨又造成洪水泛滥（溢）。如此横溢，会是什么结果呢？

所以接下来是"夬卦"。

43. 夬卦　　　　　　　上兑
　　　　　　　　　　　下乾

夬卦由兑卦（泽）、乾卦（天）重合而成，名泽天夬。

夬是决断、溃决的意思。这里主要有疏通、引导的意思。

"夬"组成的"决""快""缺""诀"字都有"离"和"断"的意思。从卦上看，乾下兑上，一阴爻居上，五阳爻居于下。如果再长上去，就要把一阴爻开除出本卦。因上兑为悦，阴为小人之道，象征一势利小人占据高位，一副得意的样子，众人为伸张正义，群起而攻之，将他赶下去。

做出这种决断后会将如何呢？所以接下来是"姤卦"。

44. 姤卦  　　　　上乾
　　　　　　　　　　　　下巽

姤卦由乾卦（天）、巽卦（风）重合而成，名天风姤。

姤是遇，不期而遇的意思。

本卦与夬卦相反，夬卦中的势利小人被赶下去了，"五男"也爬升到了高位。谁知，此时又遇一艳色女子悄然而至，令"五男"不知所措。对付一个居上位的势利小人时，五人协力同心，但面对一女子时却各怀心思了。

物以类聚，人以群分，所以接下来是"萃卦"。

45. 萃卦 　　　　　　　　上兑
　　　　　　　　　　　　下坤

萃卦由兑卦（泽）、坤卦（地）重合而成，名泽地萃。

萃是丛生、聚集、荟萃的意思。

上卦是相遇，本卦是聚合。上卦兑为泽，下卦坤为地，象征地上细流汇聚成泽，泽水滋润万物，又使地上草木丛生。同时，坤为顺，兑为悦，喜悦相投，柔顺相从，志同道合者聚集一起。

所以，接下来是"升卦"。

46. 升卦 　　　　　　　　上坤
　　　　　　　　　　　　下巽

升卦由坤卦（地）、巽卦（风）重合而成，名地风升。

升是上升、升迁的意思。

因为人才荟萃，事业就顺利，顺是坤卦之德，所以下面有风（巽）不断地鼓气，自然会不断飙升。

然而事物的发展，不是上升者永远上升，所以接下来是"困卦"。

47. 困卦 　　　　　　　　上兑
　　　　　　　　　　　　下坎

困卦由兑卦（泽）、坎卦（水）重合而成，名泽水困。

困是艰难、困乏的意思。

本卦上兑（泽）、下坎（水），水沉到了泽底，说明天旱干涸，万物生长遭遇

缺水的困惑。

有困难就要寻找办法，所以接下来是"井卦"。

48. 井卦　　　　　　上坎
　　　　　　　　　　下巽

井卦由坎卦（水）、巽卦（风）重合而成，名水风井。

井是凿地引泉，汲取地下水以养人群的传统办法。

"井"字是一个井架的模型，古代"井"中间有一点，表示一只小桶。小桶吊入井下，就能汲上水来，这个汲水的过程与卦形以及古代"井"的字形基本吻合。

凿井汲水也许不是唯一的办法，所以又有了"革卦"。

49. 革卦　　　　　　上兑
　　　　　　　　　　下离

革卦由兑卦（泽）、离卦（火）重合而成，名泽火革。

革是改革、革新的意思。

《序卦传》说："井道不可不革。"这里的"井道"，并非指井本身的结构，而是指用井汲水这种办法。井水是地下水，地下水也是有限的，而且供应量和范围也有限，所以，必须革新，寻找更多更好的给水方法。本卦外为兑卦，兑为泽，内为离卦，离为火，这是古代人加工皮革的工艺流程：将野兽皮先放在外面的泽水里浸泡，然后取来架在炉火上烤。上好的皮革最后还要煮，而煮制器具最好用鼎了。

所以，接下来是"鼎卦"。

50. 鼎卦　　　　　　上离
　　　　　　　　　　下巽

鼎卦由离卦（火）、巽卦（风）重合而成，名火风鼎。

鼎是古代调和五味的烹饪容器，三足、两耳、一盖。

本卦下爻像鼎足，二、三爻像两耳，而上二阳夹一阴，极像一周围实，中间虚的容器。再看上、下卦象，上为火（离），下为风（巽），风吹火旺，便是煮的景象了。

鼎是一种古代的祭器，祭祀祖先是长子的责任，所以接下来是"震卦"。

51. 震卦 ䷲        上震<br>下震

震为雷，为动，为长男。

震卦初爻为阳，象征长子，长子主持祭祀天经地义。

震卦卦德是动的意思。两震卦相重，便是下动上也动，内动外也动。

但事物不可以始终在动，所以接着是"艮卦"。

52. 艮卦 ䷳        上艮<br>下艮

艮为山，为止，为少男。

艮卦是止的意思，停止运动，便是静，能静也就能止。

最难静下来的是心思，最难止住的也是心思。事到紧要关头就必须冷静，只有冷静下来后，才能从容地思考对策。

所以，接下来是"渐卦"。

53. 渐卦 ䷴        上巽<br>下艮

渐卦由巽卦（风）、艮卦（山）重合而成，名风山渐。

渐是渐次、渐进的意思。

上卦是巽卦，巽为风，象征空中的气流回旋；下卦是艮卦，艮为山，象征风遇到山后风变慢，呼呼直叫的大风一下子变为习习山风了。

山风在林间穿行，所以接下来是"归妹卦"。

54. 归妹卦 ䷵        上震<br>下兑

归妹卦由震卦（雷）、兑卦（泽）重合而成，名雷泽归妹。

归妹是少女出嫁的意思。

出嫁才是女人的归宿，所以卦名为"归妹"。渐卦中渐行渐进的习习山风便象征少女出嫁时的情形。本卦上卦为震，震又为长男，下卦为兑，兑又为少女。

少女嫁给长男，自然有依靠了，所以，接下来是"丰卦"。

55. 丰卦　☰☰　上震
　　　　　　　下离

丰卦由震卦（雷）、离卦（火）重合而成，名雷火丰。

丰是丰盛广大的意思。

因为有了好的归宿，就会有丰盛广大的前景。卦中上卦是震卦，象征雷；下卦是离卦，象征火。天上电闪雷鸣，地上火光冲天，可谓蔚为壮观。

盛况过后又会怎样呢？所以，接下来是"旅卦"。

56. 旅卦　☰☰　上离
　　　　　　　下艮

旅卦由离卦（火）、艮卦（山）重合而成，名火山旅。

旅是旅行、羁旅的意思。

盛况过后，是冷落和寂寞。就像黑夜举着火把在山道上踽踽独行（下卦为山，上卦为火），身心疲惫，也该找个住的地方了。

所以接下来是"巽卦"。

57. 巽卦　☰☰　上巽
　　　　　　　下巽

巽为风，为入，为长女。

巽的原义是卑顺、谦让的意思，与"逊"音谐，义近。

具有巽的德性的人，就能被接纳，很容易进入他人的生活空间和人际圈，处处都能得到愉悦之情。

所以接下来是"兑卦"。

58. 兑卦　☰☰　上兑
　　　　　　　下兑

兑为泽，为悦，为少女。

兑是悦的意思，与《论语》中"学而时习之，不亦说乎"的"说"同义。

和颜悦色会使人心悦诚服；以愉悦的心态为人处世，能消解烦闷和忧愁。

所以，接下来是"涣卦"。

59. 涣卦　　　　　上巽
　　　　　　　　　下坎

涣卦由巽卦（风）、坎卦（水）重合而成，名风水涣。

涣是涣散、离散的意思。

卦形上巽下坎，巽为风，坎为水，风行水上，波光涣散；坎又为险，清风吹来，又将险象吹散，化险为夷。

然而，现实中，也并非事事涣散，所以，接下来是"节卦"。

60. 节卦　　　　　上坎
　　　　　　　　　下兑

节卦由坎卦（水）、兑卦（泽）重合而成，名水泽节。

节是节制、节约的意思。

卦形是上有水，下有泽，如果让水无节制地往泽中流，泽水势必溢出来，造成浪费。什么事都要有个度，节制就是把握这个"度"。处理事物都得有个"度"，都得把握分寸，这样才能取信于人。

所以，接下来是"中孚卦"。

61. 中孚卦　　　　上巽
　　　　　　　　　下兑

中孚卦由巽卦（风）、兑卦（泽）重合而成，名风泽中孚。

中孚是信用、诚实的意思。

因为孚与孵同，孵化从不误期，准时可信。卦形上下各有两个阳爻，象征实，中间两个阴爻，象征虚，是船的形象。船在泽中，顺风满帆，使人心里有踏实可靠的感觉。

所以，接下来是"小过卦"。

62. 小过卦　　　　上震
　　　　　　　　　下艮

小过卦由震卦（雷）、艮卦（山）重合而成，名雷山小过。

小过是稍有过度的意思。

顺水行船，虽然给人以自信，但自信不能过度，过度自信只能办小事，不能办大事。本卦上卦是震卦，震为动；下卦是艮卦，艮为止。象征行动不能过度，一个"止"字就是提醒不要超过。

然而，有时又要鼓励超越，所以接下来是"既济卦"。

63. 既济卦 ䷾　　　上坎
　　　　　　　　　下离

既济卦由坎卦（水）、离卦（火）重合而成，名水火既济。

既济是已经渡过河，到达彼岸的意思。《尔雅》曰："济，渡也。"

卦形中六爻两爻为一组，下阳上阴，象征三只船顺利靠岸的景象。世事无有穷尽，前事的成功，也许又是后事的开始。

所以接下来是"未济卦"。

64. 未济卦 ䷿　　　上离
　　　　　　　　　下坎

未济卦由离卦（火）、坎卦（水）重合而成，名火水未济。

未济是尚未渡过，没有完结的意思。

卦形与既济卦完全相反，既济卦的卦形像三只船已经顺利靠岸，而未济卦卦形却反过来了，像三只船又驶回来了，标志渡运的任务尚未完成，还需继续渡下去。

《周易》以乾、坤二卦开始，象征天地初开，万物始生；以既济、未济结尾，象征万事周而复始，循环不已。

# 杂卦传

　　乾刚坤柔，比乐师忧；临、观之义，或与或求。屯见而不失其居，蒙杂而著。震，起也；艮，止也；损、益，盛衰之始也。大畜，时也；无妄，灾也；萃聚，而升不来也。谦轻，而豫怠也。噬嗑，食也；贲，无色也；兑见，而巽伏也；随，无故也，蛊则饬也。剥，烂也；复，反也。晋，昼也；明夷，诛也；井通，而困相遇也。咸，速也；恒，久也；涣，离也；节，止也。解，缓也；蹇，难也。睽，外也；家人，内也；否、泰，反其类也；大壮则止，遁则退也。大有，众也；同人，亲也；革，去故也；鼎，取新也；小过，过也；中孚，信也。丰，多故也；亲寡，旅也；离上，而坎下也；小畜，寡也；履，不处也。需，不进也；讼，不亲也；大过，颠也。姤，遇也，柔遇刚也；渐女归，待男行也。颐，养正也。既济，定也。归妹，女之终也；未济，男之穷也。夬，决也，刚决柔也；君子道长，小人道忧也。

---

┌─────────────────────────────────────────────────┐
│　　乾刚坤柔。                                      │
└─────────────────────────────────────────────────┘

　　乾、坤二卦，卦形相反，互为错卦（☰—☷）。乾卦纯为阳爻，代表天，是刚健的意思；坤卦纯为阴爻，代表地，是柔顺的意思。

┌─────────────────────────────────────────────────┐
│　　比乐师忧。                                      │
└─────────────────────────────────────────────────┘

　　比、师二卦，卦形上下相反，互为综卦（䷇—䷆）。比卦上坎下坤，名水地比，是比较的意思，因比较而各得其乐；师卦上坤下坎，名"地水师"是军队的意思，因战争而有安危之忧。

> 临观之义，或与或求。

临、观二卦，卦形上下相反，互为综卦（☷☱ — ☴☷）。临卦上坤下兑，名地泽临，是居上对下给予的意思；观卦上巽下坤，名"风地观"，是居下对上仰求的意思。

> 屯见而不失其居，蒙杂而著。

屯、蒙二卦，卦形上下相反，互为综卦（☵☳ — ☶☵）。屯卦上坎下震，名水雷屯，象征万物刚刚萌芽，虽已显现，仍有艰难，不能失去自己的居处；蒙卦上艮下坎，名"山水蒙"，表示蒙昧无知，需要许多方法予以教化，才能收到显著的功效。

> 震，起也；艮，止也。

震、艮二卦，互为综卦（☳☳ — ☶☶）。震卦初爻为阳，为行动的起始。艮卦上爻为阳，为行动的终止。孔子曰："时行则行（震），时止则止（艮），动静不失其时，其道光明。"

> 损益，盛衰之始也。

损、益二卦，互为综卦（☶☱ — ☴☳）。损卦上艮下兑，名山泽损，因损失太大而开始衰弱；益卦上巽下震，名"风雷益"，因增益颇多而开始兴盛。

> 大畜，时也；无妄，灾也。

大畜、无妄二卦，互为综卦（☰ — ☰）。大畜卦上艮下乾，名山天大畜，虽然积蓄丰盛，但仍需适时调节，以免功亏一篑；无妄卦上乾下震，名"天雷无妄"，虽诚信而有福德，但须知祸福本是一体，切不可得意忘形而自惹祸灾。

---

萃聚而升不来也。

---

萃、升二卦，互为综卦（☰ — ☰）。萃卦上兑下坤，名"泽地萃"，是聚合、荟萃的意思；升卦上坤下巽，名地风升，是上升后不再下来的意思。

---

谦轻而豫怠也。

---

谦、豫二卦，互为综卦（☰ — ☰）。谦卦上坤下艮，名"地山谦"，意思是把自己看轻些才能去尊重他人；豫卦上震下坤，名"雷地豫"，意思是因有预备而致成功，因成功而致安逸，因安逸而生懈怠。

---

噬嗑，食也；贲，无色也。

---

噬嗑、贲二卦，互为综卦（☰ — ☰）。噬嗑卦上离下震，名"火雷噬嗑"，噬是食，嗑为合，形容食的过程；贲卦上艮下离，名"山火贲"，说明修饰应以朴质无华为基本。

---

兑见而巽伏也。

---

兑、巽二卦，互为综卦（☰ — ☰）。兑卦中阴爻在外，而阳爻在内，显现出外柔内刚的喜悦；巽卦中阴爻又藏于内，表现出谦卑顺从的意愿。

---

随无故也；蛊则饬也。

---

随、蛊二卦，既是综卦，又是错卦（☷☳ —☶☴）。随卦上兑下震，名"泽雷随"，阴卦居上而阳卦居下，阴爻居上而阳爻居下，这在六十四卦中是唯一的，好比学问大的人不耻下问于学问少的人，这种随和自然令人喜悦，不会引出是非；蛊卦上艮下巽，名"山风蛊"，阳卦居上阴卦居下，阳爻居上阴爻居下，这在六十四卦中也是唯一的，好比刚柔不济，上下不通，久之则需整顿。

> 剥，烂也；复，反也。

剥、复二卦，互为综卦（☶☷ —☷☳）。剥卦上艮下坤，名"山地剥"，比喻阴自山下生起，使阳气剥落，如林中各种果实剥落而腐烂；复卦上坤下震，名"地雷复"，一阳返回地下，如重新萌芽、生长的意思。

> 晋，昼也；明夷，诛也。

晋、明夷二卦，互为综卦（☲☷ —☷☲）。晋卦上离下坤，名"火地晋"，火光照耀大地，如同白昼；明夷卦上坤下离，名"地火明夷"，如火光在地下熄灭，有被伤害的危险。

> 井通而困相遇也。

井、困二卦，互为综卦（☵☴ —☱☵）。井卦上坎下巽，名"水风井"，如井水取之不尽，使人与万物得以滋润而人事顺畅；困卦上兑下坎，名"泽水困"，从卦象上看上下都是水，但水多反而被水所困。

> 咸，速也；恒，久也。

咸、恒二卦，互为综卦（☱☶ —☳☴）。咸卦上兑下艮，名"泽山咸"，意为山水灵气相互感应而事能速成；恒卦上震下巽，名"雷风恒"，意为雷风激荡而川流不息。

---

涣，离也；节，止也。

---

涣、节二卦，互为综卦（☴☵ — ☵☱）。涣卦上巽下坎，名"风水涣"，风从水面吹，水波离散的样子；节卦上坎下兑，名"水泽节"，泽中已有水，水上又添水，必须有所节制，否则会造成浪费。

---

解，缓也；蹇，难也。

---

解、蹇二卦，互为综卦（☳☵ — ☵☶）。解卦上震下坎，名"雷水解"，意为雷从水面滚过，其震动和气流已经缓解；蹇卦上坎下艮，名"水山蹇"，山被水淹而万物受困。

---

睽，外也，家人，内也。

---

睽、家人二卦，互为综卦（☲☱ — ☴☲）。睽卦上离下兑，名"火泽睽"，火在泽上无燃料所附，有违事物的规律，被排斥在外；家人卦上巽下离，名"风火家人"，风在外，火在内，风助火威，自然内外相应。

---

否泰反其类也。

---

否、泰二卦，既是综卦，又是错卦（☰☷ — ☷☰）。否卦上乾下坤，名"天地否"，柔顺的阴卦（象征有修养的君子）被压抑于内，而刚健的阳卦（象征争强好胜的小人）显示于外，自然会使人际关系受阻，内部管理不畅；泰卦上坤下乾，名"地天泰"，正好与否卦相反，所以通达、和顺。

> 大壮则止，遁则退之。

大壮、遁二卦，互为综卦（☱ — ☶）。大壮卦上震下乾，名"雷天大壮"，雷在天上，声势壮大，但应适可而止，否则盛极至衰；遁卦上乾下艮，名"天山遁"，再高的山也顶不着天，因为天知道退避的法则。

> 大有，从也；同人，亲也。

大有、同人二卦，互为综卦（☰ — ☲）。大有卦上离下乾，名"火天大有"，阴爻得第五爻的至尊之位，其余五个阳爻都归这一爻所有，因为执政阴柔，温顺（阴爻），而众人归心；同人卦上乾下离，名"天火同人"，一阴爻独得其中位（下卦的中位），又得其正位（二爻本来就是阴爻位），故与其他各爻配合和谐，相处亲密。

> 革，去故也；鼎，取新也。

革、鼎二卦，互为综卦（☱ — ☲）。革卦上兑下离，名"泽火革"，是改革故旧、推陈出新的意思；鼎卦上离下巽，名"火风鼎"，风吹火旺，鼎器内才能烹饪出新鲜的食肴。

> 小过，过也；中孚，信也。

小过、中孚二卦，互为错卦（☳ — ☴）。小过卦上震下艮，名"雷山小过"，卦中阴多阳少，阳爻处于阴爻夹挤之中，因阴柔和顺，虽小事可为，但不可冒进，只能小心翼翼地渡过，稍有急躁便可能越规犯禁；中孚卦上巽下兑，名"风泽中孚"，阳爻涵藏阴爻，说明刚中有柔，中心虚而外表实，表示存诚于心，而取信于外。

> 丰，多故也；亲寡，旅也。

丰、旅二卦，互为综卦（☳☲—☲☶）。丰卦上震下离，名"雷火丰"，天上电闪雷鸣，地上火光冲天，其景象之壮观可谓盛况空前，千万注意，越是热闹的场面越容易发生意外事故；旅卦上离下艮，名"火山旅"，尽管外面是火热的场面，但里面却只有游子一人，静静地思念着远方的亲人。

> 离上而坎下也。

离、坎二卦，互为错卦（☲—☵）。离卦象征火热和光明，表示蒸蒸日上的意思；坎卦象征水，水向低处流，向下就是向前，所以老子说："上善若水。"

> 小畜，寡也；履，不处也。

小畜、履二卦，互为综卦（☴☰—☰☱）。小畜卦上巽下乾，名"风天小畜"，因为自强不息（乾），自然收入（巽为入）颇多，有收入便有积蓄；履卦上乾下兑，名"天泽履"，喜悦的（兑）虽然跟在刚强的（乾）后面，但二者毕竟是很难相处在一起的。

> 需，不进也；讼，不亲也。

需、讼二卦，互为综卦（☵☰—☰☵）。需卦上坎下乾，名"水天需"，虽然刚健，但前面有险阻，不可贸然前进；讼卦上乾下坎，名"天水讼"，一方阴险，一方刚强，必然争执，因争执便无法亲近。

> 大过，颠也。姤，遇也，柔遇刚也；渐女归，待男行也。颐，养正
> 也。既济，定也。归妹，女之终也；未济，男之穷也。夬，决也，刚决柔
> 也；君子道长，小人道忧也。

这一大段文字有些紊乱，可能是错简的缘故。有台湾学者认为应改正过来，改正的文字应是：

大过，颠也。颐，养正也。既济，定也。未济，男之穷也。归妹，女之终也。渐女归待男行也。姤，遇也，柔遇刚也。夬，决也，刚决柔也。君子道长，小人道忧也。

大过、颐二卦互为错卦（☱☴ — ☶☳）。大过卦上兑下巽，名"泽风大过"，上下是柔爻，中间刚爻太过，象征栋梁的两端太柔软，房屋将倾倒；颐卦上艮下震，名"山雷颐"，卦形象口，象征进食补养。

既济、未济二卦，互为综卦、错卦（☵☲ — ☲☵）。既济卦上坎下离，名"水火既济"，六爻阴阳在位，所以安定；未济卦上离下坎，名"火水未济"，三个阳爻都居阴位，象征男人作风不正而穷途末路。

归妹、渐二卦，互为综卦（☳☱ — ☴☶）。归妹卦上震下兑，名"雷泽归妹"，天上雷雨归于泽，象征女人出嫁有了归宿；渐卦上巽下艮，名"风山渐"，风遇山，只能徐徐吹过，象征女人婚嫁，必须等待男方"纳采、问名、纳吉、纳征、请期、亲迎"六礼具备后方可行嫁。

姤、夬二卦，互为综卦（☰☴ — ☱☰）。姤卦上乾下巽，名"天风姤"，一阴爻遇五阳爻，象征小人遇上了君子，弱者遇上了强者；夬卦上兑下乾，名"泽天夬"，五阳决断，将一阴推至末端的上爻，象征君子的处世之道得到伸张，小人的为人之道趋向衰微。

# 后 记

　　这套《易经的智慧.经部》和《易经的智慧.传部》出版，实际上是《易经的智慧》（2004年4月甘肃文化出版社）修订本与《易经大传新解》（2005年7月，当代世界出版社）的修订本。

　　《易经》，亦名《周易》。全书分为经文和传文两部分——（周文王、周公所作卦辞、爻辞）；传文是孔子及其弟子解释经文的传，又名《十翼》（即《易》之双翼），分别为《彖传》上下、《象传》上下、《系辞传》上下、《文言》、《说卦传》、《序卦传》和《杂卦传》等。

　　《易经的智慧》是我2002年讲解经文六十四卦、三百八十四爻的录音整理内容；《易经大传新解》是我2004年讲解传文部分的录音整理内容。

　　自这《易经的智慧》和《易经大传新解》出版发行以来，几乎每天都有热心的读者来信、来电和来访，鼓励之余，也有不少好的意见和建议。遵照读者建议，特由作者本人（殷旵、殷珍泉）对这两本书认真做了修订，特别是《易经的智慧》一书修订很多。又根据几位朋友的意见，将两书合二为一，分为经部和传部，以便于读者阅读和收藏。

　　《易经的智慧》和《易经大传新解》出版发行后，得到几位易学老前辈的垂慈赐正，他们中有洛杉矶九秩高龄的易经老教授汪忠长先生，"中国易经学会"老会长、武汉大学博士生导师唐明邦教授，中国社会科学院哲学研究生院博导王树人教授，以及"国际易学联合会"秘书长助理郭彧老师等。同时还得到了不少热心读者的支持和帮助，其中有仇富军先生、殷本立先生、寇云龙先生、刘伟先生、王敏女士、杨柳女士和蒋周女士等。这里谨对上述各位师长和挚友，致以崇高的敬礼！同时以同样的恭敬心态，向所有来信、来电、来访者以及海内外广大的读者、听众致敬！向出版社、印刷厂、封面设计、电脑排版以及录音整理的领导、技术人员和同仁们表示谢忱！

　　由于时间关系，此次修订仍有谬误之处，恳请专家、学者，及广大读者不吝赐正！

殷旵　殷珍泉

于北京